Tief ist der Brunnen der Vergangenheit

Gerhard Danzer

Tief ist der Brunnen der Vergangenheit

Mythos, Logos und Person

Gerhard Danzer
Potsdam, Deutschland

ISBN 978-3-658-36926-2   ISBN 978-3-658-36927-9 (eBook)
https://doi.org/10.1007/978-3-658-36927-9

Die Deutsche Nationalbibliothek verzeichnet diese Publikation in der Deutschen Nationalbibliografie; detaillierte bibliografische Daten sind im Internet über http://dnb.d-nb.de abrufbar.

Springer
© Der/die Herausgeber bzw. der/die Autor(en), exklusiv lizenziert durch Springer Fachmedien Wiesbaden GmbH, ein Teil von Springer Nature 2022
Das Werk einschließlich aller seiner Teile ist urheberrechtlich geschützt. Jede Verwertung, die nicht ausdrücklich vom Urheberrechtsgesetz zugelassen ist, bedarf der vorherigen Zustimmung des Verlags. Das gilt insbesondere für Vervielfältigungen, Bearbeitungen, Übersetzungen, Mikroverfilmungen und die Einspeicherung und Verarbeitung in elektronischen Systemen.
Die Wiedergabe von allgemein beschreibenden Bezeichnungen, Marken, Unternehmensnamen etc. in diesem Werk bedeutet nicht, dass diese frei durch jedermann benutzt werden dürfen. Die Berechtigung zur Benutzung unterliegt, auch ohne gesonderten Hinweis hierzu, den Regeln des Markenrechts. Die Rechte des jeweiligen Zeicheninhabers sind zu beachten.
Der Verlag, die Autoren und die Herausgeber gehen davon aus, dass die Angaben und Informationen in diesem Werk zum Zeitpunkt der Veröffentlichung vollständig und korrekt sind. Weder der Verlag, noch die Autoren oder die Herausgeber übernehmen, ausdrücklich oder implizit, Gewähr für den Inhalt des Werkes, etwaige Fehler oder Äußerungen. Der Verlag bleibt im Hinblick auf geografische Zuordnungen und Gebietsbezeichnungen in veröffentlichten Karten und Institutionsadressen neutral.

Lektorat/Planung: Frank Schindler
Springer ist ein Imprint der eingetragenen Gesellschaft Springer Fachmedien Wiesbaden GmbH und ist ein Teil von Springer Nature.
Die Anschrift der Gesellschaft ist: Abraham-Lincoln-Str. 46, 65189 Wiesbaden, Germany

Wozu Mythos und Mythologie im 21. Jahrhundert?

Tief ist der Brunnen der Vergangenheit – so beginnt Thomas Manns Tetralogie *Joseph und seine Brüder* (1933–43). Darin erzählt der Dichter ausführlich und auf höchst humorvolle Art und Weise einige mythische Geschichten aus dem Alten Testament nach. Mit poetisch-anmutiger Sprache und subtiler Psychologie lässt er manche alt-judaischen Gestalten derart lebendig erscheinen, dass sie modern wie unsere Zeitgenossen wirken und wir als Leser beinahe überzeugt sind: Diese Geschichten müssen sich so (oder so ähnlich) ereignet haben.

Tief ist der Brunnen der Vergangenheit – so lautet der Titel dieses Buches. Ohne mich auch nur im Entferntesten mit den künstlerischen Qualitäten Thomas Manns messen zu wollen, übernehme ich seine Einstellung zu Mythen und zur Mythologie, die sinngemäß lautete: In der Beschäftigung mit den partiell uralten Sagen, Götter- und Heroen-Geschichten begegnen uns existentielle Themen und Probleme, die auch uns Heutigen als relevant erscheinen.

Bei der Auswahl mythologischer Motive habe ich mich von der griechischen Antike inspirieren lassen. Zum einen liegt dies an den vielfältigen kulturellen Wirkungen, die von den altgriechischen Mythen ausgingen und bis in unser 21. Jahrhundert zu konstatieren sind – man denke nur an die beiden mythischen Figuren Ödipus und Sisyphos, deren Schicksal zum Sinnbild so mancher Daseins-Kalamität in der

Moderne geworden ist. Zum anderen ist in der hellenischen Mythologie ein ausgeprägter Anthropomorphismus vorhanden, so dass viele Götter- und Heldensagen der Griechen leicht in unsere neuzeitliche Welt zu transponieren sind.

Ich beabsichtige in keiner Weise eine vollständige Darstellung der antiken griechischen Mythologie – vielmehr habe ich jene Mythen in den Mittelpunkt gerückt, die mir in meinen Arbeitsfeldern (Psychosomatik, Personale Medizin) bisher wiederholt begegneten und mein neugieriges Interesse weckten. Sowohl die Auswahl der einzelnen mythischen Erzählungen als auch ihre Einordnung in größere Zusammenhänge (z. B. Mythos und Kunst; Mythos und Wissenschaft etc.) folgten meinen eigenen Geschmacks- und Gestaltungs-Impulsen.

Die antik griechischen Mythen haben seit Jahrhunderten viele Künstler immer wieder aufs Neue dazu animiert, sie literarisch, bildnerisch, musikalisch oder als Skulpturen darzustellen und zu interpretieren. Wissenschaftler, Philosophen und sehr häufig auch an mythischen Erzählungen interessierte Laien haben es ihnen gleichgetan und realisierten anthropologisch-tiefenpsychologische Ausflüge in die Welt der Antike.

Ab und an solche Ausflüge zu unternehmen, ist durchaus erwägenswert. Denn wer tradierte Mythen kennt und sie im Alltag als Motive aufspürt, kann sich bei Bedarf von ihnen eventuell emanzipieren und unterliegt dann weniger ihren meist unausgesprochen-faszinierenden Versprechungen. Oder er kann – wie in der Kunst und Literatur üblich – ihre märchenhafte Geschichte nacherzählen und nachempfinden und gewinnt zu ihnen damit eine ironische Distanz, ohne ihren Zauber und ihre Poesie zu zerstören oder zu entwerten. So oder so lassen sich in Mythen jedoch anthropologische und tiefenpsychologische Andeutungen und Erkenntnisse aufspüren, deretwegen ich mich gerne mit ihnen befasst habe, und deretwegen eine intensivere Beschäftigung mit ihnen lohnt.

Im ersten Block des Buches werden *Allgemeine Überlegungen zu Mythos und Kultur* angestellt. Dabei untersuche ich das Verhältnis von Wissenschaft, Kunst, Literatur, Politik, Natur zum Mythos, ohne auf einzelne Mythen der griechischen Antike im Detail einzugehen. Dies geschieht im zweiten Teil des Buches, in dem die anthropologisch-psychologischen Bedeutungen von altgriechischen Mythen näher erläutert werden.

Den zweiten Teil habe ich mit fünf Schwerpunkten versehen: Zuerst stelle ich *Ursprungsmythen und ursprüngliche Gottheiten* vor; diese Geschichten sind häufig unter den Begriffen Kosmogonie (Entstehung der Welt) und Theogonie (Entstehung der Götterwelt) zusammengefasst. Sodann widme ich mich den olympischen sowie den nicht-olympischen Göttern mit ihren jeweils assoziierten Erzählungen. Einen vierten Schwerpunkt bilden einige Heroen- und Titanen-Mythen, und im abschließenden fünften Abschnitt wende ich mich *mythischen Tieren und Orten* zu.

Aufgrund meiner Tätigkeitsfelder Medizin, Psychologie und Psychosomatik ist es nicht verwunderlich, wenn die Texte mit medizinischen, psychologischen und psychotherapeutischen Fragestellungen verknüpft sind. Die Mythen werden so zum Vehikel, unsere aktuellen, häufig ungelösten Themen der Lebenskunst mit Antwortmustern zu versehen, die partiell Tausende von Jahren alt sind, aber in ihrer unerschrockenen Kühnheit oftmals überraschend modern und zeitgemäß anmuten.

Potsdam, Deutschland Gerhard Danzer
Frühsommer 2022

Inhaltsverzeichnis

Teil I   Allgemeine Überlegungen zu Mythos und Kultur

Mythos, Logos und Person	3
Mythos und Literatur	17
Mythos und Kunst	33
Mythos, Geschichte und Politik	49
Mythos und Medizin	63
Mythos und Psychologie	77
Mythos und Philosophie	91
Mythos und Natur	107

Teil II Ursprungsmythen und ursprüngliche Gottheiten

Chaos, Kosmos und der Versuch der großen Ordnung — 125

Gaea – Uns nährt die Erde, uns nährt die Hoffnung — 133

Eros oder Der Gott des Zusammenhangs — 141

Teil III Olympische Götter

Zeus – Göttervater oder bloßer Wettergott? — 151

Artemis – Göttin des männlichen Protests — 159

Hephaistos – ist jeder seines Glückes Schmied? — 167

Dionysos und die Sehnsucht nach Aufgipfelung der Existenz — 175

Apollon und die Erhabenheit der Nicht-Vielen — 183

Aphrodite – ist Schönheit nur ein Versprechen von Glück? — 189

Hermes und die Hermeneutik — 197

Teil IV Nicht-olympische Gottheiten

Prometheus oder Der Mensch in der Revolte — 207

Epimetheus oder Die Büchse der Pandora — 215

Thanatos – unser kleines Leben umgibt der große Schlaf 223

Mnemosyne – die göttliche Gabe der Erinnerung 231

Hypnos, Morpheus und die Luzidität des Bewusstseins 239

Aletheia – die Wahrheit ist dem Menschen zumutbar 247

Pan, der panische Schrecken und der Spieltrieb in uns 255

Teil V Mythologische Gestalten und Heroen

Ödipus, Elektra und Teiresias im 21. Jahrhundert 265

Odysseus und Penelope – Über das Warten 273

Sisyphos – Sinnsucher in einer absurden Welt 281

Herakles – Heroismus für den Alltag 289

Ikarus, Dädalus und der mittlere Abstand zur Sonne 297

Teil VI Mythische Tiere, Orte und Ideen

Minotaurus, das Labyrinth und der Ariadne-Faden 307

Das Orakel von Delphi und die Erkundung der Zukunft 313

Die Eule der Minerva (Pallas Athene), der philosophische
Lebensstil und die Akte von Selbst- und Welterkenntnis   321

Lethe oder Die Kunst des rechten Vergessens   329

Die Sirenen, ihr Gesang und die Aufgabe der Selbstrealisation   337

Teil VII   Nachwort

Ist Logos ein Gott? ein Mythos? oder ein Antidot?   347

Literatur   359

Teil I

Allgemeine Überlegungen zu
Mythos und Kultur

Mythos, Logos und Person

Wenn wir im 21. Jahrhundert über Mythen und Mythologie nachdenken, etwas erzählen und uns an sie erinnern, dann meistens, indem wir irgendein Drama der griechischen Tragödiendichter vor Augen haben, die eine Geschichte von Ödipus, Elektra, Antigone oder von sonst einer sagenhaften Figur und ihrem Schicksal auf die Bühne gezaubert haben. Meist war es der Schulunterricht, der uns mit solchen Stoffen gebildet oder gequält hat; selten einmal haben wir später freiwillig in den entsprechenden Büchern nachgelesen oder waren von den Theateraufführungen antiker Dramen entzückt.

Oft sagen uns die Namen der Götter und Heroen und ihre Geschicke nur sehr Ungefähres. Zwar nicken wir scheinbar wissend bei Herakles oder den Sieben von Theben; bei Dädalus und Ikarus; bei Artemis, Dionysos und Apollon; bei Troja und dem Trojanischen Krieg; bei Phädra und Prometheus und der Argonauten-Sage; bei Minotaurus und dem Ariadnefaden; beim Orakel von Delphi und bei all den anderen Begriffen und Gestalten aus der griechischen Mythologie. Aber wie alle diese mythischen Ereignisketten und Figuren im Detail zusammenhängen, und was all das mit unserer eigenen Existenz Jahrtausende, nachdem es formuliert wurde, zu schaffen hat, ist uns in der Regel kaum präsent.

Im Gegenteil: Nicht wenige sind gewillt, die Mythen ebenso wie religiösen Aberglauben im großen Kehrichthaufen der Kultur zu entsorgen und sich allenfalls mit Mythenkritik abzugeben. Diese gab es ähnlich wie die griechischen Mythen selbst bereits bei den Vorsokratikern, also im 6. und 5. Jahrhundert vor Christus. Manche vorsokratischen Philosophen bezeichneten Mythen als eine lächerliche Erzählung, als Erfindung der Früheren, moralisch verwerflich (Xenophanes) oder als bloße Kindermärchen. Platon kritisierte Mythen einerseits als lügenhaft, kindlich und verspielt, um andererseits eigene Mythen in die Welt zu setzen (auf die wir im Kap. *Mythos und Philosophie* kurz eingehen).

Platon schuf Mythen als freier Geist – er stand nicht unter ihrer Macht, sondern er dirigierte sie nach seinen eigenen Zwecken: den Zwecken des dialektischen und ethischen Denkens. Menschen hingegen, die unter dem Einfluss tradierter Mythen standen, besaßen diese philosophische Freiheit nicht; die Bilder, unter denen sie im Mythos lebten, wurden nicht als Bilder, sondern als Realitäten betrachtet.

Doch was heißt Mythos, und was versteht man unter ihm? Der Begriff Mythos stammt aus dem Griechischen und wird mit Erzählung übersetzt. Ähnlich wie Sagen und Märchen kreisen Mythen um die Ur-Erlebnisse von Völkern in der Vorzeit. Oft enthalten diese legendären Berichte symbolische Darstellungen dessen, was Menschen vor Jahrtausenden zutiefst bewegt hat und was uns bis heute weiterhin bewegt. Mythen und mythologische Wesen brauchen dabei eine Umgebung des Ungewissen und des Nebulösen – darin erscheinen sie, tauchen sie auf und verschwimmen wieder, ohne dass sie genau benannt, erfasst, erkannt, verstanden werden könnten.

In Mythen und mythologische Gestalten investierten unsere Vorfahren alle möglichen Affekte, Antriebe, Triebe, Phantasien, Wünsche, Befürchtungen und Ängste. Zusammengefasst ergaben Mythen eine Welt- und Lebensanschauung, und als solche vermittelten sie Erklärungs- und Verstehens-Muster des Lebens, der Natur, des Kosmos und der eigenen existenziellen Fragen und Probleme. In der Regel wurde derlei nicht nur in Worten, sondern mit Bildern, Statuen, Riten, Tabus und Dämonisierung ausgedrückt.

Viele Phänomene unseres Lebens – begonnen bei den Naturgewalten, bei Überschwemmungen, Orkanen, Blitzeinschlägen über die Erschütterungen des eigenen Körpers (Krankheiten, Unfälle, Leiden aller Art) bis hin zu Geburt und Tod oder bis zu den Wechseln der Jahreszeiten und den Wundern von Flora und Fauna – waren für die Menschen der Frühzeit undurchschaubar, rätselhaft und oftmals ängstigend. Die mythischen Erzählungen boten für die Einzelnen wie auch für die Stämme, Clans und Gruppen nunmehr mögliche Erklärungsmuster, die ähnlich stimmig wirkende Antworten auf das Fragwürdige der menschlichen Existenz lieferten wie die wissenschaftlichen Konzepte der Neuzeit.

So erzählen manche uralten Sagen und Geschichten von der Entstehung der Welt und des Universums (Kosmogonie) oder vom Auftauchen und den Aktivitäten der Götter (Theogonie). Andere Mythen (vor allem die Heroen-Sagen) wieder lieferten Anschauungsmaterial für die Einordnung menschlicher Konflikte und existentieller Grenzerfahrungen wie etwa Schuld, Macht und Ohnmacht oder auch Liebe und Sexualität; sie wirkten wie eine Art früher Anthropologie, allerdings ohne die Gedankenmodelle von Wissenschaft und Philosophie:

> Während das philosophische und wissenschaftliche Denken Begriffe formuliert und miteinander verknüpft, arbeitet das mythische Denken mit Hilfe von Bildern, die der sinnlichen Welt entlehnt sind. Statt Beziehungen zwischen Ideen herzustellen, setzt es den Himmel und die Erde, die Erde und das Wasser, das Licht und die Dunkelheit, Mann und Frau, das Rohe und das Gekochte, das Frische und das Verfaulte einander entgegen.[1]

Für die Geschichte und kulturelle Entwicklung Europas waren unterschiedliche Mythen und Mythologien wesentlich, so etwa griechische, römische, jüdische, ägyptische, germanische, nordische (skandinavische). Die griechische Mythologie gilt dabei als inhaltlich hochdifferenziert und künstlerisch (in Dichtung, Bildhauerei, Architektur, Malerei) subtil ausgearbeitet. Aufgrund der Bedeutung und Präsenz mancher Mythen in der zeitgenössischen Psychologie (Ödipus-Komplex; Elektra-Komplex) sowie ihres hohen Differenzierungsgrades konzentrieren wir uns bei den folgenden Mythen-Darstellungen auf die griechische Mythologie.

---

[1] Lévi-Strauss, C.: Anthropologie in der modernen Welt (2011), Frankfurt am Main 2012, S. 95.

Die Griechen waren überraschend produktive Mythenbildner. Ihre Erzählungen zeichnen sich durch Tiefgründigkeit, poetische Schönheit und an die Philosophie reichenden Scharfsinn aus. Der Mythenschatz ihrer Kultur darf mit besonderer Aufmerksamkeit bedacht werden – in der griechischen Mythologie spiegeln sich viele Facetten der *Conditio humana* auf dichterisch-sagenhafte Manier wider. Die Mythen der Griechen wurden jedoch nicht nur weitererzählt, sondern um 700. v. Chr. auch niedergeschrieben und in eine literarische Form gebracht. Dabei sind zwei Namen besonders erwähnenswert: Homer und Hesiod. Diese beiden Autoren (eventuell waren es auch mehrere Autoren, die sich hinter dem Namen Homer verbargen) lieferten den griechischen Dramatikern Stoff für eine Reihe von Dramen, in denen die Mythen in Theatralik transponiert wurden; insbesondere Sophokles, Aristophanes, Aischylos und Euripides dürfen hier genannt werden.

Mythologisches Empfinden und Urteilen ist geprägt durch die physiologische und metaphorische Wahrnehmung von Dingen und Natur. Menschen, denen eine mythologische Weltsicht eignet, nehmen bevorzugt holistische, ganzheitliche Gestalten und nicht (wie in der wissenschaftlichen Weltsicht) kausal verknüpfte Elemente wahr. Dingen wird eine Vielfalt von Bedeutungen und Beziehungen untergeschoben, die einer andauernden Verwandlung unterliegen können; bekannte Beispiele hierfür sind die *Metamorphosen* des Ovid, der dieses Fließen von Vorstellungen, äußeren Gestalten und inneren Gehalten kunstvoll in Dichtung gegossen hat.

Im Mythos sind Dinge, Naturereignisse oder Individuen noch nicht als Einheiten oder Vielheiten geschieden. Das Haar oder die Nägel eines Menschen können gleichbedeutend mit dem ganzen Menschen sein; der Einzelne kann nicht nur für das Kollektiv stehen, sondern es auch sein und *vice versa*. Lebendige Subjekte verwandeln sich in verhexte Objekte, wie gegenläufig in viele tote Objekte jählings das Leben einschießt und sie beweglich, fruchtbar und beseelt werden lässt. Die Gegensätze zwischen Leben und Tod, Sein und Schein, Vorstellungswelt und Realität, Ich und Nicht-Ich existieren im mythologischen Erleben und Begreifen der Welt nicht, und eine Scheidung von Innen und Außen, von Wesentlichem und Unwesentlichem sowie von Dauerndem und Vergänglichem wird nicht oder nur rudimentär vorgenommen.

Auf *einen* Gegensatz allerdings zielt mythologisches Denken stets ab: auf den Gegensatz von sakral und profan. Die Beziehungen einzelner Individuen oder eines ganzen Clans zum Heiligen, das oftmals nicht berührt oder benannt werden darf (Tabuisierung), dominieren den Alltag. Das Sakrale galt in den frühen Formen des Mythos als das Dämonische, dessen bunte Mannigfaltigkeit wenig Organisation aufwies. Je weniger jedoch das Dämonische organisiert war, umso hilfloser und ohnmächtiger erlebten sich die ihm ausgelieferten Menschen, und umso größer musste die magische Gewalt sein, die eine Gruppe, ein Individuum aufzubringen hatte, um die Dämonen in ihrem Sinne zu beeinflussen. Später wurde der Tempel (als ein abgegrenzter Ort) zu jenem Raum, in dem sich das Göttliche, Sakrale ereignete, und in dem Menschen versuchten, in Kontakt mit transzendenten Mächten und Gewalten zu kommen. Im Mythos definieren Menschen den Raum, die Zeit, ihr Ich, ihre Seele und die sie umgebende Natur auf eigene Art. Der Kulturphilosoph Ernst Cassirer beschrieb plastisch, wie Individuen sich vor dem Hintergrund von mythologischer Welt- und Lebensanschauung erlebt haben müssen oder immer noch erleben:

> Es gibt kein Dasein und kein Geschehen, das sich nicht zuletzt der Allmacht des Gedankens und der Allmacht des Wunsches fügen müsste. So übt in der magischen Weltansicht das Ich über die Wirklichkeit eine fast schrankenlose Herrschaft aus: es nimmt alle Wirklichkeit in sich selbst zurück ... Das Ich sucht kraft der magischen Allgewalt des Willens die Dinge zu ergreifen und sie sich gefügig zu machen; aber eben in diesem Versuch zeigt es sich von ihnen noch völlig beherrscht, noch völlig besessen.[2]

Doch was haben solche Beschreibungen mit uns im 21. Jahrhundert zu schaffen? Sind wir nicht längst den kulturgeschichtlichen Kinderschuhen von Mythos und Religion entwachsen? Ja und nein zugleich. Denn so sehr wir in der Moderne und in der westlichen Welt unser Dasein und unsere Identität souverän, kreativ und originell und damit weitab von allen Mythen zu gestalten glauben, so sehr geraten wir allerdings wiederholt in Situationen, in denen wir zu Darstellern eines Schauspiels wer-

---

[2] Cassirer, E.: Philosophie der symbolischen Formen Band II (1925), Darmstadt 1987, S. 188.

den, dessen Text wir nur zum Teil selbst verfasst haben, und in dem wir lediglich zu passagerer Regieführung zugelassen sind.

Verwoben in die *Mythen des Alltags*[3] (Roland Barthes), hinter denen sich nicht selten jahrtausendealte Motive menschlicher Identitäts- und Selbstentfaltung verbergen, müssen wir zugeben, dass wir bei unserer Daseinsgestaltung viel häufiger, als uns lieb ist und wir es uns bewusst machen, mit Inhalten und Themen konfrontiert sind, die man im Rahmen früherer Kulturen in Mythen investiert und ausgedrückt hat. Thomas Mann, der mit seiner *Josephs-Tetralogie* (1933–43) den uraltjüdisch-mosaischen Mythos von Joseph und seinen Brüdern für die Jetztzeit nacherzählt hat, meinte zu diesem Verhältnis der Einzelnen zum Mythos und zu den kollektiven Weltanschauungen der Vielen:

> Dabei bleiben die Menschen mit einem starken Teil ihres Wesens im Mythischen, im Kollektiven befangen. Was sie Geist und Bildung nennen, ist gerade das Bewusstsein, dass ihr Leben die Fleischwerdung des Mythos ist, und ihr Ich löst sich aus dem Kollektiven etwa so, wie gewisse Figuren Rodins sich aus dem Stein losringen und aus ihm erwachen.[4]

Wenn ich in diesem Buch manche Mythen bildhaft darstelle und erläutere, so mit jenem Ziel, das Thomas Mann in diesem Zitat angedeutet hat: Die Loslösung des Ich aus dem Kollektiven und seine partielle Emanzipation vom Mythos soll dadurch unterstützt werden. Ein solcher Prozess vom Mythos zum Logos beschert im Umgang mit archaischen Denk-, Fühl- und Verhaltensmustern ein Plus an geistiger Beweglichkeit und übersetzt teilweise Bildhaft-Stummes, Dämonisches, Tabuisiertes der menschlichen Existenz in Psychologie, Anthropologie oder auch in Kunst.

Doch trotz aller individuellen und kollektiven Bemühungen der Vergangenheit, sich vom Mythos zum Logos vorzuarbeiten, bleibt zu beobachten, dass die Welt- und Lebensanschauungen mythischer Sagen und Erzählungen durchaus zäh und klebrig wirken. Die ungebrochene Macht der Mythen reicht besonders in jene Sphären der Existenz von

---

[3] Barthes, R.: Mythen des Alltags (1957), Frankfurt am Main 1996.
[4] Mann, Th.: Joseph und seine Brüder – ein Vortrag (1942), in: Essays, Band 5, Deutschland und die Deutschen – Essays 1938–1945, Frankfurt am Main 1996, S. 196.

Menschen hinein, die bewusst oder unbewusst einer reflektierenden Kommunikation und Versprachlichung vorenthalten bleiben. Man hat am Mythos beobachtet, dass er seine magischen und dämonischen Wirkungen so lange entfaltet, als er nicht in Worte gefasst und dem Logos, einem seelisch-geistigen Erkenntnisprozess, zugänglich gemacht wird:

> Zunächst bedeutet *mythos* das „gesprochene Wort", gehört also in eine Reihe mit *logos* („das, was gesagt wird"). Doch in dem Maße, wie *logos* nicht mehr allein „das, was gesagt wird" bedeutet, sondern das Wort meint, das überzeugen kann, das sich an die rationale Einsicht wendet und sich insofern auf das „Wahre" bezieht, zeichnet sich zunehmend ein Gegensatz zwischen den beiden Begriffen ab. Auf der einen Seite steht *logos* als das rationale Wort, auf der anderen *mythos* als Bezeichnung dessen, was nicht real oder auch nicht rational ist.[5]

Selbst wenn es also bei althergebrachten Mythen gelingt, sie zu verbalisieren und in bewusste sprachliche Symbole zu transponieren, entstehen dadurch bisweilen neue Geschichten und Erzählungen, denen ein Rest von mythologischen, also dem Logos widerstehenden und ihn karikierenden Inhalten innewohnt. Sich von diesem Rest neuerlich zu emanzipieren, bleibt das Geschäft der Aufklärung und Entmythologisierung, ohne dass dieses an ein tatsächliches, befriedigendes Ende gelangen könnte:

> Die Menschen können ohne Mythen nicht leben; und das sollte nicht verwunderlich sein, denn was sind Mythen? ... Mythen sind – ganz elementar – justament dieses: Geschichten. Man mag sagen: Ein Mythos ist fiktiver als eine *history* und realer als eine *story*; aber das ändert nichts am Grundbefund. *Mythen sind Geschichten*. Wer den Mythos verabschieden will, muss also die Geschichten verabschieden, und das geht nicht.[6]

Manche uralten Mythen haben sich bis ins 21. Jahrhundert fortgepflanzt; wir greifen nicht selten auf sie zurück, sobald wir in existentielle Ausnahmesituationen kommen: Erschütterungen, Triumphe, Schuld, Leid,

---
[5] Bruit Zaidman, L. & Schmitt Pantel, P.: Die Religion der Griechen – Kult und Mythos (1991), München 1994, S. 143.
[6] Marquardt, O.: Über Monomythie und Polymythie, in: Zukunft braucht Herkunft – Philosophische Essays, Stuttgart 2020, S. 49.

Niederlagen, Verliebtheit, Krankheit, unausweichliche Entscheidungen; Karl Jaspers hat in seiner *Psychologie der Weltanschauungen* (1919) Derartiges als Grenzsituationen bezeichnet.

Grenzsituationen muten wie Mauern an, vor die man gerät, und an denen der Ernst und das Wesen der *Conditio humana* erfahrbar wird. Menschen leben häufig etwas zu leichtsinnig und zu oberflächlich eine Art uneigentliche Existenz. In die Eigentlichkeit werden sie hineingezwungen, wenn sich eine Grenzsituation ergibt. Aufgrund des tragischen Charakters dieser Situationen versuchen jedoch viele, ihnen auszuweichen und sie in ihrem existentiellen Gehalt zu relativieren oder zu verdrängen oder sie in die anthropologisch-psychologische Tradition von Mythen und Religionen einzuordnen – wozu sich unter anderem viele der mythischen Erklärungsmuster bestens eignen.

Wer sich jedoch durch die lärmige und banale Lebenswelt oder durch Märchen, Sagen und fadenscheinige Geschichten (*fake news*) nicht betäuben lässt, findet sich mit der Brüchigkeit und den Limitierungen des Daseins konfrontiert. Jaspers plädierte dafür, die Fragilität der menschlichen Existenz (z. B. Krankheit, Niederlagen, Schwäche, Schmerz, Begrenzungen aller Art, Tod) vollumfänglich anzuerkennen und nicht mit Gleichgültigkeit oder mit Nihilismus, mit Mythen, abergläubischen Geschichten, Drogen oder Ablenkungsmanövern aller Art darauf zu reagieren. Das häufig geäußerte Bedürfnis nach einem Halt in den festen Gehäusen des Lebens und Denkens sei verständlich; dennoch forderte der Autor seine Leser auf, solchen Wünschen nicht nachzugeben und stattdessen unter einem offenen Horizont zu existieren, selbst wenn dies häufig Verängstigung bedeutet.

Die adäquateste Antwort auf Erschütterungen des Daseins lag für Jaspers im mutigen Versuch der Selbstwerdung, die für ihn immer auch mit Selbsterkenntnis und Existenzerhellung einherging. Den Prozess einer Gesundung siedelte er auf einem hohen philosophischen Niveau der permanenten Reflexion des Daseins und seiner Bedingungen an. Besserung oder sogar Heilung waren für ihn nicht nur biomedizinische und psychosoziale Phänomene, sondern stets mit einem Zuwachs an Transparenz der *Conditio humana* verknüpft. Dieser Zuwachs lässt sich mit Vernunft, mit rationalem und skeptischem Denken und Handeln sowie mit aufgeklärt-humanistischer Gesinnung (also mit Logos) bewerkstelligen –

nicht jedoch mit mythisch induzierter Tabuisierung, Dämonisierung, Heroisierung, Idealisierung. In anderer Terminologie ausgedrückt: Selbsterkenntnis und Selbstentfaltung und Existenzerhellung sind Entwicklungsprozesse, die immer schon einen gewissen Grad an Personalität voraussetzen und zugleich die Person-Werdung intensivieren.

Die Phasen der Aufklärung im Laufe der letzten Jahrtausende abendländischer Geistes- und Kulturgeschichte – die vorchristliche Achsenzeit; die Renaissance; die Epoche der Aufklärung im 18. Jahrhundert – gingen mit den erwähnten Qualitäten eines Logos-, Vernunft- und Personorientierten Urteilens, Fühlens, Handelns bei manchen damaligen Entscheidungsträgern, Kulturschaffenden und -rezipienten einher. Wilhelm Nestle hat in seinem Buch *Vom Mythos zum Logos* (1940) diese Akzentsetzungen für die Zeit der griechischen Frühaufklärung im 5. und 6. vorchristlichen Jahrhundert detailliert nachgezeichnet:

> Wie man nun immer diesen geistigen Prozess nennen mag: Entzauberung oder Entheiligung, Säkularisierung oder Verweltlichung, Rationalisierung oder Aufklärung, jedenfalls beweist die Geschichte, dass er bei den höchststehenden Kulturvölkern unausweichlich ist und dass er sich aus dem Innern ihres eigenen Wesens heraus vollzieht ... Da aber in jedem Menschen zu dem beweglicheren und Neues leichter auf- und annehmenden Intellekt das mit der Gewohnheit verschwisterte Gefühl als Macht der Beharrung ein starkes Gegengewicht bildet, so wird es zunächst immer nur eine geistig höherstehende Minderheit sein, die sich den neuen Ideen zuwendet, während die Masse der alten Überlieferung anhängt.[7]

So sehr Nestle hier diesen Prozess vom Mythos zum Logos als unausweichlich beschrieben hat, so sehr zeigt sich jedoch in der Geschichte oftmals als eine Art Gegen- und Mitbewegung zum Logos das Aus- und Zurückweichen auf mythische Denk- und Handlungsmuster – und das nicht nur bei den Massen, sondern durchaus auch bei den angeblichen geistigen Eliten. Auf den folgenden Seiten werden wir diesen mythischen Denk- und Handlungsmustern sowie der Dynamik zwischen Mythos und Logos in verschiedenen Bereichen der Kultur – Literatur, Wissen-

---

[7] Nestle, W.: Vom Mythos zum Logos – Die Selbstentfaltung des griechischen Denkens (1940), Stuttgart 1975, S. 5.

schaft, Kunst, Philosophie, Politik – nachspüren und sie skizzenartig charakterisieren.

Meine eigene Tendenz geht dahin, den Mythos immer wieder mit Logos so zu ersetzen und zu durchsetzen, dass aus ihm diverse anthropologische und psychologische Erkenntnisse gewonnen werden können; so kann am ehesten das Niveau an Personalität beim Einzelnen wie auch in Sozietäten einigermaßen hoch und stabil gehalten werden. Die mythischen Inhalte werden dabei beileibe nicht einfach negiert und entwertet, sondern zum Anlass genommen, die eigene Selbst- wie auch die allgemeine Menschen- und Lebenskenntnis zu steigern:

> Denn das Typische ist ja doch das Mythische, insofern es Ur-Norm und Ur-Form des Lebens ist, zeitloses Schema und von je gegebene Formel, in die das Leben eingeht, indem es aus dem Unbewussten seine Züge reproduziert … Im Leben der Menschheit stellt das Mythische zwar eine frühe und primitive Form dar, im Leben des Einzelnen aber eine späte und reife.[8]

Eine Hauptsorge bei allen Entmythologisierungsbemühungen besteht nicht selten in der Nüchternheit einer sogenannt entzauberten Welt. Diese Überlegung und dieser Begriff stammt von Max Weber, der in seiner Abhandlung *Wissenschaft als Beruf* (vorgetragen 1917, publiziert 1919) dazu anmerkte:

> Die zunehmende Intellektualisierung und Rationalisierung bedeutet also *nicht* eine zunehmende allgemeine Kenntnis der Lebensbedingungen, unter denen man steht. Sondern sie bedeutet etwas anderes: das Wissen davon oder den Glauben daran: dass man, wenn man *nur wollte*, es jederzeit erfahren *könnte*, dass es also prinzipiell keine geheimnisvollen unberechenbaren Mächte gebe, die da hineinspielen, dass man vielmehr alle Dinge – im Prinzip – durch *Berechnen beherrschen* könne. Das aber bedeutet: die Entzauberung der Welt. Nicht mehr, wie der Wilde, für den es solche Mächte gab, muss man zu magischen Mitteln greifen, um die Geister zu beherrschen oder zu erbitten. Sondern technische Mittel und Be-

---

[8] Mann, Th.: Joseph und seine Brüder – ein Vortrag (1942), in: Essays, Band 5, Deutschland und die Deutschen – Essays 1938–1945, Frankfurt am Main 1996, S. 187.

rechnung leisten das. Dies vor allem bedeutet die Intellektualisierung als solche.⁹

Worauf Max Weber in seinem Text mit Entzauberung der Welt abhob, waren die Ergebnisse besonders jener Wissenschaften, die messend und zählend vorgehen und mit den entsprechend technischen Umsetzungsmöglichkeiten liebäugeln – womit vorrangig die Natur- und Wirtschaftswissenschaften, teilweise auch die Sozialwissenschaften gemeint waren und sind. Sie greifen bevorzugt auf Ideen und Methoden der instrumentellen Vernunft zurück und vernachlässigen nicht selten die emotionale und soziale Vernunft. Die Natur, die Menschen wie auch viele menschliche Verhältnisse (unsere Lebenswelt) erscheinen dabei oftmals in einem kalten und wenig anheimelnden Licht – die Nüchternheit des Machbaren sowie die Formel des „nichts weiter als" dominieren und transformieren das ehemals Wunderbare und Phantastische des Daseins (das in Märchen und Mythen und Sagen und Legenden seit Menschengedenken tradiert wird) schlussendlich zu bloßen Zahlenkolonnen, zu Ingenieursplänen sowie (seit unserem Zeitalter der Digitalisierung) zu binären Big Data-Ansammlungen. Diese Zahlenkolonnen und Daten-Felder versetzen uns nur selten in helles Entzücken, und sie lassen unsere Phantasien nur sehr spärlich ins Magisch-Verzauberte schweifen.

Verglichen mit den Natur- und vielen Sozialwissenschaften bieten die Geistes- und Kulturwissenschaften sowie die Philosophie und die verschiedenen Künste (z. B. Malerei, Musik, Literatur) viel mehr Gelegenheiten, neben oder über dem faktischen und materiellen Sein eine Welt des Ideellen und Imaginären zu empfinden, wahrzunehmen, zu erforschen oder auch zu schaffen, ohne dass es sich dabei um Illusionäres oder lediglich um Phantasiegespinste handeln würde. Die Wirklichkeit von Sinn, Wert, Bedeutung, die in den Künsten, in philosophischer Reflexion und Spekulation, in den Geistes- und Kulturwissenschaften oder auch in Alltagsverrichtungen und zwischenmenschlichen Verschränkungen offenkundig wird, trägt recht betrachtet derart viel Schönes, Wunderbares, Zauberhaftes in sich, dass ein gläubig-unkritischer Rückgriff auf Mythen, Märchen, Religionen nicht nur als überflüssig,

---

⁹ Weber, M.: Wissenschaft als Beruf (1917/1919), Tübingen 1994, S. 9.

sondern verglichen damit eventuell sogar als einschränkend und niveauärmer imponiert.

Die Mythen der Vergangenheit schienen lange Zeit eine Gewähr dafür abgeben zu können, dass die Verhältnisse um die Menschen her – so unangenehm und inhuman und bedrohlich und undurchschaubar sie auch gewesen sein mochten – mit einer Decke des Zaubers und Phantasmas überzogen wurden. Diese Decke war gewoben aus Götter-, Dämonen- und Heroensagen, aus Ursprungserzählungen, Legenden und Abenteuergeschichten, die zusammengenommen die Welt- und Lebensanschauung unserer Vorfahren bildeten – eine Anschauung, die für sie die Orientierung im Alltag ebenso wie die jeweiligen Erklärungsmuster für das Nicht-Alltägliche bot.

Dass das mythische Denken, Fühlen und Handeln im Abendland nach und nach von logischen Kalkülen und Konzepten abgelöst oder zumindest in Frage gestellt wurde, ist uneingeschränkt begrüßenswert. Viele Entwicklungen unserer Kultur waren nur vor dem Hintergrund einer entschiedenen Emanzipation von den ehemals dominanten Mythen vorstellbar, und Ernst Cassirer hatte Recht, wenn er in seiner *Philosophie der symbolischen Formen* (1923 ff.) die mythische Welt- und Lebensanschauung (zusammen mit der Sprache) zwar als den Mutterboden einer jeden Kultur bezeichnet hat, aus dem sich jedoch Religion, Kunst, Wissenschaft, Recht, Wirtschaft und Philosophie und damit viele kulturelle Blüten und Bereiche, deren Wert und Bedeutung heute unbestritten ist, herausentfalten durften und mussten; nur so entstanden die Segnungen (und leider auch so manche Übel) der Neuzeit und unserer heutigen Moderne.

Diese fast flächendeckende Entmythologisierung hat dazu beigetragen, die menschliche Existenz ebenso wie den Kosmos und die Natur einigermaßen nüchtern, nackt und bloß zu betrachten – was durchaus nicht nur nachteilig zu bewerten ist. So schwärmte der französische Philosoph Maurice Merleau-Ponty von den Möglichkeiten, das *être brut* und *être sauvage*, also das echte und wilde, unverfälschte Sein wahrzunehmen und zu beschreiben. Dafür eignen sich (so der Denker) eine phänomenologische Haltung und Einstellung, ein künstlerisches Zugehen auf die Welt sowie authentische interpersonelle Verschränkungen zwischen einem Ich und einem Du.

Mythos, Logos und Person – so lautet die Überschrift dieses Kapitels, in dem ich die Dynamik zwischen Mythos und Logos und die Ergebnisse dieser Dynamik skizziert habe: die Entwicklung verschiedener kultur- und geistesgeschichtlicher Bereiche, die wir heute zu den essenziellen und nicht mehr wegzudenkenden Bestandteilen unseres Daseins und als Fundamente unserer Personalität zählen – so etwa Literatur, Kunst, Wissenschaft, Recht, Philosophie.

Mythos, Logos und Person – so lautet auch der Untertitel unseres gesamten Buches. Ähnlich wie Thomas Mann bin auch ich der Überzeugung, dass unsere Personalität mächtige Einbußen erleidet oder zu rudimentär ausgeprägt ist, wenn wir unser Leben unreflektiert und nichtemanzipiert in mythischen Erzählungen zubringen. Unsere Person gründet viel zu wenig im eigenen Selbst, in Raum und Zeit und vor allem in der jeweiligen Kulturtradition, wenn sie sich transzendenten und außermenschlichen Mächten (Göttern, Dämonen etc.) und deren angeblichen Einflussnahmen ausliefert. Um als Person zu wachsen, darf und muss der Einzelne sich von Mythen aller Art emanzipieren, ohne dass er sie damit nivelliert.

Ernst Cassirer hat den Mythos (wie erwähnt) neben der Sprache als Mutterboden der Kultur bezeichnet. Gleichzeitig war er jedoch zutiefst davon überzeugt, dass die Kultur der Neuzeit und des Abendlandes nur aufgrund entschiedener Ausrichtung am Logos jene teilweise faszinierenden Inhalte und Gestalten entwickeln konnte, die auch wir (neben all ihren problematischen Seiten) an ihr so überaus schätzen und bewundern.

Diesen Gedanken Cassirers können wir mühelos auch auf einzelne Personen übertragen und anwenden. So sehr manche Bausteine der Persönlichkeitsbildung aus uralt-mythologischen Steinbrüchen herstammen mögen, so sehr tut es Not, dieses Baumaterial in aufgeklärtkohärente Verhältnisse einzufügen. Wer einigermaßen selbstbestimmt leben will, wird dies nur erreichen, wenn er den Schwebezustand des mythischen Fühlens, Denkens und Handelns hinter sich lässt und stattdessen immer wieder Halt und Boden bei sich selbst, bei seinen Mitmenschen sowie in der Logos-geprägten Kultur sucht und findet.

Mythos und Literatur

Mythen sind Erzählungen, oftmals mit Bildern und Skulpturen, mit Inszenierungen und speziellen Zeiten und Orten ausgestaltet. Als solche wurden sie über viele Generationen weitererzählt, weitergelebt, weiterinszeniert und weiterbearbeitet. Verändernde und korrigierende Rezeption von Geschichten – das war und ist ein wesentlicher Grundzug von Mythen, den Hans Blumenberg in *Arbeit am Mythos* (1979) sehr eindrücklich beschrieben hat:

> Dass die Rezeption nicht zum Mythos dazukommt und ihn anreichert, sondern Mythos uns in gar keiner anderen Verfassung als der, stets schon im Rezeptionsverfahren befindlich zu sein, überliefert und bekannt ist, beruht trotz der ikonischen Konstanz auf der Verformbarkeit seiner Elemente, darauf, dass er nicht … aus *granitnen Gestalten* besteht.[1]

Werden Geschichten nicht mehr erzählt und rezipiert, sondern aufgeschrieben und fixiert, besteht die Tendenz, dass aus Mythen (religiöse) Dogmen werden. Bei allen schriftlichen Überlieferungen von Mythen darf nach Blumenberg deshalb darauf geachtet werden, inwiefern noch

---

[1] Blumenberg, H.: Arbeit am Mythos (1979), Frankfurt am Main 1996, S. 240.

Arbeit am Mythos – also Modifikationen, neue Akzentsetzungen, Uminterpretationen – möglich bleibt.

Die Griechen der Antike waren ausgesprochen produktive Mythenbildner. Als einer ihrer ersten Dichter, die Mythen in schriftlich-poetische Formen gossen und dann als Helden- und Göttersagen weitergaben, gilt Homer. Seine beiden Epen – die *Ilias* sowie die *Odyssee* – bedeuten grandiose Dichtkunst; mit ihnen wurde die europäische Literaturgeschichte mitinitiiert. In beiden Texten finden sich viele mythologische Erzählungen, von denen wir in unserem Buch auf einige Motive (aus der *Odyssee*) näher eingehen.

In Homers Dichtungen ist die Götterwelt ebenso eindringlich porträtiert wie die Welt der Menschen. Vor allem in der Gestalt des Odysseus gelang dem Dichter das Bild einer subtilen Individualität – in gewisser Weise ist dieser Abenteurer und bedeutende Dulder innerhalb der Weltliteratur die erste Beschreibung einer deutlich fassbaren Persönlichkeit mit ihren mannigfaltigen Schicksalen. Im Gefolge Homers (von dem nicht gesichert ist, ob es sich bei ihm nicht um ein Autorenteam gehandelt haben mag) schwangen sich etliche antik-griechische Dichter zur hohen Kunst einer dramatischen Bearbeitung von mythischen Sagen und Erzählungen (meist in Form von Tragödien) auf.

Die Dramatiker Euripides, Aischylos, Aristophanes und Sophokles schufen im fünften vorchristlichen Jahrhundert Dutzende Stücke mythologischen Inhalts: *Der gefesselte Prometheus; Die Orestie; König Ödipus; Antigone; Elektra; Medea; Iphigenie in Aulis* und andere mehr. Obwohl diese Dramen über zweieinhalb Jahrtausende alt sind, beweist ihre Aufführungs- und Inszenierungsgeschichte bis auf den heutigen Tag, wie sehr sich Menschen auch der Neuzeit mit ihren Nöten, Siegen und Schicksalsschlägen in den Mythen der griechischen Antike, bearbeitet für die Bühne, wiederfinden. Friedrich Schiller hat in seinem Gedicht *Die Götter Griechenlands* diese literarisch-mythologische Welt der Antike hymnisch gefeiert und besungen:

> Da ihr noch die schöne Welt regieret, / An der Freude leichtem Gängelband / Selige Geschlechter noch geführet, / Schöne Wesen aus dem Fabel-

land! / Ach, da euer Wonnedienst noch glänzte, / Wie ganz anders, anders war es da! / Da man deine Tempel noch begränzte, / Venus Amathusia!²

Doch da zu Beginn des 19. Jahrhunderts die Götterwelt der Griechen längst schon einem eher nüchternen Empfinden von Kosmos und Natur gewichen war, konnte Schiller die letzten zauberhaften Spuren einer mythologischen Weltsicht nur noch in der Literatur finden. Die Götter und Heroen der Antike hatten sich aus dem Alltag der Menschen zurückgezogen – ein Verlust, den der Dichter klagend zur Kenntnis nahm:

Schöne Welt, wo bist du? Kehre wieder / Holdes Blütenalter der Natur! / Ach nur in dem Feenland der Lieder / Lebt noch deine fabelhafte Spur. / Ausgestorben trauert das Gefilde, / Keine Gottheit zeigt sich meinem Blick, / Ach von jenem lebenswarmen Bilde / Blieb der Schatten nur zurück.³

Ein römischer Autor der Antike, der schon früh Mythen in eine kunstvolle Form brachte und die fabelhaften Spuren dieser Erzählungen erfasste, war Ovid. Ovid stellte um Christi Geburt die *Metamorphosen* zusammen; Metamorphosen heißt übersetzt so viel wie Verwandlungen. Beim Mythos hat man es oftmals mit Geschichten, Sagen, Figuren und Ereignissen zu tun, die sich dauernd wandeln. Wenn man sie auf den Punkt bringen und sie fixieren wollte, ist man meistens schon (wie Blumenberg betonte) aus dem Mythos herausgefallen. Ovid hat ihre dauernde Verwandlungs-Möglichkeit und -Notwendigkeit richtig gesehen und in den *Metamorphosen* auf wunderschön poetische Art zum Ausdruck gebracht.

Die Liste der Schriftstellerinnen und Dichter seit der Antike bis in unsere Zeit ist lang, die sich – wie Ovid oder Friedrich Schiller – mit den mythischen Erzählungen Altgriechenlands befasst und sie als Motive ihrer Literatur verwendet haben. In Rom waren es etwa Cicero (*Gespräche in Tusculum*) und Lukian (*Göttergespräche*), die zum Beispiel die mytho-

---

² Schiller, F.: Die Götter Griechenlands (1804), in: Sämtliche Gedichte und Balladen, Frankfurt am Main 2004, S. 124 f.
³ Schiller, F.: Die Götter Griechenlands (1804), in: Sämtliche Gedichte und Balladen, Frankfurt am Main 2004, S. 127.

logische Figur des Prometheus in manchen ihrer Texte auftauchen ließen. Während der Renaissance kümmerten sich Giovanni Boccaccio oder Marsilio Ficino um die literarisch-kunstvolle Wiedergabe und Modifikation antiker Sagen, und im 18. und 19. Jahrhundert gehörte die *Crème de la Crème* der europäischen Literaten zu den Verfechtern einer Wiederbelebung mythischer Themen (Goethe, Herder, Schiller, Schelling, Heinrich Heine, Shaftesbury, Swift, Lord Byron, Hölderlin, Karl Philipp Moritz, Friedrich Schlegel, Friedrich Hebbel, Percy Shelley). Herder etwa beschrieb in seinem *Journal meiner Reise im Jahr 1769* (1846), wie sehr er sich angesichts seiner abenteuerlichen Schiffsreise von Riga über Kopenhagen und Helsingör bis nach Nantes in die mythischen Erzählungen beispielsweise der *Odyssee* und ihrer Heroen nicht nur einfühlen, sondern auch mit deren sagenhaften Atmosphären identifizieren konnte und manchmal sogar regelrecht musste:

> Die ganze Schiffsprache, das Aufwecken, Stundenabsagen, ist daher in frommen Ausdrücken und so feierlich als ein Gesang aus dem Bauche eines Schiffs. – In allem liegen Data, die erste mythologische Zeit zu erklären. Da man, unkundig der Natur, auf Zeichen horchte und horchen musste: Da war für Schiffer, die nach Griechenland kamen und die See nicht kannten, der Flug eines Vogels eine feierliche Sache, wie er es auch wirklich im großen Expansum der Luft und auf der wüsten See ist. Da ward der Blitzstrahl Jupiters fürchterlich, wie er es auch auf der See ist: Zeus rollte durch den Himmel und schärfte Blitze, um sündige Haine und Gewässer zu schlagen ... Mit welcher Andacht lassen sich auf dem Schiff Geschichten hören und erzählen! ... Wie oft habe ich mir gesagt: Ist das das, was du zuerst sahst? Und so macht schon der erste staunende Anblick gigantische Erzählungen, Argonautika, Odysseen ...[4]

Nicht vom Erleben einer zutiefst bewegenden Schiffsreise (wie Herder), sondern von der romantischen Sehnsucht nach dem Geheimnisvollen und Zauberhaften ausgehend forderte Friedrich Schlegel – der seinerzeit die Losung ausgegeben hatte: „Doch Homeride zu sein, auch nur als letzter, ist schön." – in seiner *Rede über die Mythologie* (1800):

---

[4] Herder, J.G.: Journal meiner Reise im Jahr 1769 (1846), in: Werke in zwei Bänden, erster Band, München 1982, S. 605.

Es fehlt, behaupte ich, unsrer Poesie an einem Mittelpunkt, wie es die Mythologie für die der Alten war, und alles Wesentliche, worin die moderne Dichtkunst der antiken nachsteht, lässt sich in die Worte zusammenfassen: Wir haben keine Mythologie. Aber setze ich hinzu, wir sind nahe daran eine zu erhalten, oder vielmehr es wird Zeit, dass wir ernsthaft dazu mitwirken sollen, eine hervorzubringen.[5]

Für einen Zeitgenossen Schlegels, Friedrich Hölderlin, galten diese Gedanken nur bedingt. Hölderlin suchte sowohl in den Motiven seiner Texte als auch in der Art und Weise, wie er dichtete, Anschluss an die griechische Mythologie. So sprach er wie im Altgriechischen vom Sänger und Gesang, wenn er Dichter und Dichtung meinte; und so manche Götter Griechenlands tauchen in seinen Poemen auf, als ob sie seine guten Bekannten und täglichen Gesprächspartner gewesen wären. Dementsprechend häufig gebrauchte er in seinen Gedichten Begriffe wie Götter, Parzen, Heroen, Titanen oder auch heilig:

Das Wort „heilig", das in einer Reihe der bedeutenden Gedichte Hölderlins auftaucht, zeigt jeweils Bedeutungs- und Aussagedifferenzen in dem Sinne, dass es das über alles Profane Hinausgehende bezeichnet, wobei der Akzent zwar deutlich auf dem poetisch Schönen oder Erhabenen liegt, aber auch jede Form von das Gewöhnliche Transzendierendem bezeichnen kann.[6]

Im Vergleich zu Hölderlin war Goethes Beziehung zur griechischen Mythologie bedeutend weniger emphatisch. Zwar übernehmen in etlichen seiner Dichtungen mythische Gestalten tragende Rollen – man denke an *Faust II*. In diesem Drama treten Philemon und Baucis aus der antik-griechischen Kulturgeschichte ebenso auf wie Helena, die für kurze Zeit die Geliebte von Faust wird. Außerdem spielte Goethe darin auf den archaischen Mutter-Mythos an, indem er Faust den Gang zu den Müttern zumutet: „Wer zu den Müttern sich gewagt, / Hat weiter nichts zu überstehen."[7] Und auch in manchen Poemen hat Goethe sich mit grie-

---

[5] Schlegel, F.: Rede über die Mythologie (1800), in: Schriften zur Literatur, München 1985, S. 301.
[6] Bohrer, K.H.: Das Erscheinen des Dionysos – Antike Mythologie und moderne Metapher, Frankfurt am Main 2015, S. 87.
[7] Goethe, J.W. von: Faust II (1832), Vers 7060 f.

chischen Mythen und deren Gestalten beschäftigt – im Kapitel über Prometheus zitieren wir ihn mit seinem entsprechenden Gedicht. Daneben aber kennen wir von ihm auch Abhandlung wie *Geistesepochen* (1817), in denen er das mythische Denken und Empfinden eher wie ein Kulturwissenschaftler als eine allererste Stufe der Entwicklungsgeschichte von Kulturen einordnete:

> So haben wir in der ältesten Zeit Betrachtung, Philosophie, Benamsung und Poesie der Natur alles in allem ... Eine frische, gesunde Sinnlichkeit blickt umher, ... Dem alten Namen verleiht sie neue Gestalt, anthropomorphisiert, personifiziert das Leblose wie das Abgestorbene und verteilt ihren Charakter über alle Geschöpfe.[8]

In diesem Text vertrat Goethe die Auffassung, dass die Phase des Mythos von der Phase der Religion (Theologie) und später der Philosophie abgelöst wurde. Zuletzt sei man dabei, in den Status der Prosa und damit in einen Zustand der Auflösung ins Alltägliche einzutauchen – die Poesie jedenfalls, die ihre Inspiration und ihre Kraft unter anderem aus den Mythen und aus einem urtümlichen Volksglauben bezogen habe, gerate damit in allerhöchste Gefahr.

Auch in der Moderne, im 20. und 21. Jahrhundert, haben manche Dichter und Schriftsteller in ihren Werken gezeigt, dass jedermann bei geeigneter Perspektive die Mythen im Alltag entdecken könne. In Büchern wie *Ulysses* (James Joyce), *Joseph und seine Brüder* (Thomas Mann), *Homo faber* (Max Frisch), *Die Geburt der Odyssee* (Jean Giono), *Jasons letzte Nacht* sowie *Griechische Mythen* (Marie Luise Kaschnitz) oder *Der Mythos des Sisyphos* (Albert Camus) wird die *Conditio humana* mit Bildern aus der griechischen oder jüdischen Mythologie verknüpft, so dass ihre Bedeutung für die menschliche Existenz nachvollziehbar wird. Zugleich greifen die Dichter nicht selten zu Psychologie, Anthropologie und Humor und holen so die Mythen ins Menschlich-Allzumenschliche heim – eine literarische und säkulare Gedankenbewegung, die oft in die Emanzipation vom angeblich oder tatsächlich Unsagbaren des Mythos mündet.

---

[8] Goethe, J.W. von: Geistesepochen (1817), in: HA Band 12, München 1981, S. 298 f.

So war James Joyce in *Ulysses* (1922) davon überzeugt, dass die kritische Rationalität beim Menschen stets auch von irrational-mythischen Elementen durchsetzt ist. Daher plädierte er nicht für das Überwinden von Mythen, sondern für das Aufspüren und Integrieren mythologischer Motive im Menschenleben. Wer sich wie Stephen Dedalus oder Leopold Bloom (Hauptpersonen im Roman *Ulysses*) auch nur einen Tag lang intensiv als suchend, irrend und heimatlos erlebt hat, kann dies bagatellisierend als Störung eines ansonsten geregelten Daseins abtun. Er kann sich aber auch als in der Tradition von Odysseus und damit eines uralten Mythos stehend begreifen und anerkennen, dass Menschen im 21. Jahrhundert selbst Jahrtausende nach Homer immer noch von manchen von ihm beschriebenen anthropologischen Fragen und Gegebenheiten ereilt werden.

Paul Valéry ging noch einen Schritt weiter als James Joyce und bezeichnete die Dichtung schlechthin als Produktion von Mythen – wohlgemerkt die Dichtung und nicht die bloße Schriftstellerei. Valéry war von den sprachmagischen Wirkungen der Dichter und ihrer Worte überzeugt und sprach von regelrecht poetischer Erregung, die sie beim Leser oder Zuhörer auszulösen imstande sind:

> *Mythe* ist der Name all dessen, was den Grund seines Daseins und seinen Fortbestand allein im Wort hat … Was durch ein geringes Mehr an Genauigkeit zugrunde geht, ist eine Mythe. Unter dem schärferen Blick, unter den wiederholten und gleichgerichteten Stößen kategorischen Fragens und Forschens, womit der wache Geist sich allseits waffnet, sehen Sie die Mythen sterben und die Fauna der ungenauen Dinge und der Ideen unaufhörlich verarmen [9]

Obwohl auch er Worte bisweilen wie ein Lyriker zu wählen wusste, war Albert Camus von einer poetischen Erregung im Sinne Paul Valérys in seinen Texten meist meilenweit entfernt. Wie Joyce und auch wie Valéry verwendete jedoch auch Camus mythologische Motive, um wesentliche Aspekte der menschlichen Existenz in Worte zu fassen. In *Der Mythos des Sisyphos* (1942) griff er beispielsweise das Schicksal des Sisyphos auf, der

---

[9] Valéry, P.: Kleiner Brief über die Mythen (1929), in: Werke Band IV, Frankfurt am Main 1992, S. 251 f.

von den Göttern verurteilt wurde, sein Leben mit der absurd anmutenden Tätigkeit zuzubringen, täglich einen schweren Felsen auf einen Berg hochzurollen, um ihn am nächsten Morgen an derselben Stelle wie tags zuvor wieder am Fuße des Berges aufzufinden. Trotz der enorm sinnwidrigen Vergeblichkeit menschlicher Bemühungen, der auch wir wie Sisyphos nicht entrinnen können, endet Camus' Essay mit einem Plädoyer für den Menschen und seine Art des Lebens:

> Sisyphos jedoch lehrt uns die höhere Treue, die die Götter leugnet und Felsen hebt ... Der Kampf gegen Gipfel vermag ein Menschenherz auszufüllen. Wir müssen uns Sisyphos als einen glücklichen Menschen vorstellen.[10]

Wiederum eine andere Atmosphäre der griechisch-antiken Mythologie hat Jean Giono in *Die Geburt der Odyssee* (1930) eingefangen. Giono (1895–1970) schlüpfte in die Figur des Odysseus und transponierte dessen Schicksal in die Neuzeit. Als heimatloser Schiffsbrüchiger wird er zur Hauptperson eines bukolischen Epos, welches die Welt- und Lebensanschauung des Autors (Pazifismus sowie pantheistische Naturreligion) mit literarischen Ausdrucksformen des 20. Jahrhunderts verkündet und als Heimat des Menschen Mutter Erde und die zwischenmenschliche Liebe in allen ihren Varianten besingt:

> Auf dem feuchten Sande, flach hingestreckt, öffnete Odysseus die Augen und sah den Himmel ... Das tückische Meer heulte leise. Unaufhörlich presste er seine weichen grünen Lippen in wilden Küssen gegen den harten Mund der Felsen ... Stimmen umschwirrten ihn; warmer Atem berührte seine Haut. Er hob die Lider ... Erst ging sein Blick in die Runde, dann stieg er höher, zu den Knien, ... zu den Schenkeln hinauf ... Der Blick glitt weiter hinauf zu den Brüsten. Es war eine Frau.[11]

Ebenfalls zutiefst dem Mythos zugewandt war Marie Luise Kaschnitz (1901–1974). Sie war mit dem Archäologen und Altertums-Forscher Guido Kaschnitz von Weinberg verheiratet und lebte, dem Karriereweg

---
[10] Camus, A.: Der Mythos des Sisyphos (1942), Reinbek bei Hamburg 1999, S. 160.
[11] Giono, J.: Die Geburt der Odyssee (1930), Berlin 1936, S. 11 f.

ihres Mannes folgend, eine Weile in Rom. Dort sah sie Vasenbilder, die sie zu ihrer Auseinandersetzung mit der griechischen Antike anregten. Aus dieser Anregung heraus entstand ihr Buch *Griechische Mythen* (1943), in dem sie (wie sie selbst es beschrieb) jene mythischen Stoffe neu erzählte und deutete, die den Ausgang des Menschen aus dem Unbewussten ins Licht des Bewusstseins archetypisch erfasst haben. So spürte sie im Kap. *Hephaistos* nicht nur der Gestalt des griechisch-mythischen Schmiedes nach, sondern auch der Bedeutung des Feuers – einer Urgewalt, die die Menschen seit Langem fasziniert, und deren Beherrschung sie zu den großen Errungenschaften ihrer Geschichte zählen:

> Älter als die Vorstellung des an unterirdischer Esse gewaltig hämmernden Schmiedes ist die Verehrung des Feuers selbst. Die verborgene Kraft, deren unheimliches und unberechenbares Walten die Erde erbeben ließ, die Rauchsäulen und glühende Lava aus der Tiefe schleuderte und sich auch in nicht vulkanischer Gegend hier und dort als reine Flamme aus Spalten und Felsklüften zügelnd erhob, war dazu angetan, als eine überirdische Macht zu gelten. Der Gott offenbarte sich im Element, im Knistern der Flamme hörte man sein Gelächter, im Grollen der Erdtiefe seinen bebenden Zorn.[12]

Als Zeitgenossin von Kaschnitz griff auch Anna Seghers (1900–1983) auf Mythen des antiken Griechenlands zurück, um manche ihrer existentiellen Erfahrungen in Worte zu fassen. Bekannt geworden ist ihre Erzählung *Das Argonautenschiff* (1948), eine Erzählung, in der sie nach der Rückkehr aus ihrem mexikanischen Exil ins zerstörte Nachkriegsdeutschland (Berlin) ihre bedrückenden Impressionen und Empfindungen von Einsamkeit und Verwüstung literarisch verarbeitete. So wie die mythologische Figur des Jason nach jahrelangen Irrfahrten auf der Argo (seinem eigens für ihn erbauten Schiff) mit dem goldenen Vlies zuletzt wieder in seiner Vaterstadt eintrifft, ohne dass ihn dort noch jemand erkennt, so ähnlich erging es Seghers nach ihrer erzwungenen Abwesenheit in der Fremde: Auch ihr war die Heimat zur Fremde geworden, und auch sie war nach der Widermenschlichkeit von Faschismus, von Holocaust und

---

[12] Kaschnitz, M.L.: Griechische Mythen (1943), Frankfurt am Main 2001, S. 51.

Zweitem Weltkrieg wie Jason zur Skeptikerin und einsamen Zweiflerin geworden:

> Als er (Jason) auf einmal verstand, dass ihn das Schicksal sich selbst überließ wie die Argo, die ohne ihn weitergezogen war, da hörte er auf, an das Schicksal zu glauben. Er glaubte auch nicht mehr an die Götter. Und an die Menschen erst recht nicht mehr.[13]

Als literarisches Beispiel einer Umwandlung eines alttestamentarischen Mythos in eine moderne Romanform mag schließlich noch Thomas Manns *Joseph und seine Brüder* (1933–43) Erwähnung finden. Der Dichter schrieb ab 1926 an seinem Text über den biblischen Joseph, der sich zu einer mächtigen Tetralogie ausweitete, und worin der Mythos erneut ins Humane und Psychologische umgedeutet wurde. Angeblich hatte Thomas Mann einen Hinweis aus Goethes *Dichtung und Wahrheit* befolgt, wo es über den alttestamentarischen Josephs-Mythos heißt: „Höchst anmutig ist diese natürliche Erzählung, nur erscheint sie zu kurz, und man fühlt sich berufen, sie ins Einzelne auszumalen."[14]

Auf bewundernswerte Weise hat Thomas Mann diese Goethesche Anweisung in seinen *Josephs-Romanen* befolgt. In vier Bänden erzählt er die Geschichte der Erzväter Abraham, Isaak und Jakob, wobei er dem Lieblingssohn des Letzteren (Joseph) besonders breite Ausführungen widmet. Diese enthalten unendlich viel Psychologie und Anthropologie, so dass die biblische Erzählung ausgesprochen plastisch und anschaulich wird. Eine literarische Gehilfin des Dichters soll nach der Lektüre des Manuskripts von *Joseph und seine Brüder* gesagt haben: „Nun weiß man endlich, wie sich das alles wirklich zugetragen hat." Als der Dichter begann, sich mit der Figur des Joseph zu beschäftigen, war er etwa fünfzig Jahre alt. Damals entwickelte er die Bereitschaft, sich neben dem Individuellen von Personen auch jenen Themen zuzuwenden, die man als das Allgemeine, Typische, Zeitlose oder Mythische der menschlichen Existenz bezeichnet:

---

[13] Seghers, A.: Das Argonautenschiff (1948), in: Der Räuber Woynok, Berlin 1975, S. 80.
[14] Goethe, J.W. v.: Aus meinem Leben. Dichtung und Wahrheit (1811 ff.), HA Band 9, München 1981, S. 141.

Denn das Typische ist ja doch das Mythische, insofern es Ur-Norm und Ur-Form des Lebens ist, zeitloses Schema und von je gegebene Formel, in die das Leben eingeht, indem es aus dem Unbewussten seine Züge reproduziert ... Im Leben der Menschheit stellt das Mythische zwar eine frühe und primitive Form dar, im Leben des Einzelnen aber eine späte und reife.[15]

Mit der Darstellung der mythologischen Josephs-Figur und seiner Anverwandten beabsichtigte der Dichter, sich und seine Leser über das Wie und Woher der menschlichen Existenz aufzuklären. Am Irrationalen, Dämonischen, Chthonischen des Mythos glaubte er untersuchen zu können, was daran als Wiederkehrend-Menschliches bis in die Neuzeit hineinwirkt. Außerdem wollte der Autor die in den 30er-Jahren aktuelle Frage beantworten, ob Mythen eine Domäne von Faschismus und Totalitarismus seien, oder ob sie nicht vielmehr humanisiert und auf die Ebene von heller und apollinischer Vernunft gehoben werden können. Darüber hinaus beabsichtigte er mit seiner Tetralogie auch eine Art Anthropologie zu liefern. In *Joseph und seine Brüder* trieb ihn die Frage um, wer der Mensch ist, woher er kommt, wohin er sich entwickelt. Dass dabei mythische Muster des Denkens, Fühlens, Verhaltens ebenso wie uralte Bilder und Erzählungen über die Gattung Homo eine bedeutende Rolle spielen, war für Thomas Mann ausgemachte Sache.

Der Autor referierte nicht einfach die alte Bibelgeschichte; vielmehr erzählt er vom Erzählen selbst, von den Weisen, wie Geschichte und Geschichten entstehen und mündlich oder schriftlich überliefert werden, und welche Bedeutung den Mythen und uralten Bildern vom Menschen und der Welt dabei zukommt:

Denn da nun gerade geschieht es, dass, je tiefer man schürft, je weiter hinab in die Unterwelt des Vergangenen man dringt und tastet, die Anfangsgründe des Menschlichen, seiner Geschichte, seiner Gesittung, sich als gänzlich unauslotbar erweisen und vor unserem Senkblei, zu welcher

---

[15] Mann, Th.: Joseph und seine Brüder (1942), in: Essays Band 5, Deutschland und die Deutschen 1938–1945, Frankfurt am Main 1996, S. 187.

abenteuerlichen Zeitenlänge wir seine Schnur auch abspulen, immer wieder und weiter ins Bodenlose zurückweichen.[16]

Bereits auf den ersten Seiten der Josephs-Romane entsteht der Eindruck, dass alles immer schon so oder so ähnlich geschehen ist, wie wir es heute erleben: Bruderzwist, Vatermord, Inzest, Betrug, Verstellung, List, Ehebruch, Verführung, überraschende Wendungen des Daseins, Unfälle, Katastrophen, Niederlagen und Triumphe, Affekte – man muss nur weit genug in der Menschheitsgeschichte zurückgehen, um auf alle diese Motive des menschlichen Daseins zu stoßen. In seiner in Washington 1942 gehaltenen Rede *Joseph und seine Brüder – ein Vortrag* meinte Thomas Mann zum Zusammenhang von Mythos, Religion, Menschheits- und Individualentwicklung:

> Ich erzählte die Geburt des Ich aus dem mythischen Kollektiv, des abrahamitischen Ich, welches anspruchsvollerweise dafürhält, dass der Mensch nur dem Höchsten dienen dürfe, woraus die Entdeckung Gottes folgt. Der Anspruch des menschlichen Ich auf zentrale Wichtigkeit ist die Voraussetzung für die Entdeckung Gottes.[17]

Thomas Manns Josephs-Tetralogie darf daher wie ein großes Menschheits-Buch gelesen werden – ein Text über das Wie und Woher unserer Kultur, der uns die Umrisse unseres Strebens und Wollens aufzeigen und Kunde geben möchte über die Gesetze unseres Werdens und Vergehens. Man kann diese Romane aber auch als eine Art Buch der Heimat lesen, in dem der Dichter uns die Jahrtausende umfassende Kulturgeschichte der Menschheit erläutert als jene möglicherweise lichte und helle Stätte unserer Existenz, in der wir uns heimisch einrichten können, bevor uns neuerlich die Weltnacht umgibt, aus der wir kommen und in die wir irgendwann wieder eingehen:

---

[16] Mann, Th.: Vorspiel: Höllenfahrt, in: Die Geschichten Jaakobs (1933), Frankfurt am Main 1986, S. 9.
[17] Mann, Th.: Joseph und seine Brüder (1942), in: Essays Band 5, Deutschland und die Deutschen 1938–1945, Frankfurt am Main 1996, S. 196.

Die Maxime während der Arbeit am *Joseph* lautete ... „Mythos plus Psychologie" (Brief an Kerényi am 18.02.1941). In dieser Behandlung des Mythos wusste er (Thomas Mann) sich einig mit seinem Briefpartner Karl Kerényi, der mit Interpretationen, Anregungen und eigenen Stoffbeiträgen die Entstehung des „manifest mythologischen Werks" acht Jahre begleitete.[18]

Zuletzt noch ein kurzer Blick auf den Roman *Homo Faber* (1957) von Max Frisch, worin sich mehrere Anspielungen auf griechisch-antike Mythen finden. Walter Faber, die Hauptperson des Romans, ein dem Rationalismus zutiefst verbundener Ingenieur, verliebt sich in eine junge Frau namens Sabeth. Später stellt sich heraus, dass es seine eigene Tochter ist, mit der er dabei eine sexuelle Beziehung einging; von der Existenz dieser Tochter wusste er nichts, da er überzeugt war, dass seine frühere Partnerin Hanna Piper, die Mutter Sabeths, die damalige Schwangerschaft abgebrochen und nicht ausgetragen hatte. Nachdem Faber registriert hat, dass er mit seiner Tochter eine inzestuöse Beziehung (ähnlich wie die mythische Figur des Ödipus) unterhielt, bricht für ihn sein bisheriges Weltbild zusammen – ein Weltbild, das er eingangs selbst im Roman charakterisiert hat:

> Ich glaube nicht an Fügung und Schicksal, als Techniker bin ich gewohnt, mit den Formeln der Wahrscheinlichkeit zu rechnen. [...] Ich brauche, um das Unwahrscheinliche als Erfahrungstatsache gelten zu lassen, keinerlei Mystik; Mathematik genügt mir.[19]

Nach einem fatalen Unfall Sabeths stirbt sie, und auch Faber selbst erkrankt schwer an Krebs, ohne dass am Ende des Romans ersichtlich wird, ob er diese Erkrankung überleben kann. So oder so muss er sich nunmehr eingestehen, dass er dem Irrationalen, Emotionalen, Zufälligen ausgeliefert war und ist, und dass das Unberechenbare des Lebens ihn eingeholt und sogar überholt hat. Zum Schluss hin versucht Faber, sein Dasein nicht mehr wie ein Mathematiker auszurechnen, sondern sich ihm

---

[18] Dierks, M.: Studien zu Mythos und Psychologie bei Thomas Mann, Thomas Mann Studien zweiter Band, Frankfurt am Main 2003, S. 9.
[19] Frisch, M.: Homo Faber (1957), Frankfurt am Main 1977, S. 22.

und seinen überraschenden Volten hinzugeben: Ich preise das Leben! – heißt es da; ich hänge an diesem Leben wie noch nie. Weiterhin nimmt Faber sich vor: „Standhalten dem Licht, der Freude, im Wissen, dass ich erlösche."

In *Homo Faber* wird der Leser mit Figuren konfrontiert, die ihren individuellen oder kollektiven Lebensgesetzen entkommen oder zuwider handeln wollen, und die wiederholt scheitern, weil ihnen die Integration von zufälliger Notwendigkeit und möglicher Freiheit im Dasein nicht gelingt. Der gefühlskarge und technikgläubige Ingenieur Faber schlittert sehend-nichtsehenden Auges in eine ödipale Tragödie und kann den Ablauf seiner Geschichte allen Bemühungen zum Trotz nicht zu seinen Gunsten wenden. Ebenso wenig wie über den Ausgang seiner Krebs-Behandlung erfahren wir als Leser über die Möglichkeiten Fabers, aus seinen Wunschvorstellungen dem Leben gegenüber Wirklichkeit werden zu lassen.

Manche Schriftsteller und Dichter allerdings gestehen ihren literarischen Gestalten die Fähigkeit zu, das Sinnwidrige, Zufällige, Fatale ihrer geschilderten Lebensumstände (das uns oft genug an uralte Mythenstoffe erinnert) als solches zumindest zu erkennen – ohne dass sie aber diesen Herausforderungen immer ausweichen oder erfolgreich Paroli bieten könnten. Als Anregungen oder Modelle für unser eigenes Dasein können solche Figuren jedoch allemal dienen – lässt sich an ihnen und ihren literarischen Biographien zumindest ablesen, wie sehr wir Menschen bei aller aufgeklärten Rationalität dem Irrationalen, Unbewussten und Schattenhaften unserer Existenz ausgesetzt und nicht selten auch ausgeliefert sind.

Ähnlich wie der Zufall Tragisches, Fatales und Absurdes zu induzieren vermag, kann er (selten genug) auch Gegenteiliges hervorrufen – man denke nur an das zufällige Zusammentreffen und Kennenlernen zweier Menschen, aus dem in der Folge Verliebtheit, Liebe, Eros und Sexus entspringen. Die Griechen der Antike hätten die Gottheiten Eros und Kairos (und damit den Mythos) bedient, um sich derart Wundervolles verständlich zu machen. Wir Modernen sprechen von einem glücklichen Zufall; doch genauso wie bei unseren Altvorderen vor 2500 Jahren liegt es dann an uns, aus dem Zufälligen eines Treffens das Überwältigende einer Liebe erwachsen zu lassen und sich den daraus resultierenden Veränderungen hinzugeben. Wir leben und wir werden gelebt – wir gestalten unser Dasein und wir werden von ihm gestaltet. Obschon wir für den letzteren Aspekt kaum je einen Mythos oder eine Gottheit ins Feld führen, um sie dafür verantwortlich zu machen, gehört es zu unseren vornehmsten Aufgaben und Herausforderungen, das Leben (meist in Form und Funktion der Mitmenschen) gestalterisch auf und an uns wirken zu lassen, insbesondere dann, wenn es sich um Gott Eros handeln sollte, der wieder einmal sein nimmermüdes Spiel beginnt.

Mythos und Kunst

Kunst ist unter anderem Verwandlung ehemals mythischer Inhalte in Bilder, Skulpturen, Schauspiel, Tanz, Melodien, Fotografien und Architektur. Schon vor Jahrtausenden haben Menschen sie bewegende, existentielle Themen nicht nur als mythische Erzählungen, sondern auch in künstlerischer Manier ausgedrückt. Bekannt sind die Höhlenmalereien aus der Steinzeit (40.000 bis 10.000 Jahre vor unserer Zeit) von Altamira (Spanien) oder Castanet (Frankreich) sowie diejenigen aus der Chauvet-Höhle (ebenfalls Frankreich).

Lange Zeit war umstritten, ob es sich dabei um künstlerischen Ausdruck oder aber lediglich um bloße Wiedergaben von Erlebtem und Wahrgenommenem handelte. An den verschiedenen Höhlenmalereien, die man als Parietalkunst bezeichnet (parietal – zur Wand gehörig), werden inzwischen jedoch Stile und Maltechniken diagnostiziert, die dafürsprechen, diese Malereien durchaus als frühe, tastende Manifestationen künstlerischer Betätigung zu begreifen:

> Denn diese Werke wenden sich von der Welt der Technik und der Naturbearbeitung ab, um eine Verbundenheit mit dem Tier zu markieren, die nichts mit Proteinen oder den Gefahren, die von ihm ausgehen, zu tun

hat … Der Mensch verliert sich nicht in Selbsterhaltung und nützlichem Tun, wenn er sich dieser animalischen Welt hingibt. Kunst, die aus Arbeit, Technik und Erkenntnis hervorgeht, will doch nicht auf diese hinaus, sie ist kein Werkzeug und nützt in diesem Sinne nichts. In … seinen Bildwerken begann der Mensch zu spielen, was es rechtfertigt, sie als den Anfang der Kunst zu bezeichnen.[1]

Einige Jahrtausende später zeigten Künstler in Mesopotamien und Ägypten, auf Kreta und wenig darauf im antiken Griechenland, wie großartig sich mythische Figuren und Erzählungen in künstlerischen Ausdruck kleiden und verwandeln lassen. Insbesondere während der sogenannten Achsenzeit (also beginnend im 7. und 6. Jahrhundert vor Christus) wurden viele Mythen verschriftlicht und in Literatur gegossen – die Epen Homers oder die Dramen von Aischylos, Sophokles und Euripides beeindrucken uns bis heute.

Daneben entwickelten sich Architektur, Bildhauerei und Malerei (z. B. auf Vasen und anderen Gefäßen) in der ägyptischen und griechischen Antike. Einen Großteil ihrer Mythen tradierten die Griechen mittels ihres enorm kreativen künstlerischen Formenreichtums; sie schufen Kunstwerke, deren Ästhetik die menschlichen ebenso wie die göttlichen Gestalten unüberbietbar verherrlichte. Je mehr sich im sechsten vorchristlichen Jahrhundert durch das Aufkommen der Philosophie und hierbei vor allem der Naturphilosophie eine breite Bewegung *Vom Mythos zum Logos* (Wilhelm Nestle) abzuzeichnen begann, umso entschiedener wanderten die mythischen Inhalte in die Literatur und in die diversen Künste aus:

Als einst die Kraft des Mythos nachzulassen begann, als das Numinose immer weniger in der Wirklichkeit erfahren werden konnte, begann man, es mehr und mehr nur ideell, im bloßen Bild nämlich, festzuhalten. Das Bild war nun nicht mehr die Sache selbst, wie vordem, wo auch der Gott im Tempel er selbst und nicht bloß dessen Abbild war. Indem so die alte Einheit von Ideellem und Materiellem zerbrach, traten auch Kunst und Wirklichkeit auseinander. Gerade dies aber hatte zunächst ein unerhörtes

---

[1] Kaube, J.: Die Anfänge von allem, Berlin 2017, S. 119.

Aufblühen künstlerischer Tätigkeit in der klassischen Zeit der Antike und ihrer Spätzeit zur Folge.[2]

Diese enge und sie inspirierende Bezugnahme von Künstlern auf mythologische Inhalte zieht sich wie ein roter Faden durch das Kunstschaffen der europäisch-abendländischen Geistes- und Kulturgeschichte in den letzten 2500 Jahren. Selbst während des Mittelalters, als vorwiegend christlich-religiöse Motive die Musik, Architektur, Bildhauerei und Malerei dominierten, ging der künstlerische Bezug zu mythologischen Themen nicht vollständig verloren; vor allem die Geschichten des Alten Testaments wurden dabei von mittelalterlichen Künstlern in ihrem Schaffen berücksichtigt.

Insbesondere die Renaissance entdeckte dann jedoch die Möglichkeiten neu, die Mythen der Antike zur Umdeutung ins Humane zu nutzen. Die griechische und römische Götterwelt war bedeutend differenzierter als der Monotheismus des Alten und des Neuen Testaments. Auf dem Olymp gab es eine Götterfamilie, die im Grunde einem Adelsgeschlecht glich, das menschliche Merkmale in überhöhter Potenz aufwies und in Skandale und Skandälchen verwickelt war, in denen sich die Menschen spiegeln und mit denen sie sich identifizieren konnten.

Viele Renaissance-Künstler – von Michelangelo bis Albrecht Dürer und von Benvenuto Cellini bis Hieronymus Bosch oder Tizian oder Lucas Cranach – suchten und fanden die Motive für ihre Bilder und Skulpturen in den antiken Mythen, anhand derer sie die *Conditio humana* liebevoll und gedankenreich aus- und nachgemalt haben. Seither, also seit dem 14. und 15. Jahrhundert, regte und regt die griechische und römische Mythologie Künstler aller Schattierungen immer wieder aufs Neue zu kreativ-schöpferischen Auseinandersetzungen an.

Die Maler des sogenannten Goldenen Zeitalters in den Niederlanden (zum Beispiel Rembrandt) ebenso wie diejenigen des Barock (beispielsweise Peter Paul Rubens), die Bildhauer zur Zeit der europäischen Klassik (etwa Antonio Canova oder Bertel Thorvaldsen) ebenso wie die Künstler der Romantik (zum Beispiel Caspar David Friedrich, Francisco de Goya, Carl Blechen, William Turner, Johann Heinrich Füssli) griffen wieder-

---

[2] Hübner, K.: Die Wahrheit des Mythos, München 1985, S. 293.

holt und sehr gerne auf mythische Gestalten und Erzählungen als Sujets für ihre Bilder und Skulpturen zurück. Diese Motive dienten ihnen – ähnlich wie den Künstlern des Mittelalters die christlichen Szenen des Alten und Neuen Testaments – als spannende und häufig dramatische Narrative, anhand derer sie psychosoziale Konflikte und existentiell relevante Situationen von Menschen darstellen konnten: Die Mythen eigneten sich bestens als Matrix und Folien für anthropologische Fragen und Antworten.

Dies galt nicht nur für die bildenden Künste, sondern auch zumindest für einen bekannten Ton-Künstler des 19. Jahrhunderts: Richard Wagner. Kaum ein anderer Komponist hat derart viele Anleihen bei mythischen Figuren und Erzählungen genommen wie er – wobei er sich vor allem beim germanischen und nordischen Sagen-Kreis bediente. Seine Opern waren fast ausschließlich Gesamtkunstwerke, die die mythischen Inhalte mit bisweilen betörend schöner Musik auf die Bühne zauberten, ohne dass sie das Publikum zur distanzierenden Aufklärung über diese Mythen animierten. Im Gegenteil: Die von Wagner als Weihefestspiele in Bayreuth konzipierte Aufführungspraxis sollte die Hörer und Zuschauer in ihren Bann ziehen und die Wahrheit des Mythos affektiv erlebbar machen:

> Für Wagner war der Logos nicht das Andere des Mythos; vielmehr enthielt der Mythos die Wahrheit des Logos in sich … „Das Unvergleichliche des Mythos", so fasste er seine Überlegungen zusammen, „ist, dass er jederzeit wahr, und sein Inhalt, bei dichtester Gedrängtheit, für alle Zeiten unerschöpflich ist."[3]

Ende des 19. und zu Beginn des 20. Jahrhunderts kamen Kunststile obenauf, die einer (bloßen) Wiedergabe mythischer Inhalte diametral entgegengesetzt waren: der Impressionismus sowie der Kubismus. Impressionistische Maler setzten ihre Interessen und Fähigkeiten darein, ihre jeweils subjektiven Wahrnehmungen der Wirklichkeit um sie her auf die Leinwand zu bannen. Farbnuancen, Stimmungen, Lichtspiegelungen,

---

[3] Münkler, H.: Marx, Wagner, Nietzsche – Welt im Umbruch, Berlin 2021, S. 310.

momentane sinnliche Eindrücke waren für die Impressionisten viel, viel wichtiger als mythologische Gestalten und Geschichten.

Noch entschiedener als die impressionistischen Künstler verfuhren die Maler und Bildhauer des Kubismus. Schufen die Impressionisten ihre Bilder, indem sie Licht- und Farbpartikel auf- und nebeneinander setzten, um ihre Stimmungen und Empfindungen auszudrücken (eindrücklich bei Pointilisten zu studieren), bezogen sich kubistische Künstler auf geometrische Grundformen wie Zylinder, Quadrat, Dreieck, Kugel, Kreis etc. – aus diesen mathematischen Elementen konstruierten sie die Inhalte ihrer Bilder. Beinahe handelte es sich hier um eine wissenschaftliche Malerei (so bezeichnete Apollinaire diese Kunst), der es vorrangig darum ging, die Wahrnehmung der Wirklichkeit und die gedankliche Konstruktion von Realität transparent zu machen.

Während seiner kubistischen Phase hat beispielsweise Picasso verschiedene Motive künstlerisch bearbeitet: Stillleben, Landschaften, Porträts und natürlich weibliche Akte. An einem dieser Bilder, das den Titel *Frau mit Bluse in einem Sessel* (1913) trägt, lässt sich gut nachvollziehen, was der Künstler über Zielsetzungen und Effekte seiner kubistischen Aktmalerei gesagt hat: „Man muss die Mittel finden, den Akt zu schaffen, wie er ist. Du musst dem Betrachter die Mittel geben, den Akt selbst mit seinen Augen zu schaffen." Er zersplitterte das Gegenständliche auf den Akt-Bildern und löste es in geometrische Formen auf; zum Schluss setzte Picasso die Teile wieder wie Kristalle zu funkelnden Bildern zusammen. Mythen, Numinoses und Mythologisches wurden dabei kaum verhandelt – viel mehr ging es um malerische Versuche der rationalen Analyse und Synthese, um Konstruktion und Dekonstruktion.

Wie eine Gegenbewegung zu Impressionismus und Kubismus wirkte – auch in Bezug auf den Mythos – der Expressionismus. Maler und Bildhauer wie Vincent van Gogh, Oskar Kokoschka, Emil Nolde, Max Beckmann, Edvard Munch, Paula Modersohn-Becker, Alexej von Jawlensky, Gabriele Münter beabsichtigten, ihren Emotionen ungefilterten Ausdruck zu verleihen. Sie lösten sich von tradierten Form- und Farbsprachen sowie vom perspektivischen Sehen, um ungehemmt mit den Objekten ihrer Bilder eins werden zu können. Sowohl in der künstlerischen Verschmelzung mit der Welt als auch in manchen ihrer Sujets erlebten sie etwas durchaus Mystisch-Mythisches sowie eine Milderung ihrer eventuell vorhandenen Selbst- und Weltentfremdung:

> Im Expressionismus explodiert jene unterdrückte und verschüttete Seite des modernen Menschen, auf der er nie aufgehört hat, das Numinose zu erfahren und in den Mysterien der Liebe, der Geburt, des Todes, der Sonne, des Lichts, der Nacht und des Tages, dem Göttlichen zu begegnen.[4]

Expressionistisch orientierte Künstler haben zusammen mit Malern, die sich dem Kubismus verpflichtet wussten, die Weiterentwicklung der figural-bildenden zur abstrakten Kunst und Malerei ermöglicht. Meist wird in diesem Zusammenhang Wassily Kandinsky als wichtiger Experimentator benannt. In seinen *Kompositionen* löste er sich vollständig von einer figurativen Darstellung und vertraute ganz der Ausdruckskraft von Farbe und Form – wobei es sich bei seinen Formen um primär geometrische Gebilde handelte:

> Solche rein abstrakte Wesen, die als solche ihr Leben haben, ihren Einfluss und ihre Wirkung, sind ein Quadrat, ein Kreis, ein Dreieck, ein Rhombus, ein Trapez und die unzähligen anderen Formen, die immer komplizierter werden und keine mathematische Bezeichnung besitzen. Alle diese Formen sind gleichberechtigte Bürger des abstrakten Reiches.[5]

Neben Kandinsky setzte sich auch Paul Klee mit den Möglichkeiten abstrakter Kunst auseinander. Klee experimentierte mit Zeichnungen und Bildern, denen man auf den ersten Blick oftmals etwas Kindlich-Naives attestierte. Abgesehen davon, dass solche Zuschreibungen für ihn Komplimente bedeuteten, weil er der kindlichen Kreativität und Phantasie sehr hohe Wertschätzung entgegenbrachte, betonte er wiederholt, dass seine wie viele andere abstrakte Kunstwerke durchaus nicht einem bloßen Kleinkind-Geklecks entsprächen.

Der Zweite Weltkrieg, die totalitären Regime in Europa und deren Ächtung von abstrakter und expressionistischer Kunst sowie der Antisemitismus trugen dazu bei, dass die Entwicklung hin zum *Abstrakten*

---

[4] Hübner, K.: Die Wahrheit des Mythos, München 1985, S. 315.
[5] Kandinsky, W.: Über das Geistige in der Kunst (1912), Bern 1973, S. 70.

Expressionismus kein europäisches, sondern vor allem ein US-amerikanisches Phänomen wurde. Insbesondere die *New York School* mit den Hauptvertretern Willem de Kooning und Jackson Pollock machte mit Farbfeldmalerei und *Action Painting* von sich reden. Zu den Letzteren gesellten sich Künstler wie Mark Rothko, Cy Twombly, Franz Kline, Joan Mitchell sowie die während des Zweiten Weltkriegs aus Europa in die Vereinigten Staaten emigrierten Piet Mondrian, Marc Chagall, Max Ernst und Marcel Duchamp, die alle ihren Anteil an der Entfaltung des Abstrakten Expressionismus hatten.

Die Weltwirtschaftskrise 1929, der vor allem in Europa virulente Totalitarismus (Faschismus, Bolschewismus) sowie der verheerende Zweite Weltkrieg hatten bei vielen Intellektuellen und Künstlern eine intensive und überaus kritische Debatte über Fortschritt, Kultur und Menschenbild ausgelöst. Hinzu kam 1945 der Abwurf der ersten Atombomben sowie das Bekanntwerden der unfassbaren Ausmaße des Holocausts – beides verstärkte die skeptische Überzeugung in weiten Kreisen der Kulturschaffenden, dass allein mit Vernunft und Wissenschaft die Menschheit nicht zu retten sei. Manche Vertreter des Abstrakten Expressionismus tendierten zur Meinung, dass in dieser menschheitlichen Krise viele jener anthropologischen Konstanten zum Vorschein getreten waren, die man in den sogenannt primitiven Kulturen als gegeben vermutete: ungehemmte Aggressivität und Destruktivität, ungezügelte Affekt- und Triebdurchbrüche. Ihre „primitiv"-expressiv-abstrakten Ausdrucks-, Mal- und Kunstformen entsprachen daher recht eigentlich besehen der weltweit krisenhaften Zuspitzung in Gesellschaft und Kultur:

> Mark Rothko, Adolph Gottlieb und Barnett Newman sahen sich ... als moderne Mythenschöpfer, die im Rückgriff auf „primitive" und archaische Kulturen ... zeitlos gültige und unmittelbar zugängliche Metaphern und Symbole für die tragische Befindlichkeit des modernen Menschen schaffen wollten.[6]

Fast alle Vertreter des abstrakten Expressionismus einte die Überzeugung, dass Emotionen und Spontaneität wichtigere Voraussetzungen für die Ma-

---

[6] Hess, B. & Grosenick, U. (Hrsg.): Abstrakter Expressionismus, Köln 2005, S. 10.

lerei und das Kunstschaffen bedeuten als Vernunft, Planung und perfekt umgesetzte Techniken. Der Farbauftrag mit Spachteln und den bloßen Händen oder das Bewerfen einer Leinwand mit Farbbeuteln und -eimern gehörten ebenso zum Methodenkanon dieser Künstler wie die Verwendung von Sand, Gips, Lehm oder Holzspänen, die überraschende Oberflächeneffekte auf den jeweiligen Bildern hervorriefen:

> Ihre Werke mussten rasch entstehen wie die der chinesischen Kalligraphie, sie durften nicht überlegt sein, sondern mussten gleichsam unmittelbar hervorbrechen ... Auch in dieser Beziehung setzte die neue Bewegung die Tradition des frühen 20. Jahrhunderts fort. Kandinsky, Klee und Mondrian waren ja auch Mystiker gewesen, die durch den Schleier der Erscheinung hindurch zu höheren Wahrheiten durchzudringen hofften.[7]

Vor allem Paul Klee jedoch spielte in vielen seiner Bilder und Zeichnungen nicht auf tradierte mythische Sujets an – vielmehr schuf er neue Mythen, die in Werken wie *Ad Parnassum* (1932) oder auch in seinem Engel-Zyklus spürbar werden. So transponierte Klee in *Ad Parnassum* den Gebirgsstock in Griechenland, auf dem der altgriechischen Mythologie zufolge Apollon und die Musen wohnten, flugs nach Dessau, wo er sich am dortigen Bauhaus lange Zeit wie auf dem Parnass befindlich erlebt haben musste; oder nach Düsseldorf, wo er seit dem Sommer 1931 eine Professur an der Kunstakademie innehatte, die ihm sehr viele Freiheitsgrade für künstlerische Aktivitäten garantierte. Außerdem finden sich in diesem Bild aufgrund der pointilistischen Malweise musikalische Elemente, die an *Gradus ad Parnassum* erinnern – eine musiktheoretische Schrift aus dem 18. Jahrhundert, welche der musikalisch versierte Paul Klee kannte und aufgrund ihres Inhalts (Polyphonie) schätzte. Die einzelnen Farbpunkte können daher wir Noten gelesen werden, und *Ad Parnassum* wird so beinahe zu einem intermedialen Ereignis, das der Idee und dem Konzept vom Gesamtkunstwerk nacheifert.

Wie sehr sich Klee alter mythologischer Begriffe lediglich bediente, um sie mit seinen sehr eigenen Inhalten anzureichern, wird vor allem an seinem Engel-Zyklus deutlich. Gemeinhin werden Engel mit der christ-

---

[7] Gombrich, E.: Die Geschichte der Kunst (1950), Frankfurt am Main 1996, S. 604 f.

lichen Religion assoziiert – doch wird man damit diesem Phänomen nicht gerecht. Der Terminus Engel stammt vom griechischen *Angelos* her, was soviel wie Sendbote bedeutete; solche Sendboten kannte bereits die griechische und römische Mythologie sowie das Judentum. Die Engel wurden dabei als geschlechtslose Geistwesen vorgestellt, die zwischen den Göttern und den Menschen vermitteln und neben der Aufgabe der Vermittlung von Botschaften auch Schutzmaßnahmen für die Menschen übernehmen.

Paul Klee befasste sich in seinem Oeuvre ein Viertel Jahrhundert lang immer wieder mit dem Engel-Motiv, wobei er diese Zwischenwesen ganz im Sinne seines Skeptizismus interpretierte. Sie bedeuteten ihm Kommentare zur menschlichen Existenz und Geschichte, und dementsprechend tauchen bei ihm vergessliche, hässliche, sorgenvolle, witzige, ängstliche, heitere, traurige, intellektuelle oder mit Schellen versehene Engel auf. Mit am bekanntesten dürfte seine aquarellierte Zeichnung *Angelus novus* (1920) sein, die Walter Benjamin käuflich erworben hat, und die zuletzt über Gershom Scholem im Israel-Museum in Jerusalem gelandet ist. Benjamin, der Paul Klee als Künstler enorm schätzte, nahm mehrfach in seinen Schriften auf Zeichnungen Klees Bezug, so auch in seinem postum erschienenen Text *Über den Begriff der Geschichte*:

> Es gibt ein Bild von Klee, das *Angelus Novus* heißt. Ein Engel ist darauf dargestellt, der aussieht, als wäre er im Begriff, sich von etwas zu entfernen, worauf er starrt. Seine Augen sind aufgerissen, sein Mund steht offen und seine Flügel sind ausgespannt. Der Engel der Geschichte muss so aussehen. Er hat das Antlitz der Vergangenheit zugewendet ... Er möchte wohl verweilen, die Toten wecken und das Zerschlagene zusammenfügen. Aber ein Sturm weht vom Paradiese her, der sich in seinen Flügeln verfangen hat und so stark ist, dass der Engel sie nicht mehr schließen kann ... Das, was wir den Fortschritt nennen, ist *dieser* Sturm.[8]

Ähnlich wie Klee und Benjamin hat übrigens auch Rainer Maria Rilke in seinen *Duineser Elegien* (1922) auf den Engel-Mythos zurückgegriffen,

---

[8] Benjamin, W.: Über den Begriff der Geschichte (1940), in: Gesammelte Schriften, Band I.2, Frankfurt am Main 1980, S. 697 f.

um seine ebenfalls skeptischen und religionsfernen anthropologischen Reflexionen anzustellen:

> Wer, wenn ich schriee, hörte mich denn aus der Engel / Ordnungen? und gesetzt selbst, es nähme / einer mich plötzlich ans Herz: ich verginge von seinem / stärkeren Dasein. Denn das Schöne ist nichts / als des Schrecklichen Anfang, den wir noch grade ertragen, / und wir bewundern es so, weil es gelassen verschmäht, / uns zu zerstören. Ein jeder Engel ist schrecklich.[9]

Nicht unerwähnt soll bleiben, dass sich der Engel-Mythos in der Kunst bis in die Filmkunst hinein fort- und durchgesetzt hat. Ein prominentes Beispiel dafür ist Wim Wenders Film *Der Himmel über Berlin* (1987), in dem die Engel Damiel und Cassiel die rein geistigen Hauptfiguren spielen. Sie greifen nicht ins Leben der Menschen ein; ihre Funktion besteht lediglich darin, die Menschen unsichtbar zu begleiten und sie zu ermutigen. Als literarische Bezüge tauchen im Film sowohl Benjamins *Über den Begriff der Geschichte* als auch die *Duineser Elegien* von Rilke auf; und bildhaft meint man, so manche Engel-Zeichnung von Paul Klee in dem Film-Epos wiederzuerkennen.

Einen weiteren Zusammenhang zwischen Mythos und Kunst möchte ich noch erwähnen, der sich in Anlehnung an einen Buchtitel des Psychoanalytikers Otto Rank am ehesten als *Mythos von der Geburt des Künstlers* beschreiben lässt. Rank hat in seiner Abhandlung *Der Mythos von der Geburt des Helden* (1922) anhand vieler historischer Beispiele dargelegt, welche sagenhaften Abstammungs- und Geburts-Bedingungen denjenigen angedichtet wurden und werden, die später als Heroen von sich reden machen. Die Stereotypien der Heldenlegenden erscheinen frappant, und die biographischen Muster (z. B. Geburt in aristokratische Kreise; Aussetzung in ärmliche Existenzbedingungen; spätere Wiedergutmachung und Anerkennung der königlichen Abstammung) wiederholen sich beinahe regelhaft.

Als ein eindrückliches Beispiel für einen solchen sagenumwobenen Werdens-Prozess als Künstler mag die Autobiographie respektive die

---

[9] Rilke, R.M.: Erste Duineser Elegie (1912/22), in: Die Gedichte, Frankfurt am Main 2006, S. 689.

Legendenbildung von Joseph Beuys dienen. Beuys (1921–1986) war als Jugendlicher zur HJ gestoßen und meldete sich 1941 als 20-Jähriger freiwillig zur Luftwaffe; die Fliegerei begeisterte ihn damals ähnlich stark wie die Botanik und die Zoologie, die Bildhauerei sowie die Malerei. Im Frühjahr 1944 wurde Beuys bei einem Absturz seines Flugzeugs über der Krim verletzt. Nach dem Krieg beschrieb er im Rückblick auf dieses Ereignis, dass ihn Krimtataren gerettet und gesund gepflegt hätten, indem sie seine Wunden mit tierischem Fett gesalbt, seinen Körper mit Filz warmgehalten hätten. Seine spätere Vorliebe als Künstler, ausführlich mit den Materialien Fett und Filz zu arbeiten, hatte damit einen biographisch-organismischen Hintergrund erhalten, der noch dazu trefflich mit der Welt- und Lebensanschauung des Künstlers (seine Naturverbundenheit und Biophilie) übereinstimmte.

So überzeugend diese Geschichte klingt, hat sie doch einen sehr entscheidenden Nachteil: Sie ist schlicht erfunden. Beuys wurde schon bald nach dem Absturz von einem deutschen Suchkommando gefunden und gerettet, und womöglich hat er die Legende mit den Krimtataren (wie seine Ehefrau nach seinem Tod vermutete) lediglich als Inhalt eines Fiebertraums erinnert und nach und nach als wirkliches Erlebnis abgespeichert und weitererzählt.

Wie immer dem auch gewesen sein mag: Der Mythos von der Geburt des Künstlers Beuys, der für sich und andere glaubhaft machen konnte, dass ein Teil seines Schaffens und seiner künstlerischen Akzentsetzungen einem existentiell-biographisch erschütternden Hintergrund entsprungen ist, trug wohl mit dazu bei, aus einem zweifelsohne kreativen und originellen Menschen die Legende eines Künstler-Heroen erwachsen zu lassen. Dieser sein Privatmythos diente ihm, seine Identität als Ausnahme-Mensch und Künstler für sich und seine Umwelt glaubhaft aufrechtzuerhalten.

Doch gilt für Beuys wie für alle anderen Künstler, Wissenschaftler, Philosophen und Kulturschaffende: Nicht die einzelne Person ist groß, sondern allenfalls deren soziale und/oder kulturelle Leistung; und wir tun gut daran, die Biographie und den Charakter der angeblichen Kultur-Heiligen und Kultur-Heroen mit nüchterner Skepsis (also Mythen-kritisch in Richtung Logos orientiert) zu betrachten, ohne dass eine solche Optik zu Geringschätzung oder Entwertung der jeweiligen Person oder ihres Werks beitragen muss. Allfällige Hagiographien werden dadurch in ihrer Wirkung aber merklich geschmälert, und der Legendenbildung wird zumindest nicht nachgeholfen.

Statt sich auf das Kreieren von Privatmythen oder ähnlicher Narzissmen zu kaprizieren, besteht die Aufgabe für Künstler meiner Ansicht nach darin, jene Leerstellen zu besetzen oder zumindest zu bearbeiten, die entstehen, sobald die Mythen (oder auch die Religionen) der Vergangenheit nicht mehr für bare Münze genommen werden und damit zum Teil phantastische Geschichten und das in ihnen investierte Sinn- und Bedeutungsreservoir wegfallen. Den mythischen Wert- und Orientierungsrahmen kritisch-skeptisch zu analysieren und wenn nötig auch zu zersetzen, ist das Eine, was nottut; darüber hinaus aber dürfen die Künstler jeglicher Couleur andere und neue und womöglich noch passendere Geschichten über uns Menschen, den Kosmos und das Leben malen, zeichnen, komponieren, bildhauen, tanzen, fotografieren, schauspielern.

Das Ausmaß an Sinnwidrigkeiten bis hin zur puren Absurdität in unserer Welt ist immens; Kunst darf und soll diese oft himmelschreienden Defizite sichtbar machen und sich darüber empören. Daneben fällt ihr aber auch die Rolle einer Sucherin zu, die wünschelrutenartig nach verborgenen Adern von Sinn, Wert und Bedeutung fahndet und die Ergebnisse dieser Suchbewegungen mitteilt. Mögen es auch noch so kleine Partikel der Sinnhaftigkeit und Wertorientierung sein, die sie zutage fördert, erhöht sie damit doch (merklich) das Niveau der Humanität – wobei das Erlebnis von Sinn, Wert und Bedeutung für die Künstler ebenso wie für die Kunstrezipienten oftmals darin besteht, das Kunstwerk als Resonanzsphäre (zwischen der eigenen Person und ihren Formen einerseits und dem Anderen, dem Fremden, Dämonischen, Formsprengenden andererseits) zu empfinden:

> Die Kunst ist – fast gleichzeitig mit der und in ganz ähnlicher Weise wie die Natur – zur vielleicht wichtigsten und nach und nach alle Alltagsbereiche durchdringenden Resonanzsphäre der Moderne geworden ... Ästhetische Resonanzfähigkeit ist auf diese Weise als kollektiv verbindliche Forderung an die gesellschaftliche Stelle religiöser Resonanzfähigkeit getreten.[10]

---

[10] Rosa, H.: Resonanz – Eine Soziologie der Weltbeziehung, Berlin 2016, S. 472 f.

Mit einer solchen Aufgaben-Zuschreibung plädiere ich nicht für eine einfache und unkritische Fortsetzung jener Kunst-Definitionen, die im 18. und zu Beginn des 19. Jahrhunderts formuliert wurden. Damals wurde zum einen die Autonomie von Kunst betont, um dadurch die zunehmend als in großer Gefahr erlebte Totalität des Menschen zu retten oder wiederherzustellen. Und zum anderen sollten Kunst und Künstler, insbesondere Theater und Literatur, als Bildungsanstalten dienen, die der Persönlichkeitsentfaltung der Zuschauer und Leser förderlich waren.

Beide Charakteristika von Kunst behaupten heute kaum noch ihre Gültigkeit und sind inzwischen mit einer Fülle von Fragezeichen versehen worden. So haben sich sowohl die Totalität von Menschen als auch die Entfaltung ihrer Person als komplexer, unmöglicher erwiesen als gewünscht. Allen Aufklärungsimpulsen und -bemühungen zum Trotz haben sich die Welt, die äußere und die innere Natur des Menschen ebenso wie die Gesellschaften und Kulturen als undurchschaubarer und weniger direkt beeinflussbar herausgestellt als gedacht – das Unverfügbare sowohl an unserer Menschen-Natur als auch in soziokultureller Hinsicht meldet sich wiederholt auch in der Moderne und unserer Gegenwart.

Im 21. Jahrhundert attribuieren wir Verantwortlichkeiten für das Unverfügbare unseres Lebens in der Regel nicht mehr bei Göttern und Dämonen oder bei Elfen, Grazien und Penaten; stattdessen lehren uns die Wissenschaften, dass es den Zufall und das Chaos gibt, das Unbewusste und viele bloße Wahrscheinlichkeiten, aber wenig absolute Sicherheiten. Unsere Kenntnisse und unsere Einstellungen angesichts dieser Limitierungen haben sich sehr verändert – wir erleben die Welt zunehmend nüchtern und als entzaubert. Die Empfindungen von Ohnmacht oder Ausgesetzt-Sein jedoch erinnert bisweilen noch an jene Zeiten, als märchenhafte Mythen und religiöser Aberglaube und nicht eine wissenschaftlich-technische Zurichtung der Welt unser Dasein durchzogen.

Diese zeitgeistbedingten Veränderungen unserer Lebensempfindungen zeigen Folgen im Bereich der Kunst. In den letzten Jahrzehnten hat sich eine Ästhetik des Performativen etabliert – eine Theorie der Kunst also, die auf das Zugleich von einerseits Zeigen und Sprechen sowie andererseits Handeln und verändernder Tat abzielt. Damit verbunden ist eine

Annäherung von Leben und Kunst, bei der die Grenze dazwischen oftmals in beiden Richtungen überschritten wird, und von der sich nicht wenige neue zauberhafte Verhältnisse für ihr Dasein erhoffen:

> Die Wiederverzauberung der Welt, die sich in dieser Verknüpfung von Kunst und Leben vollzieht und auf die eine Ästhetik des Performativen abzielt, ist nun nicht als Rückfall in das religiöse Weltbild des 17. Jahrhunderts noch gar in das magische Bewusstsein jener fernen Zeiten misszuverstehen, da das Wünschen noch geholfen hat.[11]

Der Zauber, den die Künste hervorrufen können, speist sich nun nicht mehr aus der schieren Wiederholung altgriechischer Götter- und Heroen-Erzählungen oder aus mythologischen Versatzstücken, die ins Vokabular der Moderne eingeschoben werden, um der nüchternen Kühle etwas Wärmendes überzuhelfen. Zauberhaft wirkt vielmehr, wenn Künstler nicht Menschen spielen, sondern sind; und wenn Kunstkonsumenten die Kunst nicht konsumieren, sondern leben.

Denn nichts ist anrührender, faszinierender, würdevoller, märchenhaft schöner als die offene und nackte und unvermittelte Wirklichkeit von Menschen – seien sie primär Schauspieler, Maler, Tänzer, Choreographen, Musiker, Komponisten oder Schriftsteller und Dichter; oder aber primär Zuschauer, Genießende, Leser oder Betrachtende. Im Kunstwerk verschränken sich Personen mit beiderlei Funktionen, und wenn die Situation sich als günstig und glücklich erweist, treffen dabei Offenheiten, Echtheiten aufeinander.

Im direkten zwischenmenschlichen Kontakt (Schauspiel, Tanz, Konzert etc.) entzündet sich dann bisweilen beiderseits der Funke der ergreifend-berührenden Humanität; doch auch im indirekten Kontakt (Malerei, Bildhauerei, Dichtung, Literatur etc.) begegnen sich mithilfe verschiedener Medien zwei oder mehrere Personen in ihrer jeweils eigenen existentiellen Not oder Fülle. Selbst wenn die Künstlerin, der Künstler längst schon verstorben ist, reicht sie oder er uns mit ihren Bildern, Plastiken oder Texten die Hand oder winkt uns mit Raum- und Zeit- und Generationen-übergreifender Solidarität und Generosität zu.

---

[11] Fischer-Lichte, E.: Ästhetik des Performativen (2004), Frankfurt am Main 2019, S. 360.

Die Kunst vermag uns immer noch zu verzaubern, indem sie die Geschichten vom nackten, echten, tatsächlichen Menschsein weitererzählt und weitermalt und weiterspielt und weitertanzt. Nur haben sich in den letzten Jahrzehnten die Rollen und Funktionen von Künstlern und Kunstinteressierten insofern angenähert, als alle oder die meisten daran Beteiligten ihre etwas veränderte Aufgabe spüren: den Tanz, die Melodien, die Bilder und Texte des Lebens gemeinsam zur Aufführung zu bringen und zugleich die Aufführungen als Leben zu begreifen: „Sich im Leben aufzuführen wie in den Aufführungen der Kunst."[12]

Exakt dies aber leisteten in früheren Zeiten die Mythen, die alle Künste schon in sich trugen und *in nuce* entwickelten: den Tanz (mythische Rituale wurden oft getanzt); die Musik (musikalische Untermalung mythischer Handlungen); das Schauspiel (Mythen wurden nicht nur rezitiert, sondern auch aufgeführt); Poesie (Lyrik, Epik, Drama); Gesang (mythische Chor-Aufführung); Malerei (die eingangs erwähnte Parietalkunst); oder Architektur (sakrale Bauten wie etwa die Tempel).

---

[12] Fischer-Lichte, E.: Ästhetik des Performativen (2004), Frankfurt am Main 2019, S. 362.

Mythos, Geschichte und Politik

Mythen spielen mitnichten nur im Bereich des privaten, individuellen Lebens eine Rolle; weit darüber hinaus wirken Mythen in und auf Gruppen, Cliquen, Sekten, Kirchen, Glaubensgemeinschaften, Institutionen, Sozietäten, Staaten, Nationen. Solche Wirkungen lassen sich über die Jahrtausende hinweg in den verschiedenen historischen Zusammenhängen nachweisen. Besonders eklatant schoben sich gesellschaftlich-politische Mythen im 20. Jahrhundert in den Vordergrund und entfalteten eine teilweise unfassbar heillose und destruktive Wirkung.

Politische Mythen sind ebenso wie andere Mythen ihrem Wesen nach primär Erzählungen. Inhaltlich drehen sich diese um historische Personen (Staatsgründer, Helden, Religionsstifter, Militärs), um geschichtliche Ereignisse (Revolutionen, siegreiche Schlachten, erschütternde Niederlagen), historische Epochen (Zeiten der Erniedrigung, goldene Zeitalter) oder aber um räumliche Besonderheiten (Siedlungsräume, sakrale Räume).

Zu den mythologisch aufgeladenen Figuren der Weltgeschichte zählen etwa Alexander (genannt der Große), Cäsar, Karl (der Große genannt), Dschingis Khan, Friedrich II., Napoleon, Bismarck, Kemal Atatürk, Hitler, Lenin, Stalin, Che Guevara, Fidel Castro; als historische Ereignisse werden unter den politischen Mythen die Schlachten vom Amselfeld, von Waterloo oder von Stalingrad oder auch die Erstürmung der Bastille (am 14. Juli 1789) subsumiert; als Mythen-getränkte Orte gelten etwa die Altstadt von Jerusalem, das Bermuda-Dreieck, der Garten Eden, die Insel Atlantis, der Nord- und der Südpol.

Die Erzählungen beispielsweise über ein historisches Ereignis oder eine Person sind wie andere Mythen auch oftmals durch radikale Reduktion der geschichtlichen Komplexität charakterisiert. Weglassungen, Umdeutungen, Geschichtsklitterungen, kreative Legendenbildungen, emotionale Aufladungen, Skotomisierungen (Ausblenden, eindimensionale Perspektiven), Demagogie, Propaganda bis hin zu kriminellen Machenschaften (Lüge, Betrug, Beseitigung von unliebsamen Personen oder Sachverhalten) finden sich in unterschiedlicher Ausprägung in den politischen Mythen der Geschichte wie auch unserer Gegenwart. Roland Barthes (1915–1980) charakterisierte politisch-mythische Erzählungen am Beispiel des französischen Kolonialismus und Imperialismus:

> Der Mythos leugnet nicht die Dinge, seine Funktion besteht im Gegenteil darin, von ihnen zu sprechen. Er reinigt sie nur einfach, er macht sie unschuldig, er gründet sie als Natur und Ewigkeit, er gibt ihnen eine Klarheit, die nicht die der Erklärung ist, sondern die der Feststellung. Wenn ich die französische Imperialität *feststelle*, ohne sie zu erklären, so bedarf es nur eines Geringen, damit ich sie auch natürlich und selbstverständlich finde, und dann bin ich beruhigt. Indem er von der Geschichte zur Natur übergeht, bewerkstelligt der Mythos eine Einsparung. Er schafft die Komplexität der menschlichen Handlungen ab und leiht ihnen die Einfachheit der Essenzen, er unterdrückt jede Dialektik, jedes Vordringen über das unmittelbar Sichtbare hinaus, er organisiert eine Welt ohne Widersprüche, weil ohne Tiefe, eine in der Evidenz ausgebreitete Welt, er begründet eine glückliche Klarheit.[1]

Ein ganz zentraler Hauptzweck sowie wesentlicher Effekt von politischen Mythen besteht in seiner identitätsstiftenden sowie integrierenden Wirkung. Millionen Menschen können zu relativ einheitlichen Haltungen und Handlungen angehalten, verführt oder gezwungen werden, wenn sie

---

[1] Barthes, R.: Mythen des Alltags (1957), Frankfurt am Main 1996, S. 131 f.

sich kollektiv wirkenden Mythen unterwerfen, anheimstellen und von deren häufig eindimensionalen, glückliche Klarheit vermittelnden Inhalten überzeugt sind. Darüber hinaus generieren die politischen Mythen für eine Gruppe oder Sozietät Sinn, Wert und Bedeutung; sie sind damit „… narrative Sinngebilde mit einem kollektiven, auf das grundlegende Ordnungsproblem sozialer Verbände bezogenen Wirkungspotential".[2]

Ein bekanntes Beispiel für einen solchen gesellschaftlich-politisch bis auf den heutigen Tag wirksamen Mythos ist die Erstürmung der Bastille in Paris am 14. Juli 1789. Die mythische Erzählung bringt dieses Datum und Ereignis mit dem Beginn der Französischen Revolution in einen engen und kausalen Zusammenhang; der französische Nationalfeiertag erinnert jährlich an diese Assoziation.

Sieht man jedoch genauer zu, erläutern die Historiker andere Initiativen und Wirkfaktoren für den Ausbruch der Revolution (z. B. Abgeordnetenversammlung, Ballhaus-Schwur, Entlassung des Finanzministers Necker, Truppenbewegungen um Paris herum) – die Erstürmung des Gefängnisses und die Befreiung von nur wenigen Gefangenen (kaum ein Dutzend) war verglichen damit historisch und für den Ablauf der Revolution viel weniger bedeutsam. Als symbolträchtiges Ereignis eignet es sich freilich bestens für ein mythisches Narrativ, da der Wert der Freiheit sowohl in der Französischen Revolution (im Großen) als auch bei der Erstürmung der Bastille (im Kleinen) zur Disposition stand:

> So belegt der französische Nationalfeiertag bis heute die Präsenz und Wirksamkeit von Mythen in der Gesellschaft. Mythen halten sich als ästhetisch und emotional überzeugende Sinnstiftungen, ganz unabhängig davon, ob man sie zugleich kritisch als bloße Erfindungen reflektiert.[3]

Beispiele für politische Mythen aus der jüngeren Zeit sind etwa die totalitären Ideologien des 20. Jahrhunderts – wobei die beiden Begriffe politischer Mythos und Ideologie in der wissenschaftlichen Literatur häufig synonym gebraucht werden. Manche Sozialwissenschaftler sind der Auffassung, dass eine Ideologie (als Summe von Ideen, Glaubensartikeln,

---
[2] Bizeul, Y.: Theorien der politischen Mythen, in: ders. (Hrsg.): Politische Mythen und Rituale in Deutschland, Frankreich und Polen, Berlin 2000, S. 12.
[3] Matuschek, St.: Der gedichtete Himmel – Eine Geschichte der Romantik, München 2021, S. 164.

Symbolen, theoretischen Vorannahmen, politischen Programmen) auch mehrere politische Mythen und natürlich etliche mythische Erzählungen in sich bergen kann.

So griff der real existierende Kommunismus auf eine mythologische Grundidee zurück, die von Karl Marx und Friedrich Engels stammt. Diese beiden Denker haben das Proletariat zum Erlöser der Menschheit stilisiert und damit gleichsam einen proletarischen Mythos geschaffen. Dieser erwies sich – allerdings völlig anders, als Marx und Engels es sich jemals hätten vorstellen können – als überaus geschichtsträchtig: Viele Millionen Menschen wurden vor dem Hintergrund der autoritär-diktatorisch-staatlichen Ausgestaltung dieses Mythos hingeopfert und verloren Hab und Gut und oftmals auch ihre nackte Existenz.

Noch destruktiver erwies sich der Faschismus, der ebenfalls auf mythologische Bilder und Konzepte zurückgriff, um seine Ideologie für die Massen anziehend und faszinierend werden zu lassen. Man denke nur an die Glorifikation von Rasse, Volk, Nation, Führer oder an den Mythos vom Tausendjährigen Reich (Zeit-bezogener Mythos), dessen Halbwertszeit allerdings merklich kürzer ausfiel. Daneben gab es den Mythos vom Volk ohne Raum (Raum-bezogener Mythos), von der Schmach von Versailles (Ereignis-bezogener Mythos) oder von der Unverwundbarkeit des Führers (Person-bezogener Mythos – Hitler überlebte mehrere Attentate und galt daher als unverwundbarer Heroe, wenn nicht sogar als beinahe unsterblicher Halbgott):

> Politische Demagogen machen sich solche echten mythischen Potentiale zunutze, um sie für ihre Ziele einzusetzen oder gar zu missbrauchen ... Die Wirkung ist umso größer und weitet sich zu explosiven Ausbrüchen aus, je größer die Verdrängung war und nur nach einem Ventil suchte, um sich Luft zu schaffen. Hitler zum Beispiel verstand es meisterhaft, den mit dem Versailler Vertrag tief getroffenen Mythos von Reich und Nation als Vehikel für seine rassistischen und antisemitischen Pseudomythen zu verwenden.[4]

---

[4] Hübner, K.: Die Wahrheit des Mythos, München 1985, S. 364 f.

Anhand der Totalitarismen im 20. Jahrhundert lassen sich auch jene Kriterien für politische Mythen leicht nachvollziehen, die der Politikwissenschaftler Herfried Münkler (geboren 1951) in seinem Buch *Die Deutschen und ihre Mythen* (2008) beschrieben hat. Neben die Erzählung als Kern eines politischen Mythos treten Bilder und Inszenierungen, mit deren Hilfe das Narrativ visualisiert und oftmals sehr suggestiv und massenpsychologisch geschickt vermittelt wird. Die Umzüge im Nationalsozialismus (Fackeln, Lichter-Dome) waren ebenso wie die Beschallung (Marschmusik, Lautstärke der Ansprachen) darauf angelegt, mittels Magie und Mysterienspiel die Menschen in eine Art Trance zu versetzen, in der sie für jede auch noch so verrückte und destruktive Handlung (z. B. der totale Krieg) gewonnen werden konnten:

> Gerade weil der Reichsmythos so diffus war, weil jeder etwas anderes darunter verstehen konnte, war der Wirkungsradius der von ihm ausgehenden Faszinationskraft so groß: er sprach Norddeutsche wie Süddeutsche an, Bismarckverehrer ebenso wie großdeutsche Katholiken, die junge, vom Volkstumsgedanken beseelte Generation ebenso wie die noch mit der preußischen Geschichtslegende aufgewachsene ältere.[5]

Mitte der 40er-Jahre des letzten Jahrhunderts machte sich Ernst Cassirer (1874–1945) daran, die Entwicklung des Totalitarismus (unter dem er selbst zu leiden hatte) zu erfassen. Das Resultat dieser Arbeit war das Buch *The Myth of the State* (Der Mythus des Staates), das erst 1946 nach dem Tod Cassirers publiziert wurde. Die zentrale These in *Mythus des Staates* lautet, dass der Nationalsozialismus als Fusion von mythologischen und technizistischen Symbolbereichen zu verstehen ist. Als Indirekte Vorläufer des Mythen-dominierten Faschismus benannte Cassirer Thomas Carlyle mit seiner Inthronisation des mythologisch befrachteten Bildes vom Helden sowie den Grafen Gobineau und Houston Stewart Chamberlain, die beide die angeblich geschichtsträchtige Kraft der (bevorzugt arischen) Rasse in den öffentlichen Diskurs einbrachten.

Hinzu kam, so Cassirer, dass Autoren wie Oswald Spengler (die Prophezeiung vom Untergang des Abendlandes) oder Martin Heidegger

---

[5] Kettenacker, L.: Der Mythos vom Reich (1983), in: Mythos und Moderne, hrsg. von Karl-Heinz Bohrer, Frankfurt am Main 2015, S. 267.

(mit seinem Aufruf, sich dem dunklen Drama und der raunenden Tiefe eines wahrhaft existentialistischen Lebens hinzugeben) die Bereitschaft zum rationalen Denken und zu kritischen Urteilen bei Individuen wie auch Gruppen nicht steigerten, sondern entschieden schwächten, so dass manche mythologische Denkfigur in ihrer Irrationalität und potentiellen Destruktivität nicht oder nur sehr marginal durchschaut wurde. Der Verblendungs- und Verdummungseffekt solcher angeblicher Meisterdenker war nicht gering und führte zumindest bei jenen, die Spengler oder Heidegger lasen und rezipierten, dadurch wohl kaum zu Emanzipationsimpulsen den politischen Mythen gegenüber:

> Eine Geschichtsphilosophie, die in düsteren Prophezeiungen über den Niedergang und die unvermeidliche Zerstörung unserer Zivilisation besteht, und eine Theorie, die in der Geworfenheit des Menschen eines seiner hauptsächlichen Charaktermerkmale sieht, haben alle Hoffnungen auf einen aktiven Anteil am Aufbau und Wiederaufbau des Kulturlebens des Menschen aufgegeben. Eine solche Philosophie verzichtet auf ihre eigenen grundsätzlichen theoretischen und ethischen Ideale. Sie kann dann als geschmeidiges Instrument in der Hand der politischen Führer gebraucht werden.[6]

Neben der Tradition mythologisch-politischer Inhalte sowie der reduzierten Kritikfähigkeit weiter Bereiche der deutschen Intelligenz benannte Cassirer noch weitere Faktoren, die zur nationalsozialistischen Katastrophe beigetragen haben. So erlebte nach dem Ersten Weltkrieg die Nachrichtentechnik in Europa eine furiose Entwicklung. Diese bildete die Grundlage für das immens gigantische Propaganda-Szenario, das von den Nationalsozialisten schon vor 1933 in Gang gesetzt worden war und das dazu führte, bestimmte Bilder, Namen und Mythen schlagartig in ganz Deutschland publik zu machen. Individuen wie Kollektive greifen nach Cassirer bevorzugt in Zeiten der Krise und der ängstigenden Gefahr auf mythologisches Welterleben zurück. Wenn die Abwehr- und Kompensationsmöglichkeiten der Betreffenden erschöpft, die rationalen Kalküle an ihre Grenzen gekommen sind, suchen Menschen in dunkler Magie, in

---

[6] Cassirer, E.: Der Mythus des Staates – Philosophische Grundlagen politischen Handelns (1946), Frankfurt am Main 1985, S. 384.

Riten, eigentümlichen Narrativen und Beschwörungsformeln Lösungen, um das Schicksal in ihrem Sinne zu beeinflussen:

> In verzweifelten Lagen will der Mensch immer Zuflucht zu verzweifelten Mitteln nehmen – und die politischen Mythen unserer Tage sind solche verzweifelten Mittel gewesen. Wenn die Vernunft uns im Stiche gelassen hat, bleibt immer die *ultima ratio*, die Macht des Wunderbaren und Mysteriösen.[7]

Der Faschismus und seine Führer können als Personifizierung weit verbreiteter Wünsche und Sehnsüchte nach Größe, Allmacht, Unverwundbarkeit, historischer Bedeutung sowie ungehemmter, ungebremster Expansion verstanden werden. Hitler, Mussolini und Franco verkörperten die kollektiven Größenphantasien der Vielen und ließen sich ähnlich wie Götter als Projektionsflächen für deren zügellose Phantasien gebrauchen. Außerdem schufen sie Mythen über ihre Abstammung und Herkunft und ihre Prädestination als Heroen und Diktatoren, die sich meist schon in ihrer Kindheit und Jugend abgezeichnet haben soll. In einem solchen Licht schilderte etwa Hitler in *Mein Kampf* seine frühe Kindheit in Oberösterreich – eine Schilderung, die der Ethnologe und Psychoanalytiker Erik H. Erikson in *Kindheit und Gesellschaft* (1950/1987) mythenkritisch untersuchte:

> Der Satzbau, die Wortmelodie selbst zeigen an, dass wir hier ein Märchen zu hören bekommen sollen; und wir wollen es wirklich als Teil eines modernen Versuchs zur Schaffung eines Mythos analysieren. Ein Mythos aber, sei er alt oder modern, ist keine Lüge ... Ein Mythos verschmilzt historische Tatsachen und bedeutsame Dichtung in einer Weise, die einem Zeitalter oder einem Lande „wahr" klingt, fromme Verwunderung und brennenden Ehrgeiz weckt. Das ergriffene Volk fragt nicht nach Wahrheit oder Logik.[8]

---

[7] Cassirer, E.: Der Mythus des Staates – Philosophische Grundlagen politischen Handelns (1946), Frankfurt am Main 1985, S. 363.
[8] Erikson, E.H.: Kindheit und Gesellschaft (1950), Stuttgart 1987, S. 321.

Auch die Sprache während der nationalsozialistischen Herrschaft hatte sich im Sinne eines mythologischen Denkens gewandelt – ein Befund, der auch von dem Romanisten Victor Klemperer (1881–1960) in seinem Text *LTI – Notizbuch eines Philologen* (1947) überzeugend dargelegt wurde. Ähnlich diagnostizierte Cassirer ein Überwiegen der magischen über die semantischen Funktionen und einen mythologischen Beigeschmack; die deutsche Sprache erhielt einen metallischen, mechanistischen, gefühlskargen Klang, und im Rundfunk und in den Zeitungen hörte und las man stilistisch schon die Trommelwirbel des Krieges und der puren Vernichtung:

> Neue Worte sind geprägt worden; und selbst die alten sind in einem neuen Sinne verwendet; sie haben einen tiefen Bedeutungswandel durchgemacht. Dieser Bedeutungswandel folgt der Tatsache, dass jene Worte, die früher in beschreibendem, logischem oder semantischem Sinne gebraucht wurden, jetzt als magische Worte gebraucht werden, die bestimmt sind, gewisse Wirkungen hervorzubringen und gewisse Affekte aufzurühren.[9]

Eng mit bestimmten Formulierungen und Begriffen verknüpft waren Riten, die den Faschismus zu einer Massenveranstaltung machten. Vom Heil-Hitler-Gruß bis zu den abgezirkelten Riesenaufmärschen überließ der Nationalsozialismus nichts dem Zufall, sondern plante bis ins Detail die Bilder und Bedeutungen, die durch Menschengruppierungen und kollektive Bewegungen zustande kamen. Durch geschicktes Arrangement der Massen sollte das Empfinden eines Volkskörpers aus einem Guss entstehen, der mit einer Stimme spricht, der einen gemeinsamen Willen hat und den nichts und niemand in seinem Drang nach Macht, Dominanz und Raum aufzuhalten vermag.

Mithilfe dieser Mechanismen konnten innerhalb weniger Jahre alte und neue Mythen im kollektiven Ausmaß reaktiviert oder geschaffen werden, von denen man dachte, sie seien aufgrund der wissenschaftlich-technischen Fortschritte der Neuzeit längst passé. Bilder und Götzen wie die germanische Rasse, Blut und Boden, Führer, Volk und Vaterland, der Lebensraum im Osten oder die Wacht am Rhein wurden mit ihrer diffu-

---

[9] Cassirer, E.: Der Mythus des Staates – Philosophische Grundlagen politischen Handelns (1946), Frankfurt am Main 1985, S. 369.

sen Unbestimmtheit und harmlos klingenden Hülle scham- und mitleidslos dazu benutzt, barbarische und inhumane Inhalte in gigantischem Maße unters Volk zu streuen, das sich seinerseits mit Eifer jener Mythen bediente, um Empfindungen von Minderwertigkeit und Unterlegenheit schlagartig zu kompensieren.

Cassirer attestierte der Politik (nicht nur in Deutschland), weit davon entfernt zu sein, eine positive Wissenschaft zu werden. Das plötzliche Obenauf-Kommen politischer Mythen bewies seiner Meinung nach, dass die Gesellschaften des 20. Jahrhunderts bezüglich ihrer sozialen und politischen Strukturen noch tief im mythologischen Denken und Erleben früherer Zeiten verfangen waren:

> Ich zweifle nicht, dass spätere Generationen auf viele unserer politischen Systeme mit denselben Gefühlen zurückblicken werden, mit denen ein moderner Astronom ein astrologisches Buch oder ein moderner Chemiker einen alchimistischen Traktat studiert. In der Politik haben wir noch keinen festen und zuverlässigen Boden gefunden. Hier scheint keine klar verankerte kosmische Ordnung zu bestehen; wir sind immer vom plötzlichen Rückfall in das alte Chaos bedroht.[10]

In welche Richtung aber sollen sich Individuen oder Gesellschaften bewegen, um vor neuerlichen plötzlichen Rückfällen in alte, Destruktion induzierende Mythen gefeit zu sein? Und welche symbolischen Formen und Kulturbereiche lassen den Einzelnen wie auch Sozietäten ins Fahrwasser von Humanität, Aufklärung und menschlichen Fortschritt geraten? Wenn wir Cassirer und sein Oeuvre richtig verstehen, hätte der Philosoph bei diesen Fragen auf zwei Kulturepochen und auf zwei Individuen verwiesen, die ihm darauf modellhaft eine Antwort zu geben schienen: Die Renaissance und Aufklärung einerseits sowie Immanuel Kant und Johann Wolfgang von Goethe andererseits.

In diesen Epochen und Personen sah der Denker kosmopolitische Haltung, tolerante Weltanschauung, hohes Bildungsniveau, universales Wissen, autonome Urteilskraft und humanistische Vornehmheit repräsentiert, und in ihnen erreichte Cassirer zufolge das Miteinander von

---
[10] Cassirer, E.: Der Mythus des Staates – Philosophische Grundlagen politischen Handelns (1946), Frankfurt am Main 1985, S. 386.

Eros und Vernunft, Wissenschaft, Kunst und Philosophie eine seither nicht mehr überbotene Höhe. Derartige Qualitäten sind erforderlich, um sich als Individuum oder Gesellschaft auf einem einigermaßen verlässlichen Boden des sozial und kulturell wertvollen Denkens und Handelns zu bewegen und zugleich die Erzählungen, die Bilder und Inszenierungen der Politik und des öffentlichen Raums kritisch und emanzipatorisch zu beurteilen.

Zum Ende seines Buches hin ging Cassirer der Frage nach, welche Rolle die Philosophie bei diesen emanzipatorischen und aufklärerischen Bemühungen zu spielen hat. Anders als Hegel, der der Philosophie lediglich eine hinterherhinkend-diagnostische und überwiegend passive Funktion hinsichtlich der Mythen- und Gesellschafts-Kritik zugewiesen hat, sah Cassirer es als Aufgabe von Philosophen an, über ihre Zeit hinaus oder auch gegen sie anzudenken:

> Es geht über die Macht der Philosophie hinaus, die politischen Mythen zu zerstören ... Aber die Philosophie kann uns einen anderen wichtigen Dienst leisten. Sie kann uns den Gegner verstehen machen. Um einen Feind zu bekämpfen, muss man ihn kennen ... Ihn zu kennen bedeutet nicht nur, seine Fehler und Schwächen zu kennen; es bedeutet, seine Stärke zu kennen ... Wir sollten den Ursprung, die Struktur, die Methoden und die Technik der politischen Mythen sorgfältig studieren. Wir sollten dem Gegner ins Angesicht sehen, um zu wissen, wie er zu bekämpfen ist.[11]

Die Geschichte des 20. Jahrhunderts hat Ernst Cassirer wie viele andere skeptisch eingestellte Denker in ihrer Vorsicht hinsichtlich des Wiederauflebens politischer Mythen bestätigt. Unter dem Firnis von Wissenschaft, Kunst und Philosophie, von Rationalität und humanistischer Gesinnung einer Sozietät schlummern archaisch-mythische Denk-, Fühl- und Verhaltensmuster, die normalerweise durch Vernunft und Ethos der politisch tonangebenden Klasse in Schach gehalten werden. Kommt es jedoch zu heftigeren gesellschaftlichen Erschütterungen, und gelangen im Zuge dieser Erschütterungen charakterlich und intellektuell fragwürdige Gestalten an die Hebel der Macht, muss jederzeit damit gerechnet werden, dass diese auf überaus fragwürdig-destruktive politische Mythen

---

[11] Cassirer, E.: Der Mythus des Staates – Philosophische Grundlagen politischen Handelns (1946), Frankfurt am Main 1985, S. 388.

zurückgreifen, um ihr eigenes Unvermögen zu kompensieren und die Massen in ihrem Sinne zu mobilisieren. *Der Schoß ist fruchtbar noch, aus dem das kroch* – heißt es bei Bertolt Brecht in *Der aufhaltsame Aufstieg des Arturo Ui* (1941). Dieser Schoß gebar und gebiert neben anderen Ungeheuern auch jene politischen Mythen, die im 20. Jahrhundert der Humanität beinahe den Garaus gemacht haben.

Faschismus und Bolschewismus haben im 20. Jahrhundert im Hinblick auf ihre ungezügelt-inhumanen Größenideen auf Denkfiguren zurückgegriffen, wie es sie seit den Zeiten der griechischen Antike immer wieder gegeben hat – ohne dass in der Antike die massive Destruktivität einer auf mythischen Elementen fußenden Geschichtsauffassung so um sich greifen konnte wie im letzten Jahrhundert. Hannah Arendt hat diesen Zusammenhang von mythischem Geschichtsdenken und Größenphantasien in ihrem *Denktagebuch* mehrfach beschrieben:

> Die Vergangenheit ist die Dimension der Größe – das ist der Sinn aller Mythologie, d. h. des Erfindens einer Vergangenheit vor der Überlieferung. Mit der Mythologie stiftet und entdeckt der Mensch Vergangenheit als eine ihm notwendige, ihm zugehörige Dimension, ohne welche nicht nur alles verflacht, sondern ohne die es Tiefe und Höhe überhaupt nicht geben kann … Im Mythos konstituiert sich die Erinnerung des Menschengeschlechts und damit die Unsterblichkeit der Größe. Dies meinten die Griechen mit Ruhm.[12]

Wie sehr sich mythisch-politisches Empfinden und Verhalten nicht nur im 20., sondern auch im 21. Jahrhundert manifestiert und für das Identitätsbewusstsein von Kollektiven ebenso wie für nationalistische und chauvinistische Einstellungen sorgen kann, lässt sich an diversen Beispielen belegen. So werden wir derzeit (Frühjahr 2022) Zeugen eines zutiefst grausam-inhumanen Krieges von Russland gegen die Ukraine – eines Krieges, der von Wladimir Putin unter Verweis auf mythische Versatzstücke der russischen Geschichte und Gesellschaft (Nation, Sprache, Blut, Abstammung, Raum) initiiert wurde und der mit der ideellen Unterstützung des Patriarchen der russisch-orthodoxen Kirche auf archaisch-destruktive Art und Weise geführt wird.

---

[12] Arendt, H.: Denktagebuch (1952/53), Erster Band, München 2002, S. 291/295.

Aber auch viel harmlosere Effekte politisch-mythischen Empfindens und Handelns und davon ausgehend einer mit mythisch angehauchten Versatzstücken versehenen entsprechenden Geschichtsschreibung stimmen nachdenklich. So unterscheiden sich etwa die Gründungsmythen der BRD und der DDR nach dem Zweiten Weltkrieg extrem: Die westdeutschen Gründungsmythen beziehen sich auf tapfere Trümmerfrauen, Wirtschaftswunder und unangefochtene Währungsreserven (D-Mark); die DDR hingegen kannte das Gründungs-Narrativ vom Arbeiter- und Bauernstaat, vom Erbe der Antifaschisten und von der Befreiung durch die siegreiche Sowjetunion.

So sehr beide Gründungsmythen von massiven Vereinfachungen und teilweise eklatanten Geschichtsklitterungen gekennzeichnet waren, so sehr trugen sie fast ein halbes Jahrhundert mehr oder minder stark zur kollektiven Identitätsbildung in Ost und West bei. Seit 1990 versucht sich Gesamtdeutschland in einer neuen Gründungserzählung, welche die friedliche Revolution in der DDR (1989) sowie die Vereinigung von DDR und BRD als ihre wesentlichen Inhalte kennt. Wie sehr um die Ausgestaltung dieses Mythos bis heute gerungen wird, lässt sich an den vielen individuellen wie auch gesellschaftlichen Konflikten ablesen, die sich zwischen Ost und West ereigneten und weiter ereignen, und die das Zitat des französisch-deutschen Politikwissenschaftlers Yves Bizeul (1956–2019) bestätigen:

> Mythos und Utopie weisen beide eine regressive und eine progressive Janusköpfigkeit auf und erfüllen ähnliche Funktionen. Sie integrieren, stiften Sinn und mobilisieren Energien, die befreiend sein können, dienen aber immer wieder auch der Legitimation von Herrschaft.[13]

Doch nicht nur in Deutschland suchte und formulierte man während der letzten Jahrzehnte politische Mythen. Die Europäische Union bemüht sich seit Langem um eine überzeugende und die Menschen mitreißende Erzählung, die das Wesen und die Identität des Staatenbundes widerspiegelt. Dabei spürt man schon seit Jahren allerorten in Europa, dass die gemeinsame Währung (Euro) als Mythenbildner und Kern-

---

[13] Bizeul, Y.: Politische Mythen, Ideologien und Utopien, in: Tepe, P. (Hrsg.): Mythos – Fächerübergreifendes Forum für Mythos-Forschung: Politische Mythen, Würzburg 2006, S. 24 f.

narrativ wenig tauglich oder zumindest für den Zusammenhalt der EU als nicht ausreichend erscheint.

Die Tendenz einiger Mitgliedsstaaten der EU geht in den letzten Jahren sogar eher in eine entgegengesetzte Richtung: Sie suchen ihr Heil wie im 19. und in der ersten Hälfte des 20. Jahrhunderts neuerlich in nationalstaatlich-völkischen Mythen, die letztlich auf Abgrenzung und nicht auf Annäherung und Kooperation ausgerichtet sind, und die zur Desintegration von Staaten (Brexit) statt zu einer vertieften Integration beitragen.

Solche Entwicklungen sind nicht nur auf Europa beschränkt. In den USA ließ sich eine Legislaturperiode lang unter den Mythen-verdächtigen Formeln *America first* sowie *Make America great again* beobachten, wie die ideologischen Versatzstücke von Nationalismus, Chauvinismus und Fremdenfeindlichkeit (Xenophobie) zu einem üblen demagogischen Gedankengebräu vermengt wurden, dem derart viele US-Amerikaner ihre Stimme gaben, dass es vier Jahre lang die Schlagzeilen der Politik dominierte. Wie eine dumpf-kollektive Gegenbewegung gegen die Ideen von Globalisierung und Universalismus kamen dabei identitäre Vorstellungen und Impulse obenauf, bei denen es sich im Grunde ebenfalls um eine Revitalisierung mythisch-politischer Denkfiguren aus dem 19. und 20. Jahrhundert handelte. Diese aktuellen politisch-gesellschaftlichen Prozesse bestätigen einige Begriffe und Konzepte, die Jan Assmann im Hinblick auf die Funktion von Mythen in den frühen Hochkulturen formulierte:

> Die eine Funktion des Mythos wollen wir „fundierend" nennen. Sie stellt Gegenwärtiges in das Licht einer Geschichte, die es sinnvoll, gottgewollt, notwendig und unabänderlich erscheinen lässt … Die andere Funktion könnte man „kontrapräsentisch" nennen … Sie geht von Defizienz-Erfahrungen der Gegenwart aus und beschwört in der Erinnerung eine Vergangenheit, die meist die Züge eines Heroischen Zeitalters annimmt. Von diesen Erzählungen her fällt ein anderes Licht auf die Gegenwart: Es hebt das Fehlende, Verschwundene, Verlorene, an den Rand Gedrängte hervor.[14]

---

[14] Assmann, J.: Das kulturelle Gedächtnis – Schrift, Erinnerung und politische Identität in frühen Hochkulturen, München 1992, S. 79.

Der Schoß ist fruchtbar noch, aus dem das kroch – so zitierte ich Bert Brechts Kommentar zum Nationalsozialismus und Faschismus in Deutschland vor über acht Jahrzehnten. Und: Wir sind immer vom plötzlichen Rückfall in das alte Chaos bedroht – so zitierte ich Ernst Cassirer aus seinem Buch *Der Mythus des Staates* (1946). Beide haben Richtiges gesehen, als sie davon ausgingen, dass politische Mythen – insbesondere die schlichten, eindimensionalen, verdummenden – auch in Zukunft ihre Konjunktur erleben werden, sobald Menschen sich mehrheitlich als ohnmächtig und benachteiligt empfinden; sobald ihnen die dazu passenden Demagogen eingängige und allzu einfache Lösungen für die komplexen Probleme des Lebens versprechen; und sobald ihre kollektiven Defizienz-Erfahrungen so schmerzhaft geworden sind, dass sie für mythische Analgetika (Schmerzmittel) empfänglich werden.

Mythos und Medizin

Mythos und Medizin – eine Überschrift, die Esoterisches, Alternativmedizinisches verspricht? Oder die ins Fach der Medizin-Historiker verweist? Oder die einen puren Widerspruch signalisiert? Denn: Was haben altgriechische Mythen und alle wohlfeilen Überlegungen dazu mit der Schulmedizin des 21. Jahrhunderts zu schaffen?

Eine ganze Menge, finde ich. Das beginnt beim heute noch gebräuchlichen Symbol der Ärzteschaft, dem Äskulapstab. Es handelt sich um einen stilisierten Wanderstab, um den sich eine Schlange (Natter) ringelt. Der Name dieses Stabes rührt von Asklepios her, dem Heil-Gott der Griechen, um dessen Geburt und Tod und Leben sich ebenso wie um dessen ärztliches Wirken viele Sagen und Legenden ranken.

Allein die Geburt des ärztlichen Urmodells in der abendländischen Medizin war sagenumwoben: Asklepios war der Sohn von Apollon, dem Gott des Lichts, und seiner Geliebten Koronis. Schwanger mit Asklepios beging Koronis eine Untreue und wurde deshalb getötet. Apollon empfand Reue, als er die Tote aufgebahrt sah, und ließ deren Leibesfrucht retten – so kam Asklepios zur Welt.

Dieser Heil-Gott galt den Griechen als wahrer Wundertäter. Kranke wurden in die jeweiligen Tempel des Asklepios zum Heilschlaf verbracht, und oft fanden die Leidenden dort Hilfe und Linderung ihrer Gebrechen. Wie heute noch in Lourdes oder Fatima, versetzte auch in den Zeiten der griechischen Antike der Glaube Berge. Ob Asklepios freilich Tote wieder zum Leben erweckte, ist nicht hinlänglich bewiesen; das Faktum aber, dass die Legendenbildung ihm derlei angedichtet hat, zeugt von der hohen Bedeutung und Kompetenz, die die Griechen dieser Gottheit zugeschrieben haben:

> Doch werden in verschiedenen Erzählungen mehrere Helden genannt, die er ins Leben zurückrief, darunter auch Hippolytos, der Liebling der jungfräulichen Göttin Artemis. Die Erzählungen lauten dahin, dass die Erweckung eines Toten den Zorn des Zeus erregte. Er tötete mit seinem Blitz den göttlichen Arzt.[1]

Nun könnte man einwenden, dass auch andere Berufsgruppen angeblich göttliche Vorfahren in der griechischen Mythologie für sich reklamierten: Artemis als die Göttin der Jäger; die Musen als Schutzgöttinnen der Künstler allgemein – Klio als Göttin der Historiker; Urania als Muse der Astronomen; Kalliope als Schutzgöttin der Wissenschaftler und Philosophen. Keiner dieser oder anderer Berufsgruppen wird jedoch das ehemals Göttliche ihrer Abstammung und das Sagenumwobene ihrer Aktivitäten so überzeugend-hartnäckig bis zum heutigen Tag attestiert wie dem Ärztestand.

Nicht nur, dass Ärztinnen und Ärzte bis in unsere Gegenwart hinein noch als Halbgötter in Weiß bezeichnet werden, verweist auf diese uralte mythologisch-kulturelle Tradition. Vor allem die Tatsache, dass im 21. Jahrhundert ähnlich wie in der griechischen Antike die zentral imponierenden Themen der menschlichen Existenz – Zeugung, Geburt, Entwicklung, Reifung, Sexualität, Krankheit, Gesundheit, Leiden, Heilung, Alterung, Tod – hinsichtlich ihrer Gestaltung und möglichen Beeinflussung bei den Nachfahren von Asklepios beheimatet werden, spricht für die hohe Bedeutsamkeit dieses Berufsstandes.

---

[1] Kerényi, K.: Die Mythologie der Griechen – Teil I: Die Götter- und Menschheitsgeschichten (1951), Stuttgart 1997, S. 109.

Wie eine Fortsetzung der mythologisch enorm überhöhten Allmachtpotenzen von Asklepios wirkt es, wenn wir heutzutage in der Medizin über den Homunkulus aus der Retorte ebenso ernsthaft diskutieren wie über die Möglichkeiten, Altern und Tod nicht nur hinauszuschieben, sondern mittels Kryo- und Klon-Techniken sowie mithilfe von Künstlicher Intelligenz zu überwinden. In manchen Plänen und Vorstellungen von transhumanistisch angehauchten Medizinern, Fertilitäts-Spezialisten, IT-Fachleuten, Biologen und Biodesign-Ingenieuren schlummern unreflektiert die mythologischen Heils- und Erlösungsversprechen eines Asklepios, denen nicht wenige nur allzu gerne ihr Gehör schenken, und die vom harmlosen *Enhancement* bis hin zu den höchst fragwürdigen autoplastischen Eingriffen in die menschliche Keimbahn reichen.

Analoges wie für Asklepios gilt auch für eine seiner Töchter, Hygieia, die Göttin der Gesundheit und Schutzpatronin der Apotheker; unser Begriff der Hygiene ist von ihrem Namen und dem dazugehörigen Adjektiv *hygienos* (der Gesundheit dienlich) abgeleitet. Hygieia war den Menschen (und den Ärzten) der griechischen Antike eine wichtige Götterfigur – sie wurde im Eid des Hippokrates gleich nach Apollon und Asklepios als Referenzzeugin und Göttin angerufen:

> Ich schwöre, Apollon den Arzt und Asklepios und Hygieia und Panakeia und alle Götter und Göttinnen zu Zeugen anrufend, dass ich nach bestem Vermögen und Urteil diesen Eid und diese Verpflichtung erfüllen werde ...[2]

Die heutige Hygiene, verstanden als Gesamtheit an Bestrebungen, die Gesundheit von Individuen, Gruppen und Sozietäten hoch und stabil zu halten, trägt noch erkennbare Spuren ihrer mythologischen Vergangenheit an sich. Das menschliche Dasein ist ausgespannt zwischen Krankheit und Gesundheit, Befruchtung und Tod. Asklepios kümmerte sich in der Antike um den Pol der Krankheit, wohingegen Hygieia am entgegengesetzten Pol der Gesundheit ihr hauptsächliches Interesse zeigte. Beide zusammen aber – Gesundheit und Krankheit – repräsentieren das *Totum* des menschlichen Lebens.

---

[2] Hippokrates: Der Eid, in: Müri, W. (Hrsg.): Der Arzt im Altertum, München 1986, S. 9.

Entsprechend ihrer uralten Bedeutung nimmt auch die Hygiene der Jetztzeit einen zentralen Platz in den westlichen Staaten und Kulturen ein: Von der Monats- bis zur Psychohygiene, von der Krankenhaus- bis zur Wasserhygiene, von der Schlafhygiene über die Lebensmittelhygiene bis hin zur Infektionslehre reichen die diversen Forschungs-, Kontroll- und Betätigungsfelder von Hygienikerinnen und Hygienikern.

Wie sehr jedoch das *Totum* der menschlichen Existenz brutal und barbarisch missverstanden und pervertiert werden kann, demonstrierte auf erschütternde Weise jene Spielart der Hygiene, die uns als makabrer Begriff aus den Zeiten des politischen Totalitarismus im 20. Jahrhundert überliefert ist: die Rassenhygiene. Während des Nationalsozialismus war es ein weit verbreitetes und zu massivsten Inhumanitäten und Verbrechen Anlass gebendes Ziel, die arische Rasse „rein" zu halten und von anderen Rasse-Einflüssen zu befreien.

Der Mythos von Rasse und Rasse-Reinheit verband sich im Faschismus mit dem Mythos der quasi-göttlichen Anspruchlichkeit, Allgegenwart und Allmacht der Hygiene zu den fatalsten destruktiven Einstellungen und Handlungen, die für jede nur ausdenkbare Zukunft den Berufsstand von Ärzten und mit dem Faschismus sympathisierenden Medizin-Tätigen in Deutschland in beschämenden Miss-Kredit gebracht haben: Statt Leben und Gesundheit zu schützen, begingen diese Ärzte unfassbar schreckliche Verbrechen an der Menschheit und der Menschlichkeit.

Eine mythologische Gestalt, die in der Medizin bis auf unsere Tage eine gewichtige Rolle spielt, ist die Figur des Helden. Viele von uns wären mit ihren Privatmythen gerne Helden, die den Widerstand der stumpfen Welt besiegen – ein Motiv, das in der Medizin mindestens ebenso sehr anzutreffen ist. So haben in der Vergangenheit heroisch wirkende Ärzte und Forscher auch für medizinische Fortschritte gesorgt – man denke nur an die ersten chirurgischen Eingriffe am Thorax in Unterdruck-Kammern (Johann von Mikulicz und Ferdinand Sauerbruch), die Selbstherzkatheter-Untersuchungen von Werner Forßmann oder die erste Herztransplantation durch Christiaan Barnard.

Alle diese Fortschritte waren heroisch im produktiven Sinne des Wortes. Wie sehr mythische Vorstellungen aber auch manche angeblich heroische Forschungs-Aktivität mitinduzieren und sich mit Größenideen von Wissenschaftlern und Ärzten vermengen können, macht das Beispiel des chinesischen Biophysikers He Jiankui deutlich, der vermutlich als Erster Eingriffe mit der Gen-Schere (CRISPR) an der menschlichen Keimbahn vorgenommen hat – und dafür beinahe unisono heftige Kritik erntete. In China wurde He aufgrund seines unkoordinierten, die ethischen Debatten völlig ignorierenden Verhaltens 2019 zu drei Jahren Haft und einer hohen Geldstrafe verurteilt.

Er selbst sah und empfand sich als ein Held der Gen-Therapie. Und weil Helden sich seit der Antike dadurch auszeichnen, dass sie Grenzen überschreiten, Tabus durchbrechen und die allgemeinen Gesetze als für sie nicht immer relevant deklarieren, erlebte He im Vorfeld seiner Aktion wahrscheinlich weder ein Übermaß an Zweifel noch an Skrupel. Helden folgen unbeirrt und leider oft auch nicht korrigierbar ihrem vorgezeichneten Weg – sehr frei nach einer Strophe aus dem Gedicht *An die Freude* (1785) von Friedrich Schiller: „Laufet Brüder eure Bahn, freudig wie ein Held zum Siegen."[3]

Zwei Figuren aus der griechischen Mythologie erwähne ich gesondert, da sie für die abendländische Kultur und für die Medizin einen hohen Stellenwert haben: Prometheus (der Voraus-Denkende) und sein Bruder Epimetheus (der Nachher-Denkende). Prometheus und Epimetheus stammten der griechischen Sagenwelt zufolge von Titanen ab und zählten zu den Göttern (Riesen in Menschengestalt). Von Prometheus erzählte man, dass er den Göttern das Feuer entwendet hat, das Zeus aus Zorn den Menschen vorenthalten wollte. Prometheus brachte es den Menschen, wofür er von Zeus an einen Felsen im Kaukasus geschmiedet wurde. Täglich suchte ihn dort ein Adler heim und fraß aus seiner Leber, die ihm bis zum nächsten Tag wieder nachwuchs.

Die Geschichte der Medizin kennt eine Reihe von Prometheus-artig wirkenden Ärztinnen und Ärzten sowie medizinischen Wissenschaftlern, die den Menschen heilkundiges Feuer in verschiedensten Varianten gebracht haben. Man denke nur an Edward Jenner (Pockenschutzimpfung), Ignaz Semmelweiß (Kindbettfieber), Rudolf Virchow (Sozialhygiene) oder Marie Curie (Entdeckung der Radioaktivität); einige von ihnen be-

---

[3] Schiller, F.: An die Freude (1785), in: Sämtliche Gedichte und Balladen, Frankfurt am Main 2004, S. 322.

zahlten ihre Erfolge mit (großen) persönlichen Nachteilen bis hin zu tödlicher Erkrankung (Madame Curie starb an perniziöser Anämie – eine Folge ihrer jahrelangen Beschäftigung mit radioaktiver Strahlung).

Verglichen mit Prometheus ist Epimetheus eine um vieles undankbarere Rolle zugefallen. Der Hinterher- oder Danach-Denkende erhielt die schöne Pandora zur Gattin, die neben ihrer Schönheit allerdings auch ihre legendäre Büchse mit in die Ehe brachte. Darin waren alle jene „Geschenke" der Götter enthalten, die diese als Rache nach dem Raub des Feuers durch Prometheus den Menschen zugedacht hatten. Prometheus warnte zwar seinen Bruder, niemals Geschenke der Götter anzunehmen, um den Menschen nicht zu schaden – allein, der erst hintendrein denkende Epimetheus heiratete Pandora, die prompt ihre Büchse öffnete und damit alle erdenklichen Plagen (Seuchen, Armut, Obdachlosigkeit, Krankheiten, Kriege) über die Menschheit kommen ließ.

Hätte Epimetheus klüger gehandelt und viel früher nachgedacht, bräuchte es womöglich überhaupt keine Medizin. So aber plagen uns seit Menschengedenken die verschiedensten Übel, und es ist einem einzigen tatsächlichen Geschenk der Götter zu verdanken (das sie auf den Boden der Pandora-Büchse legten), dass wir bisher darüber nicht völlig verzweifelt sind: die Hoffnung.

Nun könnte man meinen, dass angesichts von Protozoen, Bakterien und Viren, von Onkogenen und karzinogenen Einflüssen, von Biochemie, Pathophysiologie, Mikrobiom und Immunologie sowie den vielen anderen, wissenschaftlich längst abgesicherten medizinischen Erkenntnissen alte Mythen wie von Epimetheus und seiner unseligen Gattin Pandora längst schon *ad acta* gelegt worden sein müssen – zumindest was die einzelnen Krankheiten und diversen Seuchen anbelangt. Doch weit gefehlt:

Bei der jüngsten Plage, die uns seit 2019 weltweit zu schaffen macht (Corona-Pandemie respektive Covid-19-Erkrankung), war und ist zu beobachten, wie rasch sich Legenden, Verschwörungstheorien sowie *fake news*, mythisch angehauchte Pathogenese-Muster (wie z. B. chinesisches Virus; Virus des Bösen; von Bill Gates gesteuertes Virus) oder komplette Verleugnung des Virus und seiner tödlichen Gefahren bildeten, die von Hunderttausenden in den sozialen Medien begierig aufgegriffen und weiterverbreitet wurden. Viele wurden zwar nicht von Corona-Viren, wohl aber von einer diffusen Atmosphäre der Angst und Beklommenheit angesteckt. Dies betraf bevorzugt jene, die sich einer Studie der Bertelsmann-Stiftung nach wenig vom Zusammenhalt innerhalb der Gesellschaft in Deutschland während der Corona-Krise 2020 gemeint empfanden.[4]

Überall lauerte (wie im Mythos die Dämonen) das todbringende Virus, ohne dass man es sah; banale Gegenstände wurden zu potentiellen Gefahrenherden; das Böse (woher es kam?) sorgte mit seiner unheimlichen Art der Ausbreitung für Abstand, Distanz, Quarantäne, Kontaktverbote. Die Dämonisierung des Virus führte bei manchen zu seiner mythologischen Überhöhung und bei anderen zu seiner schlichten Leugnung, und man verglich die Corona-Pandemie mit großen Gottesgerichten wie Spanische Grippe oder Pest; Letztere hat Albert Camus zum Sujet eines Romans erkoren, wobei die von ihm geschilderten Atmosphären und diejenigen unserer Jetztzeit (seit dem Ausbruch der Corona-Pandemie) durchaus gewisse Parallelen aufweisen:

> Tatsächlich aber konnte man zu jenem Zeitpunkt ... sagen, dass die Pest sich über alles gelegt hatte. Es gab damals keine individuellen Schicksale mehr, sondern eine kollektive Geschichte, nämlich die Pest und von allen geteilte Gefühle. Am stärksten waren das des Getrenntseins und des Exils, mit allem, was dies an Angst und Auflehnung mit sich brachte.[5]

Am Beispiel der Pest sowie anderer Seuchen und Plagen kann man überzeugend zeigen, mit welcher Haltung wir alle und die in der Medizin Tätigen im Besonderen den mythologischen Facetten von Krankheit und Gesundheit begegnen könnten und sollten. Generell kann man diese Haltung mit dem Motto versehen, das der Altphilologe Wilhelm Nestle (1865–1959) als Titel seines bekanntesten Buches gewählt hat: *Vom My-*

---

[4] Bertelsmann-Stiftung (Hrsg.) Follmer, R., Brand, Th., Unzicker, K.: Gesellschaftlicher Zusammenhalt in Deutschland 2020 – Eine Herausforderung für uns alle. Ergebnisse einer repräsentativen Bevölkerungsstudie – Radar gesellschaftlicher Zusammenhalt 2020, https://www.bertelsmann-stiftung.de/de/publikationen/publikation/did/gesellschaftlicher-zusammenhalt-in-deutschland-2020.
[5] Camus, A.: Die Pest (1947), Reinbek bei Hamburg 1997, S. 189.

*thos zum Logos.*⁶ Eine solche Einstellung rechnet mit dem Beharrungsvermögen von Mythen und weiß um deren Verführungspotential, vor allem in Situationen der Verängstigung und kollektiven Unsicherheit. Eine solche Einstellung baut jedoch auf die Kraft des Logos, um sich zumindest partiell vom Mythos zu emanzipieren; und sie kann sich damit arrangieren, dass sich bei alten wie neuen Mythen stets ein gehöriger Rest allen Versuchen der Versprachlichung widersetzt, weil er (dieser Rest) zutiefst irrational-unbewusste Anteile der *Conditio humana* repräsentiert:

> Der Mythos … besteht nicht einfach aus einer Masse ungeordneter, wirrer Ideen; er beruht auf einer ganz bestimmten Wahrnehmungsweise … Um diesen Unterschied zu begreifen und darzustellen, könnte man sagen, der Mythos nehme in erster Linie nicht objektive, sondern physiognomische Merkmale wahr … Die Welt des Mythos ist dramatisch – eine Welt des Handelns, der Kräfte, der widerstreitenden Mächte.⁷

Als literarisches Beispiel eines Logos-dominierten Umgangs mit Mythen, Seuchen und Krankheiten soll ein uralter Text Erwähnung finden, der als Reaktion auf die seinerzeit in Europa wütende Pest entstanden ist: *Das Dekameron* von Giovanni Boccaccio (1313–1375). Im 14. Jahrhundert war in Europa die Pest ausgebrochen und forderte Hunderttausende Opfer; auch Florenz wurde damals heimgesucht. Boccaccio befand sich in der Stadt und wurde Zeuge des allgemeinen Unglücks. *Das Dekameron* (1353) ist als Rahmenerzählung konzipiert. Sieben junge Frauen aus privilegierten Familien treffen sich in Florenz. Eine von ihnen schlägt vor, man solle dem Elend der Pest entfliehen und gemeinsam zwei Wochen außerhalb der Stadt auf einem Landgut verbringen. Drei junge Männer sind mit von der Partie, und schon am nächsten Morgen macht sich die kleine Gruppe auf den Weg nach Fiesole, einige Kilometer vom Stadtkern entfernt. In ihrem Landhaus erzählen die Beteiligten an jedem Tag je eine Geschichte, die unterhaltsam, abenteuerlich oder inspirierend sein sollte. Aus dieser Regel leitet sich der Titel des Buches her: *deka hemerai*

---

⁶ Nestle, W.: Vom Mythos zum Logos – Die Selbstentfaltung des griechischen Denkens von Homer bis auf die Sophistik und Sokrates (1940), Stuttgart 1975.
⁷ Cassirer, E.: Versuch über den Menschen – Einführung in eine Philosophie der Kultur (1944), Frankfurt am Main 1990, S. 122 f.

(griechisch) bedeutet so viel wie zehn Tage, wobei zehn mal zehn hundert Novellen ergibt.

Boccaccio feiert in den Novellen die aufrüttelnde Macht und profane Heiligkeit von Eros, Sexus und Vernunft, wobei er deren ganze Bandbreite – von zarter Minnelyrik bis zur derben Zote, von diskreten Andeutungen bis zur anschaulich-konkreten Schilderung und rationalen Einordnung – auszuschreiten bereit war. Im Geiste Epikurs besann er sich auf reale Glücksmöglichkeiten im Menschenleben, die im 14. Jahrhundert ebenso überzeugend gewirkt haben wie in unserem: Maß und Vernunft; Liebes- und Sympathiegefühle; zwischenmenschliches Berühren; Erotik in allen ihren Spiel- und Ausdrucksweisen; Momente des Verstehens; das Ergreifen des Augenblicks (Kairos); einander befragen, hören, sehen; das Wunder, dass sich ein Du mit wirklichem Interesse einem Ich zuwendet.

Das Buch wirkte wie eine dichterische Revolte gegen das kollektive Unglück, das Florenz und weite Teile Europas betroffen hatte. Boccaccio wollte seinen Zeitgenossen demonstrieren, wie man sozial, emotional und rational-intellektuell einer Katastrophe wie der Pest trotzen kann und dabei Lebensmut und Zuversicht bewahrt. Das Festhalten an einander seelisch und geistig berührenden Kontakten, an hohen Form- und Gestaltniveaus sowie an kulturell hochstehender Manier des Umgangs mit sich, mit anderen und der Welt bedeuteten für Boccaccio Strategien gegen die Auflösungs-, Dekadenz-, Entwertungstendenzen bis zur Verzweiflung, die sich in den verschiedenen Pestgegenden Europas zunehmend zeigten. Diese Strategien bildeten den Kern der insgesamt einhundert Erzählungen, die sich die Zehner-Gruppe in Fiesole gegenseitig vorsagte:

> Das Zentrum jeder guten Geschichte ist stets dasselbe: das Menschsein. Das Teilen einer gemeinsamen Welt verhilft ihnen zu psychischer Stabilität und Gesundheit. Und dies wiederum sichert ihr Überleben. Erzählen als starke Immunreaktion: Das ist es, was hier auf dem Spiel steht.[8]

---

[8] Harrison, R.: Corona-Virus und Boccaccio-Geschichten stärken unser Immunsystem – Interview in der NZZ vom 09.04.2020, https://www.nzz.ch/feuilleton/coronavirus-und-boccaccio-geschichten-staerken-unser-immunsystem-ld.1550896.

Trotz der anmutig-heiteren Atmosphären, die Boccaccio in Fiesole als Grundierung für seine Erzählungen wählte, spüren die Leser, dass dieser Ort nur wenige Kilometer von Florenz und damit von einem (wie wir heute sagen würden) Hotspot der Pestseuche entfernt liegt. Seine Novellen wollen kein Vergessen-Machen, kein Verdrängen todbringender Verhältnisse – sie wirken vielmehr wie eine tapfer-humane Stellungnahme zur Tragik der damaligen Zeit und zu den menschlichen Daseinsgesetzen ganz allgemein.

Das unterscheidet Boccaccios *Dekameron* von den Corona-Partys der jüngsten Vergangenheit und Gegenwart. Einer Gefahr adäquat zu begegnen, heißt nicht, sich verleugnend über sie hinwegzusetzen, sondern sie mit aller nüchternen Rationalität, die uns zur Verfügung steht, erfassen und einordnen zu wollen. Es gibt (um es wieder mit einem griechischen Mythos auszudrücken) das Thanatische (Thanatos galt bei den Griechen als Gottheit des Todes), es gibt die Gefährdung, die Krankheit und den Tod, und wer sie leugnet, steht nicht selten allein deshalb schon auf ihrer Opferliste; oder er spielt mit der Gesundheit und dem Leben der anderen.

Boccaccio zeigte dagegen, wie wir mit Gott Eros (ebenfalls aus der griechischen Mythologie – eine Gottheit, die immer größere Einheiten schafft) sowie mit Logos und Vernunft immer wieder versuchen können, dem Thanatischen geschmeidig, illusionsarm und effektiv auszuweichen: nicht mit einer maniformen, also Manie-ähnlichen Abwehr, nicht mit depressiv-resignativem Rückzug und auch nicht mit histrionischer, geschauspielerter Gleichgültigkeit, als ob es Thanatos nicht gäbe.

Wie weit verbreitet solche Haltungen und Einstellungen noch in unserem 21. Jahrhundert sind, konnte man im November 2021 im Rheinland studieren, als dort Zehntausende gänzlich unbekümmert und kontraphobisch allen explodierenden Inzidenz-Meldungen der Pandemie zum Trotz ohne jegliche Vorsichtsmaßnahmen den Beginn des Karnevals dichtgedrängt feierten. Völlig zu Recht kommentierten einige Redakteure der *Süddeutschen Zeitung* dieses Phänomen als *Die deutsche Antimoderne*[9] sowie als *Tod in Köln*.[10]

Als ob der eigene Organismus unverletzlich ist und nicht infiziert werden kann, und als ob der Natur in Form eines Virus-Partikels nur natürlich (ohne Impfungen) begegnet werden darf, und als ob man die eigene Ichstärke unter Beweis stellen kann, indem man alle Hinweise und Gebote von Wissenschaftlern und Politikern in den Wind schlägt, tanzten die rheinischen Necken ihre Karnevals-Reigen. Bei manchen von ihnen musste man vermuten, dass sie einige Wochen später ihre mythisch angehauchten Allmacht- und Größenphantasien mit der segensreichen und zugleich von ihnen als technisch-widernatürlich verteufelten Sauerstoffgabe auf einer rheinischen Intensivstation einzutauschen hatten.

Einer Pandemie begegnet man adäquat weder mit narzisstischen Größenideen noch mit maniformer Verleugnung – wohl aber mit Gefühlen der Zuversicht und berechtigten Hoffnung sowie mit Haltungen der zwischenmenschlichen Solidarität und Hilfeleistung – und seien es Hilfe und Trost, indem wir uns wie Scheherazade aus *Tausendundeiner Nacht* oder wie die zehn Frauen und Männer aus Boccaccios *Dekameron* so lange Geschichten und Novellen erzählen, bis Thanatos (für dieses Mal) gelangweilt von uns abläsƒt; oder so wie Homer und die vielen Dichter, Künstler, Literaten, Theaterleute, die seit Menschengedenken das mythische Spiel von Eros und Thanatos begreifen und in zeitgemäße Metaphern kleiden.

Einer dieser Schriftsteller, die im 17. Jahrhundert dieses mythische Spiel von Eros und Thanatos ebenfalls im Hinblick auf die Pest beschrieben hat, war Samuel Pepys (1633–1703). Bekannt wurde dieser Staatssekretär und zeitweilige Präsident der *Royal Society* mit seinen *Geheimen Tagebüchern*, in denen er neben seinen privaten Angelegenheiten (Liebschaften) auch beeindruckende Schilderungen der damals wahrnehmbaren öffentlichen Atmosphäre skizzierte – die ähnlich wie bei den

---

[9] Minkmar, N.: Die deutsche Antimoderne – Lasst der Natur nur ihren Lauf: Über das tödliche Zaudern des deutschen Staates in Zeiten der Pandemie, Süddeutsche Zeitung vom 10. November 2021, S. 11.

[10] Klute, H.: Tod in Köln – Danke, ihr Narren: Eine kleine Kulturgeschichte des Idiotentums in Zeiten der Pandemie, Süddeutsche Zeitung vom 13. November 2021, S. 17.

Phasen unserer *Lockdowns* während der Corona-Pandemie etwas Ängstigend-Unheimliches an sich hatte:

> Nach Moorefields, um einen Blick auf die Beerdigung von Pestleichen zu werfen, möge Gott mir meine verwerfliche Neugierde verzeihen. Es wurde aber niemand zu Grabe getragen. Dennoch steht die Angst vor der Pest allen ins Gesicht geschrieben, und die Leute reden von nichts anderem. Auf den Straßen sind kaum noch Menschen, und die ganze Stadt gleicht einem trostlosen, verlassenen Ort.[11]

Man kann nachvollziehen, dass in derartigen Zeiten der Krise und der Todesangst viele Menschen anfällig werden für alle nur möglichen Erklärungen und Geschichten, und seien sie noch so hanebüchen und irrational. Mythisch angehauchte *Stories* und *News* hatten Hochkonjunktur sowohl im 14. Jahrhundert in Florenz als auch im 17. Jahrhundert in London – und sie haben sie heute noch, sobald wir alle von einer bedrohlichen Pandemie heimgesucht oder einzelne von uns mit massivem Schrecken konfrontiert werden.

Dies lässt sich auch noch an einem weiteren aktuellen (medizinischen) Beispiel erläutern, welches das enge Verwoben-Sein von nüchterner Rationalität und mythischem Empfinden ebenfalls widerspiegelt. 2015 geriet die französische Anthropologin Nastassja Martin bei ihrer Forschungsexpedition in Kamtschatka in eine lebensgefährliche Situation: Bei der teilnehmenden Beobachtung der Ewenen, einem indigenen Volk, dessen Weltanschauung von Schamanismus geprägt ist, und das nomadisch von Rentierjagd lebt, streifte die Anthropologin alleine durch die Hochsteppe der vulkanischen Halbinsel. Plötzlich tauchte vor ihr ein Bär auf, dem sie überhaupt nicht ausweichen konnte, und mit dem sie kämpfen musste. Schwer gezeichnet überlebten beide, die Frau und der Bär: Sie wurde zuletzt an ihrem entstellten Gesicht und dem frakturierten Schädelknochen operiert; doch auch der Bär trug massive Wunden davon, die sie ihm mit ihrem Eispickel zugefügt hatte.

Nastassja Martin hat später ihre Erlebnisse aufgezeichnet und in Literatur verwandelt. Im Französischen erschien das Buch unter dem Titel

---

[11] Pepys, S.: Die geheimen Tagebücher, 30. August 1665, Berlin 2004, S. 227.

Croire aux fauves (2019) – in deutscher Sprache *An das Wilde glauben* (2021). Das Faszinierende dieser Aufzeichnungen besteht darin, dass Martin ihre existentiell bedrohliche Erschütterung einerseits in der Sprache und Perspektive einer wissenschaftlich sozialisierten Anthropologin wie andererseits auch in den animistischen Denk- und Empfindungsmustern der Ewenen beschreiben konnte:

> Das Ereignis an diesem 25. August 2015 ist nicht: Irgendwo in den Bergen von Kamtschatka greift ein Bär eine französische Anthropologin an. Das Ereignis ist: Ein Bär und eine Frau begegnen sich, und die Grenzen zwischen den Welten implodieren. Nicht nur die physischen Grenzen zwischen einem Menschen und einem Tier, die bei ihrem Zusammenstoß Breschen in ihrem Körper und ihrem Kopf aufreißen. Es ist auch die Zeit des Mythos, die die Realität einholt; das Einst, das mit dem Jetzt zusammentrifft; der Traum, der sich verkörpert. Die Szene spielt sich heutzutage ab, aber sie könnte genauso gut vor tausend Jahren stattgefunden haben. Es ist einfach das Zusammentreffen von mir und diesem Bären in der zeitgenössischen Welt, die unseren unbedeutenden persönlichen Lebenswegen gleichgültig gegenübersteht; es ist aber auch die archetypische Konfrontation.[12]

Nastassja Martin konnte und kann beides: die Perspektive der Wissenschaftlerin aufs Leben und die Menschen einzunehmen wie auch die animistische Perspektive der Ewenen; beide Perspektiven immer wieder zu wechseln und sich damit jeweils von der einen in die andere Perspektive zu emanzipieren. Überzeugend wirkt das Buch und die Sprache der Autorin, weil sie – durch ihre Begegnung mit dem Bären sowie durch die assoziierten Bilder der Ewenen dazu verleitet – authentisch und existentiell überaus anrührend beide Blickwinkel und Lebensanschauungen (die rational-wissenschaftliche wie auch die mythologische Sichtweise) zum Ausdruck bringen und beide Perspektiven gelten lassen mag. Einen ähnlich doppelten Blick auf seine eigene Krankheit wirft der Philologe Jonas Grethlein in *Mein Jahr mit Achill – Die Ilias, der Tod und das Leben* (2022)[13]. Mehrfach wechselt er in diesem Buch die Perspektive eigener

---

[12] Martin, N.: An das Wilde glauben (2019), Berlin 2021, S. 125.
[13] Grethlein, J.: Mein Jahr mit Achill - Die Ilias, der Tod und das Leben, München 2022.

Betroffenheit (er war an einem Blasen-Karzinom erkrankt), gepaart mit schulmedizinischen Befunden andererseits, mit der mythologischen Perspektive auf Krankheit, Verwundung und Todesgefahr andererseits, wie sie in Homers *Ilias* zu finden ist.

Wenn ich hier manche Mythen in der und für die Medizin erwähnt habe, so mit dem Ziel, die Emanzipation vom Mythos zu unterstützen. Es entspricht besten aufklärerischen und humanistischen Traditionen der Medizin, sich auf die Seite des Logos zu schlagen – wohl wissend, dass damit das Mythische, Unbewusste, kaum in Worte zu Packende nicht endgültig aufgelöst wird. Es bleibt ein gewaltiges Stück Leben sowohl für den Einzelnen als auch für die Soziеtät, das sich den Sprachen und oftmals auch den etablierten Symbolen von Kulturen Mal ums Mal verweigert und unsere Impulse der Entmythologisierung im Bereich der Heilkunde immer wieder aufs Neue entfacht.

Dies tut umso mehr Not, als sich die Medizin auch zukünftig als Substitut für *ad acta* gelegte religiöse Vorstellungen und Tröstungen unwillkürlich anbieten wird. Die durch medizinische Maßnahmen induzierte Verlängerung der Lebenszeit und Steigerung der Lebensqualität im Laufe der letzten Jahrzehnte wird von nicht wenigen als eine Verheißung auf beinahe ewiges Leben und dauerndes Glück missinterpretiert – und entsprechend werden die Akteure im Medizinal-System von ihnen (ähnlich wie schon vor Jahrtausenden praktiziert) mythisch überhöht und idealisiert.

Wollen wir verhindern, dass es bei derart großer und niemals einzulösender Idealisierung zu bitteren Enttäuschungen sowohl bei den Handelnden als auch bei den Behandelten kommt, darf und muss das Niveau der Ansprüche, Hoffnungen und Erwartungen bei allen Beteiligten wiederholt reflektiert und einer nüchternen Realitätsprüfung anheimgestellt werden. So verführerisch mythische Heroisierung für manche Ärztinnen und Ärzte wie auch für Patientinnen und Patienten sein mag, so desillusionierend hart erleben die Betreffenden dann die Unerbittlichkeit der limitierenden Lebensgesetze.

Mythos und Psychologie

Fast könnte man meinen, dass die Psychologie (wie andere Wissenschaften auch) die große Gegenspielerin gegen die Mythologie war und ist. Viele Phänomene, die das Leben der Menschen prägen – zum Beispiel Emotionen wie Liebe oder Hass oder auch Verhaltensweisen wie Fürsorge, Destruktivität oder Krieg – und früher auf die Einwirkung von Göttern oder Dämonen zurückgeführt wurden, werden in der Neuzeit von Psychologen und Soziologen untersucht und erklärt. Für die meisten dieser Phänomene wurden inzwischen psychologische und soziologische Verstehens-Modelle formuliert, die unser Bedürfnis nach Einordnung halbwegs befriedigen.

Neben der Ablösung mythischer und religiöser Welt- und Lebensanschauungen durch Psychologie, Soziologie, Ethnologie, Anthropologie und eine Reihe weiterer Wissenschaften haben sich im letzten Jahrhundert die Psychologie und Soziologie und andere wissenschaftliche Disziplinen der Erforschung von Mythos und Religion zugewandt: Seither gibt es beispielsweise Religionspsychologie (ein Pionier war William James), Religionssoziologie (ein früher Vertreter war Émile Durkheim) oder auch eine psychologisch-ethnologisch-anthropologische Mythologie (beispielsweise bei Erik Homburger Erikson). Als Forschungsthemen gelten hierfür etwa die Religionspsychopathologie, mythisch-religiöse Sozialisationsprozesse oder auch die Geschichte des mythisch-religiösen Empfindens:

> Wir sahen, dass der Mensch sich aus dem totalen Ausgeliefertsein an die Naturzwänge löst, indem er sie zu seiner eigenen Sache macht, indem er sie „spielt". Aber er spielt sie nicht direkt, sondern vermittelt: als Ereignisse dämonischen oder göttlichen Ursprungs und Sinns. Beutemachen, Kampf und Flucht, Paarung, Leben und Tod – dies alles sind numinose, die Menschen mit dem Übermenschlichen verbindende Geschehnisse. Ihre Darstellung ist nicht Theater, Volkstanz oder Sport, sondern Kulthandlung und Ritual.[1]

Vor allem die Tiefenpsychologie und Psychoanalyse waren und sind durchaus Mythen-affin. Seit Sigmund Freud und C.G. Jung lässt sich wiederholt beobachten, wie mit psychoanalytischen Konstrukten so manchem Mythos erfolgreich zu Leibe gerückt und zugleich mit denselben Konstrukten gezeigt werden kann, wie sehr die Menschen der Moderne immer noch von ehedem mythologischen Denk- und Verhaltensmustern durchdrungen sind.

In seinem Buch *Totem und Tabu* (1913) untersuchte Freud einerseits das Wahrnehmen und Erleben sogenannt primitiver Völker, wobei er annahm, dass das magische Denken sowie bestimmte Ohnmacht- und Allmachtphantasien (wie etwa Ungeschehen-Machen, dem anderen den Tod wünschen) das Seelenleben der damaligen Menschen stark bestimmten. Andererseits betonte Freud, dass Relikte aus der Frühgeschichte des menschlichen Fühlens und Denkens auch heute noch in Form von individuellen oder kollektiven Neurosen weiterbestehen. So könne man bei Zwangsneurosen magisches Denken sowie ein Verhaftet-Sein an Riten und Regeln wiederfinden, das an religiös-mythologische Daseinsformen erinnere. Außerdem können psychotische Erkrankungen als Zustand interpretiert werden, bei dem Charakteristika mythischen Welterlebens (keine Trennung von Innen und Außen, von Ich und Nicht-Ich, von Tod und Leben) überwiegen.

---

[1] Sczcesny, G.: Zur Naturgeschichte des religiösen Empfindens, in: Psychologie der Kultur – Band 1: Transzendenz und Religion, hrsg. von Gion Condrau, Weinheim und Basel 1982, S. 83.

Doch auch bei regulär verlaufenden Entwicklungen sah Freud wiederkehrende Motive gegeben, die er aufgrund ihrer existentiellen Tragweite und der Ubiquität ihres Vorkommens mit Namen aus der griechischen Mythologie verknüpfte. Bekannt geworden sind der Ödipus- und Elektra-Mythos, die von Freud und C.G. Jung bemüht wurden, um Phasen der kindlichen Evolution zu charakterisieren. Kleine Kinder erleben (so die Psychoanalyse) zwischen dem fünften und sechsten Lebensjahr libidinöse, sexuell getönte Beziehungen zum gegengeschlechtlichen Elternteil, die an die alten Erzählungen von Ödipus und Elektra erinnern. Obwohl diese Eltern-Kind-Relationen durchaus nicht immer so tragische Verwicklungen wie in den mythischen Schilderungen bereithalten, schien es für Freud und C.G. Jung gerechtfertigt, diese kindlichen psychosexuellen Entwicklungsphasen mit Bildern aus der griechischen Mythologie zu benennen:

> So möchte ich denn zum Schluss dieser mit äußerster Verkürzung geführten Untersuchung das Ergebnis aussprechen, dass im Ödipus-Komplex die Anfänge von Religion, Sittlichkeit, Gesellschaft und Kunst zusammentreffen, in voller Übereinstimmung mit der Feststellung der Psychoanalyse, dass dieser Komplex den Kern aller Neurosen bildet, soweit sie bis jetzt unserem Verständnis nachgegeben haben. Es erscheint mir als eine große Überraschung, dass auch diese Probleme des Völkerseelenlebens eine Auflösung von einem einzigen Punkte her, wie es das Verhältnis zum Vater ist, gestatten sollten.[2]

Erwähnenswert ist auch Freuds These, dass die Träume der Menschen ihre Privat-Mythen sind. Jeder webt in seinen Träumen an einem mythischen Horizont, vor dem sich das Drama seiner Existenz abspielt. So wie wir träumen, pflegen wir im Wachen zu denken, zu fühlen und zu handeln. Daher sind Träume unentbehrlich für das Verstehen jeglicher Individualität. Umgekehrt sind die Mythen gleichsam Völkerträume – folglich kann man sie nach den Regeln der Traumdeutung einer Interpretation unterziehen; aber es müssen alle jene Techniken, die man für

---

[2] Freud, S.: Totem und Tabu (1913), in: GW IX, Frankfurt am Main 1973, S. 188.

die Einfügung des Traumes ins Wachleben beschrieben hat, dabei beachtet werden.

Thomas Mann, der sich literarisch bevorzugt mit alt-jüdischen Mythen (*Joseph und seine Brüder*; *Das Gesetz*) auseinandersetzte, war von den Überlegungen Freuds in *Totem und Tabu* sehr angetan. In gewisser Weise bildete dieser Text eine Art Modell für Manns eigenes Unterfangen, Ausschnitte aus der Frühgeschichte des Menschen nachzuerzählen und dadurch anthropologische Erkenntnisse für die Menschen der Moderne ans Licht zu heben. Thomas Mann überzeugten die von Freud postulierten *Übereinstimmungen im Seelenleben der Wilden und der Neurotiker* (so der Untertitel von *Totem und Tabu*), welche der Psychoanalytiker meinte, bei seinen Studien gefunden zu haben:

> Da aber „wildes" Seelenleben zweifellos *primitives* Leben in des Wortes paläontologisch-vorgeschichtlicher Bedeutung darstellt, besteht also jene Anwendung psychoanalytischer Ergebnisse auf die Menschheitsgeschichte in einer Übertragung und Projizierung der berühmten Tiefenpsychologie aus dem Klinisch-Individuellen in die Zeit und ihre ungemessenen Räume – woraus sich eine weitere Deutung der besonderen Anziehungskraft des rhapsodisch-genialischen Werkes ergibt.[3]

Thomas Mann bescheinigte Freud, dass ihm mit *Totem und Tabu* ein imposantes Zurück ins „Nächtige, Heilig-Ursprüngliche, Lebensträchtig-Vorbewusste, in den mythisch-historisch-romantischen Mutterschoß"[4] gelungen sei. Der Begründer der Psychoanalyse intendierte damit nicht, vergangene Zeiten zu glorifizieren; vielmehr wollte er mit seinem Urzeitroman die gegenwärtigen Menschen und ihre seelisch-unbewussten Prozesse durchschaubarer werden lassen. Freud sah in den Mythen Träume der Menschheit und interpretierte sie ähnlich wie die Träume des Einzelnen; dementsprechend suchte er darin nach unbewussten und verdrängten Wünschen des Menschengeschlechts:

---

[3] Mann, Th.: Die Stellung Freuds in der modernen Geistesgeschichte (1929), in: Ein Appell an die Vernunft – Essays 1926–1933, Frankfurt am Main 1994, S. 123.
[4] Mann, Th.: Die Stellung Freuds in der modernen Geistesgeschichte (1929), in: Ein Appell an die Vernunft – Essays 1926–1933, Frankfurt am Main 1994, S. 129.

Die Untersuchung dieser völkerpsychologischen Bildungen ist nun keineswegs abgeschlossen, aber es ist z. B. von den Mythen durchaus wahrscheinlich, dass sie den entstellten Überresten von Wunschphantasien ganzer Nationen, den *Säkularträumen* der jungen Menschheit, entsprechen.[5]

Ebenfalls weit zurück in die mythologischen Frühzeiten der Menschheit griff Freud mit seinem Text über *Der Mann Moses und die monotheistische Religion* (1939). Darin formulierte er die gewagte These, dass Moses, der biblische Führer des Judenvolkes und Schöpfer der mosaischen Religion, kein Jude, sondern ein vornehmer Ägypter war. Als solcher soll er ein Anhänger des Echnaton und dessen monotheistisch orientierter Religion gewesen sein (Echnaton vertrat die Haltung, dass nur die Sonne göttlich sei). Da sich in Ägypten nach dem Tod Echnatons die religiösen Vorstellungen wieder gewandelt hatten und Moses im eigenen Land mit der nunmehr vorherrschenden Religion im Streit lag, wandte er sich den Juden zu, denen er den Gott des Alten Testamentes und damit den Monotheismus brachte. Letzterer, der jüdische Monotheismus, erinnert in mancher Hinsicht an die Aton-Lehre und deren Bilderverbot, das da lautete: du sollst und darfst dir von Gott kein Bild machen (und ihn damit zum Objekt machen).

Nach dem Auszug aus Ägypten, den Moses als deren Führer organisierte, kam es durch ihn zur Gesetzgebung am Berg Sinai. Als Gesetzgeber wirkte er königlich und überragend; auch im Bibeltext ahnt man seine herrische, hochfahrende und autoritativ dominante Persönlichkeit, mit der er – so Freud – dem Volk der Juden einen enormen Fortschritt in der Geistigkeit (also der Abstraktion) abgetrotzt hat – eine erzwungene Abstraktionstendenz, die ebenfalls der Aton-Lehre entsprach.

Diese Gottesvorstellung gab dem jüdischen Volk ein Selbstgefühl, zu dem man in der antiken Welt kaum ein Pendant findet. Die Intellektualität der jüdischen Gottesidee soll nach Freud dazu beigetragen haben, den Intellekt des jüdischen Volkes zu schärfen. Indes die Griechen die Harmonie in der Ausbildung physischer und geistiger Kräfte suchten, wandten sich viele Juden einer Verstandes- und Vernunftbildung zu, die sie

---

[5] Freud, S.: Der Dichter und das Phantasieren (1908), in: GW X, Frankfurt am Main 1973, S. 178.

von ihren späteren Wirtsvölkern isolierte. Der mit dem Vorrang der Rationalität assoziierte und von Moses herbeigeführte Triebverzicht führte (so Freud) viele Juden auf den Weg der Sublimierung, wobei sie bedeutende Kulturleistungen vollbrachten.

Die Überlegungen Freuds in *Der Mann Moses und die monotheistische Religion* riefen ein zwiespältiges Echo hervor, und nicht alle Altertumswissenschaftler und Mythenforscher waren bereit, den kühnen Thesen des Vaters der Psychoanalyse Glauben zu schenken. Doch abgesehen von den mehr oder weniger überzeugend vorgetragenen Argumenten Freuds lässt sich dieser sein Text womöglich noch auf eine ganz andere, nämlich ihn persönlich betreffende Art und Weise lesen.

Von Freud ist bekannt, dass er sich gerne mit heroischen Gestalten der Geistes- wie auch der Ereignisgeschichte identifizierte – Hannibal zählte dazu ebenso wie etwa Goethe oder Darwin. Moses nun in der Interpretation von Freud bot sich als Identifikationsfigur ebenfalls an – eine Gestalt, an der er einige seiner eigenen Wesenszüge (überragende Intelligenz; hohe Subimierungsfähigkeit; Tendenz zu leitend-führenden Funktionen) wiedererkennen und deren Entstehung in einen kulturellen Zusammenhang einstellen konnte.

Auch Freuds Gesetzgebungsfunktion in Bezug auf die Psychoanalyse und deren Anhänger und Schüler wies gewisse Parallelen zu Moses und den Gesetzestafeln auf, die er vom Berg Sinai mitgebracht hatte, und die ihm angeblich direkt von Jahwe diktiert worden waren. Und selbst die unwilligen Reaktionen mancher Adepten der Psychoanalyse auf einzelne gesetzartige Vorgaben Freuds ähnelten denen des Volkes Israel, das sich in Abwesenheit von Moses prompt um ein goldenes Kalb gruppierte und dieses statt des Gottes Jahwe anbetete.

So lässt sich mutmaßen, dass Freud mit seiner Moses-Studie eine Reflexion seiner eigenen Werdens-Geschichte realisierte, die er unter dem Vergrößerungs-Glas eines (eigenwillig interpretierten) Mythos besser detektieren und einordnen konnte als mittels bloßer privat-persönlicher Erinnerungsarbeit. Moses wurde ihm zur mythologischen Projektionsfigur, an der er Umrisse seiner eigenen Person und seiner kulturellen Rolle und Funktion erahnen konnte. Für diese Lesart spricht auch ein zweiter Text Freuds, *Der Moses des Michelangelo* (1914), in dem er die Skulptur Michelangelos in Rom detailliert auf ihren Affektausdruck und auf ihre

Sublimierungstendenz hin untersucht und damit ebenfalls auf sich selbst und seine Lebensaufgabe bezogen hat.

Eine mythologische Gestalt, die in der Kultur bis auf die heutigen Tage eine (ähnlich wie Moses) wichtige Rolle spielt, ist die Figur des Helden. Der Freud-Schüler Otto Rank (1884–1939) hat in seinem Buch *Der Mythus von der Geburt des Helden* (1909, zweite Auflage 1922) ausführlich dargelegt, dass sich in vielen Heldenmythen übereinstimmende Züge finden. Meist ist der Held bereits bei der Geburt in Gefahr oder wird (wie Moses) ausgesetzt; schon zu diesem frühen Zeitpunkt wollen ihn feindliche Mächte vernichten. Doch dann wächst er heran, bewährt sich in der Welt und vollbringt Wunder und große Taten, durch die er quasi Unsterblichkeit gewinnt. Daraus leitete Rank ab, dass solche Legenden wie Ausschmückungen des gewöhnlichen Menschenlebens wirken: Viele von uns wären mit ihren Privatmythen gerne Helden, die den Widerstand der stumpfen Welt besiegen:

> Überblickt man die Menge dieser mannigfach ausgestalteten Heldensagen, so drängt sich einem eine Reihe durchgängig gemeinsamer Züge auf, die es nahelegen, aus diesen typischen Grundelementen gleichsam eine Durchschnittssage zu bilden. Für die individuellen Züge der einzelnen Mythen und insbesondere für manche scheinbare Abweichung vom Schema wird erst die Deutung volle Aufklärung bringen.[6]

Untersucht man diverse Heldensagen im Detail, wird darin in der Regel die übliche und weit verbreitete Kindheit wiedergegeben – insbesondere die Hoffnungen und Illusionen von Eltern, die in ihrem Kind nur zu gerne einen Prinzen oder Heros, einen Führer oder Vorkämpfer der Menschheit erkennen wollen, was sich im Allgemeinen jedoch kaum bewahrheitet. Unter Bezugnahme auf Otto Rank hat Sigmund Freud in *Massenpsychologie und Ich-Analyse* (1921) einen Brückenschlag von den mythologischen Heldensagen zum Gottesglauben versucht:

> Der erste Mythus war sicherlich der psychologische, der Heroenmythus; der erklärende Naturmythus muss weit später aufgekommen sein ... Die

---

[6] Rank, O.: Der Mythos von der Geburt des Helden – Versuch einer psychologischen Mythendeutung (1922), Wien 2000, S. 91.

Lüge des heroischen Mythus gipfelt in der Vergottung des Heros. Vielleicht war der vergottete Heros früher als der Vatergott, der Vorläufer der Wiederkehr des Urvaters als Gottheit.[7]

Für Freud wie auch für Rank war es aufgrund ihrer psychoanalytischen Thesen zum Traum wie auch zu den Mythen offenkundig, dass beide Phänomene aufgrund von Triebimpulsen entstehen, deren Umsetzung – aus welchen Motiven heraus auch immer – nicht realisiert wurde. Die Verdrängung vitaler Wünsche und Antriebe steht am Beginn der Mythen- wie der Traumbildung, und eine Aufklärung oder Emanzipation von beiden ist möglich, sofern der Einzelne (beim Traum) oder eine Gruppe, ein Stamm, ein Clan respektive eine Sozietät (beim Mythos) sich der zugrundeliegenden und verdrängten Triebanteile bewusstwird und dieselben in ihr waches Dasein integriert:

> Die Psychoanalyse rekonstruiert die ehemals bewusst geduldete, dann verbotene und nur in der (mythischen) Phantasie wieder entstellt zum Bewusstsein zugelassene Wunschdurchsetzung (Triebbefriedigung), deren reale Hemmung den ersten Anstoß zur Mythenbildung bot.[8]

Eine zur Freudschen Psychoanalyse und ihrem Anspruch der emanzipatorischen Durchdringung des Mythos fast entgegengesetzte Einstellung zur mythologischen Welt findet sich in der Komplexen Psychologie von C.G. Jung. Jung verstand die Mythen als archetypische Lebensmuster, zu denen der Einzelne einen möglichst ungehinderten Zugang haben oder erhalten sollte. Ein Dasein in nüchterner Rationalität hätte Jung als Entwurzelung und Entfremdung bezeichnet; Ziel seiner Komplexen Psychologie war es, dem Klienten Wege aufzuzeigen, wie er wieder Kontakt zu seinem mythischen und damit archetypischen Urgrund finden kann:

> Also bildet der, welcher ohne Mythus oder außerhalb desselben zu leben glaubt, eine Ausnahme. Ja, er ist sogar ein Entwurzelter, welcher weder mit

---

[7] Freud, S.: Massenpsychologie und Ich-Analyse (1921), in: GW XIII, Frankfurt am Main 1976, S. 153.
[8] Rank, O.: Psychoanalytische Beiträge zur Mythenforschung – Gesammelte Schriften aus den Jahren 1912 bis 1914, Hamburg 2010, S. 7.

der Vergangenheit, dem Ahnenleben (das immer in ihm lebt), noch mit der gegenwärtigen menschlichen Gesellschaft in wahrhafter Verbindung steht. Er wohnt in keinem Hause wie die anderen, er isst und trinkt nicht, was die andern, sondern lebt ein Leben für sich, eingewickelt in einen von seinem Verstand ausgeheckten, subjektiven Wahn, den er für die eben entdeckte Wahrheit hält.[9]

Nicht die mythische Weltsicht und Lebensanschauung, sondern die Rationalität (zum Beispiel der Wissenschaften oder bestimmter philosophischer Richtungen) bescheren dem Menschen demnach Distanz zu seiner individuellen wie auch zu einer kollektiven Wirklichkeit. Die häufig nur mäßig bewussten Verbindungen des Einzelnen zu den verschiedenen Mythen gleichen Jung zufolge einem Rhizom, also einem Wurzelgeflecht, das unter der Erdoberfläche wächst und oftmals einen sehr kräftigen Zusammenhalt aufweist. Ohne Kenntnis und außerhalb von Mythen zu existieren bedeutete für Jung daher, den Kontakt mit lebensnotwendigen Stoffen und Strukturen verloren zu haben. Man versteht, warum er für sich selbst wie auch für seine Patienten energisch versuchte, das je individuelle Rhizom der Mythen und Archetypen aufzuspüren und an es wieder Anschluss zu finden. Dies sei (so Jung) Voraussetzung für einen adäquaten Individuations- und Reifungsprozess der betreffenden Person:

> Leider kommt die mythische Seite des Menschen heutzutage meist zu kurz. Er kann nicht mehr fabulieren. Damit entgeht ihm viel; denn es ist wichtig und heilsam, auch von den unfasslichen Dingen zu reden. Das ist wie eine gute Gespenstergeschichte, bei der man am Kaminfeuer sitzt und eine Pfeife raucht ... Für den Verstand ist das *mythologein* eine sterile Spekulation, für das Gemüt aber bedeutet es eine heilende Lebenstätigkeit; sie verleiht dem Dasein einen Glanz, welchen man nicht missen möchte.[10]

---

[9] Jung, C.G.: Symbole der Wandlung – Analyse des Vorspiels zu einer Schizophrenie, vierte Auflage (1950), GW Band 5, Zürich 1973, S. 13.
[10] Jung, C.G.: Erinnerungen, Träume, Gedanken von C.G. Jung, aufgezeichnet und herausgegeben von Aniela Jaffé (1962), Olten 1992, S. 303.

Das Bild einer Glanz verleihenden Geschichte und viel mehr noch des Rhizoms für das Geflecht von Mythen und alten Sagen ist insofern nicht abwegig, als aus der Biologie und Botanik her bekannt ist, dass es sich dabei um ungewöhnlich widerstandsfähige Gebilde handelt, denen man mit dem einfachen Ausreißen einiger weniger Knollen oder Erdsprossen nicht Herr wird. Im Gegenteil: Entfernt man etwa Bambus oder Efeu (zwei prominente Beispiele für besonders expansiv wachsende Rhizome) nicht radikal genug, muss man gewärtig sein, dass sich kurze Zeit später eben jener Bambus oder Efeu doppelt, dreifach stark erneut ausbreitet.

Analoges gilt für mythische Einsprengsel im Seelenleben von Individuen oder größeren Gruppierungen. An der Oberfläche mögen sie tatsächlich wie Tupfer oder Einsprengsel imponieren, die vernachlässigbar erscheinen. Was hat es schon – so könnte man sich fragen – groß zu bedeuten, wenn jemand im 21. Jahrhundert an Wettergötter, Glückszahlen, Schutzengel, die Aussagekraft von Spielkarten oder an die Magie von Sternen oder Pendel glaubt? Nimmt man das Jungsche Bild des Rhizoms jedoch ernst, sind derlei Phänomene nicht selten Hinweise auf ein weitverzweigtes Geflecht von irrationalen Ansichten und Überzeugungen, die dem Betreffenden nur teilweise bewusst und zugänglich sind, und die ihn mehr oder minder stark im Status einer mangelnden Autonomie und der zu wenig aufgeklärten Urteilskraft fixieren.

Wer demnach Interesse an der Emanzipation der eigenen Person oder anderer Mitmenschen von den irrationalen Denk- und Verhaltensmustern von Mythen aufbringt, darf sich (wie von Jung empfohlen) dem sagenhaft-abergläubischen Rhizom in und um sich energisch zuwenden. Im Gegensatz aber zum bekannten Schweizer Psychoanalytiker empfehle ich diese Zuwendung aus diagnostischen, nicht aus therapeutischen Erwägungen heraus (C.G. Jung war überzeugt, dass eine Individuation nur gelingt, wenn der Einzelne mythisch-religiöse Inhalte für und bei sich nicht nur aufspürt, sondern im Therapieprozess regelrecht entwickelt). Die Behandlung eines Mythen-treibenden Rhizoms sollte man daher bei beherzten Gärtnern und nicht bei C.G. Jung erlernen: Radikale Entfernung – und dennoch wissen, dass Rhizome eine enorme Tendenz zur Wiederkehr zeigen.

Wie sehr Jung bei sich selbst dieses Rhizom aufspüren und verstehen wollte, macht unter anderem seine Autobiographie *Erinnerungen, Träume*

Gedanken von C.G. Jung (1962) deutlich. Darin teilte er einen Traum mit, den er als Knabe im dritten oder vierten Lebensjahr geträumt hatte, und der ihn Jahrzehnte als Motiv beschäftigte. In einem tiefen Erdloch sah er dabei einen überdimensionierten Phallus, den er als eine Furcht und Schrecken auslösende Gottheit einordnete:

> Durch diesen Kindertraum wurde ich in die Geheimnisse der Erde eingeweiht. Es fand damals sozusagen ein Begräbnis in die Erde statt, und es vergingen Jahre, bis ich wieder hervorkam. Heute weiß ich, dass es geschah, um das größtmögliche Maß von Licht in die Dunkelheit zu bringen. Es war eine Art Initiation in das Reich des Dunkeln. Damals hat mein geistiges Leben seinen unbewussten Anfang genommen.[11]

Selbst wenn die meisten von uns der C.G. Jungschen Beschäftigungsmanier mit Mythen zu Recht wenig abgewinnen werden, kann es von psychologisch-diagnostischer Warte aus gesehen durchaus wertvoll und gewinnbringend sein, sich mythischen Erzählungen zuzuwenden – vor allem jenen, die uns unwillkürlich ansprechen. So spiegeln manche mythischen Geschichten eigene Konfliktkonstellationen wider, die eventuell leichter einzuordnen und zu verstehen sind, sobald sie als Geschichte betrachtet und nicht nur als Konflikte direkt erlebt werden. Die Externalisierung in Form von Mythen ermöglicht bisweilen einen erkenntnisträchtigen Zugang zu den innerseelischen oder zwischenmenschlichen Problem- und Konfliktzonen bei sich selbst.

Mythen können dabei helfen, das Bisherige der Biographie besser zu verstehen, aber auch das Zukünftige unseres Daseins kreativer zu entwerfen. Ähnlich wie die Literatur, wie Dramen oder Romane berichten Mythen von existentiellen Nöten und Erschütterungen der Menschen und von verschiedenen Wegen der Daseins-Bewältigung – wenngleich im Mythos die menschlichen Freiheitsgrade oftmals reduziert und die Einflussnahmen durch Götter, Dämonen und das Fatum ziemlich umfangreich zu sein pflegen.

Ein Charakteristikum von Mythen besteht in ihrer prinzipiellen und permanent wirksamen Wandelbarkeit sowie unfertigen Nicht-

---

[11] Jung, C.G.: Erinnerungen, Träume, Gedanken von C.G. Jung, aufgezeichnet und herausgegeben von Aniela Jaffé (1962), Olten 1992, S. 21.

Abgeschlossenheit. Auch dieser Aspekt kann in Psychologie und Psychotherapie günstig integriert werden, da er einen wesentlichen Gesichtspunkt der *Conditio humana* aufgreift: Der Mensch ist ein Werden und kein Sein, und wo immer er sich dem Strom der Entwicklung und Veränderung anvertraut, lebt er seinem Wesen gemäß. Dass diese Metamorphose (besonders eindrücklich von Ovid beschrieben) häufig nicht nur Resultat eigener Aktivitäten und Gestaltungsimpulse ist, sondern auf die Einwirkungen anderer, teilweise nicht sofort durchschaubarer Kräfte zurückzuführen ist, wird in den Mythen immer wieder zum Ausdruck gebracht. Auch wer nicht an transzendente Ursachen und Energiefelder glaubt, muss zugeben, dass wir unser Dasein nur halb aktiv gestalten und halb aber (von den Umständen, den Mitmenschen, vom Zufall) gestaltet werden.

Ein letztes psychologisches Argument, sich mit Mythen intensiver zu befassen, besteht im Faktum der Modellhaftigkeit einzelner Sagengestalten. Insbesondere die griechischen Heroen-Geschichten bieten Anschauungsmaterial *en masse* für außergewöhnliche Expansionsschritte, für mächtige Siege und Triumphe, aber auch für ebenso mächtige Niederlagen und existentiell erschütternde Ohnmachts-Erfahrungen.

Wie sehr sich Heroen wie etwa Herakles, Achilles, Jason, Theseus, Odysseus eventuell dafür eignen, ins eigene Über-Ich als Ideal und Modell übernommen zu werden, lässt sich trefflich an historischen Gestalten wie Alexander dem Großen (letztere Attribuierung mit Fragezeichen) nachweisen. Von ihm ist bekannt, dass er sich in Bezug auf seine eigenen Zielsetzungen im Leben an keinem geringeren Maßstab als an demjenigen griechisch-antiker Heroen orientierte; entsprechend expansiv und letztlich blutig gerieten seine politisch-militärischen Aktivitäten. Es verwundert nicht, dass er aufgrund seiner Biographie sowie seiner Orientierung an manchen fragwürdig-sagenhaften Figuren der griechisch-antiken Mythologie bei seiner Nachwelt selbst zu einer mythischen Gestalt, einem Heroen gleich, stilisiert wurde.

Aus den meisten Fällen jedoch, in denen Mädchen und Knaben an den diversen heroisch imponierenden Figuren des antiken Griechenlands Maß und Modell für ihr eigenes Über-Ich und Ich-Ideal nehmen, werden dadurch kaum Staatenlenker wie Alexander. Eher schon resultieren daraus rigide Über-Ich-Forderungen für die Betreffenden, unter denen sie später als Erwachsene bisweilen zu leiden haben. Im günstigen Fall aber trägt die temporäre Identifikation mit mythisch-heroischen Gestalten auch dazu bei, aus Kindern in der Zukunft Personen werden zu lassen, die aufgrund ihres ausgeprägten Idealismus für sozial oder kulturell wertvolle Beitragsleistungen imstande sind – Sigmund Freuds Charakter und Lebensleistung kann dafür (wie angedeutet) ein illustres Beispiel abgeben.

Wer sein Ich-Ideal und seine Über-Ich-Inhalte etwas kennenlernen und kritisch überprüfen möchte, kann dies unter anderem anhand von Heroen-Schicksalen der griechischen Mythologie bewerkstelligen: Sage mir, mit welcher dieser Figuren du dich in deiner Kindheit identifiziert hast, und ich gebe dir über einige Dimensionen deines Über-Ichs Auskunft – so oder so ähnlich lautet eine mythenskeptische Empfehlung, wobei die dabei zutage tretenden Dimensionen des Über-Ichs von allfälligen Größenideen über eine realitätsadäquate Gewissensfunktion bis hin zu autoaggressiv-rigiden Schuldgefühlen reichen können.

Eine mögliche sowie wünschenswerte Konsequenz einer solchen Beschäftigung nicht nur mit den altgriechischen Heroen-Idealen darf meines Erachtens das prinzipielle Hinterfragen jeglicher eigenen Über-Ich-Forderungen sein. Wer die Heldensagen der Antike aufmerksam studiert, stößt wiederholt auf eine sehr durchwachsene Erfolgsbilanz der jeweiligen Heroen – um nicht zu sagen: Von Odysseus bis zu Jason und von Theseus bis zu Achill begegnen uns Gestalten, die neben ihrer Heldenhaftigkeit vor allem Menschlich-Allzumenschliches aufzuweisen haben.

Das Menschlich-Allzumenschliche jedoch kennt im Grunde wenige oder keine hypertrophen Über-Ich-Forderungen; allenfalls ruft es uns zu, ein möglichst langes und zufriedenstellendes Leben zu führen und Derartiges auch den Mitmenschen zu ermöglichen. Alle darüber hinausweisenden Werte und Ideale sind Dreingaben und Aperçus, die wir spielerisch von links nach rechts und wieder retour drehen und ansonsten den lieben Gott und sein gesammeltes mythisches Personal einen guten Mann sein lassen sollten. So verstanden, emanzipieren uns die griechischen Götter- und Heldensagen nicht nur von religiösen Wunschvorstellungen, sondern auch vom eventuellen Popanz des eigenen Über-Ichs.

Mythos und Philosophie

Im 20. Jahrhundert wurde dem Mythos auf sehr unterschiedliche Art und Weise begegnet: auf wissenschaftlich-philosophische, auf literarisch-künstlerische oder auch auf erlebensmäßige Manier. Als wissenschaftliche Mythenforscher haben sich Johann Jakob Bachofen (schon im 19. Jahrhundert: 1815–1887), Bronislaw Malinowski (1884–1942), Karl Kerényi (1897–1973) und Joseph Campbell (1904–1987), Mircea Eliade (1907–1986), Claude Lévi-Strauss (1908–2009) sowie Roland Barthes (1915–1980) oder Jan Assmann (geboren 1938) einen Namen gemacht. Unter den Philosophen zählten unter anderen Ernst Cassirer (1874–1945), Kurt Hübner (1921–2013), Hans Blumenberg (1920–1996) zu Mytheninteressierten Denkern.

Bei den Letzteren gab es ebenfalls diverse Einstellungen zur mythologischen Welt: zustimmend oder ablehnend; analysierend oder den Mythos als prinzipiell nicht zersetzen können begreifend; als Metaphern und Bilder-Reservoir für das eigene Denken oder auch für die Rolle und Funktion von Philosophen. So jedenfalls hat Arthur Schopenhauer einst in einem Brief an Goethe auf die griechischen Mythen Bezug genommen, als er dem Weimarer Dichter erläuterte, welche Eigenschaften einen philosophischen Denker von Format charakterisieren – und wie sehr ein

Philosoph die furchtlose Haltung etwa des Ödipus aus der griechischen Mythenwelt zu seiner eigenen machen dürfe:

> Der Mut, keine Frage auf dem Herzen zu behalten, ist es, der den Philosophen macht. Dieser muss dem Ödipus des Sophokles gleichen, der, Aufklärung über sein eignes schreckliches Schicksal suchend, rastlos weiter forscht, selbst wenn er schon ahnt, dass sich aus den Antworten das Entsetzlichste für ihn ergeben wird. Aber da tragen die meisten die Jokaste in sich, welche den Ödipus um aller Götter willen bittet, nicht weiter zu forschen: und sie geben ihr nach.[1]

Seit langem schon gilt es bei den meisten Philosophen als ausgemachte Sache, dass es für den Einzelnen wie auch für Gruppen und Sozietäten günstig ist, wenn sie sich aus dem mythischen Empfinden herausarbeiten und stattdessen ein aufgeklärt-rationales Denken, Fühlen und Handeln entwickeln. Was – so fragen sich Mythenkritiker – haben die Menschen der Neuzeit und Moderne mit dem uralten weltanschaulichen Plunder der Vergangenheit zu schaffen?

Seit der Achsenzeit, seit etwa dem 6. Jahrhundert vor unserer Zeit also, lässt sich in verschiedenen Kulturkreisen eine diesbezüglich relevante kritische Losung nachweisen, die mehr oder minder konsequent umgesetzt wurde: vom Mythos zum Logos. Der Altphilologe Wilhelm Nestle (1865–1959), Professor für griechische Philosophie an der Universität Tübingen, publizierte ein entsprechendes Buch mit dem Titel *Vom Mythos zum Logos. Die Selbstentfaltung des griechischen Denkens von Homer bis auf die Sophistik und Sokrates* (1940), das sich als sein Hauptwerk erweisen sollte. Akribisch hat er darin die geistige Entwicklung vom mythischen zum logischen Denken, Fühlen und Handeln im antiken Griechenland im 7. und 6. Jahrhundert vor unserer Zeit nachgezeichnet. Blättert man in diesem Text, stößt man auf die von ihm präferierten Vorzüge einer logisch-rationalen Welt- und Lebensanschauung – zu Recht hat man daher diesen Zeitraum in Griechenland auch als eine allererste Aufklärungsepoche der Geistes- und Kulturgeschichte interpretiert.

---

[1] Schopenhauer, A.: Brief an Goethe (11. November 1815), in: Goethe Briefwechsel – Briefe an Goethe, HA Band 2, München 1988, S. 168.

Mindestens ebenso gründlich und tiefsinnig hat Jacob Burckhardt (1818–1897) über die Entwicklungstendenzen der griechischen Antike doziert und geschrieben. In seiner *Griechischen Kulturgeschichte* (vier Bände, postum 1898–1902 publiziert) widmete er dem Verhältnis von mythischem und rational-logischem Denken und Handeln mehrere Kapitel, wobei Burckhardt aber eine gewisse Skepsis an den Tag legte, wenn es darum ging, den Mythos mithilfe des Logos zu überwinden und zu entzaubern. Über die mythenkritischen Aktivitäten der Logos-Denker und deren lediglich mäßige Erfolge bei der großen Mehrheit des griechischen Volkes schrieb er ganz nüchtern:

> Die Philosophen der Folgezeit aber, so vieles sie auch über Götter und Gottheiten vorbrachten – bis zum Monotheismus und andererseits bis zur völligen Leugnung der Götter – haben auch nicht *einen* kleinen Gott oder Heros von seiner Stelle im Volkskultus entfernen können.[2]

Das Nebeneinander von mythisch-religiösen Vorstellungen bei den Griechen und den zunehmend logisch-wissenschaftlich orientierten Konzepten von Philosophen und Naturforschern erklärte sich Burckhardt durch das Fehlen einer Priesterkaste und damit einer autoritativ agierenden Institution. Im Griechenland der Antike gab es schlicht niemanden, der die Götter- und Heroen-Vorstellungen kanonisiert und verteidigt hätte – vielmehr erzählten sich die Griechen der Antike gegenseitig so lange und phantasiebegabt ihre mythischen Geschichten, bis sie schließlich von Dichtern (Homer, Hesiod) und Dramatikern (Sophokles, Aischylos, Aristophanes, Euripides) schriftlich fixiert wurden: „Diese Religion ist ... nicht durch eine Kraft von außen dem Volke vorgeschrieben oder als heilige Satzung auferlegt, sondern sie ist ein Produkt der höchsten Bildkraft desselben."[3]

Im Kapitel *Mythos, Logos und Person* habe ich erwähnt, dass sich manche Denker seit und nach der Zeit der Vorsokratiker kritisch mit Mythen auseinandergesetzt und zugleich (wie etwa Platon) selbst Mythen formuliert haben. Letzterer hat im Dialog *Symposion* den Komödiendichter

---
[2] Burckhardt, J.: Griechische Kulturgeschichte (1898–1902), Band II, München 1977, S. 20.
[3] Burckhardt, J.: Griechische Kulturgeschichte (1898–1902), Band II, München 1977, S. 31.

Aristophanes den Mythos vom Menschen als ehemaliges Kugelwesen mit vier Beinen und vier Armen in den Mund gelegt. Das Kugelwesen Mensch sei derart übermütig durch die Welt getrollt, dass die Götter ihn, den Menschen, schließlich mittig entzweischnitten, so dass Mann und Frau mit jeweils zwei Armen und zwei Beinen entstanden. Diese konnten sich nun nicht mehr Rad-schlagend durchs Leben bewegen, sondern mussten aufrecht und vereinzelt gehen und stehen. Weil die Götter schließlich gnädig gestimmt waren, ordneten sie die Geschlechtsorgane der getrennten Menschen so an, dass sich Männer und Frauen in der Sexualität doch wieder zum ursprünglichen ganzen Kugelwesen vereinen oder zumindest in Sehnsucht aufeinander zustreben konnten.

Mit dieser philosophischen Erzählung schuf Platon einen Mythos und wusste, dass er einen Mythos, eine Geschichte erzählte. Im Gegensatz zu denjenigen, die im Mythos leben oder vom Mythos dominiert sind, spürte Platon sehr genau, dass es sich um eine didaktisch feine Geschichte handelte, mit der er seinen Lesern und Zuhörern einiges über die Phänomene von Liebe, Sehnsucht und Sexualität auf ausgesprochen elegante Art und Weise mitteilen konnte – ein intellektuell subtil-raffiniertes Arrangement. Verglichen mit denjenigen, die im Mythos leben und von ihm partiell beherrscht werden, war Platon bedeutend souveräner – er setzte den von ihm selbst formulierten Mythos als philosophisches Werkzeug für die eigenen Zwecke ein.

Die Philosophiegeschichte nach Platon kannte lange Zeit nur wenige Denker, die sich mit Mythen derart anerkennend und produktiv auseinandersetzten. In der Neuzeit war es Giambattista Vico (1668–1744), der in *Principi di una scienza nuova* (1725, zu deutsch: Prinzipien einer neuen Wissenschaft, Hamburg 1990) als erster Autor im 18. Jahrhundert die Qualitäten von Mythen als *vera narratio*, also als wahre Historie und Teil der Weltgeschichte, wieder zu würdigen wusste.

Es verwundert nicht zu lesen, dass sich einige Jahrzehnte später vor allem die Philosophie der Romantik den Themen von Mythos und Mythologie gegenüber offen zeigte. Herder, Schlegel und insbesondere Schelling widmeten etliche ihrer Abhandlungen dem Mythos und der Mythenforschung. Der Letztere (Friedrich Wilhelm Schelling, 1775–1854) beschäftigte sich bereits als junger Mann mit der Frage, in welchem Verhältnis die Mythen zur Philosophie stehen. In seinem Text mit dem Titel *Über Mythen, historische Sagen und Philosopheme der ältesten Welt* (1793) unterschied er zwei Typen von Mythen: historische und philosophische – wobei er die Letzteren auch als Philosopheme bezeichnete.

Historische Mythen, so Schelling, haben Handlungen und Ereignisketten der Vergangenheit zu ihrem Inhalt, wobei sie etwa anhand der Schicksale von Heroen modellhaft ethisch-moralische Überlegungen anstellen. Bei den philosophischen Mythen hingegen (zum Beispiel Platons Mythos vom Kugelwesen) stünden diverse Wahrheiten zur Disposition; diese werden allerdings in ein Narrativ eingekleidet und nicht – wie sonst in der Philosophie üblich – als logisch-plausible Reflexionen und Überlegungen präsentiert. Schelling musste zugeben, dass sich diese beiden Varianten durchaus überlappen.

Beinahe zeitgleich mit Schellings Text und im engen intellektuellen Austausch mit ihm entstand das *Älteste Systemprogramm des deutschen Idealismus* (1797) von Georg Wilhelm Friedrich Hegel. Dieser ordnete darin die Mythen als vorrangig ästhetisches Thema ein – mit ihrer Hilfe sei es möglich, komplexe philosophisch-aufgeklärte Gedanken in eingängige Bilder und Narrative zu kleiden, so dass auch philosophische Laien sie nachvollziehen können:

> Wir müssen eine neue Mythologie haben, diese Mythologie aber muss im Dienste der Ideen stehen, sie muss eine Mythologie der *Vernunft* werden. Ehe wir die Ideen ästhetisch, d. h. mythologisch machen, haben sie für das *Volk* kein Interesse, und umgekehrt ehe die Mythologie vernünftig ist, muss sich der Philosoph ihrer schämen.[4]

Schon wenige Jahre später ging Hegel daran, aus diesem Programm Wirklichkeit werden zu lassen, indem er selber einen bekannten geistesgeschichtlichen Mythos schuf – von dem er aber überzeugt war, dass es sich dabei nicht um eine bloße *Story* (wie Platons Erzählung vom Kugelmenschen), sondern um die Erkenntnis der tatsächlich stattgehabten Schöpfungsgeschichte handelte: Wie der absolute Geist (Gott) sich in

---

[4] Hegel, G.W.F.: Ältestes Systemprogramm des deutschen Idealismus (1797), in: Frühe Studien und Entwürfe 1787–1800, Berlin 1991, S. 611.

Kosmos und Natur entäußerte und im selbstbewussten Menschen (subjektiver Geist) begann, wieder zu sich selbst zurückzukehren.

Konzipierte Hegel Ende des 18. Jahrhunderts eine Mythologie der Vernunft, gingen wenig später die Dichter und Denker der Romantik daran, die Mythen der griechisch-römischen wie auch der fernöstlichen Antike als Vehikel für ihre Poesie, vor allem aber für ihre Sehnsucht nach Unendlichkeit zu begreifen. Der fromm gewordene Schelling, Novalis, der Naturphilosoph Joseph Görres und besonders Friedrich Hölderlin suchten in den Mythen den Ursprung von Menschheit, Kosmos und Kultur – wobei Letzterer so tief in die griechische Götterwelt eintauchte, dass seine Person sich schlussendlich im Numinosen und Mysteriösen der mythischen Erzählungen halb auflöste und verlor.

Durchaus der Aufklärung sowie der Emanzipation von Mythen verpflichtet und zugleich die produktiv-kulturellen Effekte von Mythen anerkennend positionierte sich Friedrich Nietzsche in manchen seiner Schriften. In *Die Geburt der Tragödie aus dem Geiste der Musik* (1872) betonte der Philosoph den letzteren Aspekt:

> Ohne Mythus aber geht jede Kultur ihrer gesunden schöpferischen Naturkraft verlustig: Erst ein mit Mythen umstellter Horizont schließt eine ganze Kulturbewegung zur Einheit ab … Und selbst der Staat kennt keine mächtigeren ungeschriebenen Gesetze als das mythische Fundament, das seinen Zusammenhang mit der Religion, sein Herauswachsen aus mythischen Vorstellungen verbürgt.[5]

Diese Anerkennung bedeutete für Nietzsche mitnichten eine schlichte, mythisch-religiöse Einstellung – im Gegenteil: Als Religionsskeptiker *par excellence* nahm er sich die Freiheit heraus, mit mythischen Gestalten (zum Beispiel mit Dionysos und Apollon) ganz in seinem Sinne zu verfahren und sie für sein eigenes Denken zu funktionalisieren. Darüber hinaus schuf er neue Mythen (Zarathustra; die ewige Wiederkunft; der Übermensch) und transponierte die mythische Erzählhaltung in die Sphäre von Literatur und Kunst – eine Sphäre, in der er sich selbst ebenfalls bisweilen ansiedelte:

---

[5] Nietzsche, F.: Die Geburt der Tragödie aus dem Geiste der Musik (1872), in: KSA 1, München 1988, S. 145.

Irreligiosität der Künstler. – Homer ist unter seinen Göttern so zu Hause und hat als Dichter ein solches Behagen an ihnen, dass er jedenfalls tief unreligiös gewesen sein muss; mit dem, was der Volksglaube ihm entgegenbrachte ... verkehrte er so frei wie der Bildhauer mit seinem Ton.[6]

Gerieten Nietzsches Kommentare zum Mythos seinem Denk- und Schreibstil gemäß aphoristisch, ging Jahrzehnte später Ernst Cassirer mit systematischem Blick daran, sich kulturphilosophisch mit Mythen und mythischem Welterleben auseinanderzusetzen. Als in der Tradition Immanuel Kants ausgebildeter Denker war er sich nicht zu schade, tief ins angeblich kulturelle Halbdunkel der Mythen einzudringen, wobei er für sich und für uns erhellende Befunde zutage förderte. Insbesondere die kulturwissenschaftlich bestens ausgestattete Bibliothek von Aby Warburg in Hamburg leistete Cassirer dabei hervorragende Dienste.

Vor allem im zweiten Band seiner *Philosophie der symbolischen Formen* (1925) widmete sich Cassirer dem Mythos und damit einer Thematik, die bis dahin fast als antiphilosophisch galt. Hatte sich nicht die Philosophie seit ihren Anfängen dem Versuch verschrieben, sich von der Mythologie zu befreien, ganz im Sinne des bekannten Buchtitels *Vom Mythos zum Logos* (Wilhelm Nestle)?

Cassirer untersuchte jedoch den Mythos primär nicht daraufhin, inwiefern ihm tatsächliche Wahrheit zukommt. Der Philosoph interessierte sich vielmehr für die Art und Weise, wie Menschen mit Hilfe des Mythos eine Anschauung von der Welt und den eigenen existentiellen Fragen und Problemen gewinnen, und inwiefern deshalb der Mythos wie die Sprache, Kunst und Wissenschaft als symbolische Form verstanden werden kann. Dabei formulierte Cassirer die These, dass der Mythos der Mutterboden aller symbolischen Formen sei; an ihm können Wesen und Dynamik des Symbolischen generell gut demonstriert werden.

Die Hauptthese Cassirers nach dem Studium unterschiedlichster Mythen bei diversen Kulturen lautete: Mythen sind durchaus keine wirren und chaotischen Interpretationen dessen, was wir Welt nennen, sondern Zugangsweisen zu ihr, die sinnvoll und in sich durchaus kohärent sind. Insofern man sich vorbehaltlos in diese mythologischen Sicht- und Er-

---

[6] Nietzsche, F.: Menschliches, Allzumenschliches I (1878), in: KSA 2, München 1988, S. 121.

lebensweisen begibt, kann man nachempfinden, dass damit Fragen nach dem Ursprung von Kosmos, Göttern, Welt und Menschen sowie nach Krankheit, Leid und Tod auf spezielle Art beantwortet werden.

Cassirer zufolge gibt es keine Kultur, die nicht aus dem Mythos entsprungen ist. Mythos und Sprache standen für den Philosophen am Anfang diverser Kulturen – sie bilden den Mutterboden aller kulturellen Entwicklungen, und Religion, Kunst, Wissenschaft, Recht, Moral und Technik als Bereiche von Kulturen, als eigene (wie Cassirer es benannte) symbolische Formen, sind aus Sprache und den Mythen hervorgegangen. Ohne die Letzteren gäbe es nicht die bunte Diversität unserer Kultur der Moderne, die aufgrund ihrer Vorgeschichte mit mythischen Elementen durchtränkt ist, und in der die Mythen immer wieder eine Rolle spielen.

Nicht in allen Kulturen werden Mythen (so wie in der griechischen Antike) schriftlich fixiert; nicht jede Kultur hat einen Homer oder Hesiod hervorgebracht. Aber in allen Kulturen, meinte Cassirer, habe es so etwas gegeben wie ein Erzählen von Mythen und Ursprungssagen. Und dieses Erzählen habe dazu beigetragen, dass die Betreffenden in eine bestimmte Anschauungs-, Denk- und Lebensform hineinsozialisiert und von ihnen erfasst wurden. Dabei gab es kein distanzierendes Erkennen (Gnosis), sondern ein pathisch-affektives Involviert-Sein:

> Die Welt des Mythos ist dramatisch – eine Welt des Handelns, der Kräfte, der widerstreitenden Mächte … Die mythische Wahrnehmung ist stets emotional gefärbt. Alles Sichtbare und Spürbare ist von einer besonderen Atmosphäre umgeben – einer Atmosphäre von Freude oder Trauer, von Furcht, Erregung, Jubel oder Niedergeschlagenheit.[7]

Nach Cassirer zeichnen sich die ursprünglichen Mythen (nicht die Artefakt- oder die Kunst- und Didaktik-Mythen wie bei Platon) mit den drei wesentlichen „As" aus: Animismus, Anthropomorphismus und Allmacht der Gedanken. Animismus bedeutet, dass alles beseelt ist. Überall finden sich eigentümliche Wesen, mit denen die mythisch Gläubigen Kontakt aufnehmen.

---

[7] Cassirer, E.: Versuch über den Menschen – Einführung in eine Philosophie der Kultur (1944), Frankfurt am Main 1992, S. 123.

Bei animistischen Mythen gibt es keine personalen Gottheiten sowie keine Metaphysik, keine Sakralbauten – alles ist göttlich und mythisch angehaucht und durchtränkt. Weil alles beseelt ist, sind die Vorstellungen, dass etwa Ahnen in der Rinde eines Baumes sitzen und Einfluss auf das Dasein der noch Lebenden nehmen, keineswegs verwunderlich. Alles und alle kommunizieren untereinander und sind miteinander verbunden.

Mit Anthropomorphismus ist gemeint, dass alle Götter, Dämonen, Fabelwesen eine menschliche Gestalt sowie menschliche Wesenszüge aufweisen. Eindrücklich lässt sich dies in der griechischen Antike nachweisen: Alle Gottheiten haben eine äußerlich erkennbare menschliche Figur. Und nicht nur das – sie weisen alle auch menschliche Eigenschaften und Affekte auf: Sie haben Hunger und Durst, sie sind eifersüchtig oder traurig, sie gackern und plappern oder stoßen ein homerisches Lachen auf dem Olymp aus. Diese Gottheiten sind übermütige Spieler, neigen zu Polygamie und Seitensprüngen und bekennen sich zu ihren Affekten; oder aber sie sind depressiv und in sich gekehrt; und sie weisen Temperamente auf und sind Melancholiker, Choleriker, Phlegmatiker oder Sanguiniker.

Wenn diese Gottheiten leiden und lieben wie wir Menschen, und wenn alles eine menschliche Gestalt annimmt (Anthropomorphismus), kann man mit allem auch eine sehr enge Beziehung eingehen. Man nennt dies eine sympathetische Welt- und Menschen-Beziehung. Dies ist vor allem auch im Hinblick auf die Natur interessant: Mensch und Natur sind mehr oder minder eins, und die Natur ist beinahe menschlich oder menschenartig.

Das letzte „A" bezieht sich auf die Allmacht der Gedanken. Hier zitierte Cassirer Sigmund Freud, der in *Totem und Tabu* (1913) schon ausführlich beschrieben hat, dass Menschen, die in mythisch dominierten Kulturen sozialisiert werden, von der Allmacht der eigenen Gedanken fest überzeugt sind. Die Allmacht der Gedanken ist assoziiert mit dem Glauben an die Macht von Magie und Ritual; der böse Blick etwa kann jemanden verhexen. All das gehört zu einem mythischen Weltbild, zum Mythos als symbolische Form dazu.

Irgendwann aber haben die Menschen (so Cassirer) zunehmend registriert, dass ihr magisch-mythisches Weltverhältnis Limitierungen aufwies – sie begannen, einen Schwenk hin zu einer logischeren, rationaleren Welt- und Lebensanschauung zu initiieren. Dieser Schwenk vollzog sich langsam und unter paralleler Beibehaltung des mythischen Weltverstehens; schließlich war der Mythos kohärent strukturiert und trug eine bestimmte Form von (subjektiver) Wahrheit in sich.

Unter der Überschrift *Die Dialektik des mythischen Bewusstseins* hat Cassirer in seiner *Philosophie der symbolischen Formen* den nächsten Entwicklungsschritt der Kultur nach dem Überwinden von mythischen Weltsichten erörtert: die Religion. Wiewohl Religionen noch Elemente mythologischen Denkens und Erlebens in sich tragen, zeichnet sie nach Cassirer bereits ein mythenkritischer Zug aus:

> Die Religion vollzieht den Schnitt, der dem Mythos als solchem fremd ist: indem sie sich der sinnlichen Bilder und Zeichen bedient, weiß sie sie zugleich als solche, – als Ausdrucksmittel, die, wenn sie einen bestimmten Sinn offenbaren, notwendig zugleich hinter ihm zurückbleiben, die auf diesen Sinn „hinweisen", ohne ihn jemals vollständig zu erfassen und auszuschöpfen.[8]

Ebenfalls die Dialektik in der Überschrift eines Textes zur Mythologie verwendeten Theodor W. Adorno und Max Horkheimer: *Die Dialektik der Aufklärung* (1944) – allerdings mit einer zu Cassirer verschiedenen Stoßrichtung ihrer Argumentation. Ausgehend von den Gräueln des Holocausts und des Zweiten Weltkriegs fragten die Autoren nach dem dafür verantwortlichen Ursachengeflecht: Wie konnte es im 20. Jahrhundert mitten in Europa zu derartiger inhumaner Barbarei kommen, wo doch in exakt demselben Kulturkreis seit dem 18. Jahrhundert das Projekt der Aufklärung entfaltet wurde?

Horkheimer und Adorno gingen bei ihrem Buch von der Grundthese aus, dass die Bevorzugung von Rationalismus und instrumenteller Vernunft im Rahmen der Aufklärung zwar zu einer merklichen Beherrschung der Natur beigetragen habe (man denke nur an die ausgesprochen effektive Liaison von Wissenschaften und Technik), und dass es aber parallel dazu einen regelrechten Umschlag dieser Aufklärungsbemühungen in neue Mythen zu beobachten gab: „Wie die

---

[8] Cassirer, E.: Philosophie der symbolischen Formen, Band 2 (1925), Darmstadt 1987, S. 286.

Mythen schon Aufklärung vollziehen, so verstrickt Aufklärung mit jedem ihrer Schritte tiefer sich in Mythologie."[9] Diese Verstrickung der Aufklärung mit der Mythologie lasse die grauenhaften Vorkommnisse in der ersten Hälfte des 20. Jahrhunderts mit verständlich werden. Jürgen Habermas sprach in diesem Zusammenhang von „Verschlingung von Mythos und Aufklärung".[10] Diese für Horkheimer und Adorno als fixe These geltende Verstrickung laufe den ursprünglichen Intentionen der Aufklärung diametral entgegen:

> Seit je hat Aufklärung im umfassendsten Sinn fortschreitenden Denkens das Ziel verfolgt, von den Menschen die Furcht zu nehmen und sie als Herren einzusetzen. Aber die vollends aufgeklärte Erde strahlt im Zeichen triumphalen Unheils. Das Programm der Aufklärung war die Entzauberung der Welt. Sie wollte die Mythen auflösen und Einbildung durch Wissen stürzen.[11]

Doch anstatt Mythen aufzulösen, verhedderte sich (so die beiden Autoren) das Projekt der Aufklärung von allem Anfang an in ihnen oder schuf neue Mythen. Diese unheilvolle und schwer zu durchschauende Verschlingung von Mythos und aufgeklärter Weltsicht exemplifizierten Horkheimer und Adorno an verschiedenen Themen; besonders an der mythischen Figur des Odysseus meinten sie Derartiges aufzeigen und in seinen potentiell enorm destruktiven Konsequenzen darstellen zu können.

In Odysseus begegnet uns Horkheimer und Adorno zufolge der Prototyp und das Urbild des abendländisch-rationalen, bürgerlichen Individuums. Indem er sich wiederholt selbst diszipliniert und verleugnet, gelingt es dem Listenreichen, allen Gefahren und Verführungen zum Trotz die jahrelange Heimfahrt von Troja nach Ithaka zu meistern. Gleichgültig, ob es sich um Circe oder die Sirenen, um Skylla und Charybdis oder um das eigene Haus auf Ithaka handelt, in dem die Freier um seine Gattin

---

[9] Horkheimer, M. & Adorno, Th.W.: Dialektik der Aufklärung – Philosophische Fragmente (1944), Frankfurt am Main 1986, S. 18.

[10] Habermas, J.: Die Verschlingung von Mythos und Aufklärung – Horkheimer und Adorno, in: ders.: Der philosophische Diskurs der Moderne – Zwölf Vorlesungen, Frankfurt am Main 1985, S. 130 ff.

[11] Horkheimer, M. & Adorno, Th.W.: Dialektik der Aufklärung – Philosophische Fragmente (1944), Frankfurt am Main 1986, S. 9.

Penelope schon seit Jahren schamlos werben, und die er am liebsten sofort erschlagen hätte – immer und immer wieder beherrscht Odysseus all seine Wünsche, Begierden und aggressiven Impulse, um sie stattdessen in Vernunft-gesteuerte Pläne einfließen zu lassen:

> Der Listige überlebt nur um den Preis seines eigenen Traums, den er abdingt, indem er wie die Gewalten draußen sich selbst entzaubert. Er eben kann nie das Ganze haben, er muss immer warten können, Geduld haben, verzichten, er darf nicht vom Lotos essen und nicht von den Rindern des heiligen Hyperion, und wenn er durch die Meerenge steuert, muss er den Verlust der Gefährten einkalkulieren, welche Skylla aus dem Schiff reißt.[12]

Zwar erreicht Odysseus seine Heimat und schließt zuletzt auch seine Gattin wieder in die Arme – der Preis jedoch für diese Erfolge ist den beiden Autoren nach hoch: Aus einem authentisch handelnden ist ein instrumentell-vernünftiger und abwartend-reflektierender Mensch geworden, der das Irrationale noch in sich trägt, ohne es aber nach außen sicht- und nach innen spürbar werden zu lassen: „Der listige Einzelgänger (Odysseus) ist schon der *homo oeconomicus*, dem einmal alle Vernünftigen gleichen."[13] Doch deren Rationalität ist Pseudovernunft, und diese wird in der Erzählung Homers wie anderes Mythisches auch weitergegeben. Die mythologische Heldengeschichte der Odyssee berichtet von der Geburtsstunde des abendländischen Individuums und seiner instrumentellen Geistigkeit, ohne dass sich dadurch Odysseus oder auch die Hörer und die Leser von Homer nachhaltig und effektiv von der Götter- und Heroenwelt emanzipieren könnten: „Kein Werk … legt von der Verschlungenheit von Aufklärung und Mythos beredteres Zeugnis ab als das homerische, der Grundtext der europäischen Zivilisation."[14]

Schlussendlich entstand und entsteht immer wieder aufs Neue der Mythos vom aufgeklärten und vernunftbegabten Menschen, der auf-

---

[12] Horkheimer, M. & Adorno, Th.A.: Dialektik der Aufklärung – Philosophische Fragmente (1944), Frankfurt am Main 1986, S. 65.
[13] Horkheimer, M. & Adorno, Th.A.: Dialektik der Aufklärung – Philosophische Fragmente (1944), Frankfurt am Main 1986, S. 69.
[14] Horkheimer, M. & Adorno, Th.A.: Dialektik der Aufklärung – Philosophische Fragmente (1944), Frankfurt am Main 1986, S. 52.

grund seiner Rationalität das ehemals Mythisch-Abergläubische und Irrationale angeblich überwunden hat – eine Erzählung, die nicht nur unwahr ist, weil auf falschen Prämissen fußend, sondern vor allem etwas Gefährlich-Destruktives in sich birgt: Diese Erzählung verkennt fatalerweise, wie viel mythologische Tradition sich aller Aufklärung zum Trotz weitergepflanzt und ausgebreitet hat.

Um derlei adäquat zu erfassen und eventuell zu minimieren, benötigt es nicht nur jene von Horkheimer und Adorno ausführlich beschriebene instrumentelle Vernunft. Darüber hinaus bräuchte es ein gerütteltes Maß an emotionaler und sozialer Vernunft sowie ein Gespür für die Dimensionen des Unbewussten und Irrationalen im Menschen, das sich wahrscheinlich nie vollständig in Rationalität und plangesteuertes Verhalten auflösen lässt. Solange diese Facetten der *Conditio humana* verleugnet oder zu wenig beachtet werden, bleiben die Bemühungen der Aufklärung bloßes Stückwerk. Die Dominanz der instrumentellen Vernunft konnte jedenfalls im 20. Jahrhundert die Herrschaft der Barbarei nicht verhindern und hat ihr in gewisser Weise sogar Vorschub geleistet.

Die instrumentelle Vernunft orientiert sich an der technischen Umsetzbarkeit von Ideen, nicht aber an deren ethisch-moralischen Aspekten. Humanismus und Zwischenmenschlichkeit blieben so unberücksichtigt und pervertierten in der ersten Hälfte des 20. Jahrhunderts ins völlig Inhuman-Bodenlos-Grausame. Um solches für die Zukunft zu verhindern, plädierten Horkheimer und Adorno für eine Erweiterung und Differenzierung des Projekts Aufklärung, ohne die „Liquidation von Aufklärung zu ihrer eigensten Sache"[15] machen zu wollen.

Ein Philosoph des 21. Jahrhunderts, der in der Tradition der Frankfurter Schule (Horkheimer und Adorno) steht und an der Aufklärung als einem der wesentlichen Aufgabenfelder der Philosophie festzuhalten gedenkt, ist Jürgen Habermas (geb. 1929). In seinem unlängst erschienenen späten Hauptwerk *Auch eine Geschichte der Philosophie* (2019) folgte er den Spuren des abendländischen Diskurses über Glauben und Wissen in der okzidentalen Kulturgeschichte, wobei er sich in einem umfangreichen Kapitel dem *Mythos und Ritus* zuwandte.

---

[15] Horkheimer, M. & Adorno, Th.W.: Dialektik der Aufklärung – Philosophische Fragmente (1944), Frankfurt am Main 1986, S. 52.

Mythen bedeuten für Habermas „die erste Gestalt der Versprachlichung rituell verkapselter sakraler Gehalte"; bei diesen Prozessen der Versprachlichung komme es zu „Weltwissen verarbeitenden Weltbilder(n)".[16] Mythen wurden und werden erzählt (*framing*) und zugleich gelebt und aufgeführt (*re-enacting*), ohne dass je sicher entschieden werden könne, ob zuerst mythische Erzählungen bestanden, von denen Riten abgeleitet wurden, oder ob den primär rituellen Handlungen sekundäre mythische Narrative untergelegt wurden. So oder so erfüllten jedoch die Mythen und Riten damit einen sozial-gesellschaftlichen Zweck:

> Diejenigen, die sich gegenseitig ihre Mythen erzählen und diese gemeinsam inszenieren, vergewissern sich damit zugleich ihrer kollektiven Identität. Mythen sind nämlich auch Weltbilder, in denen sich das kollektive Selbstverständnis einer Gruppe artikuliert. Die Nötigung, die Welt zu verstehen, ist von Anbeginn mit dem Bedürfnis verzahnt, sich selbst zu verstehen und dadurch einen Halt in der Welt zu finden. In seinem Weltbild schaut sich das Kollektiv selber an, und zwar gleichzeitig in den Strukturen seines gesellschaftlichen Zusammenlebens und als integraler Bestandteil der natürlichen Umwelt.[17]

Insbesondere jene Phänomene der menschlichen Existenz, über die wir nur sehr eingeschränkt oder aber überhaupt nicht verfügen können – Geburt und Tod; Verletzlichkeit von Leib und Seele; Fragilität des Daseins; Kontingenzerfahrungen; Bedrohung durch Natur-Ereignisse; Erschöpfung von Ressourcen – (Habermas nennt sie auch ultimative Existenzvoraussetzungen – Karl Jaspers hätte sie als Grenzerfahrungen benannt), induzierten in der Vergangenheit Mythen und Riten und dabei häufig auch den Gebrauch von nichtsprachlichen Symbolen – eine Art der Kommunikation, die in unserer Gegenwart oftmals in den Künsten vorherrscht und den sprachlosen Kern der ästhetischen Erfahrung ausmacht.

---

[16] Habermas, J.: Auch eine Geschichte der Philosophie, Band 1 (2019), Frankfurt am Main 2019, S. 207.
[17] Habermas, J.: Auch eine Geschichte der Philosophie, Band 1 (2019), Frankfurt am Main 2019, S. 209 f.

Mit seinem Text steht Habermas in der langen Reihe jener Philosophen der letzten Jahrtausende, die sich ernsthaft mit Mythen und Mythologie befasst haben. Neben den Denkern, die ihr ureigenstes Geschäft in der Mythenkritik sahen (zum Beispiel die Vorsokratiker), gab es andere, die (wie Platon oder auch Nietzsche) selber Mythen schufen oder die (wie Horkheimer und Adorno) die Limitierungen der bisherigen Strategien der Entmythologisierung hervorgehoben haben. Daneben kann man etwa in der Person Ernst Cassirers auch Philosophen benennen, die die Mythen als interessante Varianten der menschlichen Welt- und Lebensanschauung taxierten; oder die (wie Habermas) Mythen als Möglichkeit der kollektiven Selbstvergewisserung interpretieren.

Wer (wie ich) die Aufgabe der Philosophie und der Philosophen unter anderem darin sieht, lernwilligen Menschen zu einem Plus an autonomer Urteilskraft und skeptischem Denkvermögen zu verhelfen, wird dafür plädieren, Mythen als Anlass für kritische Reflexionen zu nehmen, ohne dabei ihren anthropologischen Gehalt oder ihre poetische Schönheit in Frage zu stellen oder zu entwerten. Damit würde auch die von Max Weber schon vor über einhundert Jahren beschriebene und von vielen befürchtete Entzauberung der Welt keine allzu drastischen Ausmaße annehmen. Wer sich kritisch mit den Inhalten von Mythen, Sagen, Erzählungen auseinandersetzt und zugleich ihre Musikalität und Poesie bestehen lässt, erlebt in der Regel genügend Zauberhaftes, ohne diesem Zauber aber mythen- und abergläubisch erliegen zu müssen.

Entmythologisierung bzw. Entmystifizierung tut Not, insbesondere auch im Hinblick auf Sozietäten und Massen, für die und bei denen Mythen- und Ideologiekritik nicht selten in eins fällt und beinahe identisch ist. Damit derlei jedoch mit Aussicht auf Erfolg angegangen werden kann und sich nicht von vorneherein in den Fußangeln unerkannt neuer Mythen- und Legendenbildung verfängt, ist ein erweiterter Begriff von Aufklärung grundwesentlich.

Was bei den bisherigen Versuchen, bei Menschen ihr aufgeklärtes, autonomes, Mythen- und Ideologie-kritisches und humanes Denken, Urteilen und Handeln zu fördern, meist unterschätzt wurde, war und ist das emotionale und soziale Wurzelgeflecht der Vernunft. Wer Aufklärung und Vernunft lediglich als kognitive und intellektuelle Prozesse begreift, verfehlt ihr Wesen, zielt lediglich auf die instrumentelle

Rationalität ab und muss sich über die ausbleibenden Effekte nicht wundern.

Vernunft ist kein eindimensionales und instrumentelles Konzept; will man die eigene oder die Vernünftigkeit von anderen steigern, darf und muss man Größen wie Charakterstruktur, Emotionalität, soziale Einbettung und Verbundenheit, souveränen Umgang mit Impulsen und Affekten, Wertorientierungen, Welt- und Lebensanschauungen sowie Angst und Anlehnungsbedürfnisse der Betreffenden ebenso mit ins Kalkül ziehen wie jenen Bereich der menschlichen Existenz, den die Psychoanalyse und die Tiefenpsychologie seit Sigmund Freud und Alfred Adler so beredt als das Unbewusste am und im Menschen beschrieben hat.

Mythos und Natur

Seit Menschengedenken (so dürfen wir mutmaßen) haben unsere Vorfahren den Kosmos und die Natur als für sie wesentliche Resonanzräume (Hartmut Rosa) empfunden, mit denen sie in Kontakt und Beziehung treten wollten und mussten, um ihr eigenes Überleben zu sichern. Außerdem haben Menschen beispielsweise in der griechischen Antike versucht, Parallelen zwischen den Konstellationen und Ereignissen im Großen (Makrokosmos) mit denjenigen des persönlichen Körpers und des jeweiligen Daseins (Mikrokosmos) aufzuspüren und nachzuweisen – eine Tendenz, die bis in unsere Gegenwart hinein zu verfolgen ist:

> Die Vorstellung, dass der Kosmos (zu uns) spricht oder gar *singt*, ist keineswegs nur eine religiöse oder mythische, vormoderne Vorstellung. Die in vielfältigen Variationen formulierte antike, insbesondere pythagoreische Vorstellung einer aus den Bewegungen der Gestirne, vorzugsweise der Planeten, entstehende *Sphärenmusik* wurde beispielsweise von Johannes Kepler in dessen fünfbändiges Werk zur „Weltharmonik" (*harmonices mundi*) auf das neuzeitliche, heliozentrische Weltbild übertragen.[1]

---

[1] Rosa, H.: Resonanz – Eine Soziologie der Weltbeziehung, Frankfurt am Main 2016, S. 453.

In vielen mythischen Erzählungen wird auf diese Beziehungen zwischen Menschen und dem Kosmos respektive der Natur angespielt, wobei sich die hier ausgelösten Empfindungen von wohligem Heimatgefühl bis hin zu enormer Gefahr, Bedrohung und Vernichtung bewegten. Einzelne Mythen entstanden häufig, um Phänomene der Natur wie Erdbeben, Stürme, Fluten, Sonne und Mond, die Jahreszeiten, das Wachsen und Vergehen von Tieren und Pflanzen, Fruchtbarkeit, Dürreperioden etc. einzuordnen und mit einer stimmig wirkenden Art von Reaktion (Resonanz auf die Stimme des Kosmos und der Natur) die Natur zu besänftigen (Opfergaben, Gebete, Rituale, Fruchtbarkeitstänze).

Überaus viele Götter und Dämonen nicht nur in der griechischen Mythologie repräsentierten solche Natur-Phänomene – Beispiele hierfür waren Poseidon (der Gott des Meeres); Gaea (die Göttin Erde); Demeter (die Fruchtbarkeits-Göttin der Erde); Hegemone (Göttin der Pflanzen); Dyraden (Waldnymphen); Persephone (Göttin des Frühlings); Chloris (Göttin der Blumen); Aurae (Nymphen der Brise). In der römischen Mythologie gab es Pomona (Göttin der Obstbäume); Silvanus (die Gottheit der Wälder); Faunus (Gott der Felder). Und die nordische Mythologie kannte beispielsweise Thor, den Gott des Donners und des Blitzes.

Für die Menschen mit einer vorrangig mythologischen Weltsicht waren Natur und Kosmos damit nicht nur beseelt und vergeistigt (Animismus) – sie waren die absolut bestimmenden und gestaltenden Mächte, die der Gattung Homo jederzeit zu verstehen gaben, wer von wem abhängig war und ist. Die Griechen stellten sich die Götter dabei jedoch nicht als transzendente, jenseitige Gestalten, sondern als immanente Wesen vor, die sich in den Naturgewalten zu erkennen gaben und wie die Menschen auch ins große Ganze des Alls eingebunden waren:

> Indem die Wirklichkeit im Ganzen ebenso wie in ihren Teilen als *physis* gesehen wird, gilt sie als fundamental selbständige Realität. Dies bringt u. a. auch die Vorstellung mit sich, dass alles, was geschieht, sachgemäß als Äußerungsform der *physis* beschrieben werden kann. Ein solcher Naturalismus ... scheint der Annahme der Existenz göttlicher Wesenheiten zunächst gar keinen Raum zu bieten; und dies ist auch nur konsequent. Denn die betont aufklärerische Ausrichtung des frühen philosophischen Denkens hat sich der Suche „natürlicher" Ursachen verschrieben und wendet sich

nicht zuletzt gegen jene Vorstellungen im Mythos, die die Welt und die Geschehnisse in ihr als Produkt und Schöpfung göttlicher Mächte ausgeben.²

Insofern sich die Menschen der griechischen (oder römischen, germanischen etc.) Antike an die mythologischen Ordnungsschemata hielten, erlebten sie die Welt mit ihren kosmischen Rhythmen als verlässliche Orientierung für ihr Dasein. Die Erde bedeutete ihnen viele und nur schwer zu durchschauende Fährnisse, aber auch Heimat und bisweilen sogar Harmonie ihrer Existenz. Als höchsten Wert empfanden sie die ewig kreisenden Gestirne, denen sie vollkommene Göttlichkeit zuerkannten. Der vorsokratische Philosoph Heraklit meinte über diese damalige Welt und das Leben in ihr:

> Diese Weltordnung, dieselbe für alle Wesen, schuf weder einer der Götter noch der Menschen, sondern sie war immerdar und ist und wird sein lebendiges Feuer, erglimmend nach Maßen und erlöschend nach Maßen.³

Der skeptisch-agnostische Philosoph Karl Löwith hat in etlichen seiner Schriften auf dieses kosmo-mythologische Weltbild der griechischen Antike wiederholt und zustimmend Bezug genommen. Der Denker plädierte zwar keineswegs für eine bloße Renaissance der Kosmologie oder Mythologie der Griechen. Was ihm jedoch an deren Welt- und Selbstverständnis imponierte, war ihr selbstverständliches Eingefügt-Sein in die Natur und damit ihr (bei aller Intellektualität) organismisches Lebenskonzept. Analoges oder Ähnliches wünschte sich Löwith für die Menschen der Moderne, von denen er meinte, dass bei ihnen die materielle und biologische Basis ihrer Existenz wie die gesamte Natur keine angemessene Berücksichtigung findet. Obwohl der Mensch das einzige bekannte Lebewesen ist, das die Welt als Objekt erforschen kann, und in dem sich die Natur den unerhörten Luxus gönnt, über sich nachzu-

---

² Graeser, A.: Die Vorsokratiker, in: Klassiker der Naturphilosophie – Von den Vorsokratikern bis zur Kopenhagener Schule, hrsg. von Gernot Böhme, München 1989, S. 24.
³ Heraklit: 30. Fragment, zit. n. Diels, H.: Die Fragmente der Vorsokratiker, Reinbek bei Hamburg 1964, S. 25.

denken, darf man ausgehend davon dennoch keineswegs von einer Mittelpunktstellung der Gattung *Homo* sprechen:

> Welt und Menschenwelt sind nicht einander gleichgestellt. Die physische Welt lässt sich ohne eine ihr wesentliche Beziehung zum Dasein von Menschen denken, aber kein Mensch ist denkbar ohne Welt. Wir kommen zur Welt und wir scheiden aus ihr; sie gehört nicht uns, sondern wir gehören zu ihr. Diese Welt ist nicht nur eine kosmologische Idee (Kant) oder ein bloßer Total-Horizont (Husserl) oder ein Welt-Entwurf (Heidegger), sondern sie selbst, absolut selbständig.[4]

Diese eine und ganze Welt, welche die Natur und den gesamten Kosmos in ihrer stummen Größe und Schönheit umfasst, könne man als mögliche Orientierung für den Menschen empfehlen. Nicht die Geschichte und ihr fraglicher Fortschritt (wie dies Historiker und Philosophen – z. B. Wilhelm Dilthey – im Nachgang zu Hegel, Marx und Engels propagierten) klärt uns Menschen darüber auf, wer wir sind oder werden. Vielmehr sind es die natürlichen Verhältnisse und ihre Ordnung, die (so Löwith) Richtschnur, Maß und Mitte unserer Existenz darzustellen vermögen:

> Wir wissen zumeist nicht, wie tief und wie weit die Physis des leibhaftigen Menschen in seine bewusste Existenz hineinreicht. Kein Denken lässt sich erdenken, und die Gedanken kommen auch nicht aus einem leblosen und naturlosen Sein, das sich uns zudenkt und zuspricht. Wir müssen allem zuvor die Natur, die uns erzeugt hat, und den Zufall, dass wir zur Welt kamen, voraussetzen, damit sich ein Welt- und Selbstbewusstsein ausbilden kann.[5]

Menschen sind keine extramundanen Geschöpfe, sondern Materie und Bios wie die Natur, die sie umgibt und die sie betrachten und kommentieren. Wie eine Falte im Sein, wie eine aufgebrochene Wölbung der Natur, wie Pflanzentiere wachsen und gedeihen und vergehen wir, ohne

---

[4] Löwith, K.: Welt und Menschenwelt (1960), in: Sämtliche Schriften 1, Stuttgart 1986, S. 295.
[5] Löwith, K.: Zur Frage einer philosophischen Anthropologie (1975), in: Sämtliche Schriften 1, Stuttgart 1986, S. 341.

dass es dazu übernatürliche Einflussnahme braucht und gibt. Die Natur setzt sich bis in unsere Stimmungen und Gedanken hinein fort, so wie wir uns in die materiell-belebte Welt um uns her nahtlos hinein erstrecken. Wir sind Partikel eines seit Jahrmillionen andauernden Stoffwechsels, dem es irgendwann gefallen hat, uns als Personen auftauchen zu lassen, um uns sehr bald wieder in das unendliche Spiel seiner bloßen Atome und Moleküle zurückzuholen.

Und doch zeichnet jeden von uns für einige Jahrzehnte die Möglichkeit aus, dass unsere Natur ein Welt- und Selbstbewusstsein ausbildet, das es uns erlaubt, zum Kommentar unserer Existenz und der uns umgebenden Natur und Kultur zu werden. Wir Menschen sind Teile, Verlängerung, Appendix der Natur; pochend-atmend-denkend; eine Natur in zweiter Potenz; eine bedacht-bedenkende, reflektiert-reflektierende, kommentiert-kommentierende Natur; ein Luxusphänomen, das es ihr (der Natur) erlaubt, zu räsonieren: grenzenlos zu räsonieren. Aktiv und passiv wirken wir mit am Gewebe von Natur, Kultur, Sozietät, in das wir hineingeraten sind, ohne dass die dadurch entstehende soziokulturelle Humanität die Natur in uns jemals hinter sich lassen könnte:

> Wenn man von *Humanität* redet, so liegt die Vorstellung zugrunde, es möge das sein, was den Menschen von der Natur *abscheidet* und auszeichnet. Aber eine solche Abscheidung gibt es in Wirklichkeit nicht: Die „natürlichen" Eigenschaften und die eigentlich „menschlich" genannten sind untrennbar verwachsen. Der Mensch, in seinen höchsten und edelsten Kräften, ist ganz Natur und trägt ihren unheimlichen Doppelcharakter an sich.[6]

Viele natürliche Vorgänge und Verrichtungen bei uns sind kulturell überformt und teilweise bis zur Unkenntlichkeit denaturiert: Essen, Trinken, Schlafen, Verdauung, Ausscheidung, Bewegung, Ruhen sowie die Sexualität – in der antiken Heilkunde wurde derlei unter die sogenannten *res non naturales*, die nicht-natürlichen (also kulturell geprägten) Aufgaben der Lebensgestaltung gerechnet. Unser gesamtes Dasein führen wir auf eine natürlich-kulturelle Art und Weise, bei der wir zwar potentiell alles

---

[6] Nietzsche, F.: Homers Wettkampf (1872), in: KSA 1, München 1988, S. 783.

Natürliche in Frage stellen, verändern oder verneinen können, ohne dass wir uns jedoch jemals vom Horizont von Natur und Welt wirklich zu emanzipieren vermögen.

Die systematische Geringschätzung von Materie und Bios und das Aufkommen der Naturwissenschaften und der Technik seit der Neuzeit (seit René Descartes und Isaac Newton) führten in den letzten Jahrhunderten zu einer grundsätzlich veränderten Haltung und Einstellung der meisten Menschen dem Kosmos und der Natur gegenüber. Die Letzteren (vor allem die Natur) wurden und werden von uns in keiner Weise mehr als immer schon vorhandene, beseelte und vergeistigte Mächte und Subjekte begriffen; vielmehr gerieten sie nach und nach in die Rolle von Objekten, die erforscht und benutzt und unseren menschlichen Bedürfnissen gemäß verändert wurden und werden.

Hinzu kam im Abendland als Jahrhunderte überdauernde und die griechische Mythologie ablösende Religion das Christentum, das ebenfalls zur Veränderung der Verhältnisse zwischen Menschen und Natur mit beigetragen hat. Nunmehr griff die bereits im Alten Testament beschriebene Überzeugung um sich, es gäbe einen Gott im Jenseits, der ewig existiert und in einem Schöpfungsakt die Welt bis hin zum Menschen erschaffen hat, der den angeblichen Gipfelpunkt der Schöpfung darstellt; er wird in der Bibel entsprechend aufgefordert, sich die Erde gesamthaft untertan zu machen.

Vor dem Hintergrund solcher Glaubensartikel geriet die Beziehung zwischen den Menschen, den Gottheiten (dem Gott) und der Welt in eine Schieflage. Die griechisch-antike Gaeo- und Kosmophilie pervertierte zur Entwertung von Natur und Erde, bis diese entweder nur noch als Jammertal oder aber als angeblich unerschöpfliche Ressource zur Befriedigung aller nur ausdenkbaren menschlichen Bedürfnisse degradiert wurde.

Die Situation änderte sich nochmals ganz entscheidend, als in der Neuzeit im Rahmen der Aufklärung durch Wissenschaften, Philosophie und Ideologiekritik die Menschen ihren Glauben an das Jenseits, den Schöpfergott und das ewige Leben zu verlieren begannen. Wir Menschen der Moderne sind aus dem Seins-Gefüge sowohl der kosmischen als auch der himmlischen Ordnung herausgefallen und erleben deshalb kein natürliches und selbstverständliches Zentrum mehr.

In unserer transzendentalen Obdachlosigkeit (ein Begriff aus der Romantheorie von Georg Lukacs) griffen wir seit Jahrzehnten und greifen wir immer noch zu verschiedenen Strategien, um die daraus resultierenden Ängste, Unsicherheiten und Affekte zu minimieren: Wir suchen Zuflucht zu narzisstischem Konsum und zu Events; wir entwickeln eine Haltung der instrumentellen Vernunft und des Primats des Machbaren dem Leben gegenüber; oder aber wir klammern uns an diverse althergebrachte esoterisch-mythologisch-religiöse Konzepte, die uns als hilfreich und tröstlich erscheinen:

> Wenn das Universum weder göttlich und ewig ist, wie es für Aristoteles war, noch vergänglich und geschaffen, wenn der Mensch überhaupt keinen bestimmten Ort mehr innerhalb einer natürlichen oder übernatürlichen Ordnung hat, fängt er an, „inmitten" dieser ihm nicht mehr zugeordneten Welt ohne Bezugsmitte, ekstatisch, zu „existieren".[7]

Die eine Tendenz geht demnach dahin, den Menschen als das Subjekt schlechthin zu begreifen, als denjenigen, der sich entweder scham- und maßlos an der Natur, am Leben und an der Materie schadlos hält und sich ihrer bedient, wo immer es ihm und seinen Impulsen entspricht (Narzissmus); oder der Kosmos und Natur als Aufforderung zu alloplastischen Aktivitäten, zu Analysen, Eingriffen, Umbauten versteht, bis auch noch die letzte Eiche gefällt und die letzte Weide versiegelt ist (Homo Faber).

Beide Haltungen – die narzisstische ebenso wie die alloplastische – definieren die Natur als Objekt, als Gebrauchsgegenstand, Konsumartikel oder Ressource, deren Gesetzmäßigkeiten des Nachwachsens und Vermehrens längst erkannt und wenn möglich auch optimiert wurden. Von der Subjekthaftigkeit des Kosmos und der Natur, von ihrer Beseeltheit oder ihren geistigen Facetten, wie sie in der griechischen Antike erlebt und besungen wurden, haben sich beide Einstellungen erfolgreich verabschiedet – für sie bedeuten Kosmos und Natur ausrechenbare und verobjektivierbare Größen, bei denen allenfalls der Grad und die Exaktheit

---

[7] Löwith, K.: Wissen, Glaube und Skepsis (1956), in: Sämtliche Schriften 3, Stuttgart 1986, S. 262.

von Prognosen (Tsunami, Hurrikans, Schneestürme, Hitzewellen, Feuersbrünste betreffend) verbesserungswürdig imponieren.

Doch auch die entgegengesetzte Tendenz – Rückkehr zu magisch-esoterischen, mythisch-religiösen Erlebnisformen und Beschreibungen von Kosmos und Natur – ist kein adäquater Umgang mit der Materie und Biologie in uns und um uns herum. Hinter die Erkenntnisse der Naturwissenschaften und Möglichkeiten der Technik zurückzufallen und sich im Nebulösen und Vagen des Animismus und Schamanismus einzurichten, zeugt zwar eventuell von der Intention, der Natur einen Teil ihrer längst verlorenen Großartigkeit und ehemaligen Unantastbarkeit zurückgeben und sie als Resonanzraum für uns wieder zum Singen und Klingen bringen zu wollen – allein, diese Methode verspricht viel zu wenig Erfolg für die Natur (sie darf und muss auf anderen Wegen geschützt werden und zu ihren Rechten kommen) und zu geringen Erfolg für den im mythischen Nebel Suchenden (allenfalls spürt er Andeutungen der altgriechischen Achtung vor dem Kosmos und der Natur, ohne diese jedoch eins zu eins ins Heute umsetzen zu können):

> Die innere und die äußere Natur hören und verstehen zu lernen oder, mehr noch: die innere durch die äußere Natur zu begreifen, erscheint dabei als Voraussetzung für ein gelingendes Leben. Die Stimme der Natur verbindet in dieser „romantisch-expressivistischen" Traditionslinie der modernen Kultur die innere mit der äußeren Welt ...[8]

Wie aber lassen sich zumindest einige wenige Aspekte jener altgriechisch-mythischen Zeit im 21. Jahrhundert auf den Kosmos und die Natur übertragen, so dass ihnen (den Letzteren) zukünftig eine taktvollere Beurteilung und Behandlung durch die Menschen widerfährt? Vor über zwei Jahrhunderten ist Friedrich Schiller in seinem Gedicht *Die Götter Griechenlands* (1793) dieser Frage nachgegangen und hat jedoch darauf eher etwas resignative Beschreibungen statt Problem-lösende Antworten formuliert:

---

[8] Rosa, H.: Resonanz – Eine Soziologie der Weltbeziehung, Frankfurt am Main 2016, S. 456 f.

Da ihr noch die schöne Welt regiertet, / An der Freude leichtem Gängelband / Glücklichere Menschenalter führtet, / Schöne Wesen aus dem Fabelland! / ... Da der Dichtkunst malerische Hülle / Sich noch lieblich um die Wahrheit wand! / Durch die Schöpfung floss da Lebensfülle, / Und, was nie empfunden wird, empfand. / An der Liebe Busen sie zu drücken, / Gab man höhern Adel der Natur, / Alles wies den eingeweihten Blicken, / Alles eines Gottes Spur. / Wo jetzt nur, wie unsre Weisen sagen, / Seelenlos ein Feuerball sich dreht, / Lenkte damals seinen goldnen Wagen / Helios in stiller Majestät.[9]

Im 21. Jahrhundert tun wir uns verständlicherweise schwer damit, die Sonne wieder als Gott Helios anzusprechen und uns diesen in stiller Majestät in einem goldenen Gefährt vorzustellen. Ähnlich ergeht es uns mit Persephone und mit Poseidon, mit den Dyraden, mit Chloris oder Aurae und mit all den vielen weiteren Göttern, Dämonen, Nymphen und Silenen und Satyrn, die alle den Kosmos und die Natur des antiken Griechenlands bevölkerten. Ihre Namen und Geschichten lassen zwar den Respekt und die Achtung erahnen, die man ihnen (und damit der Natur) gegenüber in der Antike empfunden haben mag, ohne dass dergleichen aber in der Gegenwart damit im größeren Stil zu bewerkstelligen wäre. Derzeit sind andere Methoden und Vorgehensweisen gefragt.

Häufig und am ehesten gestehen wir der Natur heutzutage etwas Wertvolles und Bedeutsames zu, wenn wir ihre Schönheiten hervorheben und sie genießen. Das Naturschöne ist seit dem 18. Jahrhundert eine fixe und eigene Kategorie der Ästhetik, also der Lehre vom Schönen, von der Wahrnehmung und Empfindung sowie von alledem, was unsere Sinne affiziert. G.W.F. Hegel etwa unterschied das Naturschöne vom Kunstschönen und erachtete das Letztere als das Wertvollere, da in ihm mehr Freiheitsgrade investiert seien als im Naturschönen.

Die Natur und das Schöne in und an ihr eröffnen nicht selten einen ästhetischen Erfahrungsraum, in dem sich der Einzelne spiegelt und wiederfindet. Das Meer, das Gebirge, ein Sonnenuntergang, der blutrot wirkende Vollmond, Parkanlagen im englischen oder französischen Stil, uralte Eichen, glitzernde Gletscherfelder – all das kann in uns das Emp-

---

[9] Schiller, F.: Die Götter Griechenlands (1793), in: Sämtliche Gedichte, Frankfurt am Main 2004, S. 220 f.

finden des umwerfend Schönen, ja des Erhabenen induzieren. Das Gefühl des Letzteren entsteht, wenn sich die Natur verglichen mit uns als übermächtig und großartig erweist: das Meer als das dynamisch Erhabene, das Gebirge als das statisch Erhabene.

Für Immanuel Kant reagieren wir angesichts des Erhabenen zuerst mit einer Art Unterlegenheitsempfinden (das kleine Ich und das große Meer), das sich jedoch in eine geistige Überlegenheit wandelt (dieses kleine Ich ist dem großen Meer im Hinblick auf die ethisch-moralischen Aspekte überlegen). Theodor W. Adorno hingegen sah im Empfinden des Erhabenen das Selbstbewusstsein des Menschen hinsichtlich seiner eigenen Naturhaftigkeit aktiviert, was verständlich mache, dass nicht wenige im Angesicht des Meeres oder des Gebirges mit Tränen der Rührung zu kämpfen haben (das kleine Ich gehört irgendwie auch zum großen Meer).

Schon lange wird darüber gestritten, ob es im Bereich der Natur auch etwas Hässliches gibt. Die meisten Philosophen sind der Ansicht, dass das Gewachsene und Gewordene *per se* nicht hässlich sein kann – wohl aber kann es zum Hässlichen gemacht werden. Die (von Menschenhand) gemachte, veränderte, verunstaltete Natur kann hässlich (formlos, verzerrt, karikierend, mit Niveauverlust) imponieren – nicht aber die natürlichen Ergebnisse des Evolutionsprozesses, der seit vielen Millionen Jahren das Gesicht der Erdoberfläche hervorgebracht und immer wieder neu modifiziert hat.

Unlängst wurde angesichts überaus hässlicher Rodungsarbeiten im Gebiet des Amazonas von einem Urteil der höchsten Richter Kolumbiens berichtet, das für Aufsehen sorgte: Sie haben dem Fluss Atrato sowie dem Amazonas-Gebiet eine eigene Rechtspersönlichkeit zuerkannt. Damit haben diese Richter einem Teil der Natur eigene Rechte zugestanden und diesen Teil seiner bisherigen bloßen Objekt-Rolle enthoben. Natürlich müssen Menschen für die Rechte des Rio Atrato und des Amazonas-Gebietes eintreten – doch allein die Tatsache, dass ein Fluss sowie eine Landschaft Rechte erhalten und Ansprüche haben können, die einklagbar sind (z. B. der Anspruch auf Pflege, Erhaltung, Regeneration), ist eine revolutionäre Innovation sondergleichen.

Damit wird der Natur eine Facette jener Subjekthaftigkeit zurückgegeben, die ihr im Zuge des Aufkommens von Technik, Naturwissenschaften, instrumenteller Vernunft, christlicher Religion und Entmythologisierung abhandengekommen ist: Sie ist nicht mehr lediglich ein (Rechts)-Objekt – sie wird zum Rechts-Subjekt mit einklagbaren eigenen Rechten. Der langjährige Chefredakteur der *Süddeutschen Zeitung* und gelernte Jurist Heribert Prantl (geboren 1953) hat vor kurzem auf diesen Sachverhalt eigens hingewiesen und ihn gebührend gewürdigt:

> Nennen wir das Werben für ein „Eigenrecht der Natur" einen Perspektiven-Wechsel, der die Natur davon befreit, den Kapitalinteressen zu dienen. Natur braucht Menschen, die diesem Recht dienen, ihm Stimme geben, es einklagen und durchsetzen. Darum geht es – nicht darum, dass die Natur absolut nicht mehr dem Menschen dienen soll. Menschen sind darauf angewiesen, die natürlichen Ressourcen zu nutzen. Aber das hat dort seine Grenze, wo Ausbeutung und Schädigung beginnen. Der Schutz der natürlichen Lebensgrundlagen … braucht juristische Promotion. Das ist das neue Naturrecht.[10]

Diese Uminterpretation des Begriffs Naturrecht (bisher verstand man darunter in der Rechtsphilosophie Rechte, die aus der Natur des Menschen ableitbar waren) in einklagbare Rechte der Natur ist ein überzeugendes Beispiel dafür, wie wir mit den Inhalten tradierter Mythen produktiv umgehen können, ohne dass wir in bloße Romantizismen verfallen. Die alten Sagen und Geschichten erinnern uns daran, dass wir der Natur in und um uns mit Achtung und Respekt begegnen dürfen. Diese respektheischende Einstellung gewinnen wir im 21. Jahrhundert nicht durch eine Regression in mythologische Denk-, Fühl- und Handlungsmuster, sondern mittels jener Strategien, die uns Wissenschaft, Kunst und Philosophie und in diesem Falle auch die Jurisprudenz zur Verfügung stellen.

Im konkreten Fall sind dies rechtsphilosophische und juristische Überlegungen, gepaart mit emotionaler, sozialer und ökologischer Vernunft. Der dabei realisierte Perspektivwechsel ermöglicht eine Hermeneutik der Natur (als eine Spielart der Universalhermeneutik, wie sie Hans-Georg Gadamer schon im letzten Jahrhundert formuliert hat)[11] und damit letzt-

---

[10] Prantl, H.: Naturrecht, in: Süddeutsche Zeitung vom 24. Juli 2021, S. 5.
[11] Siehe hierzu Gadamer, H.-G.: Wahrheit und Methode Band I (1960) sowie Hermeneutik II – Ergänzungen, beide Bände Tübingen 1986.

lich auch ein besseres Verstehen von uns selbst. Denn sobald wir uns mit der Natur und ihren Ansprüchen und Bedürfnissen auseinandersetzen und solidarisieren, solidarisieren wir uns zugleich mit uns und unseren Mitmenschen sowie mit der Naturhaftigkeit der menschlichen Existenz: Damit werden wir mundaner (weltlicher), natürlicher und letztlich auch humaner.

Das unterscheidet eine Hermeneutik der Natur und des Seins von einer bloßen Regression in althergebrachte oder auch in neu formulierte Mythen. Menschen als Hermeneutiker des Seins, als Verstehen-Wollende ihrer Existenz und der Welt, versuchen Erkenntnisse zu gewinnen und sie mithilfe ihrer instrumentellen, vor allem aber auch mithilfe ihrer intellektuellen, emotionalen, sozialen, ökologischen Vernunft in sinn- und wertvolle mundane und humane Einstellungen einfließen zu lassen. Mythische Geschichten hingegen verschließen sich in aller Regel den analytischen Erkenntnisprozessen und versagen den an sie Glaubenden und von ihnen Faszinierten ein über sie (die Mythen) Hinaus-Fragen.

Mit dem Menschen und seinen Logos-Kompetenzen kam jedoch ein Riss in die Natur, eine nicht heilen wollende und sollende Wunde sowie eine offene Frage, die sich dadurch auszeichnet, über alle Antworten erhaben zu sein – auch über alle mythischen und mythologischen Antworten hinaus:

> Nach etwas fragen und es damit in Frage stellen, kann nur, wer *über Gegebenes hinaus* fragt. Wer etwas fraglos hinnimmt, kann es nicht suchend und untersuchend in Frage stellen. In Frage stellen lässt sich nur das, wovon man *Abstand* genommen hat. Wer aber fähig ist, von aller Naturgegebenheit, auch seiner eigenen, Abstand zu nehmen, *ist* nicht eindeutig eine Natur, sondern *hat* sie auf eine mehrdeutige Weise – in den von Natur aus gesetzten Grenzen.[12]

Die Fähigkeit, einen fragenden Abstand zu sich, den Mitmenschen und zur Welt einnehmen zu können, ist die Voraussetzung dafür, tradierte wie eventuell aktuell neu entstehende Mythen zu erkennen, ihre Inhalte einzuordnen und sich von ihnen bei Bedarf emanzipieren zu können.

---

[12] Löwith, K.: Natur und Humanität des Menschen (1957), in: Sämtliche Schriften 1, Stuttgart 1986, S. 285.

Mythos und Natur   119

Ein uns allen bekanntes Beispiel eines solchen bis in unsere Moderne wirkenden Natur-Mythos ist der deutsche Wald, dessen geheimnisvollen Bilder, Geräusche, Gerüche und Atmosphären uns Mal ums Mal auffordern, sich ihnen hinzugeben und/oder sie entmythologisierend aufzuklären.

So trugen einige Dichter der Romantik (z. B. Joseph von Eichendorff) ebenso wie Maler und Komponisten (etwa Caspar David Friedrich, Carl Maria von Weber) der Romantik maßgeblich mit dazu bei, den Wald mit derartiger Bedeutungsfülle zu versehen, dass er zum Ort der germanischen Götter-Verehrung wie auch zum Ausdruck des deutschen Nationalcharakters geworden war. Kein Wunder, dass der deutsche Wald während der Zeit des Nationalsozialismus zur Ideologisierung verwendet und zur Chiffre für rassistische, biologistische, modernitätskritische Einstellungen wurde; und kein Wunder, dass in den 80er-Jahren des letzten Jahrhunderts *le Waldsterben* von manchen Franzosen als Gemütskrankheit der Deutschen verharmlost wurde.

Die Fähigkeit zum fragenden Abstand zu sich, den Mitmenschen und zur Welt verhindert, dass wir dem deutschen Wald gegenüber ebenso wenig wie anderen Naturphänomenen gegenüber in eine mythologisch-irrationale Atmosphäre der Aufladung geraten, der wir uns intellektuell wie emotional kapitulierend ergeben, und die uns eventuell zu eigentümlichen Haltungen und unbedachten Handlungen verführt. Stattdessen darf unser Verhältnis zu Kosmos und Natur vorrangig von wissenschaftlicher Rationalität, philosophischer Reflexivität (Natur-Ethik) und künstlerischer Kreativität geprägt sein (Joseph Beuys initiierte 1982 im Rahmen der Kasseler Documenta das Kunst-Natur-Projekt *7000 Eichen – Stadtverwaldung statt Stadtverwaltung*).

Ein derzeit (2021/22) viel diskutiertes Beispiel: Angesichts des wissenschaftlich hinreichend belegten Klimawandels und der erforderlichen Schutz- und Repair-Maßnahmen für die Natur (und damit auch für uns Menschen) dürfen wir uns bei aller aktuellen Dringlichkeit und Notwendigkeit von entschiedenen Handlungen auch Momente des fragenden Abstands zu allen nötigen Aktivitäten gönnen – Momente, die wir zur Reflexion etwa über das Verhältnis von Mythos und Logos hinsichtlich der Natur nutzen dürften. So militant und aggressiv unser Umgang mit der Natur in den letzten Jahrzehnten auch gewesen war und so unermessliche Schäden dies zur Folge hatte, so vehement argumentieren und agieren manche Natur- und Klimaschützer, ohne dabei immer darauf zu achten, mythische und irrationale Beimengungen (z. B. das idyllisch Unberührte der Natur) nicht unnötig in ihre Einstellungen mit einfließen zu lassen.

Der französische Phänomenologe Maurice Merleau-Ponty zitierte recht gerne einen Gedanken seines Landsmannes Nicolas Malebranche (1638–1715), der meinte, dass die Götter (von deren Wirken Merleau-Ponty als Agnostiker wenig überzeugt war) uns Menschen die Welt und damit neben der Kultur auch die Natur als unfertige Skizze überlassen haben, an der wir weiterzeichnen dürfen und sollen – wobei es sich um künstlerische Skizzen und nicht um Ingenieurspläne, Blaupausen oder technische Gebrauchsanweisungen handelt!

Kombiniert man diesen Gedanken mit der Fähigkeit zum fragenden Abstand, lässt sich unser gesamtes Leben sowie unser Verhältnis zur Natur in uns und um uns her als eine Aufforderung zu tastend-tupfend-zarten Existenz-Bewegungen interpretieren. Wer mit der Aufgabe konfrontiert wird, begonnene Skizzen weiter zu zeichnen, darf und muss lange und intensiv das bereits Bestehende befragt und günstigenfalls verstanden haben, bevor er erste eigene Striche und Schraffuren aufs Blatt setzen mag. Und selbst dann braucht es Mut zur weitergeführten und in der Regel unvollkommenen Skizze.

Nicht wenige greifen in solchen Situationen der Unsicherheit statt zur Feder oder zum Bleistift lieber zu den stabil wirkenden Welt- und Lebensanschauungen, zu denen auch viele alte und neue Mythen über die Natur zählen. Mut zur Skizze bedeutet jedoch Verzicht auf Pseudo-Sicherheiten und Schein-Stabilitäten sowie das Wagnis des Nicht- oder Noch-nicht-Wissens und -Könnens – ein Eingeständnis relativer eigener Schwäche und Unterlegenheit bei gleichzeitiger Größe und Überlegenheit von Kosmos und Natur.

Mythen entstehen seit Jahrtausenden aufgrund eines solchen Verhältnisses der Menschen zur Natur, ohne dass sie es (das Verhältnis) transparent werden lassen. Statt Aufklärung, Transparenz und Erkenntnis bieten sie Zauber und Magie, um die Natur gnädig zu stimmen und sie den menschlichen Wünschen und Bedürfnissen anzunähern; oder sie verweisen (wie in der jüdisch-christlichen Religion) auf die Notwendigkeit, dass die Menschen sich die Erde und damit die Natur untertan machen sollten.

Beide Einstellungen aber – die Unterwerfung des Menschen unter die Natur ebenso wenig wie sein Dominanzverhalten ihr gegenüber – haben sich in der Vergangenheit bis in unsere Gegenwart hinein als wenig sinnvoll und produktiv erwiesen. Eher schon wären ein skizzierendes Fragen und fragendes Skizzieren von Menschen im Hinblick auf die Natur angebracht – eine Haltung, die die Menschen ebenso wie die Natur (und die Kultur) im Modus des Wandels und des Wachstums belässt, ohne etwas Mythisches in sie hineingeheimnissen zu müssen.

Teil II

Ursprungsmythen und ursprüngliche Gottheiten

Chaos, Kosmos und der Versuch der großen Ordnung

Keine Sorge: Obwohl ich die Darstellung einzelner altgriechischer Mythen mit dem Chaos einleite, wird es nicht chaotisch werden. Das Wort Chaos bedeutete im Griechischen zwar soviel wie klaffender Raum oder gähnende Leere, und demnach könnte man befürchten, dass am Beginn unseres Mythen-Überblicks ein großes Gähnen steht. Doch weit gefehlt – so wie sich in den Ursprungserzählungen des antiken Griechenlands aus Chaos, dem elementar-klaffend-leeren Raum, nach und nach Kosmos und damit eine überzeugende Ordnung entwickelte, bin auch ich zuversichtlich, zuletzt bei Inhalten und Substanz und nicht in der gähnenden Leere des Nichts zu landen:

> Zuallererst war da nur Chaos der aufklaffende Abgrund: / aus dem erwuchs Gaea, die breitbrüstige Erde, als ewig fester Grund / für alle Unsterblichen, die am Gipfel des verschneiten Olymps leben / der neblige Tartaros in der fernen Tiefe unter der weitläufigen Erde / und Eros, dieser allerschönste der Unsterblichen, der den kleinen Tod der Liebe bringt – und Göttern / wie Menschen die Hellsicht des Verstandes nimmt.[1]

---

[1] Hesiod: Theogonie (etwa 700 v. Chr.), übersetzt und erläutert von Raoul Schrott, München 2014, S. 13.

So stellte Hesiod an den Anfang seiner *Theogonie* (etwa 700 v. Chr.), also seiner Geschichte von der Entstehung der einzelnen Götter, bemerkenswerterweise eine Kosmogonie, eine Entstehungsgeschichte des Kosmos. Nicht ein Gott oder eine Vielzahl von Göttern schufen die Welt, sondern umgekehrt: Das Göttliche – so sah es der altgriechische Mythos vor – entsprang aus dem Elementaren und war Teil der Welt. Diese Reihenfolge war entscheidend für die Haltung der Griechen ihren Göttern gegenüber: Letztere galten ihnen ebenso wie die Menschen als weltlich.

Das Chaotisch-Ur-Ungestalte, noch ohne Richtung und Bewegung, war enorm fruchtbar und gebar die ersten fünf Götter: Gaea (die Erde); Nyx (die Nacht); Erebos (die Finsternis); Tartaros (die Unterwelt) sowie Eros, den Gott der Liebe, von dem es in der *Theogonie* heißt, er sei nicht nur der schönste unter den unsterblichen Göttern, sondern auch derjenige mit dem zweifellos bedeutendsten Verführungspotential. Gaea brachte darauf „einen, der ihr gleichkam: / Uranos, den sternenvollen Himmel, auf dass er sie überall umfasse / und sie zum festen Grund für die gesegneten Götter mache"[2] hervor.

Welch ein Unterschied zwischen den griechischen Mythen zur Entstehung der Welt und denjenigen des Judentums und späteren Christentums besteht, macht bereits der allererste Satz aus der *Genesis* deutlich, wo es heißt: „Im Anfang schuf Gott Himmel und Erde." Zwar kennt die jüdisch-christliche Schöpfungsgeschichte ebenfalls das Chaos, das im Hebräischen *Tohuwabohu* genannt und in der Regel mit „wüst und leer" oder mit „heillosem Durcheinander" übersetzt wird. Doch ist es der außerweltliche und transzendente Gott, der hier innerhalb von sechs Tagen für Ordnung sorgt, und nicht wie im altgriechischen Mythos die autopoetische Kraft und Energie des Chaos selbst.

Und nicht nur die Theogonie, die Geburt der Götter, folgte bei den Griechen auf die Kosmogonie, also auf die Entstehung der Welt. Auch die Geburt und die Entstehung des Menschengeschlechts, die Anthropogenese, ist letztlich auf das Chaos und dessen gestaltende Potentialität zurückzuführen. Kein Schöpfergott wie im jüdisch-christlichen Mythos

---

[2] Hesiod: Theogonie (etwa 700 v. Chr.), übersetzt und erläutert von Raoul Schrott, München 2014, S. 13.

und Glauben hat unsere Gattung gewollt und geplant; vielmehr hat es dem unendlichen Spiel von Chaos und Kosmos gefallen, uns irgendwann hervorzubringen und ebenso wie die Götter ins Gefüge der Welt punktuell mit eingreifen zu lassen.

Soweit die mythischen Vorstellungen der Griechen vor beinahe 3000 Jahren. Doch was haben uns die Ideen der Hellenen der Antike zum Chaos heute noch zu sagen, und welche Bedeutung haben Chaos und Kosmos für die Menschen der Neuzeit und Moderne angenommen? Aus der Fülle möglicher Antworten auf diese Fragen wähle ich vorerst Alexander von Humboldts Ausführungen zum Begriff des Kosmos, den er in seinem großen Altershauptwerk *Kosmos – Entwurf einer physischen Weltbeschreibung* (1845ff.) hinlänglich erläuterte:

> Dem Titel meines Werkes (ist) das Wort *Kosmos* vorgesetzt, das ursprünglich in der Homerischen Zeit *Schmuck und Ordnung* bedeutete, später aber zu einem philosophischen Kunstausdruck, zur wissenschaftlichen Bezeichnung der *Wohlgeordnetheit der Welt*, ja der ganzen Masse des Raum-Erfüllenden, d.i. des *Weltalls* selbst, umgeprägt ward… Nach dem einstimmigen Zeugnis des ganzen Altertums hat Pythagoras zuerst das Wort *Kosmos* für *Weltordnung*, *Welt* und *Himmelsraum* gebraucht.[3]

Nicht zufällig hat Alexander von Humboldt seine beeindruckende Weltbeschreibung mit dem Begriff Kosmos versehen. Seine vielfältigen Eindrücke der Erde, die er vor allem auf seinen weiten Reisen durch mehrere Kontinente gewonnen hatte, wollte er in seinem enzyklopädisch angelegten Kompendium in einen stringenten und rational nachvollziehbaren Zusammenhang, in eine großdimensionierte Ordnung verbringen. Nicht chaotische Mannigfaltigkeit und wirrer Zufall, sondern ein über viele Jahre erdachter und erprobter Kohärenz-Plan führte ihm die Feder zu seiner grandiosen Weltbeschreibung.

So sehr Alexander von Humboldt und mit ihm weitere Naturforscher des 18. und 19. Jahrhunderts (als prominente Beispiele seien Carl von Linné und Charles Darwin genannt) die kosmischen Gegebenheiten und Gesetze der Natur ans Licht heben wollten, so sehr verfolgten im 20.

---

[3] Humboldt, A. von: Kosmos – Entwurf einer physischen Weltbeschreibung (1845ff.), Frankfurt am Main 2004, S. 33 f.

Jahrhundert einige Wissenschaftler das auf den ersten Blick entgegengesetzte Ziel: Im Kosmos, also in der großen Ordnung der Welt, entdeckten sie den nicht ausrechenbaren Zufall und das Chaos, das sie aber durchaus nicht nur als Unordnung verstanden, sondern ähnlich wie im griechischen Mythos als einen überaus produktiven Zustand charakterisierten.

Die enorm vielen Milliarden zufälligen Veränderungen im gigantischen Kausalnexus des Weltgetriebes haben in den letzten Jahrzehnten dazu beigetragen, dass u. a. Meteorologen, Mathematiker, Statistiker, Gehirnforscher, Mediziner, Biologen, Astrophysiker, Philosophen an der Formulierung einer sogenannten Chaostheorie arbeiten. Die meisten dieser Forscher bezeichnen sich heutzutage jedoch nicht mehr als Chaostheoretiker, sondern als Wissenschaftler, die sich mit nichtlinearen dynamischen (also „chaotischen") Systemen beschäftigen.

Prominente Beispiele für solche Systeme sind etwa das Wetter und die dafür passenden Vorhersagen; die Pendelbewegungen von Eisenkugeln über mehreren Magneten; die Krebsentstehung bei Veränderungen von Gen-Aktivitäten; die Entstehung von Sternhaufen im Sonnensystem. Alle diese Systeme sind dynamisch (also das Gegenteil von statisch) und nichtlinear (also mit eventuellen Sprüngen und Überraschungen in ihrer Dynamik versehen). Die Entwicklungen innerhalb solcher Systeme hat man auch als Schmetterlingseffekt[4] bezeichnet, womit zum Ausdruck gebracht wird, dass bisweilen kleinste Veränderungen der Ausgangs- und Startbedingungen eines Systems (z. B. der Flügelschlag eines Schmetterlings in Brasilien) unvorhersehbare langfristige Konsequenzen für das Gesamtsystem (z. B. Auslösung eines Tornados in Texas) bewirken können.

In letzter Zeit haben Geistes-, Kultur-, Sozial- und Wirtschaftswissenschaftler versucht, die Chaostheorie respektive das Modell der nichtlinearen Dynamik auch auf ihre eigenen Forschungsgebiete zu übertragen. Beispiele hierfür waren und sind etwa die Entwicklungen an der Börse (Börsen-Crash); das jähe Entstehen von Verkehrsstaus; krisenhafte gesellschaftliche und/oder historische Zuspitzungen (Revolutionen); Schwerstkriminalität (Totschlag im Affekt; Amoklauf).

---

[4] Der Begriff wurde 1972 von dem Meteorologen Edward N. Lorenz (1917–2008) geprägt.

Wir wollen und können hier nicht diskutieren, ob bei solchen Phänomenen die Theorie der nichtlinearen Dynamik zu Recht Anwendung findet. Ausgehend von den griechischen Mythen interessieren uns vielmehr deren Grundaussagen, die da hinsichtlich des Chaos im übertragenen Sinne lauten: Die gähnende Leere, die Unordnung, das Nichts weisen Tendenzen und Potenzen auf, aus und in sich selbst die ganze Fülle des Universums hervorzubringen und diese Fülle in eine Ordnung (Kosmos) zu überführen. Dass es dabei wiederholt und andauernd zu Milliarden von Fehlentwicklungen, Normabweichungen und Veränderungen von Ausgangs-Bedingungen kommt, überrascht nicht.

Überraschend ist vielmehr, dass dabei nicht häufiger der Schmetterlingseffekt zur Beobachtung gelangt, den ich eben erwähnt habe. Das lässt vermuten, dass nicht nur die autopoetischen, fruchtbaren, sondern auch die autoregulatorischen Potentiale und die damit verbundenen *Repair*-Mechanismen des Chaos und des Universums reichlich vorhanden sein müssen. Denn viel häufiger als ein Tornado sind jene Nicht-Tornados, die trotz entsprechender Schmetterlingsbewegungen eben nicht ausgelöst, sondern über Kompensationsleistungen des Gesamtsystems verhindert werden.

Ausgehend von diesen Systemen mit nichtlinearer Dynamik und ihren *Repair*-Potentialen sowie von den griechischen Mythen dürfen wir uns fragen, inwiefern der Zufall, das Chaos und der wiederholte Versuch, daraus wieder Ordnung (also Kosmos) entstehen zu lassen, nicht auch beim Einzelnen, in Paarbeziehungen oder in Gruppen und Sozietäten eine Rolle spielen. Intrapsychische Prozesse ebenso wie zwischenmenschliche Beziehungen sind mit bildhaft gesprochen nichtlinearer Dynamik gesegnet, und so mancher Schmetterlingseffekt vermag ein Individuum, ein Liebespaar, ein familiales System in Tornado-artige Dekompensationszustände zu verbringen.

Eine dichterisch-literarische Schilderung eines derartigen Chaos-Zustands gab schon vor Jahrzehnten Thomas Mann in der Erzählung *Unordnung und frühes Leid* (1926). Die Geschichte spielt in München während der Weimarer Republik und trägt unverkennbar autobiographische Züge. Die darin behandelte Unordnung (das Chaos) bezieht sich einerseits auf die politischen Verhältnisse der Weimarer Republik, andererseits jedoch auch auf ein familiales System (Sohn als Versager;

pubertierende Tochter). Das von Mann geschilderte Chaos hat im Vergleich zum griechischen Mythos sowie zu den Ergebnissen der Chaostheoretiker bedeutend weniger fruchtbares Potential; im Gegenteil: Es führt zu purer Destruktion.

Professor Abel Cornelius (alias Thomas Mann), Professor für Historiographie, wohnt mit seiner Familie in einer komfortablen Villa. Zwei seiner älteren Kinder machen einen ziemlich exzentrischen Eindruck (Klaus und Erika), wohingegen die beiden jüngeren Kinder überaus behütet aufgewachsen sind (Michael und Elisabeth). Mit den politisch prekären Verhältnissen der Weimarer Republik will sich Cornelius als gelernter Historiker nicht befassen – sie sind ihm zu unübersichtlich, zu unruhig und zu unhistorisch. Zusammen mit dem ältesten Sohn Bert (Klaus Mann), den Cornelius aufgrund seiner Drogensucht und ausbleibenden literarischen Erfolge in der Erzählung zu einem Versager stempelt, subsumiert der Professor sowohl die Zeitläufte als auch seine Familie als überfordernd unordentlich.

Bei einem Fest, das die beiden älteren Kinder in der elterlichen Villa ausrichten, und wozu sie ihre Freunde und Bekannten eingeladen haben, tanzt der Student Max Hergesell mit Lorchen (Elisabeth Mann), der gerade 12-jährigen jüngsten Tochter von Professor Cornelius. Diese ist hin und weg von diesem Max und erlebt bei sich das erste Mal so etwas wie einen Anflug von Verliebtheit. Dass sie irgendwann zu Bette muss und Max Hergesell wieder nach Hause geht, schmerzt sie zutiefst, worauf ihr Vater irritiert und distanziert reagiert und hofft, dass sie dieses Erlebnis und das daraus resultierende frühe Leid (eine erste Unordnung in ihrem Leben) rasch vergessen wird:

> Welch ein Glück, denkt er, dass Lethe (der Fluss des Vergessens in der griechischen Mythologie) mit jedem Atemzug dieses Schlummers in ihre kleine Seele strömt; dass so eine Kindernacht zwischen Tag und Tag einen tiefen und breiten Abgrund bildet! Morgen, das ist gewiss, wird der junge Hergesell nur noch ein blasser Schatten sein, unkräftig, ihrem Herzen irgendwelche Verstörung zuzufügen.[5]

---

[5] Mann, Th.: Unordnung und frühes Leid (1926), in: Die Erzählungen, Frankfurt am Main 2005, S. 689.

Als Thomas Mann Mitte der 20er-Jahre diese Erzählung verfasste, konnte er weder den kommenden Faschismus noch den späteren Suizid seines Sohnes Klaus vorhersehen. Was er aber intuitiv richtig spürte, waren die großen familialen und gesellschaftlichen Gefahren, die sich um ihn her abzeichneten, und die sich rasch zu den allerfatalsten historischen, aber auch individuell-familialen Krisen-Situationen entwickeln sollten. Auf beiden Ebenen – der gesellschaftlichen wie auch der individuell-persönlichen – genügten wenige Flügelschläge, um im Sinne der Chaostheorie einen Schmetterlingseffekt auszulösen, dessen Zerstörungskraft um viele Zehnerpotenzen gigantischer und destruktiver imponierte als ein bloßer Tornado.

Was Thomas Mann ebenfalls hellsichtig beschrieb, war die völlig untaugliche Strategie von Professor Cornelius, dem auf ihn zurollenden Chaos ausweichen oder begegnen zu wollen, indem er sich ins Private und Vergangene zurückzog. Gesellschaftliche wie individuelle Unordnungen und Krisensituationen löst man nicht, indem man sich von der Gegenwart ab- und sich stattdessen den guten alten Zeiten zuwendet – so sehr man es bei einem gelernten und überzeugten Historiker auch verständlich finden mag.

Ebenso wenig hilfreich und effektiv wirkt es, wenn Vater Cornelius die diskrete Unordnung und das frühe Leid seiner beginnend pubertierenden Tochter meint ungeschehen machen zu können, indem er auf die heilende Wirkung des Flusses Lethe und damit schlicht auf das Vergessen setzt. Lorchen wird sich am nächsten Morgen sehr wohl an Max Hergesell erinnern, und es steht zu vermuten, dass sie ab da öfter einmal die emotionalen Schwankungen und Unordnungen einer sich breit machenden Pubertät mit allen ihren oft leidvollen Fragen nach der eigenen Identität und Geschlechtsrolle erdulden wird müssen. Ein Zurück ins heile Kinderland wird es auch bei ihr nicht geben.

Da waren die Griechen in ihren Mythen mutiger, wenn sie in den gähnenden Abgrund des Chaos blickten und daraus Kosmos entspringen ließen. Zwar handelt es sich in dem einen Fall (Griechenland der Antike) um eine Kosmogonie und somit um nichts weiter als eine weit zurückliegende mythische Erzählung – und in dem anderen Fall um eine aktuelle familiale Unordnung und eine in naher Zukunft sich manifestierende, überaus massive gesellschaftliche Krisensituationen. In beiden

Fällen jedoch stellte sich die Aufgabe, aus dem lange zurückliegenden oder dem gerade sich anbahnenden Chaos eine wie auch immer geartete Ordnung werden zu lassen – und das gelang im Mythos Altgriechenlands merklich besser als in der Studierstube des Professor Cornelius.

Nicht verhehlen will ich an dieser Stelle, dass der Chaos-Begriff in den Mythen Alt-Griechenlands und derjenige des 21. Jahrhunderts Unterschiede aufweist. Die Griechen der Antike assoziierten mit Chaos eine ungeordnete, aber fruchtbare Situation, aus der vieles oder alles entsprungen ist, wohingegen die Neuzeit das Chaos entweder als nichtlineare Dynamik (Chaostheorie) oder aber als private respektive soziale und gesellschaftliche Unordnung mit entsprechend hohem Gefahrenpotential versteht. Das Gemeinsame dieser Konzepte findet sich im Ungewissen und in der Potentialität von Chaos, dem etwas Faszinierendes wie auch etwas Unheimlich-Schrecken-Erregendes innewohnen kann.

Gaea – Uns nährt die Erde, uns nährt die Hoffnung

Die Göttin Gaea (Mutter Erde) gehörte für die Griechen der Antike neben Eros (Liebe), Nyx (Nacht), Erebos (Finsternis) und Tartaros (Unterwelt) zu den fünf Gottheiten, die direkt aus dem Chaos entstanden sind – so zumindest hat Hesiod es in seiner *Theogonie* (um 700 v. Chr.) aufgezeichnet. Der Ursprung des Namens soll im Indogermanischen zu suchen sein und so viel wie Gebärerin bedeuten – ein Name, der überaus passend wirkt, da dieser Göttin Dutzende von Nachfahren im Mythos angedichtet wurden: darunter so prominente wie Uranos (der Himmel), Pontos (eine Seegottheit), Ourea (das Gebirge) sowie Kyklopen, Titanen, Giganten, Erinnyen, Nymphen und so fort. Die Titanen Prometheus, Okeanos, Kronos (Vater von Zeus) sollen ebenso von Gaea abstammen wie die Windgottheit Zephir, die Bezeichnung für den milden Westwind in Griechenland, der als Reifer der Saaten geschätzt wurde.

Die Erde als Gesamtes als eine weibliche Gottheit zu empfinden, war für die Griechen nicht erstaunlich. Ihre Götter- und Mythen-bildende Phantasie war sehr schöpferisch, und so bevölkerten sie die ganze Natur mit Göttern und Halbgöttern. Es gab Gottheiten für Quellen, Wälder, Wiesen, Flüsse, im Meer, auf der Erde und in der Luft – die Natur wurde damals fast vollständig vergöttert, dämonisiert und damit auch anthropomorphisiert. In den einzelnen Mythen wurden die belebte Erde und die Flora und Fauna mit ihrer Artenvielfalt dem Menschen angeglichen und boten so permanente Gelegenheiten für einen intuitiv-fühlenden und kommunikativen Umgang zwischen den Menschen und ihrer Umwelt.

Die Erde als große, göttliche Gebärerin zu verehren, spiegelt einerseits die Nähe vieler Griechen der Antike zu Natur und Kosmos wider; sie erlebten sich in ihnen wahrscheinlich heimatlicher als derzeit die meisten von uns. Auf der anderen Seite wissen wir von ihnen, dass ihre Naturverehrung auch ihre Grenzen hatte.[1]

Neben der außerordentlich fruchtbaren Gebärerin wurden Gaea jedoch noch weitere Attribute verliehen, die durchaus überraschen. So wird in den Erzählungen davon berichtet, dass Gaea die Titanen und Giganten, die von ihr abstammten, mehrfach dazu animiert hat, sich gegen die Götter zu erheben. Die unsterblichen Titanen kämpften elf Jahre lang untereinander (Titanomachie), und die sterblichen Giganten versuchten vergebens, den Olymp zu erstürmen (Gigantomachie). Bei all diesen Aktionen erscheint Gaea als kämpferische Göttin, der Impulse der Rache und der Hinterlist nicht fremd sind.

Die Giganten ebenso wie die Erinnyen und die Nymphen, die Gaea ebenfalls gebiert, verdanken ihre Befruchtung einer grausamen Handlung. Als Uranos sich einmal voller Begierde Gaea nähert, entmannt ihn der Titan Kronos mit einer Sichel und wirft sein Gemächte achtlos fort. Das austretende Blut des Uranos tropft auf Gaea und befruchtet sie, und wenig später kommt es zur Geburt der Giganten, Erinnyen und Nymphen. Man sieht: Das Personal der altgriechischen Mythen war keineswegs zart besaitet, und das Spektrum der Interaktionsformen von Göttinnen und Göttern reichte von gröbster Derbheit bis hin zu feinziselierter und subtiler Poesie.

Zwei Titanen, Abkömmlinge Gaeas, seien noch eigens erwähnt, weil ihr Wirken die Fruchtbarkeit und das Leben der Erde maßgeblich bestimmten: Okeanos, der große Weltstrom, sowie Hyperion, der Hochwandelnde. Der Erstere zeugte mit Tethys, einem weiblichen Titan, die Millionen Wasseradern, die den Körper der Erde durchziehen und sie

---

[1] Siehe hierzu Scheer, T.S. (Hrsg.): Natur, Mythos, Religion im antiken Griechenland (interdisziplinäre Tagung vom 12. bis 14. November 2015 in Göttingen), Stuttgart 2019.

fruchtbar werden lässt. Der Letztere vermählte sich mit Theia (ebenfalls ein weiblicher Titan) und setzte mit ihr Helios (die Sonne), Selene (den Mond) und Eos (die Morgenröte) in die Welt. Über Hyperion, den hochwandelnden Titan, verfasste Friedrich Hölderlin einen Roman, in dem er den Titanen Worte des Jubels und der Begeisterung über die Natur und Mutter Erde ausrufen ließ:

> Aber du scheinst noch, Sonne des Himmels! Du grünst noch, heilige Erde! Noch rauschen die Ströme ins Meer, und schattige Bäume säuseln im Mittag. Der Wonnegesang des Frühlings singt meine sterblichen Gedanken in Schlaf. Die Fülle der all-lebendigen Welt ernährt und sättigt mit Trunkenheit mein darbend Wesen. Oh selige Natur! Ich weiß nicht, wie mir geschieht, wenn ich mein Auge erhebe vor deiner Schöne, aber alle Lust des Himmels ist in den Tränen, die ich weine vor dir, der Geliebte vor der Geliebten. Mein ganzes Wesen verstummt und lauscht, wenn die zarte Welle der Luft mir um die Brust spielt. Verloren ins weite Blau, blick ich oft hinauf an den Äther und hinein ins heilige Meer, und mir ist, als öffnet' ein verwandter Geist mir die Arme, als löste der Schmerz der Einsamkeit sich auf ins Leben der Gottheit. Eines zu sein mit Allem, das ist Leben der Gottheit, das ist der Himmel des Menschen. Eines zu sein mit Allem, was lebt, in seliger Selbstvergessenheit wiederzukehren ins All der Natur, das ist der Gipfel der Gedanken und Freuden, das ist die heilige Bergeshöhe ...[2]

Natürlich hören und lesen wir in diesen Zeilen vor allem Friedrich Hölderlin, aber etwas von dieser trunkenen Freude dürfen wir auch jenen Griechen der Antike ins Gemüt legen, die sich zumindest punktuell und manchmal eins fühlten mit Mutter Erde und damit Teil hatten an einem göttlichen Daseinsvollzug.

Im 21. Jahrhundert warten wir oft vergebens auf Momente uneingeschränkter Bejahung der Natur um uns. Betrachten wir sie unvoreingenommen, müssen wir gestehen, dass wir Gaea, der großen Gebärerin, mächtige Wunden geschlagen haben, von denen wir nicht wissen, ob sie je so vernarben, dass sie auch zukünftig noch ihren vielfältigen Aufgaben gerecht werden kann.

---

[2] Hölderlin, F.: Hyperion oder Der Eremit in Griechenland (1797), in: Sämtliche Werke und Briefe, Band I, Darmstadt 1998, S. 614.

So würde der Titan Okeanos laut aufschreien, müsste er Stellung beziehen zur derzeitigen unsäglichen Verschmutzung der Meere, beispielsweise mit Plastik-Partikeln. Uranos, der Himmelsgott, wäre entsetzt, weil in manchen Gegenden der Erde aufgrund der Luftverschmutzung von ihm schlechterdings nichts zu sehen ist. Artemis, die Göttin der Jagd und der Wälder, wäre zu Recht erschüttert über das Ausmaß an Rodungen (zum Beispiel im Amazonas-Gebiet) und die merklich reduzierten Jagd-Möglichkeiten aufgrund des Arten-Sterbens. Die Nymphe Chione, auch die Schneeweiße genannt, könnte nur noch klagend das Abschmelzen der Polkappen und Gletscher zur Kenntnis nehmen. Und Zephir, der ehemals milde Westwind, müsste resigniert zugeben, dass die Umstände aus ihm längst schon einen Sturm haben werden lassen, der mit Tod- und Not-bringenden Überschwemmungen einherzugehen droht.

Als Reaktion auf alle diese von uns Menschen (mit)-verursachten Phänomene haben sich Wissenschaftler, Techniker, Mitglieder von NGOs (Nicht-Regierungs-Organisationen), Journalisten und Aktivisten seit etwa einem halben Jahrhundert weltweit zu verschiedenen Projekten zusammengeschlossen. Ihr Ziel ist es, erstens die Wunden von Gaea exakt zu erfassen; zweitens die Ursachenbündel für die Verwundungen genau zu beschreiben; und drittens jene Notfallmaßnahmen zu ergreifen, die ein Kollabieren der großen Gebärerin verhindern helfen.

Viele Einzelne wie auch die Gesellschaften und Kulturen der Vergangenheit und Gegenwart haben enorme Verantwortungslosigkeit bewiesen und sich und uns in Situationen verbracht, die als kollektive Autodestruktions-Syndrome bezeichnet werden müssen. Derzeit sind wir Zeugen globaler Auseinandersetzungen um die Diagnostik wie auch um die Behandlung dieser uns alle bedrohenden Syndrome – Auseinandersetzungen, in denen die unterschiedlich vorhandene Bereitschaft von Einzelnen, Gruppierungen und Sozietäten zur Verantwortungsübernahme für die Natur und das Leben auf Gaea, unserem Planeten, deutlich zutage tritt.

Als Gegenbewegung gegen diese Verantwortungslosigkeit hat sich in den 70er-Jahren des 20. Jahrhunderts der *Club of Rome* gebildet, dessen Publikationen Beachtung fanden. Außerdem haben Forscher wie James

Lovelock (geboren 1919) die Gaea-Hypothese lanciert.[3] Diese Hypothese, die anfangs belächelt oder aber als esoterisch abgetan wurde, besagt, dass die Erde wie ein gigantisch komplexes Lebewesen betrachtet werden sollte. An ihrer Oberfläche hat sie seit Millionen von Jahren eine Biosphäre ermöglicht und geschaffen, die so stabil ist, dass sich seither Leben durch Selbstorganisation entwickeln und entfalten konnte. Dazu waren dynamische Systeme nötig, die auf Schwankungen und Veränderungen in der Biosphäre adäquat reagierten und so deren Stabilität immer wieder neu austarierten und garantierten.

Lovelock, der als Chemiker, Mediziner und Biophysiker ausgebildet ist, betont in seinen Publikationen, dass eine Verantwortungsübernahme für das Leben auf unserem Planeten nur gelingt, wenn wir die ganze komplexe Welt des Lebens als einen riesigen, erdumspannenden Organismus denken, bei dem die einzelnen, oben aufgeführten Phänomene – sei es das Insektensterben, das Wachstum der Wüsten, die Verarmung der Böden oder vieles andere mehr – als Symptome und Wunden eines einzigen gigantischen Organismus interpretiert werden. Für ein solches Verständnis bräuchte es die Entwicklung einer regelrechten Physiologie der Erde.

Obwohl Lovelock und seine Mitstreiter von einer Gaea-Hypothese und dem Gaea-Prinzip sprechen, nehmen sie entschieden Stellung gegen alle Formen einer Re-Mythologisierung von wissenschaftlichen Forschungsergebnissen. Lovelock selbst scheint ein toleranter Agnostiker und Skeptiker zu sein, versehen mit einem Ethos, dem man umfassenden Respekt vor dem Leben, der Natur und Mutter Erde attestieren darf:

> Wenn ich von einem lebendigen Planeten spreche, soll das keinen animistischen Beiklang haben; ich denke nicht an eine empfindungsfähige Erde oder an Steine, die sich nach eigenem Willen und eigener Zielsetzung bewegen. Ich denke mir alles, was die Erde tun mag, etwa die Klimasteuerung, als automatisch, nicht als Willensakt; vor allem denke ich mir nichts davon als außerhalb der strengen Grenzen der Naturwissenschaften ablaufend. Ich achte die Haltung derer, die Trost in der Kirche finden und ihre Gebete sprechen, zugleich aber einräumen, dass die Logik allein keine über-

---

[3] Lovelock, J.: Das Gaea-Prinzip (1988), München 2021.

zeugenden Gründe für den Glauben an Gott liefert. In gleicher Weise achte ich die Haltung jener, die Trost in der Natur finden und ihre Gebete vielleicht zu Gaea sprechen möchten.[4]

Ich persönlich finde den wissenschaftsbasierten Umgang mit ehemals mythischen Inhalten und Namen, so wie Lovelock ihn realisiert, überaus sympathisch und für andere Wissenschaftszweige nachahmenswert. Wenn Wissenschaftler wie er Bilder von Mythen verwenden und zitieren, trägt dies zur Veranschaulichung bei und ist von jeglicher Mystifikation und Esoterik meilenweit entfernt.

Auch lese ich gerne bei manchen Dichtern nach, die ihre Begeisterung für Gaea ähnlich anmutig und poetisch gekonnt wie in den altgriechischen Mythen oder bei Hölderlin auszudrücken vermögen. Einer von ihnen, André Gide, hat in seinem Text *Uns nährt die Erde, uns nährt die Hoffnung*[5] diese Göttin in allen ihren Erscheinungsformen gefeiert – und uns zu einer passenden Überschrift für unser Kapitel verholfen:

> Den Himmel habe ich erschauern sehen in Erwartung der Morgenröte. Ein Stern nach dem andern welkte dahin; die Wiesen waren in Tau gebadet; die ganze Luft eisige Zärtlichkeit. Eine Zeitlang schien es, als zögere das Leben, unsicher, ob es sich noch dem Schlummer überlassen solle, und noch dämmerte es in meinem müden Kopfe. Ich stieg hinauf zum Waldrand, ich setzte mich nieder; jedes Getier erwachte zu seinem Werk und zu seiner Freude, gewiss des nahenden Tages, und in jeder Windung des Laubes wurde das Geheimnis des wiedererwachenden Lebens laut. – Dann kam der Tag.[6]

Von einigen Astronauten ist bekannt, dass sie von ihrem Weltraum-Ausflug mit dem Gefühl immenser Wertschätzung für Gaea und einem merklichen Anflug von Liebe zur Erde, zum blauen Planeten zurückgekehrt sind. In gewisser Weise würde ich vielen ein solches Erlebnis gönnen – insbesondere jenen, die als Politiker und Wissenschaftler sowie als

---

[4] Lovelock, J.: Gaea – Die Erde ist ein Lebewesen, 2. Auflage, Bern, München, Wien 1992, S. 32.
[5] Gide, A.: Uns nährt die Erde, uns nährt die Hoffnung (1897), in: Romane und lyrische Prosa, München 1973.
[6] Gide, A.: Uns nährt die Erde, uns nährt die Hoffnung (1897), in: Romane und lyrische Prosa, München 1973, S. 23.

Techniker und Wirtschaftsleute zu wenig Poesie in sich tragen, um wie etwa Hölderlin oder Gide das hohe Lied auf Mutter Erde zu singen, und deren Wert-Sensorium eventuell geschärft wird, wenn sie sich in den Weiten des Alls nach dieser Göttin Gaea zurücksehnen.

Eros oder Der Gott des Zusammenhangs

Hört man den Götternamen Eros, denken die meisten von uns wahrscheinlich unwillkürlich an Erotik und damit an intime und private Aspekte unseres Daseins. So sehr diese Assoziationen nachvollziehbar sind, so sehr bedeuten sie jedoch nur einen kleinen Ausschnitt aus dem Aufgabenspektrum, das Eros in der antiken Mythologie zugesprochen wurde.

Nicht zufällig wird Eros hier in die Gruppe der Ursprungsmythen eingereiht. Hesiod etwa hat ihn in der altgriechischen Mythologie als göttliche Kraft und Energie vorgestellt, die enorm bewegend und gestaltend in den Kosmos und die Menschenwelt eingegriffen hat und dauernd weiter eingreift – dementsprechend schrieb Karl Kerényi über ihn:

> In der Theogonie erscheint er mit Gaea gleich nach Chaos als der dritte und bringt das Aktive und Bewegende, zur Entfaltung in Nachkommenschaften Treibende mit sich, das jenes weder männliche noch weibliche erste Urwesen nicht hat. Er ist also doch wohl das erste Männliche im Kosmos, insofern aber auch „seelisch", als er „die Glieder löst" wie Ohnmacht und Tod.[1]

---

[1] Kerényi, K.: Hermes der Seelenführer (1942), in: Urbilder der griechischen Religion, Stuttgart 1998, S. 112 f.

Der griechische Komödiendichter Aristophanes ließ in seinem Stück *Die Vögel* (414 v. Chr.) Eros aus einem Ei entschlüpfen, das Nyx (die Göttin der Nacht) in die Welt gesetzt hat. Zusammen mit Chaos zeugt dann dieser Gott Eros das Geschlecht der Vögel und sorgt damit für eine allererste Nachkommenschaft. Eros wird im Mythos als eine befruchtende Ur-Macht imaginiert, die dem Nichts und der Leere (also dem Chaos) derart viel Dynamik einzuhauchen vermochte, dass daraus Lebendiges (zum Beispiel die Vögel) entsprungen ist.

Die kosmische Wirksamkeit des Eros war in der griechischen Mythologie ebenso wie später in der griechisch-antiken Philosophie jedoch nur die eine Seite dieser Gottheit; die andere Seite bezog sich stets auf den einzelnen Menschen und seine Liebesschicksale. Hier erfuhr Eros eine Verkleinerung und Verniedlichung seiner Schöpfer-, Zeugungs- und Gestaltungspotenz auf die je individuellen Verhältnisse einzelner Personen und ihrer allfälligen Liebesbeziehungen. Dieser Aspekt von Eros wurde in der Kunst (Malerei, Plastik) in der Regel als Knabe mit Flügeln sowie mit Pfeil und Bogen dargestellt.

Wen auch immer der Pfeil dieser Gottheit traf, der war innert kurzer Zeit mächtig verliebt oder aber bis zur Raserei ernsthaft erkrankt – so oder so konnte er ihm und seiner pfeilschnellen Wirkung nicht entgehen. Beide Qualitäten – die euphorisierenden Effekte von Verliebtheit und Liebe ebenso wie die eventuell destruktiven Wirkungen einer unglücklichen Liebe – wurden in der Antike mit dem Gott Eros in enge Verbindung gebracht. In den *Römischen Elegien* spielte Goethe auf diese unterschiedlichen Konsequenzen einer Begegnung mit dem göttlichen Eros an:

> Vielfach wirken die Pfeile des Amor (des Eros): einige ritzen, / Und vom schleichenden Gift kranket auf Jahre das Herz. / Aber mächtig befiedert, mit frisch geschliffener Schärfe / Dringen die andern ins Mark, zünden behende das Blut. / In der heroischen Zeit, da Götter und Göttinnen liebten, / Folgte Begierde dem Blick, folgte Genuss der Begier.[2]

---

[2] Goethe: Römische Elegien (1795), in: HA Band 1, München 1996, S. 158.

Von dem römischen Schriftsteller und Dichter Apuleius (123–170 n. Chr.), der lange Zeit in Nordafrika (dem heutigen Algerien) lebte, bevor er in Athen Philosophie studierte und in Rom als Anwalt tätig war, wurde die individuell wirkende Gottheit Eros und der dazu gehörige Mythos in seine *Metamorphosen* aufgenommen und modifiziert. Wie eben bereits im Gedicht von Goethe zitiert, lautet der römische Name für Eros Amor (vom lateinischen *amor* = Liebe). Besonders bekannt wurde die Erzählung *Amor und Psyche*, die Apuleius als erster literarisch fixierte, und die inzwischen von vielen Dichtern, Malern, Bildhauern (z. B. von Canova) als Motiv ihrer Kunst weiterentwickelt worden ist.

In der Geschichte von Apuleius ist Psyche eine wunderschöne, aber sterbliche Königstochter. Gott Amor (also Eros) verliebt sich entgegen den Verboten seiner Mutter Venus (der lateinische Name für die griechische Göttin Aphrodite) in sie. Dennoch besucht er sie (jedoch nur nachts) unter der Bedingung, dass sie ihn nicht sehen, sondern lediglich spüren darf. Psyche aber hält sich wiederholt nicht an diese Vorgabe; sie betrachtet den schlafenden Amor mit einer Kerze und ist überwältigt von dessen Schönheit.

Einmal ist Psyche dabei unachtsam, und heißes Wachs tropft auf den friedlich schlafenden Gott. Dieser erwacht, ist maßlos von Psyche enttäuscht und fliegt davon – woraufhin Psyche zutiefst erschüttert ist und von Pan getröstet wird. Sie muss als Strafe viele Aufgaben erfüllen, bis es zuletzt zu einem Happy End kommt: Sie erhält Ambrosia und wird dadurch unsterblich, und einer Hochzeit von Amor und Psyche steht nichts mehr im Wege. Später wird den beiden die gemeinsame Tochter Voluptas (lateinisch für Vergnügen, Wollust, Genuss) geboren, die in der römischen Mythologie als Verkörperung und Personifikation der Lebensfreude und der sexuellen Lust gegolten hat.

Ausgehend von der Erzählung über Amor und Psyche können wir uns Fragen stellen, die in Liebesbeziehungen häufig zum Thema werden, und die im Mythos auf eine bildhaft-indirekte Art behandelt werden: Wie gehen wir mit Vorgaben in Beziehungen um? Was bedeuten Achtsamkeit und Unachtsamkeit? Müssen wir alles am anderen sehen und erkennen? Was bedeutet das Treffen der Liebenden im Zwischenraum der Nacht? Muss Unsichtbares in Beziehungen sichtbar werden? Wie groß ist unser Recht und unser Bedürfnis nach Nicht-gesehen-Werden? Wie groß ist unsere Sehnsucht, den anderen ganz und nackt und bloß zu sehen sowie selbst gesehen zu werden?

Mehrfach habe ich bereits erwähnt, dass nicht wenige Motive der altgriechischen Mythenwelt in der Tiefenpsychologie des 20. Jahrhunderts eine Rolle spielen – Eros ist hierfür ein überzeugendes Beispiel. In seiner zweiten Triebtheorie, die er in *Jenseits des Lustprinzips* (1920) erstmals erläutert hat, stellte Sigmund Freud zwei antagonistische Einflussgrößen, die sich beim Menschen als Triebqualitäten äußern, gegenüber: Eros umfasst dabei die Lebens- und Sexualtriebe sowie die Selbsterhaltungstendenzen, wohingegen Thanatos konträr zu diesen Tendenzen ausgerichtet ist und auf Zerstörung, Auflösung und auf Auslöschung des Lebendigen und seiner diversen Formen hinarbeitet.

Freud hatte ähnlich wie in der griechischen Mythologie die beiden Funktionen des Gottes Eros im Visier: Die eine erotische Wirkung bezog sich bei ihm auf die einzelne Person selbst – sie macht sich als biomedizinische und psychosoziale Gesundheit und Integrität bemerkbar und kämpft der psychoanalytischen Theorie zufolge zeitlebens gegen die thanatischen und autoaggressiven Triebanteile, die nach Freud in jedem von uns ihr unnachsichtiges Spiel treiben. Eros und der erotische Lebenstrieb stemmen sich lange gegen den thanatischen Todestrieb, um diesem schlussendlich (im Alter oder bei ernsthafter Krankheit) zu unterliegen.

Diese Effekte bedeuteten für Freud jedoch nur die eine Seite von Eros. Denn als quasi göttliche Macht und Kraft, als verbindendes Prinzip und vereinende Energie sorgt Eros andererseits auch dafür, dass zwischen den Menschen immer größere Einheiten und stabilere Bindungen und Verbindungen entstehen – oder in der Terminologie der Psychoanalyse: Die libidinösen, Zusammenhalt, Kommunikation und Kooperation ermöglichenden zwischenmenschlichen Kräfte überwiegen und lassen Freundschaften, Liebesverhältnisse, Sozietäten und die Kultur entstehen – wobei alle diese Phänomene von Freud als direkte oder indirekte (sublimierte) Konsequenzen des Sexualtriebes (und damit auch des erotischen Lebenstriebes) interpretiert wurden:

> Irgendeinmal im Laufe dieser Untersuchung hat sich uns die Einsicht aufgedrängt, die Kultur sei ein besonderer Prozess, der über die Menschheit abläuft ... Wir fügen hinzu, sie sei ein Prozess im Dienste des Eros,

der vereinzelte menschliche Individuen, später Familien, dann Stämme, Völker, Nationen zu einer großen Einheit, der Menschheit, zusammenfassen wolle ... Diesem Programm der Kultur widersetzt sich aber der natürliche Aggressionstrieb der Menschen ... Dieser Aggressionstrieb ist der Abkömmling und Hauptvertreter des Todestriebes, den wir neben dem Eros gefunden haben, der sich mit ihm in die Weltherrschaft teilt. Und nun, meine ich, ist uns der Sinn der Kulturentwicklung nicht mehr dunkel. Sie muss uns den Kampf zwischen Eros und Tod, Lebenstrieb und Destruktionstrieb zeigen, wie er sich an der Menschenart vollzieht.[3]

Wie lassen sich nun aber die sehr verschiedenen Aussagen und Beschreibungen von Eros zusammenfassen und womöglich auf einen oder mehrere gemeinsame Nenner bringen? Eine erste Eigentümlichkeit dieses Gottes, die bereits bei Hesiod auftaucht und bei Sigmund Freud nicht endet, besteht in dessen wesenhafter Ambivalenz und kaum aufzulösender Doppeldeutigkeit: gigantischer Welten-Zeuger (aus dem puren Nichts, dem Chaos heraus!) einerseits und Putten-artig harmlos beflügelter Knabe mit Pfeil und Bogen andererseits; verantwortlich für die ganz private Verliebtheit von Frau und Herrn Jedermann einerseits wie auch für den Zusammenhalt ganzer Sozietäten andererseits; Induktion von personal-individueller Liebesfähigkeit (die eine Seite von ihm) wie auch von überindividuell-kollektiver Kulturentwicklung (die andere Seite von Eros); Aufbau und Unterhalt von konstruktiven Liebes-Stimmungen oder aber Anlass zu äußerst destruktiver Liebesraserei.

Bei aller Schaffenskraft und Expansionslust dieses göttlichen Prinzips fällt noch eine zweite Eigentümlichkeit bei ihm ins Auge: Eros wohnt etwas grundsätzlich Zerbrechliches inne, und dieses Fragile kann von außen (z. B. durch Aggressions- und Todestrieb-Aktivitäten) oder von innen (z. B. nächtliche Scham, Schüchternheit, Distanzbedürfnisse) eine mächtige Bedrohung erfahren und zur Gefährdung von Erotik und Gott Eros beitragen.

---

[3] Freud, S.: Das Unbehagen in der Kultur (1930), in: GW XIV, Frankfurt am Main 1997, S. 481.

Dieses Zarte und von Störungen bis hin zur Zerstörung Bedrohte von Eros und Erotik wurde in der Geistes- und Kulturgeschichte seit der mythischen Erzählung über *Amor und Psyche* immer wieder zum Motiv von Künstlern und Literaten gewählt. Sehr viele Tragödien kennen als zentralen Konflikt die Fragilität einer Liebesbeziehung – man denke nur an so klassische Dramen wie *Romeo und Julia*, an *Emilia Galotti* oder an *Kabale und Liebe*. Ebenso finden sich in den Romanen der Weltliteratur zuhauf Beispiele für die Zerbrechlichkeit erotischer Beziehungen – begonnen bei *Anna Karenina* bis hin zu *Rot und Schwarz*.

So häufig in der Kunst auch die multiplen Gefährdungen der Erotik bedacht und dargestellt werden, so energisch werden seit den Tagen der griechischen Antike von ihr aber auch den Phänomenen der Liebe – Zuneigung, Bindung, Vertrauen, Anerkennung, Zärtlichkeit, Hingabe, Verschmelzung, Sehnsucht, Leidenschaft, Übereinstimmung, Sexus und orgiastische Aufgipfelung, Freundschaft – quasi göttliche Attribute und Qualitäten attestiert. Nicht zufällig heißt es in Mozarts *Zauberflöte* enthusiastisch: „Mann und Frau und Frau und Mann, reichen an die Gottheit an." Und ebenfalls nicht zufällig lesen wir bei Platon im *Gastmahl*:

> So behaupte ich denn, dass zwar alle Götter glücklich sind, dass aber Eros, wenn dies zu sagen erlaubt und unanstößig ist, der glückseligste von allen ist, weil der Schönste und Beste.[4]

So sehr jedoch Eros das Göttliche verheißt und in den gelingenden Momenten einer Liebe tatsächlich göttlich-vollkommen scheinende Atmosphären entstehen lässt, so sehr bereitet dieser Gott den Liebenden aber Schmerz und Enttäuschungen, sofern sie sich missverstehen, ihre Bemühungen um Einigung und Verschmelzung ins Leere laufen und statt der einen Zweisamkeit zwei Einsamkeiten als Resultat zu beklagen sind. Goethes Diktum gilt vor allem auch für den Eros: „Alles geben Götter, die unendlichen, Ihren Lieblingen ganz: Alle Freuden, die unendlichen, Alle Schmerzen, die unendlichen, ganz."

Doch trotz aller Gefährdungen einer Liebe und trotz aller Schwierigkeiten und Krisen von erotischen Beziehungen plädiere ich nachhaltig

---

[4] Platon: Das Gastmahl, in: Sämtliche Dialoge, Band III, Hamburg 1988, S. 35.

für die Ansprüche und Möglichkeiten von Gott Eros. Bei der Kürze des menschlichen Daseins und seinen vielen Begrenzungen und Frustrationen wäre es höchst fatal, das Angebot dieses Gottes auszuschlagen, wenn er zum liebenden Aufschwung unserer Existenz ruft – ganz gleichgültig, ob es sich dabei dann um personale, soziale oder kulturelle Einigungs- und Liebessituationen handelt.

Teil III

Olympische Götter

Zeus – Göttervater oder bloßer Wettergott?

Mit dem Namen Zeus assoziieren wir häufig das Attribut des Göttervaters. In der griechischen Mythologie nahm Zeus zwar einen sehr prominenten Platz unter den Gottheiten ein, aber er war mitnichten die einzige und alleinig dominante Figur auf dem Olymp. Der Mythos wollte es, dass Zeus ein Kind des Gottes Kronos und der Göttin Rhea war. Nachdem er Kronos überwältigt hatte, teilte sich Zeus mit seinen beiden Geschwistern Poseidon und Hades die Welt: Er (Zeus) erhielt den Himmel als seinen Anteil, Poseidon das Meer und Hades die Unterwelt; die Erde ebenso wie den Olymp behielten die drei Gottheiten gemeinsam.

Nach und nach eroberte sich Zeus Qualitäten, die ihn als herausgehoben und besonders in der Schar der griechischen Gottheiten erscheinen ließen. Ihm wurde die Energie von Blitz und Donner (als mächtige und destruktive Naturgewalten) ebenso zugeordnet wie die Affekte von Wut und Zorn oder die Kraft zur Rache und zur Neuordnung chaotischer Verhältnisse. So rückte er in der Rangfolge ziemlich weit nach oben und nahm jenen Platz ein, den man mit einem Patriarchen oder männlichen Herrscher gemeinhin verbindet; in anderen Mythen kommt diese Position analog beispielsweise Jupiter (antikes Rom) oder Wotan respektive Odin (germanische Mythen) zu. Einige dieser Eigenschaften werden Zeus bereits in den *Homerischen Götterhymnen* attestiert:

> Zeus will ich besingen, den höchsten und besten der Götter. / Den Vollender und Herrscher, den weithinschauenden, der da / weise Gespräche führt mit der neben ihm sitzenden Themis. / Waltender Sohn des Kronos, sei gnädig, erhabenster Herrscher![1]

Zeus wurde in den verschiedenen antiken Erzählungen mit jeweils differenten Göttinnen als seine Gattin liiert: Im Zitat eben ist es Themis, Tochter des Uranos und der Gaea und Mutter der Horen (Jahreszeiten), die an der Seite von Zeus mit ihm plaudert. Dass es weise Gespräche waren, kann man sich bei diesen beiden durchaus vorstellen – Themis galt als Göttin der Sitte und Ordnung sowie der Philosophie. Manche sahen hingegen Demeter (die Göttin des Getreides und der Fruchtbarkeit) als Gattin des Zeus; andere wiederum brachten Mnemosyne (die Göttin der Erinnerung) ins Spiel; und bei manchen Dichtern ist es schließlich Hera, eine Schwester von Zeus (und damit eine Tochter von Kronos und Rhea), mit der er sich ehelich verbindet.

Eine Eigenschaft von Zeus, mit der Hera immer wieder konfrontiert wird und ihre liebe Mühe hat, ist dessen großes und nachhaltiges Interesse an anderen Frauen, seien sie Göttinnen oder Sterbliche. Die Ehe zwischen den beiden Göttern erinnert mit ihren Spannungen, Konflikten und Auseinandersetzungen an zutiefst menschliche Verhältnisse, und man versteht den Kulturhistoriker Egon Friedell, der in seiner *Griechischen Kulturgeschichte* (1949) Hera die erste unverstandene Frau der Weltliteratur nannte.[2] Seitensprünge und der Neid weiblicher Göttinnen um den Höchstrang in der Schönheit (aus dem zum Beispiel der Trojanische Krieg entsprang) sind auf dem Olymp an der Tagesordnung, und dementsprechend wird – bei allem Homerischen Gelächter – untergründig gekämpft und überlistet.

Bei allen Wünschen nach Hierarchisierung des Staatswesens ebenso wie der Götterwelt kannten die Griechen der Antike jedoch stets auch die

---

[1] Homer: Götterhymnen, deutsch von Thassilo von Scheffer (1927), Leipzig 1974, S. 135 f.
[2] Friedell, E.: Kulturgeschichte Griechenlands – Leben und Legende der vorchristlichen Seele (1949), München 1979, S. 77.

Tendenz zur Diversität und Demokratisierung. Einerseits hätte sich Zeus aufgrund seiner etwas herausgehobenen Stellung und Eigenarten angeboten, zu *der* zentralen Gottheit schlechthin aufzusteigen und so den Fokus für eine monotheistische Religions-Entwicklung abzugeben. Doch wurden ihm andererseits derart viele und teilweise auch peinlich-putzige Affären und Skandälchen nachgesagt, und ihm wurden von den verschiedenen Mythen-Sängern und Dichtern eine Reihe durchaus potenter weiterer Götter an die Seite gestellt, dass Zeus schlussendlich froh sein konnte, noch als *Primus inter pares* (als Erster unter Gleichen) gelten zu dürfen:

> In Hesiods Theogonie lebt Zeus mitten in einer höchst unruhigen Genossenschaft von Wesen, die mit ihm durch ihre Herkunft gleichen Ranges sind, als noch nicht ganz sicherer Usurpator, und hiegegen hat in der Folge der griechische Geist wohl noch ... stellenweise sich auflehnen, aber nicht mehr dem Zeus eine dauernde Alleinhoheit schaffen können. Von Homer vollends haben sich Zeus und die übrigen Götter gar nicht mehr erholt ... Zeus bleibt nun wohl der König und Vater eines Hofes, des Olymp, aber nicht mehr.[3]

Als wie relativ die Stellung und der Einflussbereich von Zeus in der griechischen Antike erlebt wurde, verdeutlichen manche seiner Beinamen: er galt als der Gott, der Wolken versammelt. Weil er Blitz und Donner verwaltete, wurde er etwas despektierlich auch als Wettergott bezeichnet; weitere Attribute für ihn waren:

> Der Vater; Urheberschaft; Gott der himmlischen Atmosphäre; ... Urheber der Tage, Jahreszeiten, Jahre; Geber des Schicksals; ... Geber des Guten und Schlimmen; Geber des Anteils; Schützer der Herrschafts- und Rechtsverhältnisse; Schützer der Schwachen und Bittflehenden; Zeus, der Vollender und Erfüller; ... Gott des vegetativen Gedeihens; Schützer der abgegrenzten Bereiche von Haus und Land; Garant und Förderer des Besitzes; Schützer der gesellschaftlichen Ordnung und ihrer natürlichen wie vertraglichen Bindungen; Schutz des (väterlichen) Anwesens; ... Gott der Bluts- und Stammverwandten; ... Schützer der zusammenwohnenden Gemein-

---

[3] Burckhardt, J.: Griechische Kulturgeschichte (1898–1902), Band II, München 1977, S. 26 f.

schaft, Gott des Dorfs, der Stadt; ... Schicksalsangst und der gnädige Gott; ... Zeus der Retter und Bewahrer.[4]

Man sieht: Die altgriechisch-mythischen Erzählungen, die sich um Zeus drehen, sowie die Eigenschaften und Funktionen, die ihm dabei zugeschrieben wurden, handeln eine Thematik ab, die höchst modern und aktuell anmutet: die Sehnsucht von vielen Menschen nach einerseits unangefochten-souveräner Autorität und Führung bei anderseits gleichzeitiger Skepsis und Ablehnung denjenigen gegenüber, die in leitenden Funktionen stehen und entsprechend Wirkung entfalten. Je nachdem, wer in der griechischen Antike diese Gottheit beschrieben hat (Volksglaube oder Dichter oder Philosophen), traten sehr unterschiedliche Rollensegmente dieses Gottes in den Vordergrund.

Auch heute wünschen sich nicht wenige in ihrem Dasein, insbesondere in ihrem beruflichen und gesellschaftlichen Umfeld, eine starke und ordnende Hand, der sie eine große Machtfülle zugestehen. Zugleich melden sich bei ihnen nicht selten Kritik und Entwertungsneigungen bezüglich jener Chefs und Führungspersonen, die sie eben noch (z. B. über ihren Stimmzettel bei einer Wahl) mit Macht und einem Gestaltungsauftrag versehen haben; oder denen sie ihren Arbeitsplatz oder ihre Anstellung verdanken.

Psychologisch betrachtet liegen hier mehrere meist ungelöste und unbewusste Konfliktfelder vor. Sigmund Freud hat in seiner Abhandlung *Die Zukunft einer Illusion* (1927) die Vatersehnsucht als wesentliches Motiv beschrieben, das bei den Gläubigen in (monotheistischen) Religionen eine Rolle spielt. Der allmächtige und allgütige Gott nimmt in der Vorstellung der Betreffenden die ehemalige Funktion des Vaters ein, der vom Kleinkind potent und wirkmächtig erlebt und daher als Schutz ersehnt und als strafende Instanz gefürchtet wurde:

Die Anzeichen dieser Ambivalenz des Vaterverhältnisses sind allen Religionen tief eingeprägt ... Wenn nun der Heranwachsende merkt, dass es ihm bestimmt ist, immer ein Kind zu bleiben, dass er des Schutzes gegen fremde Übermächte nie entbehren kann, verleiht er diesen die Züge der Vater-

---

[4] Schwabl, H.: Zeus, München 1978, S. 994 f.

gestalt, er schafft sich die Götter, vor denen er sich fürchtet, die er zu gewinnen sucht und denen er doch seinen Schutz überträgt. So ist das Motiv der Vatersehnsucht identisch mit dem Bedürfnis nach Schutz gegen die Folgen der menschlichen Ohnmacht ..."[5]

Dieser Vatersehnsucht bei gleichzeitiger Opposition und Distanz zu ihm begegnet man nicht nur bei mythischen Erzählungen sowie innerhalb religiöser Gruppen, sondern als weitverbreitetes Phänomen auch innerhalb moderner Sozietäten. Das Anlehnungsbedürfnis an die väterlichen Leitungsfiguren (die durchaus auch weiblichen Geschlechts sein können) ist bisweilen groß, und dementsprechend werden dann Vorgesetzte, ranghohe Führungspersonen, Top-Manager und Politiker idealisiert und imaginär mit beinahe übermenschlichen Qualitäten versehen.

Die zumindest partielle Befriedigung dieser Vatersehnsucht verschafft dem Einzelnen temporäre Empfindungen von Schutz, Sicherheit, Ordnung, Stabilität und Übernahme von Verantwortung. Diese Empfindungen werden allerdings mit einem oftmals gehörigen Maß an Abhängigkeit und Kindlichkeit erkauft. Sobald Letztere verspürt werden, melden sich bei den nach Vätern Sehnenden häufig erste Impulse der Autonomie, die sich als Zweifel, Skepsis oder Entwertung den eben noch idealisierten Führungseliten gegenüber Ausdruck verschaffen.

Psychologen und Soziologen sprechen in diesen Zusammenhängen von Autonomie-Abhängigkeits-Konflikten, die zur Pendel-Dynamik (erst Idealisierung und dann Entwertung von Chefs und Führungsetagen) beitragen. Solange diese Konflikte für Einzelne nicht durchschaubar sind, bleiben sie in dieser Pendel-Dynamik verfangen und wiederholen das Spiel von Idealisierung und Entwertung. Häufig fungieren Leitungspersonen als Projektionsfläche für solche Dynamiken; dementsprechend erleben sie sich zuerst als Gottvater und dann wieder als bloßer Wettergott.

Hinzu kommt bei diesen Empfindungen den Vorgesetzten und Autoritäten im öffentlichen Bereich des Lebens gegenüber, dass viele Menschen ihre privaten und persönlichen Erfahrungen mit den eigenen Eltern und

---

[5] Freud, S.: Die Zukunft einer Illusion (1927), in: GW XIV, Frankfurt am Main 1976, S. 346.

Autoritätspersonen aus ihrem allerengsten Umkreis in ihre emotional-mentale Beurteilung mit einfließen lassen. Auf so manche Politikerin oder Politiker und viele Chefinnen oder Chefs werden jene Wünsche, Vorstellungen und Affekte übertragen, die ursprünglich den eigenen Eltern gegolten haben. Auch dieses Übertragungsgeschehen verläuft beinahe regelhaft unbewusst und unreflektiert.

Auf einen nochmals anderen Aspekt der Beziehungen von Einzelnen zu ihren Zeus-artigen Übervätern (oder Übermüttern) hat bereits G.W.F. Hegel in seiner *Phänomenologie des Geistes* (1807) hingewiesen. In diesem Buch findet sich das oft zitierte Kapitel über Herrschaft und Knechtschaft bzw. über Herr und Knecht. Hegel beschrieb eindrücklich ihre jeweiligen Eigenschaften: Der Herr setzt seine Freiheit höher als sein Leben, indes der Knecht umgekehrt verfährt. So ergibt sich ein Gefälle zwischen dem Herrn und seinem Knecht, das hinsichtlich Freiheit und Macht bemerkbar wird.

Doch auch der abhängige und unterlegene Knecht hat – so Hegel – Macht und Einfluss. So kann er seinen Herrn spüren lassen, dass dieser sich nur so lange als überlegen erleben kann, so lange er, der Knecht, diese Überlegenheit anerkennt. Sobald er sich vom Herrn distanziert oder emanzipiert, verliert dieser den Nimbus von Größe, Macht und Autorität. Der soziale Mechanismus der Anerkennung sorgt dafür, dass sich so manches Herr-Knecht-Verhältnis im konkreten Dasein (Beruf, Öffentlichkeit, aber auch im Bereich des privaten Lebens) entweder relativiert oder sogar umgekehrt hat.

Weil viele der eben beschriebenen zwischenmenschlichen Dynamiken subtil und häufig unbewusst ablaufen, kommt es nur selten zu ihrer tieferen Reflexion und Thematisierung. Oberflächlich betrachtet sind die Rollen eindeutig verteilt: Hier die Zeus-artige Autorität mit ihrer angeblichen oder tatsächlichen Macht- und Gestaltungsfülle, der scheinbare Herr des Geschehens sowie der Täter, dem die Verantwortung und eventuell auch Schuld für allfällige Probleme zugeschrieben werden können – und dort die abhängigen Opfer und Knechte und Unterlegenen, denen es scheinbar an Verantwortung und Schuldfähigkeit gebricht.

Beide Seiten täten gut daran, ihre jeweils eigene Rolle kritisch zu hinterfragen und die Attribute der Gegenseite womöglich auch bei sich selbst zu entdecken. Und vor allem jedem Vorgesetzten und jeder prominenten Politikerin darf man raten, alle Versuche, sie zu idealisieren, mit dem Hinweis darauf zu relativieren und zu verniedlichen, dass sie zwar bisweilen Zeus-artig imponieren, aber letztlich um die Möglichkeiten und Mechanismen, innert kurzer Zeit und oftmals aufgrund von Nichtigkeiten zum bloßen Wettergott oder sogar zum Wetterhahn degradiert zu werden, nur allzu gut Bescheid wissen.

Artemis – Göttin des männlichen Protests

Artemis war die Zwillingsschwester von Apollon – ihre Eltern waren Zeus und Leto, eine seiner Geliebten. Als Zwillingsschwester von Apollon teilte sie sich mit ihm manche Aufgaben und Attribute: So wurde Artemis in den griechischen Mythen oftmals mit Selene gleichgesetzt, der Mondgöttin, wohingegen Apollon mit Helios (also dem Sonnengott) als identisch vorgestellt wurde.

Ihre Hauptaufgaben als olympische Göttin waren jedoch andere: Artemis galt als die Göttin der Jagd; und sie fungierte als Hüterin der Frauen, die falls nötig und erwünscht deren Jungfrauschaft (Hymen) gegen die Männer verteidigte. Artemis selbst wurde ebenfalls als jungfräulich imaginiert. Als Göttin der Jagd hatte sie beste Beziehungen zu den Tieren des Waldes: Mit Hirschen, Rehen, Bären, Ebern verkehrte sie wie mit ihresgleichen. Außerdem war sie in der Regel stets von Nymphen (weiblichen Naturgeistern) umgeben.

Artemis war eine herbe, expansive, aggressive, intensive Göttin. So reizvoll und anziehend sie war, so radikal achtete sie darauf, von niemandem (vor allem auch von keinem Mann) berührt oder (nackt) gesehen zu werden. Diese Göttin umgab eine grundsätzliche Distanz zur Welt, wozu ihre eigene Art der Kontaktaufnahme (mit Pfeil und Bogen) bestens korrelierte. Von ihr ging ein *Noli me tangere* (fass mich nicht an) aus, wobei sie sich selbst durchaus die Freiheit herausnahm, die Welt und das Lebendige in ihr nicht nur zu schützen, sondern eventuell auch zu berühren, indem sie es erlegte.

Diese Göttin konnte anderes und andere (Menschen, Tiere) mit ihren Pfeilen erreichen, durchbohren, jagen, töten – aber nicht, um sie zu verzehren; es war dies eher ihre Form der zugegebenermaßen eigentümlichen Kontakt-Aufnahme. Dabei galt sie als die ganz Reine: Reinheit als Kompensation der jagdbedingten Verunreinigungen (Blut, Schweiß, Innereien, Kot, Urin); Reinheit aber auch als Ideal, erreicht und gesichert durch Waschungen, als ein Freiwaschen von der Schuld des Tötens und Verletzens.

Kam es in der näheren Umgebung von Artemis zu Formen der Unreinheit, reagierte die Göttin unnachsichtig und konsequent, um nicht zu sagen brutal. Als ihre Lieblingsnymphe Kallisto von Zeus verführt und geschwängert wurde, wurde Artemis zornig und verwandelte – da sie in ihrer Nähe keine entjungferten Frauen duldete – diese in eine Bärin und jagte sie davon. Zeus verwendete sich insofern noch für Kallisto, als er sie als Große Bärin an den Sternhimmel versetzte, von wo sie uns nachts bis in unsere Gegenwart hinein (als *Ursa major* oder Großer Wagen) grüßt.

Noch destruktiver verfuhr Artemis mit dem Heroen Aktaion. Dieser war ein passionierter Jäger und stieß eines Tages auf eine Grotte, in der die Göttin gerade badete. Da er sie dabei zufällig nackt sah und Artemis verhindern wollte, dass er jemals davon berichten könne, verwandelte sie ihn in einen Hirsch – wohl wissend, dass seine eigenen Hunde dann über ihn herfallen und ihn zerfleischen würden (was denn auch geschah).

Bei so viel brutaler Radikalität kann man nachvollziehen, dass sich Homer bei seinen *Götterhymnen* in Bezug auf Artemis einer gewissen Zurückhaltung, Skepsis und Vorsicht befleißigte. Höflich wie er war, verlor er kein einziges Wort der Kritik an der Göttin. Auffällig aber ist die Kürze seines Hymnus sowie der allerletzte Satz darin, der eine Art Fluchtbewegung von ihr weg signalisiert:

> Artemis preise, oh Muse, im Sange die Schwester des Schützen, / die mit Apollon erwuchs, die pfeilbeseligte Jungfrau; / wenn sie die Rosse getränkt am schilfumwachsenen Meles (Gewässer bei Smyrna), / jagt sie schnell

durch Smyrna dahin im goldenen Wagen / nach den Reben von Klaros (Ort an der Westküste Kleinasiens) ... / Sei mir im Sange gegrüßt, du und die Göttinnen alle. / Preis ich doch dich zuerst, von dir beginn ich zu singen, / aber begonnen mit dir, enteil ich zu anderen Liedern.[1]

Doch nicht nur Homer (als Mann) äußerte sich vor zweieinhalbtausend Jahren zurückhaltend über die Göttin der Jagd. Auch Dichterinnen des 20. Jahrhunderts schilderten Artemis mit den problematischen, nämlich allzu kämpferischen und gnadenlosen Facetten ihres Wesens. So ließ Anna Seghers in ihrer Erzählung *Sagen von Artemis*[2] (1938) fünf Jäger auf die attraktive und faszinierend schöne Göttin stoßen, um letztlich alle an ihrer kühlen Strenge und Rigidität scheitern zu lassen.

Je weicher, werbender und liebenswürdiger sich die einzelnen Jäger Artemis gegenüber einstellen, umso unnachgiebiger und härter fallen ihre Reaktionen aus. Besonders erschütternd wirkt die Geschichte vom einäugigen Jäger, der etliche Jahre, nachdem er seine Heimat verlassen hat (Motiv des Exils von Anna Seghers), in seine Heimat zurückkehrt und dort auf die Göttin trifft. Weil der Einäugige vor Rührung weint, wundert sich Artemis über seine Tränen. Der Jäger öffnet sich und erzählt ihr schließlich stockend seine ganze Lebensgeschichte und seine Sehnsucht nach der Heimat – woraufhin die Göttin ihn mit der Bemerkung zurechtweist, dass Larmoyanz nicht angebracht sei.

Diese Erzählung von Anna Seghers ist ein schönes Beispiel für jene Haltung, die der Philosoph Hans Blumenberg einmal die Arbeit am Mythos nannte. Obwohl die ursprünglichen Sagen und Geschichten die Göttin Artemis betreffend fast drei Jahrtausende alt sind, können sie von Künstlern, Schriftstellern, Philosophen und Dichtern oder auch von jedem, der sie heutzutage einfach weitererzählt, mit neuartigen Inhalten und Akzenten versehen werden. Solange Arbeit am Mythos erfolgt, meinte Blumenberg, lebt der Mythos.

Ähnlich hat Roberto Calasso (1941–2021) seine Texte über die griechischen Mythen gestaltet. In Büchern wie *Die Hochzeit von Kadmos und Harmonia* (1988) oder *Der himmlische Jäger* (2016) erzählt der italieni-

---

[1] Homer: Götterhymnen, deutsch von Thassilo von Scheffer (1927), Leipzig 1974, S. 129.
[2] Seghers, A.: Sagen von Artemis (1938), in: Die schönsten Erzählungen, Berlin 2008.

sche Essayist, Schriftsteller und Verlagsleiter wie nebenbei über die antiken Göttergestalten und verknüpft sie mit den Fragen und Erfahrungen der Moderne:

> Warum wollte Artemis, die Schöne unter allen Frauen, die Göttin, die von der erotischen Aura so sehr umgeben ist, dass Aura einer ihrer Namen und eine ihrer Figurantinnen ist, als ersten Kinderwunsch die Jungfräulichkeit? Die Jungfräulichkeit ist das Zeichen der Separation, der unüberbrückbaren Distanz. Die Welt kann nicht in Artemis eindringen, wohingegen es Artemis ist, die ihre Pfeile auf die Welt abschießt.[3]

Wie aber darf und soll man diese uralten und neuen Geschichten von und über Artemis einordnen? Wie lässt sich ihre aggressive Energie verstehen? Was hat die kämpferische Aufrechterhaltung der Jungfräulichkeit zu bedeuten? Welche Rolle spielen das Herbe, Abweisende, Distanzierte im Wirkungsfeld dieser Göttin? Und welche Konsequenzen ziehen wir im 21. Jahrhundert aus den Einstellungen dieser altgriechisch-olympischen Göttinnen-Gestalt?

Zur Beantwortung dieser Fragen müssen wir etwas ausholen. In vielen Kulturen – so auch in der abendländisch-hellenistischen – kam es schon vor Jahrtausenden zu einer extrem unheilvollen Entwicklung hin zu patriarchalischen Verhältnissen, mit deren Spätfolgen wir bis auf den heutigen Tag zu kämpfen haben. Angesichts der Ohnmachtserfahrungen den Naturgewalten sowie dem eigenen Körper mit seiner Hinfälligkeit und Todes-Verfallenheit gegenüber haben unsere Vorfahren ihrer Umwelt die Melodie der Macht und Überlegenheit abgelauscht. Körperliche Stärke und Durchsetzungskraft wurden entsprechend als wertvoll, begehrenswert und großartig taxiert, indes Schwäche, Hilflosigkeit und Anlehnungsbedürfnisse als minderwertig eingepreist wurden.

Bei dieser dichotomen Zuordnung von Wert und Unwert lag es nahe, Männern aufgrund ihrer körperlichen Ausstattung und Überlegenheit einen Mehrwert im Vergleich zu Frauen zuzusprechen; Letztere waren aufgrund von Schwangerschaft und Mutterschaft häufig in körperlicher Hinsicht sowie in Bezug auf Möglichkeiten der Expansion begrenzt.

---

[3] Calasso, R.: Der himmlische Jäger (2016), Berlin 2020, S. 58.

Hinzu kam der größte Irrtum der Menschheitsgeschichte: die Erfindung des Kriegers und des Krieges, wofür ebenfalls Männer geeigneter schienen als Frauen.

Alle diese Faktoren führten in vielen frühen Kulturen zu einer Überbewertung der männlichen und zu einer Unterbewertung der weiblichen Lebensformen und letztlich zu patriarchalischen Ideologien sowie Welt- und Lebensanschauungen. Männer galten seither (und gelten partiell immer noch) als Sammelsurium aller nur erdenklich positiven Wertaspekte (Dominanzstreben, Härte, Rationalität, Klarheit, Expansionskompetenz, Penetrationsvermögen), wohingegen den Frauen häufig die undankbar-entwertenden Eigenschaften von Schwäche, Weinerlichkeit, Weichheit, irrationaler Emotionalität, Inkonsequenz, Verschlagenheit, Hinterlist und anderen psychosozialen Übeln zugefallen sind (siehe auch *Epimetheus und die Büchse der Pandora*).

Was bei dieser höchst problematischen Zuordnung völlig auf der Strecke blieb waren zwischenmenschliche Qualitäten wie Güte, gegenseitige Hilfestellung, Solidarität und Empathie, ohne die es die Menschheit schon längst nicht mehr gäbe, und die im Schnitt im Laufe der Geschichte wohl zehntausendfach mehr von Frauen als von Männern gelebt wurden.

Ausgehend von den fatalen patriarchalischen Verhältnissen seit den Frühzeiten unserer Kulturen entwickelten viele Männer *und* Frauen ein Stärke-Ideal, das man in einem Satz zusammenfassen kann: „Ich möchte ein ganzer Mann werden oder sein!" Männliche Attribute wie die oben genannten scheinen Überlegenheit und Souveränität zu garantieren, wonach sich beide Geschlechter sehnen, und die sich scheinbar am ehesten als männliche Attitüde verwirklichen lassen.

Alfred Adler (1870–1937), der Begründer der Individualpsychologie, hat daher in den ersten Jahrzehnten des letzten Jahrhunderts das Konzept des männlichen Protests formuliert. Dieses besagt, dass Männer wie Frauen nach Überlegenheit und Dominanz streben, sobald sie sich merklich unterlegen und hilflos empfinden. Weil sich Frauen im Patriarchat doppelt und dreifach stark zurückgesetzt und entwertet erleben, entwickeln nicht wenige von ihnen einen ausgeprägt starken männlichen Protest: Auch sie wollen ein ganzer Mann (also überlegen, souverän) werden oder sein:

Als diese neurotische Zwecksetzung hat sich uns die *Erhöhung der Persönlichkeitsgefühls* ergeben, dessen einfachste Formel im übertriebenen *männlichen Protest* zu erkennen ist. Diese Formel „Ich will ein ganzer Mann sein!" ist die leitende Fiktion in jeder Neurose, für die sie in höherem Grade als für die normale Psyche Wirklichkeitswerte beansprucht. Und diesem Leitgedanken ordnen sich auch Libido, Sexualtrieb und Perversionsneigung, *wo immer sie hergekommen sein mögen*, ein. Nietzsches „Wille zur Macht" und „Wille zum Schein" umfassen vieles von unserer Auffassung.[4]

Womit wir wieder zu Artemis und ihren auffälligen Eigenschaften zurückkehren. Der Mythos schildert uns eine Göttin, der wir – nimmt man das Konzept Alfred Adlers vom männlichen Protest als adäquate sozialpsychologische Beschreibung ernst – ein gerüttelt hohes Maß an Steigerungsbedürfnis ihres Persönlichkeits- und Selbstwerterlebens und damit an männlichem Protest zugestehen wollen und müssen. Artemis agiert mit ihrem Distanzbedürfnis und ihrer Unantastbarkeit wie ein völlig gefühls und empfindungsarmer, auf Durchsetzung und Abgrenzung hin orientierter Narziss, und ihre Verhaltensweisen zeichnen sich durch jene Brutalität und enorme Rücksichtslosigkeit aus, die aus narzisstisch-selbstbezogenen Männerwelten zur Genüge bekannt sind.

Zum männlichen Protest bei Artemis passen die Distanzmanöver ihrer Umwelt gegenüber sowie ihre Weigerung, sich körperlich und/oder emotional auf intimere Beziehungen einzulassen. Ihre Hingabescheu geht so weit, dass sie selbst jene bestraft (Kallisto), die sich anderen gegenüber als Hingabe-bereiter als sie selbst erwiesen haben; oder dass sie jene dem Tod ausliefert (Aktaion), die sie für Sekunden und per Zufall nackt gesehen und sie damit – für eine sich so männlich gebärdende Göttin wie sie ein Ding der vollkommenen Unmöglichkeit – zum Objekt gemacht haben.

Der Preis allerdings für derart radikal gelebten männlichen Protest, vermengt mit ausgeprägtem Narzissmus, ist immens hoch: Zwar hält sich Artemis erfolgreich alle Bewerber vom Leib (nach dem Motto: mich soll keiner bekommen) und bleibt selbst damit keusch und rein und überlegen – aber auch unendlich einsam und allein. Allenfalls mit den Tieren

---

[4] Adler, A.: Über den nervösen Charakter – Grundzüge einer vergleichenden Individualpsychologie und Psychotherapie (1912), Göttingen 1997, S. 47 f.

ihrer Jagd pflegt sie einen eigentümlich intimen Kontakt, indem sie sie per Pfeil und Bogen ... tötet. Man versteht, warum selbst der ansonsten so höfliche Homer diese Göttin zuletzt meidet und rasch zu anderen Liedern enteilt.

Hephaistos – ist jeder seines Glückes Schmied?

Hephaistos, Sohn des Zeus und der Hera, war der Gott des Feuers, der Schmiede, der Architektur und der Baumeister. Als Kind soll er potthässlich gewesen sein und als Schreihals imponiert haben – jedenfalls wurde er von seiner Mutter Hera in weitem Bogen aus dem Olymp geworfen. Er landete irgendwo im Meer (Oceanos) und begab sich unter die Erde, wo er seine mächtigen Schmiedefeuer entfachte – die Griechen (und später die Römer) dachten, dass Hephaistos unter den Vulkanen tätig war, die dann und wann Feuer spuckten. Neben seinem unschönen Äußeren lahmte Hephaistos auch noch – wobei nicht geklärt ist, ob er mit dem Hinkebein schon geboren wurde, oder ob dieses eine Folge seines Sturzes vom Olymp ins Meer war.

Es ist bemerkenswert, dass Hephaistos einer der wenigen griechischen Gotter war, die ein Handwerk ausübten, und von dem man sich deshalb so ungefähr vorstellen konnte, wie er denn seinen Tag zugebracht hat. Als Schmied leistete er Großartiges sowohl im Hinblick auf die Alltagstauglichkeit seiner Produkte als oftmals auch hinsichtlich ihrer künstlerischen Gestaltung. Aus der Werkstatt des Hephaistos stammten unter anderem: der Bogen der Artemis; die Kette, mit der Prometheus an den Kaukasus geschmiedet wurde; das Zepter des Zeus; ein Fangnetz für seine untreue Gattin Aphrodite; die Waffen des Achilles.

Dass dieser an sich gutmütige und ausgesprochen kooperative Gott durchaus auch grummelig werden und Rachegelüste in sich tragen konnte, machen zwei Anekdoten deutlich, die der Mythos über Hephaistos berichtet. Da er von seiner eigenen Mutter Hera als Kind aus dem Olymp verjagt worden war, wollte er sich als erwachsener Schmied dafür revanchieren. In seiner Werkstatt schuf er einen wunderbaren goldenen Thron, den er der Göttin Hera im Olymp vermachte. Diese war begeistert und setzte sich prompt auf dieses Möbelstück, um feststellen zu müssen, dass sie sich von nun an nicht mehr bewegen konnte – der Thron wirkte für und auf sie wie eine Fessel. Nur mit viel Mühe brachte man Hephaistos dazu, seine Mutter wieder freizugeben.

Ähnlich putzig wirkt die zweite Geschichte. Hephaistos war mit der schönen Aphrodite verheiratet, was diese jedoch nicht daran hinderte, sich mit Ares, dem Kriegsgott intim einzulassen. Der Schmied, der davon Kunde erhalten hatte, fertigte daraufhin ein kunstvoll geknüpftes Netz, in dem sich bei der nächsten amourösen Gelegenheit Aphrodite und ihr Liebhaber während des Liebesspiels verfingen, und von dem sie sich nicht mehr befreien konnten. Hephaistos brach zusammen mit anderen Göttern, denen er dieses Schauspiel nicht versagen wollte und die er dazu gerufen hatte, darüber in ein nicht enden wollendes Homerisches Gelächter aus. Der Mann verfügte ganz offenkundig über reichlich Schmiede- respektive Mutterwitz.

Die Organminderwertigkeit von Hephaistos (seine unschöne Gestalt, vor allem sein merkliches Hinken) ist bemerkenswert und zugleich für griechische Mythen nicht außergewöhnlich. Die Tendenz, sich ihre Götter anthropomorph zu denken, zeichnete die Griechen der Antike aus; daher gab es auf dem Olymp oder eben unter der Erde durchaus Götter mit psychosozialen oder körperlichen Defiziten – Hellas kannte (ein überaus sympathischer Grundzug) so manche Gottheiten der Unvollkommenheit.

Wie sehr Hephaistos seine Organminderwertigkeit ganz im Sinne von Alfred Adlers Individualpsychologie kompensierte, macht die Fülle der wunderschönen Gebrauchsgegenstände, Geschmeide und Schmuckstücke deutlich, die seine Werkstatt verließen. Adler hatte an vielen Beispielen aufgezeigt, dass Menschen mit (Organ)-Minderwertigkeiten aller Art dieselben durch psychosoziale und/oder soziokulturelle Beitragsleistungen kompensieren; damit können sie effektiv ihren Unterlegenheitsempfindungen etwas entgegensetzen. Die mythische Erzählung von Hephaistos, dem Gott der Schmiede und seinen Kunstgegenständen passt bestens zum Adlerschen Konzept der Kompensation von Inferioritäts- und Minus-Situationen jeglicher Art.

Neben seinem körperlichen Defizit hatte Hephaistos auch mit dem Faktum zu kämpfen, dass er (immerhin eine olympische Gottheit!) als ein Vertriebener sein Dasein unter der Erde zu fristen hatte – umso erstaunlicher, was er daraus macht und welches Glück er bei alledem sich und anderen zusammenschmiedet. Dieser Gott, wohnhaft irgendwo unter den Vulkanen im Mittelmeerraum, hintergangen von seiner Göttergattin, ein hinkender Handwerker unter den Olympiern – dieser Hephaistos hätte eigentlich allen Grund gehabt, als Ressentiment-geladene Gottheit von einer destruktiven Handlung zur nächsten zu schreiten.

Doch von solchen Aktionen und Einstellungen hören und lesen wir nichts. Im Gegenteil: Die beiden geschilderten Attacken auf Hera und Aphrodite entbehren nicht einer gewissen Komik, und ansonsten befasst sich dieser Gott der Schmiede mit Fragen der Feuerung seiner Essen und der Verwandlung rohen Materials in vorrangig Schönes oder zumindest Brauchbares.

Aufgrund seines problematischen Götter-Schicksals wirkt Hephaistos in vieler Hinsicht wie ein Modell für unsere eigenen, allzu menschlichen Schicksalsverläufe. Kaum jemand unter uns, dessen Lebenslauf nicht ähnlich wie bei diesem Gott mit irgendwelchen merklichen Minuszeichen versehen wäre; und kaum jemand unter uns, der nicht versuchen müsste, seinem Dasein trotzdem ein erkleckliches Maß an Zufriedenheit und Glück abzuringen. Hephaistos im Visier behaltend dürfen wir uns fragen, wie derlei gelingen kann, und wie wir trotz der allfälligen Kalamitäten und vielen Unterlegenheitssituationen unseres Daseins dasselbe mit einigermaßen Anstand und Noblesse gestalten.

Als wir Kinder waren, und wenn die Kindheit halberwegs gelungen war, hat Kleines uns schon glücklich gemacht: gut endende Märchen, Karussellfahren, Windbeutel am Sonntagnachmittag, Schulferien, hochgespitzte Kartenhäuser, ein überraschendes Lächeln unserer Mutter.

Damals war die Welt noch frisch und unverbraucht, und jedes Hinaus versprach uns Neues, versprach Wachsen und Weitung und damit auch Glück. Vieles erlebten wir das erste Mal; wir kannten wenig Vorsicht oder Zweifel und stürzten uns arglos in die Arme unseres jungen und momentanen Lebens.

Irgendwann setzte es Widerstand, Scheitern, Enttäuschung, Zurückhaltung, Unordnung und frühes Leid. Die paradiesischen Zustände unseres Beginnens, von manchen schon bald nicht nur als ungetrübte Idylle durchschaut, wichen dem herberen Geschmack von Aufgaben, Pflichten und täglichem Einerlei sowie dem besorgten Blick auf das Später. Lust- und Realitätsprinzip tauschten zunehmend die Plätze, und anstelle mit dem Glück des Augenblicks lernten wir uns mit der Sehnsucht auf ein schöneres Morgen anzufreunden. Spannungsbogen, Geduld, Aufschub, Verzicht gehören seither zur Voraussetzung unseres erwachsenen und ach so oft verfehlten oder aufgesparten Glücks.

Wird Glück nicht mehr selbstverständlich, voraussetzungslos erlebt, schieben sich Fragen nach seinem Wesen, Entstehen und Vergehen in den Vordergrund. Der griechische Philosoph Epikur bedachte in seiner *Philosophie der Freude* viele dieser Fragen. Vor allem sein Plädoyer ist bedenkenswert, dass wir alle nur einmal leben und deshalb die Chancen eines glückhaften Aufschwungs in unserem Dasein nicht verabsäumen sollten:

> Nur einmal werden wir geboren, ein zweites Mal ist nicht möglich, und wir müssen dann eine ganze Ewigkeit hindurch nicht mehr sein. Trotzdem schiebst du den rechten Augenblick immer wieder hinaus und bist doch nicht einmal Herr über den morgigen Tag. Überm Zaudern schwindet aber das Leben dahin, und so manche sterben, ohne sich im Leben jemals recht Zeit genommen zu haben.[1]

Diesen Gedanken hat Friedrich Schiller in seinem Gedicht *Die Gunst des Augenblicks* weiterentwickelt:

---

[1] Epikur: Aphorismen, in: Philosophie der Freude, Stuttgart 1973, S. 67.

Aus den Wolken muss es fallen, / aus der Götter Schoß, das Glück, / und der mächtigste von allen / Herrschern ist der Augenblick.[2]

Wer Schiller zitiert, zitiert bald auch Goethe. Dieser schrieb in den *Maximen und Reflexionen* 1821: „Der ist der glücklichste Mensch, der das Ende seines Lebens mit dem Anfang in Verbindung setzen kann." Mit dieser Leistung realisiert der Einzelne ebenso eine prägnante und vollkommene Gestalt wie derjenige, von dem Oscar Wilde meinte: „Der Glückliche ist mit sich und seiner Umgebung einig." Und ins selbe Horn stieß Carl Spitteler, der einmal die Auffassung vertrat: „Menschen zu finden, die mit uns fühlen und empfinden, ist wohl das schönste Glück auf Erden." Derselbe Autor verfocht in seinen späteren Jahren allerdings auch den Standpunkt, Glück entstehe vor allem beim Anblick einer Wiese, auf der sich nackte Jungfrauen tummeln. Man sieht: Definitionen über das Glück sind unter anderem altersabhängig.

Beim erlebten Glück handelt es sich in der Regel um kein bloß zufälliges Geschehen, so wie man bisweilen eine Chance im Spiel oder in der Lotterie haben kann, sondern um eine existentielle Einstellung und Haltung, die den gesamten Menschen ergreift und verändert. Glück muss wie bei Hephaistos mit allem, was Faser ist im Individuum, gewagt, errungen und verteidigt werden. Nicht ein hübsches Sümmchen setzen wir dabei auf Schwarz oder Rot, sondern wir selbst sind Einsatz und damit eventueller Verlust oder Gewinn zugleich. In *Die fröhliche Wissenschaft* (1882) beschwor Friedrich Nietzsche (der wie Hephaistos mit vielen Minderwertigkeitssituationen zu kämpfen hatte und daraus ein großes Dennoch gemacht hat) daher das tiefe und existentiell bewegende Glück, das nur um das Risiko des Scheiterns zu haben ist:

> Ach, wie wenig wisst ihr vom *Glück* des Menschen, ihr Behaglichen und Gutmütigen! Denn das Glück und das Unglück sind zwei Geschwister und Zwillinge, die miteinander groß wachsen oder, wie bei euch, miteinander – *klein bleiben*.[3]

---

[2] Schiller, F.: Die Gunst des Augenblicks (1802), in: Sämtliche Gedichte und Balladen, Frankfurt am Main 2004, S. 152.
[3] Nietzsche, F.: Die fröhliche Wissenschaft (1882), in: KSA 4, München 1988, S. 567.

Nietzsche war mit diesen Zeilen kein Verfechter einer Lebensauffassung, wie sie in den beiden Märchen *Hans im Glück* (von den Gebrüdern Grimm sowie von Hans Christian Andersen) zum Ausdruck kommen: Erfolg und Besitz machen abhängig und belasten, und wirkliche Zufriedenheit lacht dem Armen, der sich von Geld und Gold emanzipiert und frei gemacht hat (Brüder Grimm); Glück und irdischer Jubel lachen zum Schluss, wenn jemand tapfer die Prüfungen über sich ergehen lässt, die sich das Schicksal und der liebe Gott für ihn ausgedacht haben (Hans Christian Andersen). Vielmehr wusste er um die Launenhaftigkeit von Glücksempfindungen und die nicht wegzudenkende Melange von Süßem und Bitterem im menschlichen Leben, so dass er stattdessen (ähnlich wie Hephaistos) den eigenen Arbeits- und Werkleistungen, die etwas Kontinuierliches aufweisen, den Vorrang vor dem Haschen nach Glück gab. Mit viel weniger Pathos als Nietzsche, aber deshalb nicht weniger treffend beschrieb der zeitlebens glücklich-unglückliche Heinrich Heine im Gedichtzyklus *Romanzero* denselben Sachverhalt:

> Das Glück ist eine leichte Dirne, / Sie weilt nicht gern am selben Ort; / Sie streicht das Haar dir aus der Stirne / Und küsst dich rasch und flattert fort. Frau Unglück hat im Gegenteile / Dich liebefest ans Herz gedrückt; / Sie sagt, sie habe keine Eile, / Setzt sich zu dir ans Bett und strickt.[4]

Die Unbeständigkeit des Glücks gehört zu seinen Eigentümlichkeiten, die sich nicht beseitigen lassen, und die Rolle von Zufall oder Schicksal, die im Begriff des Glücks mitschwingen, kann nicht völlig eliminiert werden. Dennoch bin ich der Meinung, dass die Formulierung, ein Mensch hätte eben „Glück gehabt", wenn sein Dasein gelungen ist, nicht ganz den Tatsachen entspricht. „Glück gehabt" klingt zu passiv und zu abwartend – eine Haltung, die auch der französische Essayist Alain nicht toleriert hat: „Glücklich sein muss man wollen und das Seine dazu tun. Verbleibt man in der Rolle des unbeteiligten Zuschauers, der dem Glück nur die Türe öffnet, kommt die Traurigkeit zu Gast."[5]

---

[4] Heine, H.: Romanzero (1851), in: Sämtliche Gedichte in zeitlicher Folge, Frankfurt am Main 1993, S. 591.
[5] Alain: Die Pflicht glücklich zu sein (1928), Frankfurt am Main 1993, S. 219.

Hephaistos hat Jahrtausende vor Schiller und Heine und Nietzsche und Alain im Mythos vorgelebt, wie man sich sein Glück und seine Zufriedenheit erarbeitet und diese dem Leben, das einem nicht immer wohlgesonnen ist, mit Zähigkeit, List und Humor abtrotzen kann. Glücklich und zufrieden wollen Sie werden? Nun, so nehmen Sie sich ein Beispiel an diesem Gott der Unvollkommenheit.

Dionysos und die Sehnsucht nach Aufgipfelung der Existenz

Dionysos soll der jüngste unsterbliche Sohn des Zeus gewesen sein, wobei sich um seine Geburt bereits eine des Berichtens werte Legende rankte. Die Mutter von Dionysos war Semele, Tochter des Königs Kadmos, der die Stadt Theben gegründet hatte. Zeus war immens in Semele verliebt und hatte ihr versichert, dass er ihr jeden auch nur erdenklichen Wunsch erfüllen werde.

Semele verfiel nun auf die fixe Idee, ihren Geliebten in seiner göttlichen Pracht sehen zu wollen – und Zeus fühlte sich verpflichtet, dem Wunsch nachzukommen. Er erschien Semele mit seiner ganzen olympischen Herrlichkeit, also auch mit Blitz und Donner, was dazu führte, dass das Haus seiner Geliebten Feuer fing und diese zuletzt darin umkam. Bevor sie starb, gebar sie aber noch ihre Leibesfrucht, den späteren Dionysos.

Zeus, der das Desaster nicht verhindern konnte, rettete zumindest seinen zu früh geborenen Sohn. Da dieses feuergeborene Kind einen noch schwächlichen Eindruck machte, beschloss Zeus, es in seinen Oberschenkel einzunähen und es zur Stunde seiner Reife wieder ans Licht der Welt zu setzen. So ergab es sich, dass Dionysos zweimal geboren und einmal von einer Sterblichen und einmal von einem Gotte entbunden wurde.

Womöglich lag es an dieser doppelten Schwangerschaft und doppelten Geburt, dass Dionysos zu einem Gotte mit unbändiger Kraft und Lebensenergie wurde. Die Griechen stellten sich ihn als eine chthonische Gottheit vor – eine erdverbundene, beinahe unterirdische Gottheit mit zutiefst irdischen Impulsen und Gelüsten. In der Regel wurde er mit einem Weingefäß abgebildet – bärtig, eher dunkel in seiner Ausstrahlung, aber immer in Bezug zu Früchten, Weintrauben, Gewächsen wie Efeu und Ranken.

Als Gott des Weines ist es nicht verwunderlich, dass Dionysos auch als Gott der Freude, der Ekstase, des grenzenlosen Rausches, der Fruchtbarkeit, aber auch des Wahnsinns galt. Man nannte ihn deshalb den Rufer, Lärmer, Löser, Sorgenbrecher. Der Dionysos-Kult sah vor, dieser Gottheit mit ihren Qualitäten uneingeschränkt zu huldigen und zugleich an seinen Qualitäten teilhaben zu wollen: Aufgipfelung, Vertiefung, Weitung, Intensivierung einer Existenz. Dionysos war ein rasender, maßloser und euphorisierender Gott, ein Urbild des unzerstörbaren Lebens, dem zu dienen Lust und Laster zugleich bedeutete.

Wie sehr in Dionysos ein ambivalenter Gott verehrt wurde, wird auch daran ersichtlich, dass auf ihn die Kunstform des griechischen Dramas zurückgeführt wird und er als indirekter Begründer von Komödien und Tragödien gilt. Tragödie heißt übersetzt Bocksgesang – ein Begriff, der auf den Dionysos-Kult anspielt, bei dem bocksbeinige Satyrn (Dämonen und Faune) auftraten und Phallus-zentrierte Umzüge veranstalteten. In den griechischen Dramen wurde gelacht und geweint, manchmal gesiegt und viel häufiger noch die Schmerzlichkeit der menschlichen Existenz ergreifend zur Schau gestellt.

Seit der Antike kennen Menschen nicht nur Dramen, sondern auch Bacchanale – Feste und Feierlichkeiten, in denen das Dionysische völlig ungehemmt ausgelebt und die Gottheit Dionysos exzessiv und ohne jeden Vorbehalt angebetet werden durfte. Im Prozess der Zivilisation[1] kam es zu einer Kanalisierung des Dionysischen, und je nach Kultur gibt

---

[1] Siehe hierzu Elias, N.: Über den Prozess der Zivilisation (1939), Erster und Zweiter Band, Frankfurt am Main 1976.

es bis auf den heutigen Tag festgelegte Möglichkeiten und Zeiten, an denen Dionysos uneingeschränkt die Herrschaft übernehmen darf: Bacchanale; die Walpurgisnacht; Tanz in den Mai; Karneval; die Silvester-Nacht.

Die meisten Kulturen deklarieren bestimmte Orte und Zeiten, an und zu denen Rausch, Ekstase, Ausgelassenheit, Raserei erlaubt und gewollt waren: dionysische Feste, bei denen es neben der Euphorie von Menschen zur Überwindung von Dissonanzen und Gegensätzen sowie zur Verschmelzung des Einzelnen mit den Vielen und mit der gesamten Natur kommen sollte und durfte. Friedrich Nietzsche, der in seinen Schriften öfter das Pro und Contra des dionysischen Prinzips bedacht hat, meinte zu den Effekten des Dionysos-Kultes in *Die Geburt der Tragödie aus dem Geiste der Musik* (1870/71):

> Unter dem Zauber des Dionysischen schließt sich nicht nur der Bund zwischen den Menschen wieder zusammen, auch die entfremdete und feindlich unterjochte Natur feiert wieder ihr Versöhnungsfest.[2]

Man versteht, warum Friedrich Nietzsche in seinen Schriften wiederholt Dionysos als eine Gottheit und ein Prinzip wertschätzte, durch welche der Entwertung der menschlichen Natur bis hin zur Sexualität Paroli geboten werden darf und soll. Und man kann nachvollziehen, weshalb diese chthonische Gottheit Dionysos und die von ihm repräsentierten Zustände von Rausch und Ekstase die Menschen seit Generationen faszinierten. Gert Mattenklott (1942–2009), der so früh verstorbene Komparatist und Kulturphilosoph, spürte dieser Gottheit und ihrer Interpretation bei Nietzsche ausführlich nach, wobei er an ihr zwei Seiten – das Melancholische wie auch das Euphorische und Euphorisierende – beschrieben hat:

> Das zweite Gesicht der dionysischen Seele neben dem melancholischen ersten ist überschwänglich euphorisch: Aus der Schmerzlust eines Verzückungszustandes geboren, in welchem die Leiden der Schwermut nicht durch Beschwichtigung vermindert, sondern durch eine Ausdruckshand-

---

[2] Nietzsche, F.: Die Geburt der Tragödie aus dem Geiste der Musik (1870/71), in: KSA 1, München 1988, S. 29.

lung zugleich gesteigert und abgeleitet werden. Zur „rettenden Tat" wird hier die griechische Kunst, indem sie als symbolisches Analogon an die Stelle der Unglücklichen tritt, denen es die Sprache verschlägt.[3]

Für Nietzsche repräsentierte Dionysos eine Gottheit nicht nur der Lebens-, sondern der Überlebenskunst. Weil das menschliche Dasein von überaus großer Destruktivität und Sinnwidrigkeit geprägt ist, braucht es die Kunst oder aber den Ausweg des Bacchanals, um sich nicht voller Ekel, Abscheu und Überdruss von der Existenz abzuwenden. Weil sie (Kunst, Rausch, Ekstase) in der Regel seltener vorkamen oder erlaubt waren als der nüchterne Alltag, wurden sie als das Außergewöhnliche, Extravagante empfunden und wertgeschätzt. Entsprechend groß waren (und sind) bei vielen die Sehnsucht und die Vorfreude auf jene Momente, zu denen Dionysos wieder die Regentschaft über das Gewöhnliche und Alltägliche antreten sollte und soll.

Ein selten realisierter dionysischer Daseinsvollzug führt zum Erlebnis des Nicht-Alltäglichen, Außergewöhnlichen, zum Fest oder zur Kunst; die Vorfreude auf das Seltene ist Bestandteil der Ekstase. Wird das Dionysische jedoch zur Regel, besteht die Gefahr, dass aus dem Fest Alltag und dass das Außergewöhnliche gewöhnlich wird; dass der Rausch Normalität geworden und die Nüchternheit das Seltene ist; und dass das Extraordinäre zum Ordinären entwertet wird. Ein solcher Status findet sich beinahe regelhaft im Krankheitsbild der Sucht; und er findet sich analog dazu im Kitsch.

Menschen sind schon lange gewillt, die Härten und Unannehmlichkeiten ihres Daseins durch Alkohol und andere Drogen oder auch durch Kitsch in seinen vielen Spielarten in ihrem Erleben zumindest passager abzumildern. Zudem versprechen Rausch und Ekstase ein Plus an Lustgewinn und Kitsch ein Plus an Empfindungen der Überlegenheit. Sowohl die Verringerung an empfundener Beeinträchtigung als auch die Mehrung von angenehmen und gehobenen Stimmungszuständen machte und macht den Konsum von Drogen oder Kitsch sowie den Rausch zu einer weit verbreiteten Strategie der Daseinsbewältigung.

---

[3] Mattenklott, G.: Die dionysische Seele – Nietzsches Kunstpsychologie in der Tragödien-Schrift (1988), in: Ästhetische Opposition – Essays zu Literatur, Kunst und Kultur, Hamburg 2010, S. 199.

Dionysos und die Sehnsucht nach Aufgipfelung der Existenz

Ausgehend von den eben erläuterten Facetten eines dionysischen Lebens und Erlebens können wir zu dieser Gottheit und ihren mythischen Qualitäten Fragen stellen, die unser eigenes Dasein betreffen: Was bedeutet uns der Rausch und die Ekstase? Welche Motive und Wünsche und Phantasien investieren wir in Rausch und Ekstase? Was bedeuten für uns Heutige Dionysos-Festivitäten? Wie ereignen sich bei uns Vertiefung, Weitung, Intensivierung, Aufgipfelung unserer Existenz? Wie ereignet sich Verschmelzung mit der Natur, dem eigenen Leib? Wie ereignet sich Verschmelzung des Einzelnen mit den Vielen? Ist dies überhaupt notwendig und erwünscht? Wie suchen wir im nüchternen Alltag das Außergewöhnliche und Extraordinäre? Was reizt uns an der Grenz-Überschreitung?

Bei diesen Fragen klingen Begriffe an, die in einem gewissen Gegensatz zu den dionysischen Motiven stehen: die Grenze; die Nüchternheit; das Gewöhnliche; der Alltag; die Normalität; die Regel – und letztlich auch die Vernünftigkeit. In der Mythenwelt der Griechen wurde für derlei Attribute eine eigene Gottheit erdacht und etabliert, die polar zu Dionysos konzipiert war und dennoch einige Parallelen zu ihm aufwies: Apollon (über den man ein eigenes Kapitel in diesem Buch finden kann). Neben der Gegensätzlichkeit gab es beispielsweise in Bezug auf die Künste eine Überlappung zwischen Dionysos und Apollon:

> Dionysos tritt uns im Drama als musischer Gott entgegen und kommt dadurch in Verbindung mit seinem strengeren, erhabeneren Bruder *Apollon*. Eine solche Vereinigung war möglich, weil das Wesen der beiden Götter, obgleich an sich verschieden, dennoch durch die begeisternde Natur, die beiden eigen war, sich in manchen Punkten berührte. Beide sind Freunde und Beschützer der Musik und der Poesie, auch Dionysos heißt *Musenführer* wie Apollon.[4]

Dass sich Dionysos als Freund und Beschützer vor allem der Musik und der Poesie (Lyrik) erwiesen hat, passt zu seinen sonstigen Aktivitäten und Eigenschaften. Die Musik wie auch die Lyrik zählen zu jenen Künsten, die auf den Augenblick hin ausgerichtet sind: Die Musik ist flüchtig und

---

[4] Stoll, H.W.: Mythologie der Griechen und Römer – Die Götter des klassischen Altertums, Stuttgart 1984, S. 287.

findet als Aufführung im jeweiligen Moment statt; die Lyrik versucht, das momentane Empfinden und Wahrnehmen eines Dichters einzufangen und in Worte zu fassen. Weder die Vergangenheit noch die Zukunft spielen in diesen beiden Kunstgattungen eine größere Rolle – was zählt, ist die zeitliche Dimension der Gegenwart und des Augenblicks.

Exakt auf diesen Modus des augenblicklichen Existierens zielen nun aber auch die anderen göttlichen Angebote von Dionysos ab: Der Rausch, die Ekstase, der Taumel, die Aufgipfelung, Vertiefung, Weitung, Intensivierung des Daseins, das Extraordinäre und Außergewöhnliche, die Grenzüberschreitung – sie alle kennen kaum ein Gestern oder Morgen, sondern bevorzugt das Jetzt und den Moment. Dazu passt der Modus des Erscheinens, von dem der griechische Mythos meint, dass sich das Auftreten von Dionysos von demjenigen der übrigen Götter merklich unterscheidet:

> Es hat die Qualität eines opaken Ereignisses, die über das Identitätszeichen des Göttlichen definitiv hinausgeht … Und da ragt die *Ereignis*qualität des plötzlichen *Erscheinens* vor allen anderen heraus, insofern sie nicht mehr nur begründet ist in der Epiphanie des Gottes, also einer theologischen Figur, sondern in einem Sichtbarwerden, das rätselhaft bleibt und nicht identifizierbar ist.[5]

Das Opake (Undurchschaubare), Rätselhafte, kaum Identifizierbare, das bis zur Verwirrung und Verrücktheit reichen kann, werden gemeinhin auch als Attribute und Effekte von Drogen aller Art eingeordnet. Besonders ausgeprägt begegnet uns das wiederholte Aufsuchen solch opaker Lebensumstände bei Menschen mit den unterschiedlichsten Suchterkrankungen. Diese sind bevorzugt auf den Lustgewinn des Augenblicks hin orientiert, und für diese Augenblicke sind sie bereit, ihre Geschichte (Vergangenheit) ebenso wie ihre Entwürfe (Zukunft) zu vergessen oder zu opfern. Der Augenblick und das Jetzt bläht sich bei ihnen maßlos auf und gerät in eine merkliche Dysbalance zu den beiden anderen Zeitdimensionen unserer Existenz, der Vergangenheit und der Zukunft.

---

[5] Bohrer, K.H.: Das Erscheinen des Dionysos, Berlin 2015, S. 12.

So sehr man mit großer Sympathie die Impulse von Personen verstehen kann, ihr Dasein momentan und im Augenblick erleben zu wollen (der Augenblick ist die einzig spürbar real erlebte zeitliche Dimension unserer Existenz), so sehr kann bei alleiniger Ausrichtung am Gott Dionysos diese Existenz in Gefahr geraten oder verlustig gehen. Erst die Einbettung der jeweiligen Daseins-Momente in unsere Vergangenheit und Zukunft ermöglicht es uns, deren Sinn, Wert und Bedeutung zu erfassen und die einzelnen Augenblicke auf eine verbindende Schnur zu ziehen – eine Schnur, die die Voraussetzung für das Erleben von Dauer und Identität ist. Nicht zufällig schufen die Griechen sich dafür den Gott Apollon, der mit luzider Vernunft dem (reizvollen) Opaken des Dionysos ein Gegengewicht bedeutete.

Apollon und die Erhabenheit der Nicht-Vielen

In gewissem Gegensatz zu Dionysos galt Apollon den Griechen als eine Gottheit des Lichts, der Reinheit und Mäßigung, der Sittlichkeit und Sublimierung. Ordnete man Dionysos als eine chthonische Gottheit ein, war Apollon eher eine ätherische Gottheit. Auch Apollon stammte direkt von Zeus ab und gehörte dem *inner circle* der olympischen Clique an. Die Orakelstätte von Delphi war diesem Gott geweiht; daneben gab es in Griechenland überaus viele Tempel für Apollon.

Man vermutet, dass der Name Apollon für die philosophisch Gebildeten der griechischen Antike bedeutsam war: Übersetzt heißt *A-pollon* nämlich der Nicht-Viele – also der Einzelne oder der Solitär. Besonders die Pythagoreer verehrten die Gottheit Apollon vor allem aufgrund seines Namens und dessen Bedeutung, die gut mit einigen Eigenschaften dieses Gottes – Seriosität, Erhabenheit, Vernunft, autonome Urteilskraft – harmonierte.

Apollon wurde als die beschützende Gottheit der Künste aufgefasst. Von Musik, Dichtung und Gesang bis hin zur Heilkunst reichte sein Aufgabengebiet, das man als jenen Bereich der Kultur verstehen kann, in dem es (bei aller Kreativität und Schaffensfreude) wesentlich um Ordnung und Sublimierung geht. Aus Impulsen und Antrieben eines Künstlers, Dichters, Arztes dürfen zuletzt Formen, Figuren und Melodien mit hohem Gestalt-Niveau werden; und des Weiteren darf daraus das Einzelne, Singuläre, Individuelle, der Solitär erwachsen.

Eine Qualität Apollons bestand in seiner Gabe, Prognosen abzugeben und die Zukunft voraus- und weissagen zu können; folgerichtig war das Orakel von Delphi und damit die prominenteste Prognose- und Beratungsstätte Griechenlands ihm geweiht. Als wie klug und vorausschauend der Gott von den Griechen der Antike eingeschätzt wurde, verdeutlicht eine Beschreibung des altgriechischen Dichters Pindar (522-etwa 445 v.Chr.):

> Er (Apollon) weiß, wie viele Frühlingsblätter die Erde heraufsendet und wie viele Sandkörner im Meere und in den Flüssen Wind und Welle dahinwälzt, was kommen wird und woher es kommt, er kennt aller Dinge Ende und Ziel und alle Mittel zu allem. Und darum wenden sich die Menschen an ihn, um durch seine Orakel zu hören, was ihnen beschieden ist, was sie tun sollen und was lassen, sie forschen bei ihm nach dem Willen und den Ratschlüssen des Zeus.[1]

Alle nicht-göttlichen Seher und Weissager im alten Griechenland – zum Beispiel der blinde Teiresias aus Theben oder Kassandra, die Tochter des Königs Priamos, oder die Sibyllen (Prophetinnen) – verdankten ihre prognostischen Kompetenzen dem Gott Apollon, der sie ihnen verliehen hatte, und der ihnen ein maßgebliches Vorbild war. Die einzelnen Weissagungen wurden von ihnen übrigens in Versform formuliert, was eine gewisse Nähe zur Dichtkunst bedeutete, und was verständlich macht, dass und warum Apollon auch als Gott der Künstler (vor allem der Dichter und Musiker) galt.

Beide Gruppen – die Sibyllen ebenso wie die Künstler – kannten eine basale, nicht zu vernachlässigende Voraussetzung für ihre Aktivitäten: den Enthusiasmus. Übersetzt bedeutet dieser Begriff so viel wie „der Gott in mir"; im übertragenen Sinne meint man mit Enthusiasmus eine begeisterte und begeisternde Person, die ihre Gedanken, Reden, Texte, Bilder oder Kompositionen in einem Zustand der innerlich erlebten Fülle,

---

[1] Pindar, zit. n. Stoll, H.W.: Mythologie der Griechen und Römer – Die Götter des klassischen Altertums, Stuttgart 1984, S. 99 f.

des Überschwangs und der generösen Gebefreundlichkeit gebiert und äußert – solche Menschen sind besessen von irgendeinem Thema und befinden sich im Status von *high spirits*:

> Für Apollon ist die Besessenheit eine Errungenschaft. Und wie jede Errungenschaft muss sie mit herrischem Gestus verteidigt werden. Wie jede Errungenschaft tendiert auch sie dazu, die Macht, die ihr vorausging, auszulöschen. Doch die Besessenheit, die Apollon anzog, war durchaus verschieden von der, die seit eh und je zu Dionysos gehörte. Apollon will, dass sich die göttliche Begeisterung im Takt des Metrums vollzieht, er möchte dem Fluss der Verzückung sofort das Siegel der Form aufdrücken. Auch die Logik wird von Apollon, als verbindliches Metrum, dem fließenden Gedanken auferlegt.[2]

Der Gott nun, der beim Enthusiasmus in den Sibyllen wie auch in den Künstlern Altgriechenlands eine beherrschende Rolle spielte, war Apollon. Er sorgte (so der Mythos) bei ihnen für Verzückung und euphorische Schaffenskraft, für das rechte Maß und die richtigen Proportionen sowie den nie erlahmenden Schwung und die Zuversicht für ihr großes Werk. Etwas von diesem ansteckenden Enthusiasmus muss auch Rainer Maria Rilke gespürt haben, als er 1908 sein Gedicht *Archaischer Torso Apollos* verfasste – wahrscheinlich als lyrische Reaktion auf die Statue eines Jünglings-Torsos, den er im Louvre gesehen hatte:

> Wir kannten nicht sein unerhörtes Haupt, / darin die Augenäpfel reiften. Aber / sein Torso glüht noch wie ein Kandelaber, / in dem sein Schauen, nur zurückgeschraubt, / sich hält und glänzt. Sonst könnte nicht der Bug / der Brust dich blenden, und im leisen Drehen / der Lenden könnte nicht ein Lächeln gehen / zu jener Mitte, die die Zeugung trug. / Sonst stünde dieser Stein entstellt und kurz / unter der Schultern durchsichtigem Sturz / und flimmerte nicht so wie Raubtierfelle; / und bräche nicht aus allen seinen Rändern / aus wie ein Stern: denn da ist keine Stelle, / die dich nicht sieht. Du musst dein Leben ändern.[3]

---

[2] Calasso, R.: Die Hochzeit von Kadmos und Harmonia (1988), Frankfurt am Main 1990, S. 157 f.
[3] Rilke, R.M.: Archaischer Torso Apollos (1908), in: Die Gedichte, Frankfurt am Main und Leipzig 2006, S. 483.

Wie sehr Rilke den uralten Mythos vom Künstler- und Musenfreund Apollon in den Jünglingstorso hineingelegt und dann als Imperativ wieder herausgehört hat, wird in den letzten Zeilen des Gedichts deutlich: Denn da ist keine Stelle, / die dich nicht sieht. Du musst dein Leben ändern. Nicht mehr der Betrachter ist das (alleinige) Subjekt des Geschehens – auch die Skulptur und in ihr der Gott übernehmen die Rollen und Funktionen von Subjekten und sprechen Rilke an, der diesen Ruf hört, der entsprechend enthusiasmiert ist und sich auf das Werden der eigenen Person zurückverwiesen erlebt.

Eingangs habe ich die Gegensätzlichkeit Apollons zu Dionysos angedeutet – eine Polarität, auf die in der Antike bereits Wert gelegt wurde, und die im Laufe der Kulturgeschichte mehrfach wieder als Motiv aufgetaucht ist. So findet sich das Antagonistische von Dionysos und Apollon in gewisser Weise bei Friedrich Schiller und dessen Unterscheidung von Form- und Stoff-Trieb wieder. In seinen Briefen *Über die ästhetische Erziehung des Menschen* (1795) schwebte ihm das Ideal eines Ausgleichs von Sinnlichkeit (Materie, Körper, Stoff-Trieb – das Dionysische) und Vernunft (Geistigkeit, Form-Trieb – das Apollinische) vor. Menschen, denen ein solcher Ausgleich halbwegs gut gelingt, sind nach Schiller in der Lage zu spielen und realisieren damit Humanität.

Bei Friedrich Nietzsche dominiert der Antagonismus dionysisch – apollinisch in seiner frühen Philosophie. In *Die Geburt der Tragödie aus dem Geiste der Musik* (1870/71) kommt er mehrfach auf dieses göttliche Gegensatzpaar zurück, um die Entstehung und Entwicklung der Kultur zu erläutern – wobei seine Sympathie eher Dionysos und dessen überbordender Lebensfreude als dem Apollon und dessen vernünftigen Ordnungs- und Gestalttendenzen gilt:

> Das Individuum, mit allen seinen Grenzen und Maßen, ging hier in der Selbstvergessenheit der dionysischen Zustände unter und vergaß die apollinischen Satzungen. Das *Übermaß* enthüllte sich als Wahrheit, der Widerspruch, die aus Schmerzen geborene Wonne sprach von sich aus dem Herzen der Natur heraus. Und so war, überall dort, wo das Dionysische durchdrang, das Apollinische aufgehoben und vernichtet. Aber ebenso gewiss ist, dass dort, wo der erste Ansturm ausgehalten wurde, das Ansehen und die Majestät des delphischen Gottes starrer und drohender als je sich

äußerte. Ich vermag nämlich den *dorischen* Staat und die dorische Kunst mir nur als ein fortgesetztes Kriegslager des Apollinischen zu erklären: nur in einem unausgesetzten Widerstreben gegen das titanisch-barbarische Wesen des Dionysischen konnte eine so trotzig-spröde, mit Bollwerken umschlossene Kunst, eine so kriegsgemäße und herbe Erziehung, ein so grausames und rücksichtsloses Staatswesen von längerer Dauer sein.[4]

Diese Apollon-Attribute Nietzsches im 19. Jahrhundert – zum Beispiel spröde, herbe, starr – waren unter anderem auf die Tradition und Interpretation einer Apollon-Statue durch Johann Joachim Winckelmann (der *Apollo von Belvedere*) zurückzuführen. Winckelmann wollte in dieser antiken Statue „das höchste Ideal der Kunst unter allen Werken des Altertums" verwirklicht gesehen haben – und der Apollon (von Belvedere) wurde daraufhin für nicht wenige Generationen zum nicht mehr überbietbaren und damit statisch wirkenden Maßstab für Schönheit, Wohlproportioniertheit, Stil-Empfinden, Ebenmaß. Als Goethe diese Statue sah, schrieb er schwer beeindruckt an Herder: „Apollo von Belvedere, warum zeigst du dich in deiner Nacktheit, dass wir uns der unsrigen schämen müssen?"

Was aber hat der Mythos des Gottes Apollon uns noch im 21. Jahrhundert zu sagen? Auch hier wieder helfen uns mögliche Fragen eventuell weiter als noch so klug scheinende Antworten. So dürfen wir uns, ausgehend von den Eigenschaften und Akzentsetzungen Apollons, beispielsweise damit auseinandersetzen, was für uns Ordnung und Rhythmus bedeuten. Wie werden wir selbst Solitäre, singuläre Individuen? Wie viel Apollinisches braucht es, um privates oder öffentliches Chaos zu ordnen? Wie bewegen wir uns einigermaßen souverän zwischen den Polen Apollon und Dionysos? Wie viel Sublimierung (Apollon), wie viel Sinnlichkeit (Dionysos) benötigen wir, um unser Dasein human und lebendig zu gestalten? Wie kommt es bei Friedrich Schiller zum Ausgleich der beiden Triebe, so dass auch wir zu kunstvoll-lässigen Spielern unserer eigenen Existenz werden? Inwiefern hängen bei Apollon Schönheit und Maß zusammen? Heißt (ungezügelte?) Lebendigkeit nicht Vernunft per se? Gibt es Schönheit jenseits des Maßes?

---

[4] Nietzsche, F.: Die Geburt der Tragödie aus dem Geiste der Musik (1870/71), in: KSA 1, München 1988, S. 41.

Ein Thema, das bei fast allen diesen Fragen hindurchscheint, ist die Frage nach den Möglichkeiten und Voraussetzungen der Persönlichkeitsentwicklung – eine herausfordernde Problematik, die nicht nur in den vergangenen Jahrhunderten, sondern auch in der Jetztzeit hohe Relevanz aufweist. Die Gottheit Apollon kann uns meines Erachtens dafür – teilweise im dialektischen Prozess zusammen mit Dionysos – Hinweise geben.

Die eigene Persönlichkeit zu erahnen und dann noch zur Entfaltung zu bringen setzt voraus, sich als individuell zu begreifen und die Courage an den Tag zu legen, sich (falls nötig) jenseits der Vielen als ein Nicht-Vieler, also als ein *A-pollon*, zu positionieren. Den Mut dazu beziehen Menschen häufig aus ihrer Vitalität, gepaart mit der Entwicklung einer autonomen Welt- und Lebensanschauung. Die Vitalität wird nicht selten über dionysische Erlebnisse erfahrbar und steigert sich zunehmend durch solche Erlebnisse. Für die Welt- und Lebensanschauung braucht es jedoch über das dionysische Verschmelzungserlebnis mit sich (dem eigenen Leib) und den anderen hinausgehende emotional-intellektuelle Erfahrungen, die eher dem Einfluss von Apollon zugeschrieben werden.

Den eigenen vitalen Antrieben, Wünschen und Phantasien so viel Stil verleihen, dass sie als individuell und solitär wahrgenommen werden können, ohne dass sie etwas von ihrer Schwungkraft und ihrem Elan verlieren – wäre bereits ein Aspekt einer je eigenen Welt- und Lebensanschauung, die nicht nur formuliert, sondern vor allem gelebt wird. Solche Eingriffe ins eigene Ich, in dessen Lebensvollzüge bedürfen einer Rhythmisierung, eines Maßes, einer Ordnung und Fassung, die ebenfalls individuell ausbuchstabiert werden dürfen.

Sich selbst eine Fassung und Verfassung zu geben, die den jeweils eigenen Lebens- und Werde-Gesetzen entspricht, und sich als partieller Gesetzgeber der eigenen Existenz zu verstehen, ohne dass dies in bloßen Narzissmus und Egozentrismus ausartet, wäre eine weitere Aufgabe, bei der uns der Mythos von Apollon weiterhelfen kann. Und schließlich braucht es für diese Herausforderungen ein hohes Maß an Idealismus und Begeisterung, die am ehesten über den Gott in uns, über Enthusiasmus, zu bewerkstelligen sind. Ein recht verstandener Mythos von Apollon ruft uns ähnlich wie der archaische Torso, den Rilke vor Augen hatte, ermutigend und zugleich auffordernd immer wieder zu: Du musst dein Leben ändern! – und: Versuche dich als ein *A-pollon*, als Individuum und Einzelner und Solitär.

Aphrodite – ist Schönheit nur ein Versprechen von Glück?

Die Göttin der Schönheit und der sinnlichen Begierde wirft mehr Fragen auf, denn dass sie Fragen beantworten hilft. Als ein erstes, wesentliches Thema dieser Göttin taucht die Frage nach ihrer und nach der Schönheit generell auf: Bin ich schön, und wenn ja: Was ist schön an mir? Bin ich die Schönste im Land, und erkennen und anerkennen andere, dass ich die Schönste bin? Welche Konsequenzen zieht Schönheit nach sich, und wie entsteht oder vergeht Schönheit?

Aphrodite war die Gattin von Hephaistos. Dieser hatte ihr einen Gürtel aus Edelmetall und Edelsteinen angefertigt, mit dem sie sehr freizügig umging, so dass Götter wie Sterbliche in ihrer sinnlichen Begierde zu ihr entflammten. Von ihr ging ein mächtiges Verführungspotential aus – nicht nur einmal musste Hephaistos registrieren, dass seine Göttergattin in den Armen eines anderen lag: Unter anderem Dionysos, Hermes, Adonis zählten zu ihren Liebhabern.

Dass griechische Göttinnen ziemlich menschliche Regungen kannten, wird an Aphrodites Wettstreit mit ihren Kolleginnen Hera und Athene deutlich. Alle drei waren von sich und ihren ästhetischen Reizen zutiefst überzeugt, und alle wollten der jeweils anderen ihre diesbezügliche Überlegenheit beweisen. Paris, der verstoßene Sohn des Königs Priamos von

Troja, sollte entscheiden, welche der drei Göttinnen als die schönste zu gelten hatte.

Das Ergebnis dieser Schönheitskonkurrenz ist bekannt: Paris wählt Aphrodite, weil sie ihm als Belohnung die schönste Frau unter den Sterblichen verspricht. Fatalerweise ist Helena, die schönste Sterbliche, mit Menelaos, dem König der Spartaner, verheiratet. Für Aphrodite ebenso wie für Paris bedeutet dies jedoch kein prinzipielles Hindernis: Paris entführt Helena in Richtung Troja; dieser Raub der Helena war Anlass und Auslöser des Trojanischen Krieges, den Menelaos und die vielen früheren Verehrer Helenas gegen die Stadt in Kleinasien über zehn Jahre lang führten – eine kriegerische Auseinandersetzung, die in Homers *Ilias* wie auch in der *Odyssee* ausführlich geschildert wird, und bei der Aphrodite auf der Seite der Trojaner, Hera und Athene hingegen auf der Seite der Griechen zu finden war.

Die Schönheit Aphrodites taucht als Motiv gedoppelt bei Helena wieder auf, und bei beiden tragen ihre unbestrittenen körperlichen Qualitäten zu massiver Rivalität, zu Neid und Missgunst, Ehebruch und letztlich zu enormer Destruktivität bei. Zugegeben, es sind Männer, die auf die Schönheitsaspekte schlussendlich mit destruktiven Aktionen reagieren – aber es sind Aphrodite und Helena, die um ihre Reize wissen und sie zielorientiert einzusetzen bereit sind.

Was aber ist nun das Schöne, und inwiefern verkörpert Aphrodite Aspekte der Schönheit? In Platons Dialog *Das Gastmahl* lesen wir, dass das Schöne und der Eros aufeinander bezogen sind, da Letzterer das Erstere begehrt. Die Schönheit kann sich Platon zufolge in verschiedenen Gewändern zu erkennen geben: als Schönheit des Körpers oder als eine schöne Seele; als äußerlich-sinnliche oder als innerlich-geistige Qualität; als diverse Lebens-, Wissens- und Erkenntnisformen und zuletzt als pure Idee des Schönen, als das Ur-Schöne.

Wenn wir uns fragen, welche Phänomene und Situationen wir mit dem Prädikat schön belegen, stoßen wir häufig auf den Begriff der Vollkommenheit. Ebenmaß, Ausgeglichenheit, Proportion, Ordnung, Harmonie, prägnante, gelungene und runde Gestalt, Unübertrefflichkeit, Perfektibilität, Makellosigkeit, Wunschlosigkeit – diese Attribute gehören sämtlich ins nähere Umfeld der Vollkommenheit und spiegeln ebenfalls Dimensionen des Schönen wider.

Aphrodite – ist Schönheit nur ein Versprechen von Glück?

Das tatsächlich Vollkommene gehört der Sphäre des Göttlichen an (wenn es sie denn gäbe), indes Menschen einem Diktum von Jean-Paul Sartre zufolge immer verunglückte Versuche sind, Götter sein zu wollen. Bei hohen Ausprägungsgraden von Schönheit allerdings, bei denen wir geneigt sind, von Vollkommenheit zu sprechen, kann es uns passieren, dass wir regelrecht erschrecken oder in Ehrfurcht erstarren, so als ob wir mit einer Götterwelt in Kontakt gekommen sind:

> Denn das Schöne ist nichts / als des Schrecklichen Anfang, den wir noch grade ertragen, / und wir bewundern es so, weil es gelassen verschmäht, / uns zu zerstören. Ein jeder Engel ist schrecklich.[1]

Aphrodite wird als Göttin beschrieben, der viele dieser Attribute zukommen: das Anziehend-Faszinierende ebenso wie das Erschreckende, das Erotische wie selten auch das Thanatische – nicht ganz zufällig hat sie sich auch mit Ares, dem Gott des Krieges, als Liebhaber eingelassen. Weil bei ihr das Destruktive bei aller Schönheit nicht verschwunden ist, sondern höchstens in den Hintergrund gedrängt wird, müsste sie ähnlich wie Helena, die Schönste unter den Sterblichen, bekennen (in einem Dialog mit Faust in Goethes *Faust II*):

> Ein altes Wort bewährt sich leider auch an mir: / Dass Glück und Schönheit dauerhaft sich nicht vereint.[2]

Dem widerspricht scheinbar das oft zitierte Bonmot von Stendhal (1783–1842): Schönheit ist nur ein Versprechen von Glück. In seiner Abhandlung *Über die Liebe* (1822) findet sich als Fußnote versteckt diese Definition des Schönen, über die die meisten von uns wahrscheinlich zustimmend nicken und das Wörtchen *nur* fast geflissentlich überlesen dürften.

Weshalb aber diese eigentümlichen und verstörenden Beimengungen zum Schönen, die sich bereits bei Aphrodite abzeichnen? Ich meine, dass darin ein wesentlicher Zug der Schönheit zum Ausdruck kommt, der uns

---

[1] Rilke, R.M.: Duineser Elegien – Die erste Elegie (1912), in: Die Gedichte, Frankfurt am Main 2006, S. 689.
[2] Goethe: Faust II (1832), Vers 9939–9940.

erschrecken lässt: So sehr wir uns ewige Schönheit wünschen und ausmalen, ist Schönheit als ideeller Wert immer an Materiell-Körperliches gebunden, um erlebbar zu werden, und kann daher nicht auf Dauer gestellt werden – Materie und Organismen und damit auch wir selbst sind vergänglich.

Das Schöne muss immer wieder neu gesucht und erobert werden, ohne dass es je zum dauerhaften Besitz wird. Wir können Schönheit jeweils nur für Momente erleben – und diese Erlebnisse lassen uns die jeweiligen Menschen, Gegenstände oder Situationen nicht nur als schön, sondern auch als andeutungsweise sinn-, wert- und bedeutungsvoll erscheinen.

Die Schönheit von Menschen wird häufig an deren Äußerem verortet: ein ebenmäßiges Gesicht, eine formvollendete Figur, feingliedrige Hände etc. Dass es daneben auch andere, quasi innen lokalisierte Schönheit gibt, wurde vor allem in der deutschen Klassik bedacht. Von Christoph Martin Wieland stammen der Begriff und das Konzept der schönen Seele, die später von Schiller (in *Über Anmut und Würde*, 1793) und Goethe (in *Wilhelm Meisters Lehrjahre*, 1795/96) weiterentwickelt wurden.

Eine Seele und damit die gesamte Person wird hiernach als schön bezeichnet, wenn ihre Antriebe, Leidenschaften, Affekte mit den sittlich-moralischen Kräften und der Vernunft ein harmonisches Verhältnis bilden. Sinnlichkeit sowie Reflexions- und Entscheidungsfähigkeit halten sich dabei idealerweise die Waage. Schönheit entsteht in diesem Zusammenhang durch das hohe Maß an die verschiedensten Strebungen eines Menschen ausgleichenden Tugenden und Strategien.

Nicht selten erleben sich äußerlich sehr schöne, von der Natur bevorzugte Menschen als unsicher und distanziert, sobald andere ihnen ihre Schönheit attestieren, ihnen diesbezügliche Komplimente bereiten oder sie aufgrund ihrer Schönheit sogar zu lieben vorgeben. Unwillkürlich taucht bei ihnen die Frage auf, ob sie tatsächlich als Person geschätzt und anerkannt werden, oder ob man an ihnen lediglich ihre Oberfläche wahrnimmt und an den Tiefen und Untiefen ihrer Individualität kein Interesse entwickelt.

Bisweilen reicht der Zweifel am tatsächlichen Gemocht- und Gesehen-Werden von anderen so weit, dass manche schöne Menschen ihre körperlichen Vorzüge verfluchen oder sie durch Kleidung, Frisur, mangelnde

Pflege weniger attraktiv erscheinen lassen wollen. Oder aber sie schlagen die entgegengesetzte Richtung ihrer Entwicklung ein und identifizieren sich nur noch mit ihrem äußeren, meist makellosen Schein, ohne auf die Reifung ihrer Person größeren Wert zu legen. Sie enden womöglich als Viel-Schöne – ein Begriff, den Goethe verwendete, um oberflächliche Schönheiten zu charakterisieren, denen es an Tiefgang und Ernsthaftigkeit mangelte. Aphrodite stand für beide Aspekte der Schönheit: Äußerlich war sie (laut Paris) die schönste unter den vielen schönen Göttinnen Griechenlands; ihre göttliche Kraft entflammte Liebende in sinnlicher Sehnsucht und Begierde füreinander. Darüber hinaus erhielt sie von antiken Dichtern aber auch das Attribut einer dunklen Göttin, der es an Tiefe nicht gebrach, und die um die Qualitäten einer schönen Seele, einer reifen Person wusste:

Aphrodite, Göttin auf buntem Throne, / Zeuskind, listenspinnendes, zu dir fleh ich: / Nicht mit Plage zähme und neuer Drangsal, / Herrin, das Herz mir! / Hast du nicht ein anderes Mal schon meiner / Stimme Klang vernommen aus weiter Ferne, / mich erhört und bist aus des Vaterhauses / Goldglanz gekommen? / Hast sogleich die Vögel gespannt, die schönen, / an das Joch des Wagens, und flügelschwirrend / zogen sie vom Himmel herab durch blaue / Luft dich zur schwarzen / Erde, eilig. Du aber, Göttin, lachtest / mir aus deinem seligen Antlitz zu und / fragtest, was ich wiederum leide, was ich / wieder dich rufe. / Was so sehr ich rasenden Herzens wünsche, / dass es mir geschehe. „Und wen soll Peitho / diesmal deiner Liebe gewinnen, sag mir, / Sappho, wer kränkt dich?"[3]

Zur Erläuterung: Peitho galt in der griechischen Mythenwelt als die Göttin der erotischen Überredungskunst. Als Helferin von Aphrodite war sie insbesondere bei Mädchen und jungen Frauen aktiv, um sie sanft zur Hingabe an Eros und Sexus zu bewegen. Sappho (etwa 630-570 vor Chr.) besang die Taten von Peitho und vor allem von Aphrodite in mehreren ihrer Gedichte:

---

[3] Sappho: Und ich schlafe allein – Gedichte, neu übersetzt von Albert von Schirnding, München 2013, S. 47.

> Süße Mutter, ich kann / nicht mehr weben am Webstuhl, / bezwungen vom Verlangen / nach dem Knaben: Aphrodites Werk![4]

Sollen sich gegenseitige Attraktion und Begierde zwischen zwei Menschen über längere Zeit erhalten und womöglich sogar steigern, reicht die Makellosigkeit von Haut, Figur und Profil der Protagonisten in der Regel nicht hin. Wir lieben, suchen und begehren am Du dessen personale Schönheit, die sich körperlich, seelisch und geistig kundtut, und die als weit mehr denn nur als vollkommene Oberfläche und blendender Schein imponiert.

Das personale Schöne verspricht nicht nur Glück, sondern auch das Erleben von Sinn, Wert und Bedeutung. Und umgekehrt gilt: Glücksempfindungen werden induziert, wenn wir (häufig überraschend) auf Sinn- und Wertvolles, Prägnantes und Vollkommenes und damit auf Schönes stoßen. Die Verknüpfung der Schönheit mit Sinn, Wert und Bedeutung gehorcht nicht immer der von Platon geforderten Einbettung des Schönen ins Wahre und Gute; oft genug sind es Werte wie Vitalität, Enthusiasmus, Originalität, Freiheit, Individualität, Leidenschaftlichkeit, ein hohes Maß an Erotik, aber auch würdevoll erlittene Vergeblichkeit und Niederlagen, die das axiologische (Werte betreffende) Fundament des personalen Schönen bilden. Man versteht daher die begeisterten Zeilen aus Homers *Götterhymnen*:

> Nenne mir Muse, die Taten von Aphrodite, der goldenen / Kypris, die die Götter mit süßem Sehnen beseligt / und auch die Geschlechter der sterblichen Menschen bewältigt. / Ja, auch alles Getier, die luftdurchfliegenden Vögel, / alles, was da rings dem Land und dem Meere entsprossen: Kythereia gehorchen sie alle, der prächtig bekränzten.[5]

Kypris ebenso wie Kythereia waren Beinamen von Aphrodite, bezugnehmend auf die Inseln Kypros und Kythera, die ihr geweiht waren. Der französische Rokoko-Maler Jean-Antoine Watteau (1684–1721) hat in drei Bildern mit dem jeweiligen Titel *Einschiffung nach Kythera* (1710,

---

[4] Sappho: Und ich schlafe allein – Gedichte, neu übersetzt von Albert von Schirnding, München 2013, S. 83.
[5] Homer: Götterhymnen, deutsch von Thassilo von Scheffer (1927), Leipzig 1974, S. 94.

1717, 1718) die bezaubernde Atmosphäre eines imaginären Eilands der Liebe auf Leinwand fixiert – eine Atmosphäre, die derart betörend erotisch wirkt, dass es keiner Überredungskünste einer Göttin Peitho bedarf, um sich den Einschiffungs-Willigen jählings anzuschließen.

Hermes und die Hermeneutik

Wer heutzutage den Namen Hermes googelt, landet zuallererst bei einem Paket-Versanddienst und nicht im griechischen Götterhimmel. Auf der Webseite dieses Unternehmens erfährt man vieles über die Möglichkeiten der Nachverfolgung von Paketen und dem Erstellen von Paketscheinen; leider gibt es keinerlei Hinweise auf die Herkunft des Firmennamens – aber das holen wir hier nach.

Hermes war (so die älteste mythologische Überlieferung) der Götterbote, der permanent zwischen den Menschen und den Göttern vermittelte, was denn die jeweils andere Fraktion sagt und vor allem meint. Diese Vermittlungsfunktion darf man sich alles andere als trivial vorstellen – schließlich verwenden Götter und Menschen jeweils ganz individuelle Ausdrücke, Begriffe, Beschreibungen für ihre Wünsche, Vorstellungen, Emotionen, Verhaltensweisen, Phantasien. Hermes fungierte als eine Art Übersetzerbüro, das die menschlichen und die göttlichen Botschaften jeweils in die Sprache der Gegenseite transferierte.

Die Griechen erkannten, dass sie mythologische Geschichten nicht wörtlich, sondern allegorisch auffassen mussten, um sie richtig zu verstehen. So waren die Auskünfte des Orakels von Delphi ausgesprochen interpretationsbedürftig. Allegorien zu deuten war eine der ersten

Aufgaben, für die sich das griechische Volk den Götterboten Hermes zur Unterstützung erdichtete.

Später kamen noch weitere Aufgaben auf Hermes zu. Er wurde zum Schutzgott der Reisenden und Kaufleute, aber auch der Diebe und Kunsthändler. Es mag auf den ersten Blick überraschen, dass die Griechen sogar den Dieben eine Gottheit zugestanden. Bedenkt man jedoch, dass Eigentumsdelikte auch unter Göttern an der Tagesordnung waren (nicht selten handelte es sich um Frauen – z. B. Europa, Medea, Helena –, die geraubt und wie Eigentum behandelt wurden), kann man die Rückversicherungsidee einer eigenen Gottheit für Diebe besser einordnen.

Des Weiteren war Hermes als Gottheit für die Rhetorik (Redekunst) zuständig. Die Rhetorik galt bei den Griechen der Antike als exquisite Fertigkeit, zu deren Erlernen große Mühen aufgewandt wurden. Wer als Bürger auf der Agora die freie Rede beherrschte und sich gewandt auszudrücken verstand, stieg im Ansehen seiner Mitmenschen beträchtlich. Insbesondere Philosophen, Dichter, Politiker zeichneten sich günstigenfalls durch ihre rhetorischen Qualitäten aus, wobei auf drei Aspekte ihrer Rede vor allem Wert gelegt wurde: Ethos, Pathos und Logos. Der Inhalt ihres Redens (Logos) sollte mit ihrer jeweiligen Einstellung und ihrem gelebten Leben (Ethos) sowie mit dem emotionalen Ausdruck (Pathos) in etwa konkordant gehen.

Die Bedeutung dieses Gottes hat sich seit den Zeiten der griechischen Mythen merklich verändert. Hermes wurde nicht nur zum Namensgeber des eingangs erwähnten Logistik-Unternehmens, sondern vor allem für die Hermeneutik, also für die Kunst der Auslegung und Interpretation (das Griechische *hermeneuein* bedeutet so viel wie verstehen, auslegen und übersetzen). Die Hermeneutik gibt es als Thema, Einstellung, Form und Methode beginnend seit der Renaissance und dem Humanismus. Damals ging es (von Martin Luther initiiert) für den einzelnen Gläubigen um die richtige Auslegung und Interpretation der Bibel, also um eine theologische Problematik.

Heute zielt die Hermeneutik vorrangig auf die Interpretation von Kunstwerken, Skulpturen, Bildern, Kompositionen, dann aber auch von Menschen und ihrer Geschichte ab – wobei sich derlei Unterfangen als mindestens so anspruchsvoll erweisen wie die Übersetzung ehemals göttlicher Botschaften in menschliche Umgangssprache und *vice versa*. Weil das Verstehen von Kunst und Kultur und vor allem das zwischenmenschliche Verstehen oft komplex und fehleranfällig ist, kann man nachvollziehen, dass bei vielen der Wunsch nach einer Gottheit bestand und weiter besteht, sie bei diesen Aufgaben zu unterstützen.

Einer der Ersten, der im 19. Jahrhundert das Verstehen ausführlich bedachte, war Wilhelm Dilthey (1833–1911). Dilthey war überzeugt, dass sich jeder Interpret, der eine geschichtliche Epoche oder ein literarisches Kunstwerk verstehen will, mit seinen persönlichen Urteilen, Erfahrungen, Neigungen in den hermeneutischen Prozess einbringen muss; diese subjektiven Aspekte bedeuten einen Bestandteil des wissenschaftlichen Verstehens.

Um dem Vorwurf des Subjektivismus entgegenzuwirken, formulierte Dilthey Vorschriften, die jeder befolgen soll, der hermeneutisch vorgeht. Sein zentraler Gedanke dabei lautete, dass das Verstehen ein zirkuläres Geschehen ist, dessen Bewegung keine Endpunkte kennt. Die Kunst und Technik des Verstehens könne erlernen, wer den hermeneutischen Zirkel akzeptiere, in den hineinzugelangen aber nicht immer leicht sei. Ihn viele Male zu wiederholen, erfordere außerdem ein hohes Maß an Wissen, Können und Geduld.

Konkret muss ein Interpret gedanklich mehrere Kreisbewegungen absolvieren: So solle er die einzelnen Elemente und Phänomene, die er beforsche, jeweils zum Ganzen seines Untersuchungsgegenstandes in Beziehung setzen und umgekehrt vom Ganzen zu den Teilen zurückkehren. Ähnliche zirkuläre Relationen bestehen zwischen dem Werk und der Weltanschauung seines Urhebers sowie zwischen dem Untersucher und seinem Forschungsobjekt. Die Beschäftigung mit Letzterem verändere den Ersteren, und dieser verstehe daraufhin neue Seiten an seinem Untersuchungsgegenstand. Mit dieser Technik wollte Dilthey „Dämme gegen den Einbruch romantischer Willkür und skeptischer Subjektivität" errichten.

Nicht so sehr technisch, sondern eher existentiell definierten Martin Heidegger und Hans-Georg Gadamer die Aufgaben und Möglichkeiten des modernen Gottes Hermes. Bei Heidegger heißt es etwa: „Die Hermeneutik hat die Aufgabe, … der Selbstentfremdung, mit welcher das Dasein geschlagen ist, nachzugehen. In der Hermeneutik bildet sich für das

Dasein eine Möglichkeit aus, für sich selbst verstehend zu werden und zu sein."[1]

Eine hervorstechende Eigenschaft des Menschen ist seine Fähigkeit zur Selbst- und Weltdeutung: Der Mensch versteht sich als Verstehender. In *Sein und Zeit* (1927) bezeichnete Heidegger diese Fähigkeit als ein Existenzial (menschliche Wesenseigentümlichkeit). Sobald Menschen jedoch daran gehen, sich und andere oder die Welt zu verstehen, stoßen sie auf eine Fülle von Vormeinungen und -urteilen, die sie nicht ohne weiteres abstreifen können. Im Gegenteil: Heidegger zufolge gehört diese Vorstruktur wesentlich zu jedem Verstehens-Akt, und es sei eine Illusion zu glauben, dass man sich irgendwann voraussetzungslos, mit purem und nacktem Bewusstsein, der Natur, den Mitmenschen, den Gegenständen und Sachverhalten nähern kann.

Ähnlich wie Heidegger wandte sich auch Gadamer gegen die von Dilthey vertretene Meinung, die Hermeneutik als Methode und Technik zu begreifen. Wesentliche Voraussetzungen für gelingendes Verstehen bilden Gadamer zufolge vielmehr Tugenden wie Takt, Geschmack, Gemeinsinn, Bildung und künstlerische Intuition. Wer Kultur, Mitmenschen, sich selbst verstehen will, muss als Grundlage dafür diese zwischenmenschlichen und gefühlsmäßigen Fertigkeiten entwickeln. Statt einer Technik des Verstehens schwebte Gadamer also eine hermeneutische Einstellung vor, die eng mit der Persönlichkeit des Betreffenden verknüpft ist, und die mit Begriffen wie Selbst-, Menschen- und Weltkenntnis; Intuition, Empathie und Solidarität; Geduld, Vorsicht und Skepsis; weltanschauliche und geistige Unabhängigkeit; Vornehmheit, Würde und Stil charakterisiert werden kann.

Doch selbst wenn Menschen derartige Eigenschaften aufweisen, sollten sie nicht meinen, die Hürden des Verstehens überwunden zu haben. Für Gadamer war hermeneutische Bemühung stets mit Vormeinungen und -urteilen verknüpft. Wer zu verstehen sucht, ist der Beeinflussung durch eine Fülle von Vorannahmen ausgesetzt; die Qualität des Hermeneutikers besteht deshalb darin, sich dieser Voreingenommenheit bewusst zu sein, ohne sie je ganz abstreifen zu können.

---

[1] Heidegger, M.: Hermeneutik der Faktizität (1923), in: Gesamtausgabe, Band 63, Frankfurt am Main 1975 ff., S. 12.

Gemeinhin wird angenommen, dass Vorurteile das Verstehen behindern, und in vielen Fällen lässt sich diese Annahme auch bestätigen. Daneben gibt es aber auch Vorurteile, die das Verstehen befördern. So sei es in manchen Situationen sinnvoll, sich dem Vorurteil etwa eines Lehrers, Fachmanns, Vorgesetzten oder anderer Autoritäten anzuvertrauen, um dadurch ein Grundverständnis für einen zu erlernenden Stoff zu entwickeln:

> Die Vorurteile, die sie einpflanzen, sind zwar durch die Person legitimiert. Ihre Geltung verlangt Eingenommenheit für die Person, die sie vertritt. Eben damit werden sie zu sachlichen Vorurteilen, denn sie bewirken die gleiche Eingenommenheit für eine Sache, die auf andere Weise zustande kommen kann.[2]

Vorurteile eignen uns Menschen wie eine zweite Haut; wir vermögen nicht, sie abzulegen, sondern nur, sie als wahr oder falsch zu differenzieren. Eine zentrale Frage der Hermeneutik lautet, wie wahre von falschen Vorurteilen zu trennen sind. Gadamer verwies diesbezüglich auf die Zeit und den Zeitenabstand, die es ermöglichen, Vormeinungen nach Jahren oder Jahrzehnten als falsch oder richtig zu klassifizieren. Darüber hinaus gestand Gadamer dem zwischenmenschlichen Dialog eine klärende und kritische Funktion zu.

In der hermeneutischen Situation treffen zwei Horizonte aufeinander: der eine, in welchem der Verstehende lebt, und der andere, welcher dem Verstehensobjekt zugehörig ist. Je überlegener und weit dimensionierter der Horizont des Ersteren ausgebildet ist, je mehr er über sein Nahes und Gewohntes hinaussehen kann, umso leichter wird er den Horizont des Gegenübers wahrnehmen und sich in Maßen in diesen hineinversetzen können. Dabei verlässt er aber seinen eigenen Horizont nicht; vielmehr kommt es im günstigen Fall zu einer temporären und punktuellen Fusion von Perspektiven und Gesichtskreisen.

Gadamer verglich den Verstehens-Prozess mit einem lange währenden oder unendlichen Gespräch, dessen Spiel des Fragens und Antwortens immer wieder neu überraschende Perspektiven hervorbringt. So aus-

---
[2] Gadamer, H.-G.: Wahrheit und Methode (1960), Tübingen 1986, S. 285.

giebig sich ein gegenseitiges Verständnis zwischen den Gesprächspartnern aber auch entwickelt haben mag, bleiben sie immer mit einem Rest von ungelöstem Rätsel behaftet. Das bedeutet im Umkehrschluss, dass alle Formulierungen, die von dem angeblich vollständigen Verstehen eines Textes oder der raschen Übereinstimmung in zwischenmenschlichen Situationen berichten, unter den Verdacht von Missverstehen und Überschätzung von hermeneutischen Potenzen fallen. Gadamer bezeichnete eine solche Art der Hermeneutik als naiv oder als eine Spielart des Dominanz- und Distanzstrebens:

> Der Anspruch, den anderen vorgreifend zu verstehen, erfüllt die Funktion, sich den Anspruch des anderen in Wahrheit vom Leibe zu halten.[3]

Wer derart zu verstehen vorgibt, hält sich nicht nur die Ansprüche des anderen vom Leibe – er bringt sich auch um die sogenannte hermeneutische Erfahrung. Unter Erfahrung verstand Gadamer ein grundsätzlich negatives Erlebnis. Nur im Zusammenprall mit der widerständigen Realität oder im Zuge von Enttäuschungen mache man Erfahrungen. Bei der hermeneutischen Erfahrung komme es ebenfalls zum aufrüttelnden Erlebnis der Widerständigkeit der Wirklichkeit, die sich dem Verstehenden in zwei Formen präsentiert: als Erfahrung des Du und als Erfahrung der Überlieferung. Sowohl der Mitmensch als auch Bücher, Kunstwerke, Historie sind eigen und anders. Sie präsentieren sich dem Beobachter als spröde Realität, in die er nur teilweise einzudringen vermag, und die ihn auf ihn selbst zurückwirft.

Am ehesten gelinge demjenigen ein verstehender Zugang zur Welt, der über eine fragende Einstellung verfügt. Gadamer betonte jedoch, dass nicht beliebige Fragen zum Verstehen beitragen. Im Alltag begegnen uns oberflächliche Fragen zuhauf, die kaum dazu beitragen, Kunst, Kultur, Geschichte oder Mitmenschen wirklich kennen zu lernen. Beispiele für gelingendes Fragen waren für Gadamer die sokratisch-platonischen Dialoge. Bei diesen Gesprächen ging es nicht darum, siegreich gegen ein Du anzuargumentieren. Vielmehr versuchten die Gesprächspartner stets, die Gedankengänge des anderen verstehend nachzuvollziehen und fragend

---

[3] Gadamer, H.-G.: Wahrheit und Methode (1960), Tübingen 1986, S. 366.

ein gemeinsames Denken zu ermöglichen. Ziel der Dialoge war das Entdecken von Wahrheitspartikeln; dies geschah, wenn alle Beteiligten die Stärken einzelner Argumente hervorhoben, selbst wenn sie nicht die eigenen waren.

Die bisherige Geschichte des Fragens und Verstehens weist uns Menschen als exquisite Sinnsucher aus, die immer wieder neue Dimensionen von Wert und Bedeutung erkennen und benennen wollen, selbst wenn wir zugeben müssen, dass unser Dasein stets vom Einbrechen des Sinnwidrigen und Absurden bedroht ist. Das Verstehen unseres Woher und Wohin, das Benennen unseres Wesens, die Hermeneutik unserer Existenz treibt uns um, seit das Spiel der Evolution uns hervorgebracht hat, und sie wird erst enden, wenn die Gattung *Homo* irgendwann einmal in der stummen Weltnacht des Kosmos untergeht.

Teil IV

Nicht-olympische Gottheiten

Prometheus oder Der Mensch in der Revolte

Er brachte uns das Feuer; und mit dem Feuer die Kultur; und mit der Kultur die Möglichkeit für uns Menschen, das Denken zu lernen; und mit dem Denken, uns von den Göttern zu emanzipieren. Also war er bei den Göttern nicht wohlgelitten. Und also bestraften sie ihn beinahe ein Leben lang. So oder so ähnlich könnte die Kurzfassung des Prometheus-Mythos lauten – ein Mythos, der seit Jahrtausenden zu den hervorragenden und wichtigen Sagen des klassischen Altertums gerechnet wird, und der in Vergangenheit und Gegenwart von Künstlern, Wissenschaftlern, Literaten, Philosophen ausgiebig dargestellt und erläutert wurde und wird.

Wer Prometheus (übersetzt: der Voraus-Denkende) sagt, darf und muss denn auch seinen Bruder Epimetheus (übersetzt: der Hinterher-Denkende) erwähnen. Beide stammten der griechischen Sagenwelt zufolge von den Titanen ab und zählten selbst zu den Göttern (Riesen in Menschengestalt). Von Prometheus erzählte man, dass er den Göttern das Feuer entwendet hat, das Zeus aus Zorn den Menschen vorenthalten wollte. Prometheus brachte es den Menschen, wofür er von Zeus an einen Felsen im Kaukasus geschmiedet wurde. Täglich suchte ihn dort ein Adler heim und fraß aus seiner Leber, die ihm jedoch bis zum nächsten Tag wieder nachwuchs.

Erst nach einer unendlich langen Zeit (geplant waren von den Göttern angeblich 30.000 Jahre) wurde Prometheus durch Herakles von dieser Qual befreit. Auf seiner Fahrt zu den Hesperiden war Herakles bei Prometheus vorbeigekommen, sah die unmenschliche Strafe und erlegte den Adler mit einem Pfeil. Prometheus wurde von seinen Ketten befreit und musste aber einen eisernen Ring tragen, an dem ein Stein des Kaukasus hing; er blieb so stets an das Gebirge geschmiedet.

Seit der Antike gilt Prometheus als entscheidender Initiator von Fortschritt und Kultur. Sein revoltierender Geist und seine Leidensfähigkeit ermöglichten es ihm, sich entgegen aller göttlichen Vorgaben auf die Seite der Menschen zu schlagen und deren Los und Schicksal zu erleichtern. Wer immer sich als zuversichtlicher Optimist mit Prometheus identifizierte, interpretierte dessen Mythos im Sinne von Progression von Wissenschaft, Kunst und Philosophie; und wer immer sich als Kulturpessimist erwiesen hat, neigte dazu, in Prometheus eine mythologische Gestalt zu sehen, die für das Problematische, Zerrissene und Fragwürdige des menschlichen Strebens nach quasigöttlicher Macht und Einflussnahme stand. Hesiod etwa beschrieb Prometheus als eine zwielichtige Gestalt, indes Aischylos (in: *Der gefesselte Prometheus*) ihn als Urbild eines eigenständigen, autonomen Menschen feierte.

Auch der junge Goethe schlug sich mit seinem Gedicht *Prometheus* auf die Seite seiner Bewunderer; direkt an Zeus gewendet ließ er den Titanen einigermaßen kritisch und rebellisch gegen den Göttervater argumentieren:

Ich dich ehren? Wofür? / Hast du die Schmerzen gelindert / Je des Beladenen? / Hast du die Tränen gestillet / Je des Geängsteten / … Hier sitz' ich, forme Menschen / Nach meinem Bilde, / Ein Geschlecht, das mir gleich sei, / Zu leiden, zu weinen, / Zu genießen und zu freuen sich / Und dein nicht zu achten, / Wie ich![1]

---

[1] Goethe: Prometheus (1772/74), in: HA Band 1, München 1981, S. 45 f.

Prometheus kam den Dichtern des Sturm und Drang mit seiner rebellischen Natur ebenso wie mit seiner Schöpferkraft entgegen. In ihm sahen sie die Verkörperung des autonomen Genies, und es verwundert nicht, dass Goethe ihn in einer Rede zum Shakespeare-Tag zum Maßstab erkoren hat, an dem sich ein Dramatiker wie Shakespeare erfolgreich abgearbeitet und gemessen hat. Auch Johann Gottfried Herder nahm mehrfach auf Prometheus und Epimetheus Bezug: 1795 verfasste er den Dialog *Voraussicht und Zurücksicht*, und 1802 publizierte er das Gedicht *Der entfesselte Prometheus*, in dem er – nun schon Positionen der Klassik und nicht mehr des Sturm und Drang repräsentierend – die Götter schließlich auf die Taten des Prometheus versöhnlich reagieren ließ.

Die Liste literarischer, philosophischer, künstlerischer Prometheus-Interpreten ist lang; in unserem Zusammenhang erwähne ich nur einige wenige, die für uns relevant sind. Arthur Schopenhauer etwa deutete den Mythos und die Figur des Prometheus ganz im Sinne der Vorsorge und des Vorausdenkens – eine Haltung, die im übertragenen Sinne und in der Terminologie des 21. Jahrhunderts als Prävention gedeutet werden kann.

Der Schweizer Dichter und Literaturnobelpreisträger Carl Spitteler entwarf in seinem *Prometheus und Epimetheus* einen Titanen, der seine Tat als Ausdruck seiner Individualität verstanden wissen wollte; dementsprechend heißt es bei Spitteler gleich zu Beginn des Epos:

> Es war in seiner Jugendzeit, Gesundheit rötete sein Blut, und täglich wuchsen seine Kräfte. / Da sprach Prometheus Übermutes voll zu Epimetheus, seinem Freund und Bruder: / Auf! lass' uns anders werden als die Vielen, / die da wimmeln in dem allgemeinen Haufen![2]

Einen völlig anderen Zugang zur Prometheus-Sage wählte Franz Kafka. In einem Fragment aus dem Jahre 1918 variierte er den ursprünglichen Mythos so lange, bis zum Schluss lediglich das „unerklärliche Felsgebirge" übrigblieb, an das der griechische Heroe geschmiedet war und mit dem er – so Kafka – schließlich eins wurde. Der Kommentar des Dichters zum altgriechischen Mythos ist rätselhaft wie die Erzählung selbst und spiegelt

---

[2] Spitteler, C.: Prometheus und Epimetheus (1881), in: Prometheus-Dichtungen, Zürich 1945, S. 5.

damit zugleich etwas vom Wesen eines Mythos wider: „Die Sage versucht das Unerklärliche zu erklären. Da sie aus einem Wahrheitsgrund kommt, muss sie wieder im Unerklärlichen enden."[3]

Albert Camus betonte in seinem Essay *Prometheus in der Hölle* (1946), dass der antike Titan den Menschen nicht nur das Feuer, sondern auch die Freiheit und den Esprit gebracht habe. Für ihn gehörten Technik (Feuerbeherrschung) und Kunst (freiheitlich-geistige Kulturbewegung) unlösbar zusammen – eine Assoziation, die im griechischen Wort *téchne* (Fertigkeit, Handwerk, Kunst) angelegt ist, und eine Haltung, die in manchen Kulturbereichen zukünftig noch mehr als bisher eingelöst werden dürfte.

Zur selben Zeit wie Camus untersuchte Hans-Georg Gadamer den Mythos in seinem Aufsatz *Prometheus und die Tragödie der Kultur* (1946). Der Philosoph sah in Prometheus einen Kultur-Initiator *par excellence*, der die Menschen in die Lage versetzen wollte, mittels Feuer und weiterer Kulturtechniken die größte Kränkung und Zumutung ihrer Existenz – ihre Sterblichkeit, Fragilität und Vergänglichkeit – zu überwinden oder zumindest doch abzumildern. Der Stolz dieses Unterfangens ist jedoch (so Gadamer) stets mit Verzweiflung über die Vergeblichkeit desselben untermalt. Beide Emotionen, der Stolz über die relativen Erfolge wie auch die Verzweiflung über das Scheitern angesichts unserer Endlichkeit, sind vielen von uns (z. B. in der Medizin) nicht fremd.

In seiner Spätzeit befasste sich auch Sigmund Freud mit Prometheus. Es war Freuds Bestreben, die mythischen Phantasien und Geschichten in natürlichen Vorgängen zu verankern. Nun hatten die Griechen behauptet, dass der Halbgott das Feuer vom Himmel in einem hohlen Pflanzen-Stängel heruntergeholt hatte. Freud schlug vor, dieses Detail nach den Regeln der Traumdeutung einzuordnen. Der Urmensch habe oft durch Blitze entstandenes Feuer in Wäldern angetroffen, und dieses habe er lustvoll mit einem Harnstrahl gelöscht (hohler Stängel). Dann aber gelangen ihm Triebverzicht und Sublimierung; er eignete sich das Feuer an, unterhielt es und schuf damit die Voraussetzungen der Kultur.

---

[3] Kafka, F.: Prometheus (1918/1931), in: Hochzeitsvorbereitungen auf dem Lande und andere Prosa aus dem Nachlass, Frankfurt am Main 1980, S. 74.

In enger Bezugnahme auf Sigmund Freud erörterte auch Gaston Bachelard den Prometheus-Mythos. In seinem Text *Psychoanalyse des Feuers* (1949) schilderte er die von ihm als Prometheus-Komplex bezeichneten Verhaltensweisen vieler Kinder, trotz der Verbote der Erwachsenen kleine Feuerstellen auszuprobieren, an denen sie nicht nur üben, wie man Feuer macht, sondern vor allem auch, wie man die Vorgaben der Eltern listig übertritt und zur Seite schiebt. Diese Übungen seien (so Bachelard) durchaus sinnvoll, weil sie den Kindern und Jugendlichen dabei helfen, ihren Willen zur Intellektualität zu schärfen und über allfällige Denkverbote der Erwachsenenwelt hinauszustreben:

> Im Menschen gibt es einen regelrechten *Willen zur Intellektualität*. Man unterschätzt das Bedürfnis nach Verstehen … Wir schlagen also vor, unter dem Namen *Prometheus-Komplex* alle Strebungen zusammenzufassen, die uns dazu drängen, ebenso viel zu *wissen* wie unsere Väter, mehr zu wissen als unsere Väter, ebenso viel wie unsere Lehrer, mehr als unsere Lehrer.[4]

Auf einen Aspekt möchte ich noch gesondert eingehen, der Prometheus häufig nachgesagt wird, und der vielen von uns gut zu Gesicht stünde: Es ist dies seine rebellische Haltung. An jenen Stellen der Kultur, an denen Bewährtes, Tradiertes in Dogmen, Autoritarismen und ideologische Verkrustungen umzuschlagen droht und damit Fortschritt und Wahrheitssuche gefährdet, sind Prometheus-Qualitäten gefragt. Wenngleich Prometheus-artige Rebellen häufig übers Ziel hinausschießen oder mit ihren Innovationen und Veränderungsimpulsen oftmals merklich hinter den Erwartungen für Verbesserung zurückbleiben, kann ihre Einstellung durchaus Positives für die Kultur bedeuten. Die Wirklichkeit mit ungewohnten Perspektiven zu betrachten und die etablierten Pfade fundamental in Frage zu stellen, erlaubt es bisweilen, sie (diese Wirklichkeit) anders und eventuell adäquater einzuordnen, zu beurteilen und dementsprechend zu behandeln. In solche Zusammenhänge wollte Karl Marx den Titanen gestellt sehen, den er deshalb in seiner Promotion als vornehmsten Heiligen und Märtyrer im philosophischen Kalender titulierte.

---

[4] Bachelard, G.: Psychoanalyse des Feuers (1949), München 1985, S. 20.

Mit dem Feuer brachte Prometheus die Zivilisation und begründete die Kultur. Indem er sich gegen die Götter wandte und Solidarität mit den Menschen zeigte, nahm er eine unmenschliche Strafe in Kauf. Ausgehend davon stellen sich uns Heutigen Fragen, die unsere Rolle und Funktion als Kultur- und Zivilisationsträger beleuchten, und deren Antworten unsere Einstellungen und Haltungen zu uns, den Mitmenschen, zur Sozietät und zur Welt generell transparent werden lassen:

Wie kann eine gelingende Revolte gegen Autoritäten beschaffen sein? Was bedeuten Regeln und Vorgaben der Götter? Wie entsteht das Neue, Menschliche, die Kultur? Wie emanzipieren wir uns von den Vorgaben der Autoritäten? Welche modernen Götter enthalten uns welche modernen Feuer vor? Woher nehmen wir den Mut des Prometheus, unsere Aufgaben anzugehen und zu meistern? Welche Sanktionen sind wir bereit, für unsere Individualität in Kauf zu nehmen? Inwiefern war das Feuer die Voraussetzung für Zivilisation und Kultur, und welche weiteren Grundlagen für die Kulturentstehung gibt es? Welche modernen Prometheus-Gestalten kennen wir?

In Prometheus bewundern die Menschen in Europa schon seit Jahrtausenden einen mutigen Titanen, der sich gegen alle (göttlichen) Widerstände für die Sache der Menschheit und für ihre Kultur einsetzte; einen Rebellen, der nicht um des Rebellierens Willen, sondern um der Menschen Willen Ungemach auf sich nahm; einen Revoltierenden, der sich gegen die Regeln der Götterwelt und gegen die Vorgaben von Autoritäten stemmte, um Neues, Produktives, Humanes, Kulturelles zu schaffen. Und sie bewundern in ihm den Vorausdenkenden, der sein Denken in Handeln münden und es nicht nur bei bloßen Gedanken bewenden ließ:

> Dieser denkende Titan, wie er sich den Göttern zum Trotz seine Menschen bildet, ist recht ein Vorbild für den modernen Künstler und Dichter, im Kampf gegen ein widriges Geschick oder eine feindliche Umgebung.[5]

---

[5] Schlegel, F.: Gespräch über die Poesie (1800), in: Kritische Schriften und Fragmente Band II, Wedel 1988, S. 352.

Nicht unerwähnt soll bleiben, dass diese Hochachtung für Prometheus, die etwa der deutsche Idealismus oder der Sturm und Drang wie auch die Romantik ihm entgegenbrachten, im späten 19. und im 20. Jahrhundert teilweise mit ironischen Kommentaren durchsetzt wurde. So ließ André Gide in *Der schlecht gefesselte Prometheus* (1899) den Titanen durch Paris flanieren und in einem Restaurant mit Kokles und Damokles einiges Groteskes erleben. Zum Schluss der Geschichte taucht noch der Adler aus der alten mythischen Erzählung auf, den Prometheus genüsslich verspeist; und mit einer seiner Federn schreibt er dann die Satire über sich selbst nieder. Ob freilich mit dieser Uminterpretation Gides der Mythos an sein Ende und die Geschichte damit erledigt ist, darf füglich bezweifelt werden. Ossip Mandelstam, Peter Weiss, Heiner Müller und viele andere haben weiter an der Prometheus-Sage gedichtet – und auch wir brauchen diese Figur zukünftig noch als Modell für Schöpfertum und Revolte, an dem wir uns inspirieren können.

Epimetheus oder
Die Büchse der Pandora

Verglichen mit Prometheus ist Epimetheus eine um vieles undankbarere Rolle in der europäischen Kulturgeschichte zugefallen. Der Hinterher-, Danach- und Zu-spät-Denkende (so lässt sich der Name Epimetheus übersetzen) erhielt die wunderschöne Pandora zur Gattin, die neben ihrer Schönheit allerdings auch ihre legendäre Büchse mit in die Ehe brachte. Darin waren alle jene Gaben der Götter enthalten, die diese als Rache nach dem Raub des Feuers durch Prometheus den Menschen zugedacht hatten.

Der kluge Prometheus warnte seinen Bruder, niemals Geschenke der Götter anzunehmen, um den Menschen nicht zu schaden – allein, der wie üblich erst hintendrein denkende Epimetheus heiratete Pandora, die prompt ihre Büchse öffnete und damit alle nur erdenklichen Plagen (Seuchen, Armut, Obdachlosigkeit, Krankheiten, Kriege) über die Menschheit kommen ließ. Hätte Epimetheus klüger gehandelt und früher nachgedacht, bräuchten wir heute wohl keine Medizin, keine Sozialämter, keinen Pazifismus. So aber plagen uns seit Menschengedenken die verschiedensten Übel, und es ist nur einem einzigen tatsächlichen Geschenk der Götter zu verdanken (das sie auf den Boden der Pandora-Büchse legten), dass wir bisher darüber nicht völlig verzweifelt sind: die Hoffnung.

Soweit die Kurzfassung der Geschichte von Epimetheus und Pandora. Doch was hat uns dieser Mythos heute noch zu sagen, und welche seiner Motive haben sich bis in die Kultur und den Zeitgeist des 21. Jahrhunderts hinein fortgepflanzt? Sieht man genauer auf die (schriftliche) Entstehungsgeschichte dieser Erzählung, stößt man durchaus auf Ungeheuerlichkeiten, die uns immer noch zu schaffen machen.

Eine allererste literarische Erwähnung fand der Mythos bei Hesiod im achten vorchristlichen Jahrhundert. Um 700 vor Christus entstanden seine beiden Texte *Theogonie* sowie *Werke und Tage*; beide handeln von den altgriechischen Mythen, von denen wir durch Hesiod ähnlich umfassend informiert wurden wie durch Homer und dessen *Ilias* respektive *Odyssee*. In der *Theogonie* wird die Entstehung des Universums mitsamt der Götterwelt nacherzählt, wohingegen in *Werke und Tage* einzelne Mythen – so auch die *Büchse der Pandora* – geschildert werden.

Hesiod malte die Geschichte um Epimetheus und Pandora und ihre Büchse recht genüsslich aus, wobei er es nicht unterließ, die misogynen (frauenfeindlichen) Gesichtspunkte des Mythos besonders herauszustellen: Als Zeus bemerkte, dass Prometheus den Göttern listenreich das Feuer entwendet und es den Menschen überbracht hatte, sann er zornbebend auf Rache. Er befahl dem Hephaistos, Erde mit Wasser zu vermischen und eine süße Stimme darein zu legen, so dass eine enorm verführerische Frau (Pandora) entstehen sollte. Hermes hingegen wurde von Zeus beauftragt, in die Brust dieser Frau Lügen, hündische Schamlosigkeit, Betrügereien und Schmeicheleien zu pflanzen. So entstand – folgt man Hesiod – ein wunderschönes Übel, demgegenüber die Sterblichen wie die Unsterblichen wehrlos waren, und das sie mit unendlicher Sehnsucht begehrten. Von diesem faszinierenden Übel stammt (dem Mythos gemäß) das gesamte Geschlecht der Frauen ab.

Doch damit nicht genug. Zeus forderte die anderen Götter auf, dieser Frau jeweils eine Plage als Geschenk zu überreichen: Krankheit, Tod, Obdachlosigkeit, Hunger, Naturkatastrophen, Armut, Streit, Missgunst, Neid, Eifersucht, Hass, Krieg und so fort. Alle diese zweifelhaften Gaben wurden in einem mächtigen Tongefäß verstaut – ein Gefäß, das später in einer Übersetzung von Erasmus von Rotterdam als Büchse bezeichnet wurde. Die Frau selbst wurde sinnigerweise Pandora genannt, was übersetzt so viel wie die Gabenreiche oder diejenige, die alles schenkt, bedeutete.

Zusammen mit ihrem Tongefäß voller Übel und Plagen wurde Pandora nun zu Epimetheus geschickt, der prompt und erwartungsgemäß mit Begeisterung und Sehnsucht auf sie reagierte. Obwohl Prometheus ihn eindringlich davor gewarnt hatte, keine Geschenke der Götter anzunehmen, tat dieser sich kurzentschlossen mit Pandora zusammen, und beide – Epimetheus und die Gabenreiche – wurden ein Paar.

Und bald schon erwies Pandora ihrem Namen alle Ehre: Sie wurde zu einer Frau, die alles verschenkte, was sie in ihrem Gefäß mit sich führte. Nachdem sie und Epimetheus geheiratet hatten, öffnete Pandora ihren Krug (ihre Büchse), aus dem nach und nach alle Übel und Plagen entwichen, die seither die Menschheit quälen. In Bezugnahme auf diesen Mythos werden Situationen, in denen etwas Problematisches zu entstehen droht, metaphorisch auch heute noch mit dem Satz umschrieben: Da öffnet jemand die Büchse der Pandora.

Das Vergiftende dieses Mythos freilich liegt nicht nur in den Übeln und Plagen, die sich in der Büchse Pandoras befunden haben sollen, sondern mindestens so sehr auch in der weiblichen Rollenzuschreibung, die seit nunmehr fast dreitausend Jahren tradiert wird (die Erzählung wurde höchstwahrscheinlich schon recht lange vor Hesiod mündlich überliefert). Nicht irgendeine, sondern die Ursprungsfrau schlechthin wird im Mythos mit enorm fragwürdigen Qualitäten versehen (falsch, schamlos, schmeichelnd, betrügerisch) und trägt einen ganzen Krug voller Plagen mit sich. Anstatt mit diesem Krug sorgsam umzugehen, öffnet sie ihn unbedacht und wird so zur Übelvorbereiterin für die ganze Menschheit.

Das Frauenbild, das sich in diesem Mythos verbirgt, war mitnichten ein nur auf das antike Griechenland beschränktes Phänomen. Wer im Alten Testament die mythisch-religiöse Erzählung von Adam und Eva nachliest, stößt auf exakt analoge Attribuierungen einer Frau wie bei Pandora: Auch Eva wird als verführerisch, hinterlistig, durchsetzungsstark und verschlagen charakterisiert, und auch sie wird schließlich zur Übel-Bringerin und -Täterin, die letztlich dafür verantwortlich zu machen ist, weshalb die Menschheit aus dem Paradies vertrieben wurde und seither ihr Dasein mit all den bekannten und uns limitierenden Mängeln und Defiziten zu bestreiten hat:

> Es ist immer schwierig, einen Mythus zu beschreiben; er lässt sich nicht fassen, nicht begrenzen, er geistert im Bewusstsein umher, ohne ihm jemals als fixiertes Objekt gegenüberzustehen. Er ist so schillernd, so widerspruchsvoll, dass man zunächst die Einheit nicht sieht: als Dalila und Judith, Aspasia und Lucretia, Pandora und Athene ist die Frau immer Eva und Jungfrau Maria zugleich. Sie ist Idol und Magd, Quell des Lebens und Macht der Finsternis; sie ist das urhafte Schweigen der Wahrheit selbst und dabei unecht, geschwätzig, verlogen; sie ist Hexe und Heilende; sie ist die Beute des Mannes und seine Verderberin, sie ist alles, was er nicht ist und was er haben will, seine Verneinung und sein Daseinsgrund.[1]

Solche Aussagen und Assoziationen, die via Mythen bei unseren Altvorderen zirkulierten und Eingang in die über Generationen vererbten Bilder von Frau und Mann (nicht nur im Abendland) gefunden haben, sind das Baumaterial für jene patriarchalisch-aggressiven Welt- und Lebensanschauung geworden, welche die Kommunikation und die Kooperation der Geschlechter seit Jahrtausenden immens erschwert und pervertiert und teilweise völlig verunmöglicht hat. Das Ausmaß an Misogynie in der Menschheitsgeschichte war und ist fast zum Verzweifeln groß; man möchte sich einen Heroen der griechischen Mythologie (Herakles) wünschen, der sich der Aufgabe widmet, nicht einen Augias-, sondern den Ideologie-Stall des Patriarchats auszumisten.

In diesem Stall tummeln sich Vorurteile und weltanschauliche Versatzstücke mit ausgesprochen destruktivem Charakter: Neben der Überzeugung von der Minderwertigkeit von Frauen und der Überlegenheit von Männern sind es Ideen wie diejenige von einer Hierarchie zwischen Menschengruppen; von der *Ingroup* (die Männer) und der *Outgroup* (die Frauen); von Herrschaft und Gewalt zwischen den Menschen; von der Notwendigkeit einer Trennung in wir und ihr; von der Makel- und Fehlerhaftigkeit des anderen; von der Reinheit und Größe des eigenen Ich; von der eindeutigen Trennung in Täter (in diesem Fall Pandora/die Frauen) und Opfer (Epimetheus, die Menschheit).

Weil Herakles nur im Mythos und nicht in der Wirklichkeit anzutreffen ist, und weil sich aber die Vorurteilshaftigkeit der Pandora-

---

[1] Beauvoir, S. de: Das andere Geschlecht – Sitte und Sexus der Frau (1949), Reinbek bei Hamburg 1987, S. 155.

Erzählung zugleich über die Jahrtausende hinweg in der abendländischen Kultur vererbt und ausgebreitet und mächtige Wirkung gezeigt hat, braucht es womöglich ein neues, mit anderen und partiell gegenteiligen Aussagen bestücktes Narrativ von Pandora, von den Frauen und der Beziehung zwischen den Geschlechtern – ein Narrativ, das dem alten Mythos und seinen implizit wie explizit problematischen Aussagen mächtig zu Leibe rückt.

Diese Geschichte dürfte durchaus von der Schönheit der Pandora handeln – und von der prinzipiellen Schönheit aller Menschen jeglichen Geschlechts, wobei Schönheit als unzweideutige Qualität und nicht als Falle der Verführung gemeint wäre. Und sie dürfte den Namen Pandora ernstnehmen: Frauen – und nicht nur sie, sondern potenziell alle Menschen – könnten und sollten sich als schenkende Gaben begreifen, als regelrechte Geschenke füreinander; und deren höchste und wertvollste Aufgabe müsste es sein, einander Anerkennung zu geben.

Mythen – so habe ich es in unseren Eingangskapiteln dargelegt – entstehen als Geschichten, die sich Menschen untereinander erzählen, die sich immer wieder verändern und die irgendwann schriftlich oder in sonstigen Symbolen (Bildern, Statuen) fixiert werden. Den neuen Mythos von Pandora erzählen einige von uns womöglich schon seit Jahren und Jahrzehnten als Geschichte der Emanzipation, der Frauenbewegung und der Überwindung von Vorurteilsdenken. Wann aus den Narrativen schriftlich niedergelegte Texte werden, und wer der Hesiod (oder die Sappho) dieser zukunftsträchtigeren Erzählung sein wird, wissen wir nicht. Aber ich bin überzeugt, dass es Menschen gibt oder geben wird, die dazu willens und in der Lage sind.

Damit sind wir bei der letzten, am Boden der Büchse der Pandora befindlichen Gabe angelangt: bei der Hoffnung. Diese war im Mythos als Trostpreis der Götter den Menschen zugestanden, damit diese angesichts aller sonstigen Übel nicht völlig in Apathie und Verzweiflung verfallen. Friedrich Nietzsche allerdings hat in seiner bekannt kritisch-skeptischen Denkungsart auch noch die Hoffnung als eine perfide Gabe der Götter disqualifiziert:

Die Hoffnung. – Pandora brachte das Fass mit den Übeln und öffnete es. Es war das Geschenk der Götter an die Menschen, von außen ein schönes verführerisches Geschenk … Zeus wollte nämlich, dass der Mensch, auch noch so sehr durch die anderen Übel gequält, doch das Leben nicht wegwerfe, sondern fortfahre, sich immer von Neuem quälen zu lassen. Dazu gibt er dem Menschen die Hoffnung: sie ist in Wahrheit das übelste der Übel, weil sie die Qual der Menschen verlängert.[2]

Wenn wir hier auf ein neues Pandora-Narrativ hoffen, so nicht im Sinne des passiv-pathischen Hoffens, das tatsächlich einem Dulden und Erdulden entspricht und das Leiden an unguten Verhältnissen nur verlängert. Neben diesem gibt es jedoch ein aktiv-gnostisches, das Leben und seine Erzählungen nachhaltig veränderndes Hoffen – eine Haltung, Einstellung und Tat, wie sie von Ernst Bloch in seinem Buch *Das Prinzip Hoffnung* (1959) beschrieben wurden, aus denen Wandel, Evolution, Veränderung und Fortschritt erwachsen:

Die Alten haben sich je länger, je mehr der Hoffnung nicht zu entschlagen gesucht. Eine spätere, hellenistische Fassung … stellt daher Pandoras Mitgift nicht als Behälter des Unglücks, sondern kontrar der Güter dar, letzthin als Mysterien-Lade. Die Lade der Pandora ist in dieser Fassung Pandora selbst, das heißt: die „Allbegabte", voller Reize, Geschenke, Glücksgaben … So ist auf die Dauer die zweite Fassung des Pandora-Mythos doch die einzig wahre; Hoffnung ist das den Menschen gebliebene, das keineswegs bereits gereifte, aber auch keineswegs vernichtete Gut.[3]

Seit der Zeit, als der Mythos von Epimetheus und Pandora entstanden ist, sind bald drei Jahrtausende vergangen; und das Manuskript von Simone de Beauvoir über *Das andere Geschlecht* ist inzwischen auch schon ein Dreivierteljahrhundert alt. Ich erwähne diese Zeiträume, um auf die Langlebigkeit von (mytheninduzierten) Vorurteilen einerseits und die andererseits nur zögerlich eintretenden Effekte von (mythenemanzipatorischer) Vorurteilskritik hinzuweisen. Weil das Patriarchat in vielen

---

[2] Nietzsche, F.: Menschliches, Allzumenschliches (1878), in: KSA 2, München 1988, S. 82.
[3] Bloch, E.: Das Prinzip Hoffnung, Frankfurt am Main 1959, S. 389.

Winkeln der Erde immer noch hartnäckig dominiert, reicht eine zweite oder dritte Fassung der Pandora-Sage bei weitem nicht aus – die Menschheit wartet dringlich auf Dutzende, Hunderte, Tausende Erzählungen, die die Bilder der Frau und von Frauen ganz entschieden revidieren und zurechtrücken.

Thanatos – unser kleines Leben umgibt der große Schlaf

Thanatos war der Gott des Todes und der Bruder von Hypnos – der große Schlaf (Tod) als Geschwister des kleinen Todes (Schlaf). Bei Shakespeare wird auf diese beiden Arten des Schlafes angespielt, wenn er im *Sturm* dichtet: Wir sind von solchem Stoff wie Traumgebild, und unser kleines Leben umgibt ein großer Schlaf. Thanatos galt als Gottheit eines sanften Todes, wohingegen Ker als Göttin eines gewaltsamen Todes imaginiert wurde. Thanatos war der Sohn von Nyx, also der Nacht; er wohnte da, wo Tag und Nacht einander berühren, und wohin kein Sonnenstrahl fällt. Wenn es an der Zeit war, suchte er die Sterbenden auf, schnitt ihnen eine Haarlocke ab und führte sie in Richtung Hades. Es gab kaum Menschen, die ihm widerstehen konnten – einer dieser Seltenen war Sisyphos, der ihn überlistete; als Strafe musste er die Pein des vergeblichen Steine-Rollens auf sich nehmen. Der andere war Herakles, der Thanatos im Ringkampf (kurz) besiegte.

Während jener Zeit, die ohne das Wirken von Thanatos auskam, soll es dem Mythos zufolge keine Toten gegeben haben; selbst auf den Schlachtfeldern wurde nicht gestorben, was Ares, den Gott des Krieges, zutiefst beunruhigte. Er (Ares) befreite schließlich Thanatos, damit wieder reguläre Verhältnisse im Krieg wie auch im Alltag Einzug halten sollten. Inwiefern Ares der Menschheit damit einen Dienst erwiesen hat, wird bis auf den heutigen Tag kontrovers diskutiert.

Denn dieser dunkle Geselle (Thanatos wird in der Regel als schwarz gekleidet vorgestellt) beschäftigt die Menschen, seit ihr Bewusstsein erwacht ist und sie den Tod als letzte, harte, unnachsichtige Begrenzung des Lebens zu empfinden gelernt haben. So sehr uns diverse Mythen von der Möglichkeit des Überwindens des Todes-Gottes erzählen, so sehr behielt dieser bis jetzt letztlich die Oberhand über noch so wünschbare Vorstellungen seiner Außer-Kraft-Setzung – eine Oberhand, die bei nicht wenigen Angst und Furcht und Erschütterung auslöst.

Michel de Montaigne war diesbezüglich nüchterner und realistischer als manch mythische Wunschbilder. In seinen *Essais* findet sich der Text *Philosophieren heißt sterben lernen*, in dem der französische Moralist dafür plädiert, die Todesfurcht dadurch zu minimieren, dass wir uns oft genug dieser Gottheit bewusstwerden:

> Berauben wir ihn seiner Unheimlichkeit, pflegen wir Umgang mit ihm, gewöhnen wir uns an ihn, bedenken wir nichts so oft wie ihn … Ebenso habe ich es mir zur Gewohnheit gemacht, den Tod mir nicht nur ständig vorzustellen, sondern auch im Munde zu führen.[1]

Baruch de Spinoza, der niederländische Denker im 17. Jahrhundert, verfocht eine ähnliche Idee. Auch ihm war der Tod als unverrückbare Gewissheit für jedermann ein Dorn im Auge, aber auch er war der Meinung, dass eine gewisse Vertrautheit mit dieser Gottheit am ehesten dazu beiträgt, unsere Beklommenheit und Angst ihr gegenüber nicht ins Uferlose ansteigen zu lassen. Gleichzeitig aber stoßen wir uns das Gehirn wund, wenn wir lediglich Todes-fixiert denken und fühlen – wir dürfen und müssen uns, gerade weil es Gott Thanatos gibt, entschieden dem Leben zuwenden:

---

[1] Montaigne, M. de: Essais (1580ff.), übersetzt von Hans Stilett, Frankfurt am Main 1998, S. 48 f.

Thanatos – unser kleines Leben umgibt der große Schlaf

> Der freie Mensch denkt an nichts weniger als an den Tod; und seine Weisheit ist nicht ein Nachsinnen über den Tod, sondern ein Nachsinnen über das Leben.[2]

Als zumindest einige Jahre überzeugter Spinozist hielt Goethe sich an manche Empfehlungen des Niederländers, ohne freilich damit seine Bangigkeit und seinen Widerwillen gegen die Todesthematik merklich abschwächen zu können. Für den Weimarer Dichter bedeutete Thanatos eine massive Bedrängnis, der er bisweilen mit mächtigen Verdrängungsstrategien begegnete. Wenn etwa ein Trauerzug an seinem Haus am Frauenplan vorbeizog, ließ er alle Fensterläden schließen, um die Anmutung von Vergänglichkeit und Lebensende nicht in sein Inneres vordringen zu lassen.

Auch war er bei aller nüchternen Aufgeklärtheit über die Todes-Verfallenheit des menschlichen Organismus überzeugt, dass aufgrund der ungemein komplexen Differenziertheit seiner eigenen Person der Kosmos nahezu verpflichtet sei, ihm nach seinem Tode irgendeine andere Stelle des (geistigen) Lebens zuweisen zu müssen. Obwohl Goethe den abergläubischen Aussagen der Religionen keinen Glauben schenkte, konnte und mochte er sich eine endgültige Limitierung seiner Existenz partout nicht vorstellen.

Da traf man bei Arthur Schopenhauer doch auf eine ganz andere Einstellung. Dieser Philosoph vertrat die Ansicht, dass das (geheime) Ziel des Lebens der Tod sei, und dass wir nach dem Tod in keinen anderen Zustand geraten als vor unserer Zeugung und Geburt – eine ganze Unendlichkeit, da wir noch nicht waren, und eine ebenso lange Unendlichkeit, da wir nicht mehr sein werden. Außerdem bedeute der Tod das Hinter-sich-Lassen aller Kümmernisse und Mühsalen, die das Dasein unserem Ich in der Regel bereitet:

> Über dies alles nun aber ist der Tod die große Gelegenheit, nicht mehr Ich zu sein: wohl dem, der sie benutzt ... Das Sterben ist der Augenblick jener Befreiung von der Einseitigkeit einer Individualität, welche nicht den innersten Kern unseres Wesens ausmacht, vielmehr als eine Art Verirrung

---

[2] Spinoza, B. de: Die Ethik nach geometrischer Methode dargestellt (1677), Hamburg 1989, S. 247.

desselben zu denken ist: Die wahre, ursprüngliche Freiheit tritt wieder ein, in diesem Augenblick, welcher, im angegebenen Sinn, als eine *restitutio in integrum* betrachtet werden kann.[3]

So wie Goethe eine Weile Spinozist war, so war Sigmund Freud für geraume Zeit Anhänger von Arthur Schopenhauer. Daher nimmt es nicht groß Wunder, dass sich der Begründer der Psychoanalyse ähnlich unerschrocken und konkret mit dem Tod befasst und auseinandergesetzt hat wie der Philosoph. In Freuds Schriften taucht Thanatos zwar nicht als Begriff, sehr wohl aber als eine wesentliche, dem Leben diametral entgegenstehende Macht und Triebenergie in dessen dynamischem Seelenmodell auf: Eros wird als Leben ermöglichende, verbindende Kraft definiert, welche dem Thanatischen Gesundheit und langes Leben abtrotzt, wohingegen Thanatos (oftmals im Stillen) an der Auflösung des Lebens wirkt.

Eros schafft jeweils größere Einheiten und wirkt demnach synthetisch – Thanatos dagegen zerstört die größeren Einheiten und Ganzheiten und wirkt also lytisch, nekrotisch, analytisch. Ihm wohnt bei Freud das (Auto)-Destruktive inne (Aggressionstrieb, Destrudo), wohingegen Eros als aufbauende Energie konzipiert ist (Sexualtrieb, Libido). Als frühen Gewährsmann für seine Theorie zitierte Sigmund Freud übrigens den vorsokratischen Philosophen Empedokles, der im 5. vorchristlichen Jahrhundert maßgeblich zur damaligen kulturellen Veränderung „Vom Mythos zum Logos" beigetragen hat:

> Der Philosoph lehrt …, dass es zwei Prinzipien des Geschehens im weltlichen wie im seelischen Leben gibt, die in ewigem Kampf miteinander liegen. Er nennt sie *Liebe* und *Streit* … Die beiden Grundprinzipien des Empedokles … sind dem Namen wie der Funktion nach das Gleiche wie unsere beiden Urtriebe *Eros* und *Destruktion*, der eine bemüht, das Vorhandene zu immer größeren Einheiten zusammenzufassen, der andere,

---

[3] Schopenhauer, A.: Die Welt als Wille und Vorstellung, Zweiter Band (1819/1859), Zürich 1988, S. 590 f.

diese Vereinigungen aufzulösen und die durch sie entstandenen Gebilde zu zerstören.[4]

Auch Henrik Ibsen, den man aufgrund seiner unbestechlichen diagnostischen Ader in Anlehnung an den Vater der Psychoanalyse auch den Freud des Nordens genannt hat, imponierte in Bezug auf Gott Thanatos ausgesprochen illusionsarm und nüchtern. In seinem bekanntesten Drama *Peer Gynt* (1867) tritt diese morose Gottheit in der Person des Knopfgießers auf, der den um seine Identität ringenden Peer Gynt ultimativ auffordert, binnen 24 Stunden zu sagen, wer er denn sei – ansonsten müsse er zurück in den großen Ausschusstopf (also sterben):

> Du warst nun gedacht als ein blinkender Knopf / Auf der Weste der Welt; doch die Öse misslang. / So musst Du denn, Freund, in den Ausschusstopf – / Und nimmst wieder in die Masse den Gang.[5]

Zufällig trifft Peer in dieser fatalen Situation auf Solveig, die ihn seit Jahren schon liebt und auf ihn gewartet hat. Ihr unerschütterlicher Glaube an Peer wird für ihn vorerst zur Rettung vor dem Knopfgießer, so dass er nicht heim muss in die nebligen Lande (wie Ibsen den Hades in seinem Drama nennt). Die Verbindung von individueller Identität und (passagerem!) Überleben ist Ibsen in den Figuren von Solveig und Peer Gynt aufrüttelnd und anrührend zugleich gelungen.

Ein Plädoyer für die Entdramatisierung des Unausweichlichen bedeutet die Erzählung *Drei Tode* (1859) von Leo Tolstoi. Der Dichter schildert darin die Tode und das Sterben eines Baumes, eines kranken Kutschers sowie einer russischen Gutsherrin. Der Kutscher liegt schon seit Tagen und Wochen auf dem warmen Ofen, hustet immer wieder vor sich hin und spürt dann sein Ende nahen: „Der Tod kommt – das ist's."[6] – lautet sein ganzer Kommentar. Noch schlichter stirbt der Baum, indes die Gutsherrin, die an einer Krankheit zum Tode leidet (Tuberkulose), ein großes Lamento von sich gibt; zum Schluss aber sind alle drei gleich tot.

---

[4] Freud, S.: Die endliche und die unendliche Analyse (1937), in: GW XVI, Frankfurt am Main 1993, S. 92.
[5] Ibsen, H.: Peer Gynt (1867), in: Sämtliche Werke in fünf Bänden, Band II, Berlin 1907, S. 570.
[6] Tolstoi, L.: Drei Tode (1859), in: Meistererzählungen, Zürich 1989, S. 16.

Auf eine poetische Beschäftigung mit Gott Thanatos treffen wir auch bei Rainer-Maria Rilke. In *Die Aufzeichnungen des Malte Laurids Brigge* (1910) vertrat er mit Verve das Anrecht eines jeden auf seinen ganz individuellen Tod – die Aussicht auf einen solchen Tod mache ein personales Leben davor möglicher und wahrscheinlicher. Doch werde, so Rilke, in den Sanatorien und Kliniken nur ein ent-individualisiertes Sterben propagiert – „man stirbt, wie es gerade kommt; man stirbt den Tod, der zu der Krankheit gehört, die man hat ... (man stirbt) einen von den an der Anstalt angestellten Toden; das wird gerne gesehen."

Rilke pochte nicht nur auf einen individuellen Tod; er war auch bestrebt, dem Tod selbst etwas Positives abzugewinnen und damit die Abneigung und Furcht diesem Anathema gegenüber zu minimieren. In den *Duineser Elegien* (1923) taucht Thanatos mehrfach auf, wobei sein Dunkles und Unheimliches durch Rilkes Bilder und Worte beinahe ins Gegenteil verkehrt werden: „Erde, du liebe, ich will ... / Namenlos bin ich zu dir entschlossen, von weit her. / Immer warst du im Recht, und dein heiliger Einfall / ist der vertrauliche Tod." – lesen wir in der neunten Elegie. Und außerdem heißt es in diesem Gedicht:

> Aber weil Hiersein viel ist, und weil uns scheinbar / alles das Hiesige braucht, dieses Schwindende, das / seltsam uns angeht. Uns, die Schwindendsten. *Ein* Mal / jedes, nur *ein* Mal. *Ein* Mal und nicht mehr. Und wir auch / *ein* Mal. Nie wieder. Aber dieses / *ein* Mal gewesen zu sein, wenn auch nur *ein* Mal: / *irdisch* gewesen zu sein, scheint nicht widerrufbar.[7]

Montaigne, Spinoza und Goethe; Schopenhauer und Freud; Ibsen, Tolstoi und Rilke – und wir? Wie gehen wir mit Gott Thanatos um? Welche Fensterläden verschließen wir, wenn wir seinen Namen hören? Und welche Direktheit der Beschäftigung mit ihm und welche Frequenz muten wir uns zu und tut uns gut?

So wie Rilke energisch für einen *individuellen Tod* eintrat, so plädiere ich ebenso energisch für einen *individuellen Umgang* mit dieser Thematik. Ob es klug ist, wie Goethe oder aber wie Schopenhauer oder Tolstoi darauf zu reagieren, mag jeder für sich entscheiden – das Wesentliche

---

[7] Rilke, R.-M.: Duineser Elegien (1923), in: Die Gedichte, Frankfurt am Main 2006, S. 711.

daran sind meiner Meinung nach die Effekte für das Leben, die von unserer jeweiligen Einstellung zur Gottheit Thanatos ausgelöst und unterhalten werden.

Da mag es für den einen sinnvoll sein, das Thanatische aus seinem Dasein möglichst zu verdrängen, um ein langes und halbwegs glückliches Leben zu führen – und für den anderen braucht es dafür das tägliche Quantum Thanatos, um sich immer wieder ins Existentiell-Erotische hineinzukatapultieren. Der Prüfstein, das Lackmuspapier für den rechten Umgang mit Gott Thanatos ist das Leben mit all seinen Aufgaben und Möglichkeiten und Imperativen, *bevor* uns ein Knopfgießer aufsucht und uns nach unserer Identität und unserer Geschichte befragt. Dieses „einmal irdisch zu sein" darf uns wie ein täglicher Jubelgedanke so lange begleiten, bis wir tatsächlich irgendwann heimmüssen in die nebligen Lande. Aber bis dahin halten wir mit jeder Faser unseres Wesens lebendig fest an dieser Welt und den Menschen, weil sie uns mindestens ebenso brauchen wie wir sie.

Mnemosyne – die göttliche Gabe der Erinnerung

Mnemosyne stammt von Gaea und Uranos ab, ist also Tochter des Himmels und der Erde. Ihr Name verweist auf das griechische Wort *mneme*, das übersetzt so viel wie Gedächtnis bedeutet. In mancher alten Erzählung wird Mnemosyne als Fluss vorgestellt, der ähnlich wie der Fluss Lethe in der Unterwelt fließt: Wer in Mnemosyne eintaucht, erinnert sich, und wer dagegen mit Lethe in Kontakt gerät, der vergisst – so lautete die alte Sage.

Wie außerordentlich sprach- und kulturschöpfend Erinnerungen wirken, wird im Mythos von Mnemosyne bildhaft ausgedrückt. Mnemosyne nämlich wird als Mutter der neun Musen geschildert; als Vater der Musen kommt – dies ist nicht weiter verwunderlich – wiederum Zeus in Betracht:

> Neun Nächte lang lag der einfallsreiche Zeus mit ihr (Mnemosyne) / abseits der Unsterblichen auf ihrem heiligen Lager, / und als es an der Zeit war – die Monde vergangen / im Wechsel der Jahreszeiten – Tag um Tag

vollendet – / erblickten neun Mädchen – vom selben Wesen alle / sorglos und nur singen im Sinn – das Licht der Welt.[1]

Unter den neun Musen, die ursprünglich alle nur singen im Sinn hatten, ergab sich rasch eine Differenzierung: Thalia (die Blühende) war für Komödie und fröhliche Unterhaltung zuständig; Urania für die Sternenkunde; Klio für die Historiographie (Geschichtsschreibung); Polyhymnia (die Hymnenreiche) für Pantomime, Tanz und gottesdienstliche Gesänge; Kalliope (die Schönstimmige) für Epik und Dichtung. Mnemosyne wurde demnach für die Gedächtnisleistungen des Einzelnen ebenso verantwortlich gemacht wie für dessen Kreativität, und dieser Zusammenhang von (ausgeprägtem) Erinnerungsvermögen und künstlerisch-kultureller Originalität ist in der Tat bei nicht wenigen schöpferischen Menschen zu beobachten. Nicht ganz zufällig hat Karl Philipp Moritz die Göttin Mnemosyne daher in seiner *Götterlehre oder mythologische Dichtungen der Alten* (1791) als die Mutter alles Wissens und alles Denkens bezeichnet.

In gewisser Weise kann man Mnemosyne, also die Erinnerungsfähigkeit, jedoch auch als Mutter aller unserer Identitätsempfindungen begreifen. Bei der Frage nach dem *Wer sind wir* greifen wir unwillkürlich auf eine bestimmte Art und Weise der Erinnerung zurück; wird diese (die Art und Weise) aus welchen Gründen auch immer nicht eingehalten, erleben wir unsere Identität als brüchig oder nicht mehr vorhanden – wobei sich das veränderte Erinnerungsvermögen sowohl auf ein Zuviel als auch auf ein Zuwenig beziehen kann.

Ein Zuviel an Erinnerungen ist beispielsweise bei Menschen gegeben, die mit einer Hypermnesie versehen sind. Darunter versteht man die sehr fragwürdige Fähigkeit, Telefonbücher im wahren Sinne des Wortes rasend rasch auswendig lernen zu können. Grundlage dafür ist ein fotografisches Gedächtnis, mit dem der Betreffende ausnahmslos alle Details, die ihm beggenen, abspeichern und wiedergeben kann.

So faszinierend und attraktiv derartige überschießende Gedächtnisleistungen auf den ersten Blick hin imponieren, so problematisch er-

---

[1] Hesiod: Theogonie (etwa 700 v. Chr.), übersetzt und erläutert von Raoul Schrott, München 2014, S. 10 f.

weisen sie sich meist bei genauerer Betrachtung. Der russische Neurologe Alexander Lurija hat in *Ein kleines Büchlein über ein großes Gedächtnis – Der Verstand eines Mnemonisten* detailliert die Geschichte eines Hypermnestikers aufgezeichnet.[2] Der Zeitraum von drei Jahrzehnten, in denen er seinen Patienten beobachtete, erlaubte es ihm, die Besonderheiten von dessen hypermnestischem Gedächtnis wie auch die daraus resultierenden Folgen für sein Identitätserleben umfänglich nachzuvollziehen.

Der Neurologe machte dabei einen überraschenden Fund: Wer unterschiedslos alles und jedes erinnert, dem ergeht es zum Schluss ähnlich wie jenen Menschen, die zu wenig oder gar nichts erinnern – er verfügt über kein Selbst und über keine unverwechselbare Persönlichkeit, sondern lediglich über einen gigantischen Datenhaufen, dem es jedoch an Kontur und Tiefe gebricht. Ähnliches berichten manche Mnemo-Künstler, die sich imposante Techniken angeeignet haben, um ganze Zahlenkolonnen, Adressbücher oder Gegenstandskataloge im Nu auswendig zu lernen und bei passender oder unpassender Gelegenheit herzusagen: Auch sie bestätigen, dass sie damit überhaupt kein Plus ihres personalen Identitäts-Niveaus zu verzeichnen haben.[3]

Häufiger als über ein Zuviel klagen Menschen hingegen über ein Zuwenig des Erinnerungsvermögens. Als ob sich Mnemosyne von ihnen zurückgezogen hätte oder sie nur noch für jeweils wenige Minuten besucht, um ihnen Erinnerungen an ihr bisheriges Leben zu ermöglichen, sucht die immens große Schar der Demenz-Erkrankten oftmals verzweifelt bei sich nach zusammenhängenden Erinnerungen, die ihnen nicht nur ihre Vergangenheit, sondern vor allem auch ihre Identität in groben Zügen widerspiegeln könnten.

Ein Mangel an Erinnerungen zeitigt verheerende Auswirkungen auf das Erleben der Identität der Betroffenen. Diese Auswirkungen hat als erster Nervenarzt Alois Alzheimer beschrieben; von Auguste Deter (der Patientin, an der Alzheimer den nach ihm benannten Verlust des Erinnerungsvermögens bemerkt hatte) wurden diese Konsequenzen in dem wiederholten Satz „Ich habe mich sozusagen selbst verloren" in ihrer Tra-

---

[2] Lurija, A.R.: Kleines Porträt eines großen Gedächtnisses (1968), in: Der Mann, dessen Welt in Scherben ging, Reinbek bei Hamburg 1991.
[3] siehe hierzu Bien, U.: Einfach. Alles. Merken., Hannover 2012.

gik zum Ausdruck gebracht. Wer die eigene Geschichte sowie die Bedeutung von Dingen, Menschen und Kultur vergisst, dem zerbrechen sein Ich und seine Person zu Partikeln ohne Zusammenhang.

Nicht nur in der Medizin spielen Erinnerungen (und damit Mnemosyne) eine wesentliche Rolle – auch in der Psychologie, Philosophie, Kunst und natürlich in unserem Alltag machen sich die Fertigkeiten der Göttin Mnemosyne entweder als Qualitäten oder als Mangel bemerkbar. So hat Henri Bergson (1859–1941) in *Materie und Gedächtnis* (1896) aus einer philosophischen Sicht heraus ausführlich zur menschlichen Erinnerungsfähigkeit Stellung bezogen.

Bergson unterschied zwei Arten von Gedächtnis: Das mechanische, habituelle Gedächtnis ist als körperliche Gewohnheit zu verstehen, welche den Lebensablauf eines Menschen in Muster und Formeln verwandelt. Die erlernten Gewohnheiten, die sich aufgrund unserer gemachten Erfahrungen gebildet haben, durchziehen und prägen unsere Gegenwart und unser momentanes Handeln.

Mit dem reinen Gedächtnis hingegen erinnern wir potentiell alle Situationen unseres gelebten Lebens. In ihm gehe nichts verloren, auch wenn meistens weite Bereiche davon nicht direkt zugänglich sind (ein Gedanke, der sich ähnlich bei Sigmund Freud wiederfindet). Unter dem reinen Gedächtnis verstand Bergson die Erinnerung des zusammenhängenden Ganzen einer individuellen Vergangenheit. Dieses Erinnern führe dazu, dass Menschen ihre subjektive Zeit als Dauer (*durée*) und nicht lediglich als eine bloße Wiederholung oder Aneinanderreihung von Jetzt-Punkten erleben. Nur jene, die zur *durée* fähig sind, entwickeln ein stabiles Identitäts- und Ich-Empfinden.

Marcel Proust hat in *Auf der Suche nach der verlorenen Zeit*[4] die Gedanken Bergsons über das reine Gedächtnis literarisch bestätigt. Proust, dessen Cousine Louise Neuburger mit Henri Bergson verheiratet war, ließ Swann, die Hauptperson seines Romans, beim Nachmittagstee ein Madeleine-Törtchen in die vor ihm stehende Schale tunken. Bei diesem habituellen Ritual standen ihm jählings die Bilder, Ereignisse und Atmosphären seiner Vergangenheit als Gesamtheit und Dauer (*durée*) vor Augen. Obwohl diese Reminiszenzen für Swann lange Zeit nicht präsent

---

[4] Proust, M.: Auf der Suche nach der verlorenen Zeit (1913–27), Frankfurt am Main 1979.

waren, waren sie dennoch nicht verloren. Sie lagerten gleichsam als Spuren in ihm und der ihn umgebenden Materie, und sein reines Gedächtnis (für Bergson gleichbedeutend mit Geist) nutzte diese materiellen Engramme als Matrix für seine Erinnerungen.

Mnemosyne macht sich in unserem Leben günstigenfalls noch im Hinblick auf eine andere Form des Vergessens respektive Erinnerns bemerkbar: als eine Art Imperativ, sich unseres eigenen, ureigenen Ichs zu erinnern. Häufig leben wir im Modus des Man-selbst-Seins (so hat Martin Heidegger dies benannt) und damit beinahe selbstvergessen. Oftmals nur in Ausnahmesituationen, die geprägt sind von existenzieller Erschütterung, erinnern wir uns an die Möglichkeiten des Ich-selbst-Seins.

Diese seltenen Momente, in denen die Selbstvergessenheit zurücktritt, sind durch ein außergewöhnliches Zeiterleben charakterisiert. Immer nämlich, wenn der Mensch im Modus des Ich-selbst-Seins existiert, synthetisiert er seine gelebte Vergangenheit, seine augenblickliche Gegenwart und die möglichen Entwürfe und Horizonte seiner Zukunft zur Totalität.

Im Modus des Man-selbst-Seins und der Uneigentlichkeit aber zerreißt dieser Zeitkonnex. Selbstvergessene Menschen leben entweder als der Vergangenheit verhaftet und erinnern die längst verflossenen Verfehlungen, Siege oder Chancen; oder sie stürzen sich als ein Niemand ohne Geschichte und Zukunft in das punktuelle Dasein des Moments und des Augenblicks; oder aber sie verfallen als Ritter des Möglichen (Sören Kierkegaard) den billig-wohlfeilen Träumereien des Morgens und des Konjunktivs.

Das Vergessen des eigenen Ichs und der Suche danach sowie das Verfehlen der Zeit als Totalität und Kontinuum sind also eng miteinander verknüpft. Identität und Individualität entstehen nur um den Preis des Zurückdrängens von Selbst- und Zeitvergessenheit; und dieses erfordert die Erinnerungen an die eigene Geschichte ebenso wie an die Umrisse und Potentialitäten des persönlichen Werdens.

So wie sich Einzelne an Biographisches oder die Aufgabe der Selbstrealisation erinnern, so können sich auch Sozietäten und Kulturen an ihre Geschichte oder an mögliche Entwicklungslinien ihrer Zukunft erinnern. Gelungene Historiographie leistet Derartiges, wobei Friedrich Nietzsche in seiner Abhandlung *Vom Nutzen und Nachteil der Historie für das Leben* (1874) darauf aufmerksam gemacht hat, dass es häufig zu einer antiquarischen Geschichtsschreibung komme, die ähnlich wie bei Mnemo-Künstlern zu einer Ansammlung von Daten ohne Zusammenhang führe. Viel empfehlenswerter sei deshalb eine kritische und monumentalische Geschichtsschreibung, die den skeptischen Blick zurück unternehme, um Modelle und Konzepte für die Gestaltung der Zukunft zu erhalten.

Als ein ziemlich eindrückliches Beispiel einer derartigen kulturellen Erinnerungsarbeit gilt der Bilderatlas *Mnemosyne* des Hamburger Kulturhistorikers Aby Warburg (1866–1929). Der vollständige Titel dieser Arbeit lautet *Mnemosyne – Bilderreihe zur Untersuchung der Funktion vorgeprägter antiker Ausdruckswerte bei der Darstellung bewegten Lebens in der Kunst der europäischen Renaissance*. Ziel dieses Projekts war es, Spuren der Antike zu verfolgen und ihr Weiterleben bis in die Neuzeit hinein nachzuvollziehen. Manche antiken Darstellungen von Figuren oder Gegenständen tauchen im Laufe der Kulturgeschichte in veränderter Manier als Engramme oder Mneme (Erinnerungen) immer wieder auf, so dass man von einer Art Bildgedächtnis sprechen kann. Dabei lässt sich eine Geschichte ihrer Bedeutungen und Bedeutungsveränderungen erzählen – Bildmotive unterliegen einer dynamischen Ikonologie und nicht einer statischen Ikonographie.

Der Bilderatlas *Mnemosyne* blieb aufgrund des Todes von Aby Warburg 1929 unvollendet. Es passt zur Lebendigkeit des mythischen Motivs von Mnemosyne, dass Mitarbeiter des Aby-Warburg-Instituts in London (die Forschungsstätte und die Bibliothek Aby Warburgs mussten aufgrund der Bedrohung durch Faschismus und den Nationalsozialismus von Hamburg ins Exil nach London verlegt werden) in den letzten Jahren den Bilderatlas originalgetreu in diversen Ausstellungen dem interessierten Publikum wieder zugänglichgemacht und so dem Vergessen durch Erinnerungsarbeit entgegengewirkt haben. Mnemosyne wäre damit wohl doppelt zufrieden gewesen: Schließlich erinnert die Erinnerung an den Bilderatlas zugleich an den Mythos von der Göttin der Erinnerung.

Mnemosyne wäre wahrscheinlich auch mit dem Faktum zufrieden gewesen, dass Aby Warburg den Eingang zu seiner Bibliothek in Hamburg mit ihrem Namen zierte – und damit deutlich machte, dass die Erinnerung nicht nur die Mutter der Musen und Künste, sondern alles

Wissens und Könnens und der gesamten Kultur bedeutet. Analog dürfte jeder von uns in den Eingangsbereich seiner jeweils individuell-personalen Identität den Begriff der Mnemosyne einmeißeln – schließlich sind unsere Erinnerungen jene Kerngebiete, um die herum sich jedes Mal neu und in Maßen abgeändert über und durch unsere Erzählungen das Empfinden unserer Identität ereignet und verstärkt.

Gleichartiges geschieht übrigens in gelingenden Psychotherapien. Auch hier entspinnen sich aus den Erinnerungen des Klienten oder Patienten immer wieder überraschende Narrative, mit deren Hilfe der Einzelne eventuell Distanz zu seiner Historie einlegen und seine Gegenwart und Zukunft mit andersgearteten Urteilen und Entwürfen belegen kann. Je lebendiger Mnemosyne sich dabei geriert, umso größere Chancen der Veränderung eröffnen sich den betreffenden Personen.

Hypnos, Morpheus und die Luzidität des Bewusstseins

Die Götter Hypnos (für den Schlaf) und Morpheus (für die Träume) waren in der griechischen Mythenwelt eng aufeinander bezogen; zwischen ihnen gab es sogar verwandtschaftliche Beziehungen: Hypnos war der Vater von Morpheus – und letztlich stammten beide von Nyx, der Nacht ab:

> Nyx die Nacht gebar den Moros das schreckliche Verhängnis / Ker die dunkle Raffende – Thanatos den Tod – Hypnos den Schlaf / und die vielen Träume der Oneiren, ohne dass ihr ein Gott / beigewohnt hätte.[1]

Hypnos stellten sich die Griechen als eine gutmütige und sanfte Gottheit vor, die für etwa die Hälfte der Lebenszeit eines Menschen hohe Relevanz besitzt. Hypnos besaß die Macht, nicht nur Menschen, sondern auch Götter und Tiere in einen tiefen Schlaf zu versetzen. Hera, die Gattin von Zeus, verbündete sich nicht selten mit Hypnos, der ihren Gatten in Tiefschlaf versetzen sollte, damit sie sich (Hera) umso ungestörter mit Hera-

---

[1] Hesiod: Theogonie (um 700 v. Chr.), übersetzt und erläutert von Raoul Schrott, München 2014, S. 16.

kles auseinandersetzen konnte, mit dem sie so manchen Strauß auszufechten hatte.

Neben Morpheus hatte Hypnos noch weitere Kinder: Phobetor (der Schrecken) und Phantasos (die Einbildungskraft, Phantasie). Alle Kinder von Hypnos waren für Träume zuständig, wobei die unterschiedlichen Inhalte von den diversen Göttern Morpheus, Phobetor und Phantasos hervorgerufen wurden. Die einzelnen Namen haben sich bis auf den heutigen Tag erhalten: Gott Hypnos taucht im Begriff der Hypnose wieder auf; Morpheus kehrt wieder im Traum und Schlaf anstoßenden Morphin; Phobetor bezieht sich auf denselben Wortstamm wie phobos (Phobie, Angst); und Phantasos hat unseren Begriff der Phantasie geprägt.

In künstlerischen Darstellungen wurde seit der Antike Hypnos (Schlaf) im engen Kontakt mit Thanatos (der Gott des Todes) abgebildet – und dies nicht nur wegen ihrer gemeinsamen Herkunft (Nyx). Immer wieder wurde das Leben und der darin vorkommende Schlaf (Hypnos) mit dem Todesschlaf verglichen und in Verbindung gebracht. So heißt es etwa bei Shakespeare in *Der Sturm* (1611): „Wir sind von solchem Stoff wie Traumgebild, und unser kleines Leben umgibt ein Schlaf." Vor einigen Jahrzehnten wurde auch der Titel eines Romans des österreichischen Dichters und Schriftstellers Robert Schneider bekannt, der auf unser Thema anspielt, nämlich *Schlafes Bruder* (1992):

> Das ist die Geschichte des Musikers Johannes Elias Alder, der 22-jährig sein Leben zu Tode brachte, nachdem er beschlossen hatte, nicht mehr zu schlafen ... Denn im Schlaf sei man tot, jedenfalls lebe man nicht wirklich. Nicht von ungefähr vergliche ein altes Wort Schlaf und Tod mit Brüdern.[2]

Im griechischen Mythos wurde Hypnos als eine Gottheit verstanden, die dem Menschen mit seinem von ihm induzierten Schlaf die Effekte von Entspannung (im Wechsel mit den anspannenden Herausforderungen des Daseins) und Distanz zu den Themen des Tages und der Wachheit gewährt. In seiner *Kritik der Urteilskraft* (1790) zielte Immanuel Kant auf Analoges ab, als er schrieb:

---

[2] Schneider, R.: Schlafes Bruder (1992), Leipzig 1994, S. 9.

Voltaire sagte, der Himmel habe uns zum Gegengewicht gegen die vielen Mühseligkeiten des Lebens zwei Dinge gegeben: die *Hoffnung* und den *Schlaf*. Er hätte noch das *Lachen* dazu rechnen können."[3]

Ähnlich ließ Friedrich Schiller den Feldherrn Wallenstein im Drama *Wallensteins Tod* (1799) argumentieren, der angesichts der ihn sehr bedrängenden Umstände kurz vor seinem Ableben kaum mehr Hoffnung empfindet und stattdessen beim Schlaf Zuflucht sucht: „Ich denke, einen langen Schlaf zu tun, / Denn dieser letzten Tage Qual war groß, / Sorgt, dass sie nicht zu zeitig mich erwecken."[4]

Der Schlaf ist trotz recht vielfältiger Erkenntnisse der Schlafforschung immer noch ein ziemliches Rätsel der Natur und des Lebens. Wir finden ihn als Lebenserscheinung nicht bei allen Organismen; die höher organisierten Lebewesen bedürfen seiner, offenbar um sich auszuruhen und zu regenerieren. So kann man den Schlaf als Heilmittel betrachten, welches das Lebendige sich selbst verordnet, um nicht allzu rasch an Abnützungserscheinungen zugrunde zu gehen.

Der Schlaf ist ein zweckmäßiger Lebensvorgang, und der griechische Mythos ist deshalb ebenso wie der Dichter Robert Schneider nur halb im Recht, wenn er ihn einen Bruder des Todes nennt (und *vice versa*: Schlafes Bruder). Ebenso korrekt ist es nämlich zu behaupten, dass Wachen und Schlafen innerlich verwandt sind: Der Schlaf bedeutet ein mehr oder minder reduziertes Wachsein, und das Wachen ist meistens ein halbes Schlafen; nicht selten gehen die Zustände fast unmerklich ineinander über.

Von nicht wenigen Ärzten, Psychologen, Biologen, Gehirnforschern wurde und wird die Parallelität von Einschlafen und Sich-Hingeben betont. Wer an Hingabe-Störung leidet, wird eventuell nicht einschlafen können und umgekehrt. Und wer sich etwa infolge massiverer Affekte und Konflikte dauernd wie im Feindesland zu befinden meint und nachts die Kämpfe und Attacken ausficht, die er tagsüber nur teilweise oder überhaupt nicht zu einem für ihn befriedigenden Ende geführt hat, wird es schwer haben, sich dem Schlaf und damit einer gewissen Schutzlosigkeit anheimzugeben.

---

[3] Kant, I.: Kritik der Urteilskraft (1790), in: Werkausgabe Band X, Frankfurt am Main 1992, S. 275.
[4] Schiller, F.: Wallensteins Tod (1799), in: Sämtliche Werke, Band II, Darmstadt 1981, S. 538.

Das Schlafen bedeutet eine Art des Vertrauens in sich selbst und die Umwelt. Daher darf man Schlafstörungen (Einschlafstörung; Durchschlafstörung; zu kurzes oder zu langes Schlafen) nicht isoliert betrachten; sie haben eine Bedeutung im Rahmen der Lebensführung, des Lebensstils oder Lebensplanes des betreffenden Individuums. Jede Schlafstörung, selbst wenn sie biologisch bedingt ist (z. B. bei Schilddrüsenüberfunktion), hat einen individuellen Sinn und wird in die je eigene Biographie und Lebenssituation des Betreffenden eingebaut respektive von ihr mitgestaltet.

So wie Gott Hypnos uns mit mehr oder weniger ungestörtem, erquicklichem, tiefem Schlaf versieht, so sorgen seine Kinder für entsprechende Träume, die uns erheitern, ängstigen, quälen, erfreuen, ermutigen, deprimieren. Seit der Antike gibt es für die betreffenden Trauminhalte jeweilige Vorschläge und Anleitungen, wie sie eingeordnet und interpretiert werden sollten.

In der Neuzeit wurde insbesondere Sigmund Freuds Buch *Die Traumdeutung* (1900) in dieser Hinsicht sehr bekannt. Darin vertrat Freud die Ansicht, dass sich die Inhalte von Träumen um die erlebten Tagesreste gruppieren, die im Träumer infantil-sexuelle Wünsche mobilisieren. Diese Wünsche werden, weil als anrüchig, unpassend und unmoralisch erlebt, ins Unbewusste abgedrängt und von unserem Bewusstsein vergessen respektive nicht registriert. In den Träumen kehren diese Wünsche, Vorstellungen, Affekte symbolhaft zurück und erinnern an die triebhaft eingefärbten Phantasien des Wachzustands.

Obwohl wir alle jede Nacht träumen, ist bei vielen Menschen diese Form des Gedächtnisses so sehr im Unbewussten aktiv, dass sie nach einer durchträumten Nacht lediglich blasse oder keine Spuren ihrer Träume in bewusster Erinnerung behalten. Für Freud und die Psychoanalyse handelt es sich bei den Träumen aber um den Königsweg zum Unbewussten, und daher empfehlen Psychotherapeuten ihren Patienten immer wieder, ein Traumbuch zu führen, in das sie ihre Stimmung sowie die allerletzten Erinnerungsspuren der vergangenen Nacht eintragen – und seien diese Spuren auch noch so vage und verschwommen.

Das Traummaterial, das uns etwa Gott Morpheus zumutet, muss nach Freud einer komplexen Analyse unterzogen werden, um es korrekt zu interpretieren. So stimmen der Affekt (z. B. Angst) und die Vorstellungen

(z. B. sexuelle Wünsche) im Traum häufig nicht überein. Das Psychische ist durchaus in der Lage, einen Teil für ein Ganzes zu nehmen und aus einer Winzigkeit ein Gleichnis für etwas viel Umfassenderes zu machen. Ein anderer Mechanismus besteht in der Verdichtung: Der Traum stellt mühelos aus disparaten Elementen eine oder mehrere Einheiten her. Des Weiteren ist er in der Lage, zu symbolisieren und jedes Faktum in sein schieres Gegenteil zu verkehren.

Man bewegt sich in Träumen in einem Bereich, wo die üblichen Formen des Denkens, Schließens und Darstellens nicht mehr gelten. Daher besteht schon seit der Antike die Forderung nach einer regelrechten Übersetzungskunst von Traum-Inhalten, zu der Freud verschiedene Techniken angab. Grundlegend für ihn war, dass sich das Unbewusste nicht nur einer archaischen und deshalb weitgehend unverständlichen, sondern vor allem einer Sexual- und Affekt-Sprache bedient. Sodann beherbergt es die Kindheitsschicksale inklusive allfälliger Traumen eines Menschen, seine frühen (pränatalen) Emotionen sowie seine Triebwünsche und -entwicklungen.

Die Qualität unseres Schlafes sowie die emotionale Tönung unserer Träume tragen dazu bei, dass wir beim Erwachen und in den Stunden danach immer nur mit einem gewissen Grad an Wachheit, Vigilanz und Weltoffenheit versehen sind. Dieser Grad variiert von Tag zu Tag und oftmals auch während unserer wachen Zeit. Der Philosoph Jean-Paul Sartre hat in seinem *Entwurf einer Theorie der Emotionen* (1939) gezeigt, dass alle unsere Gefühle und Affekte (und ich ergänze: auch die Effekte unseres Schlafs und unserer Träume) unser Bewusstsein mit mehr oder minder großer Trübung versehen. Das Bewusstsein changiert dabei zwischen den Polen von opak und luzide, von undurchsichtig, neblig und getrübt bis hin zu klar und völlig durchsichtig.

Mit Sartre sowie mit vielen Anthropologen und Tiefenpsychologen bin ich der Meinung, dass die opaken oder luziden Verhältnisse unseres Bewusstseins nicht zufällig über uns kommen oder uns lediglich zufällig ereilen, sondern dass wir in Maßen an diesen Verhältnissen modifizierend mit tätig und aktiv werden. Schwer verdauliche und kaum zu assimilierende Zumutungen unserer Umwelt wie etwa existentielle Kränkungen und Erschütterungen beantworten wir häufig mit einer Reduktion unserer Luzidität, wohingegen angenehme und erheiternde Facetten unserer

Um- und Mitwelt bei uns ein Weniger an opaker Bewusstseinstätigkeit zur Folge haben.

Ein verdunkeltes, opakes Bewusstsein reduziert die Komplexität der Welt auf einfache und überschaubare Konturen und erhöht damit unser Allmachtgefühl – wir empfinden uns einer als simpel wahrgenommenen Welt gegenüber als recht mächtig und souverän. Außerdem rücken mit der Verdunkelung alle unlösbaren Aufgaben aus unserem Bewusstseinshorizont. Die abwechselnden Helligkeits- und Trübungsgrade unseres Bewusstseins weisen finale Aspekte auf: Sie stellen uns einer mehr oder minder hellen oder aber trüben Welt gegenüber, die jeweils so beschaffen ist (oder uns so erscheint), wie es unser Macht- oder Ohnmachtsgefühl erfordert und erlaubt.

Die dauernd wechselnde Luzidität des Bewusstseins ist mit dafür verantwortlich, dass wir jeweils diverse Aufgaben, Werte, Sinnpartikel und Bedeutungsstrukturen der Welt erkennen oder aber verkennen und entsprechend darauf reagieren. Nach einer durchwachten Nacht oder einem Alptraum ist der Trübungsindex unseres Bewusstseins eventuell derart hoch, dass wir die einfachsten Themenstellungen und Wertdimensionen weder zu registrieren noch adäquate Antworten darauf zu formulieren imstande sind. Umgekehrt jedoch verstehen wir bejahend womöglich punktgenau differenzierteste Probleme unserer Welt, wenn wir morgens schon mit einem luziden Bewusstsein die allerersten hellwachen Blicke auf Kosmos, Mitmensch und Kultur werfen.

In einer Radierung, der er den Titel *Der Schlaf der Vernunft gebiert Ungeheuer* (1799) gab, hat der spanische Maler Francisco de Goya auf diese Verhältnisse unseres Bewusstseins bereits angespielt, wobei interessanterweise das spanische Wort für Schlaf (*sueño*) zugleich Traum bedeutet. Auf dem Bild sieht man den schlafenden Goya, auf eine Art Tisch gestützt; im Hintergrund sind ein lauernder Luchs und bedrohlich wirkende Vögel zu erkennen. Goya war davon überzeugt, dass im 18. Jahrhundert die Kraft der Vernunft und das Licht der Aufklärung zu Recht als großartige Errungenschaften bezeichnet worden sind. Zugleich spürte er, dass mit bewusster Verstandestätigkeit allein das Irrationale im Menschen sowie das Absurde der Welt nicht beherrscht oder eliminiert werden können.

Beides, der Schlaf wie der Traum und damit die Gaben von Gott Hypnos und Gott Morpheus, trägt dazu bei, unser Bewusstsein mit opaken oder luziden Qualitäten und damit mit einem Plus oder einem Minus an Vernunft zu versehen. Ob sich bei einem Schlaf der Vernunft jedoch tatsächlich Ungeheuer (wie der Aufklärer Goya vermutete) oder aber nicht viel eher die irrationalen Wünsche und Phantasien unserer Kindheit melden (wie Freud dies angenommen hat), muss der schlafende Träumer für sich selbst entscheiden.

Aletheia – die Wahrheit ist dem Menschen zumutbar

Aletheia heißt auf Griechisch das Unverdeckte oder das Aufgedeckte und bedeutet so viel wie das Wahre oder die Wahrheit. Etwa bis zur Zeit der Vorsokratiker, also jener Philosophen, die noch vor Sokrates lebten und wirkten, galt Aletheia als eine Göttin. Die alten Mythen berichten, dass sie eine Tochter von Zeus gewesen ist – wobei es auch Stimmen gab, welche die Vaterschaft von Aletheia mit Kronos in Verbindung brachten. Bei Äsop, dem legendären griechischen Fabeldichter aus dem 6. vorchristlichen Jahrhundert, findet sich daneben eine aufschlussreiche Erzählung, wie Aletheia eventuell auch entstanden sein mag.

Demnach soll der Menschen- (und Götter-)Bildner Prometheus aus Ton eine schöne Frauengestalt geschaffen und als Figur in seiner Werkstatt stehengelassen haben, da er aufgrund einer unaufschiebbaren Unterhaltung mit Zeus sein Atelier verlassen musste; seinem Lehrling Dolos übergab er für die Zwischenzeit die Aufsicht über seine Werkstatt. Dieser war von dem Werk seines Meisters so angetan, dass er sich einen Klumpen Ton organisierte und ebenfalls eine schöne Frauengestalt formte. Sie glich der ersten beinahe vollkommen – allerdings hatte sie keine Füße, weil der Ton dafür nicht mehr ausreichte.

Als Prometheus zurückkam, war er nicht schlecht erstaunt über die Kopie der Skulptur, die er selbst geschaffen hatte. Weil ihm beide gefielen, beschloss er, die beiden Figuren zu brennen und ihnen hinterher Leben einzuhauchen. Seine eigene Skulptur nannte er Aletheia (die Wahrheit), indes er die Figur seines Lehrlings nach diesem benannte (Dolos = List, Mogelpackung, Betrug). Als beide Frauenfiguren von ihm mit Leben versehen waren, schritt Aletheia mit aufrechtem Gang von dannen, indes Dolos aufgrund der fehlenden Füße nicht vom Flecke kam.

Die Fabel von Äsop spielt darauf an, dass Wahrheit und Mogelei, das Echte und das Falsche sich oftmals zum Verwechseln ähnlichsehen. Allerdings macht sich der Unterschied im Laufe der Zeit bemerkbar: das Wahre bewegt sich und damit auch die Welt um sich her, das Falsche hingegen ist unbeweglich und wirkt auf Dauer steril und wenig produktiv.

Allein schon mit ihrer Pointe der fehlenden Füße beweist diese mythische Fabelgeschichte von Aletheia und Dolos ihre Relevanz bis in unser Jahrhundert hinein. Wer im beruflichen oder auch im privaten Feld etwas auf lange Sicht Solides und Produktives bauen will – so kann man die Fabel heute noch lesen –, ist gut beraten, sich möglichst oft mit der Göttin Aletheia zu verbünden und ihrer Kopie Dolos nur wenig Raum zuzugestehen. Damit ist nicht gemeint, immer alles auszuplaudern und keine Geheimnisse bei sich behalten zu können. Doch darf man sich bei dem, was man sagt oder schreibt, an ein Diktum von Immanuel Kant halten, der hinsichtlich der Wahrheit einmal meinte: „Nicht alles, was ich denke, sage ich – aber alles, was ich sage, denke ich."

Doch was ist nun Wahrheit? Was eine Lüge? Was eine aufgeschobene oder partielle Wahrheit? Was ist eine Mogelpackung und was eine Lebenslüge? Diese Fragen sind derart komplex, dass wir uns mit kürzesten Andeutungen begnügen und riesige Lücken der Darstellung akzeptieren müssen. Aus der immens großen Zahl von philosophisch und psychologisch interessanten Gedanken zu diesen Themen wähle ich nur einige wenige aus.

Friedrich Nietzsche etwa hat sich in *Jenseits von Gut und Böse* (1886) mit den Problemen von echt und falsch, Wahrheit und Lüge befasst. Er plädierte dafür, derlei nicht unter moralinsauren Gesichtspunkten zu bewerten, sondern einen Standpunkt jenseits der etablierten Moralvorstellungen einzunehmen. Menschen, die eine Unwahrheit behaupten, sind dem Philosophen zufolge mit einer größeren und schwereren Aufgabe versehen als jene, die eine bloße Wahrheit wiedergeben. Die Ersteren nämlich müssten das Wahre und ihr Gegenteil denken und sagen, wohingegen sich die Letzteren lediglich mit dem Wahren begnügen. Allerdings kann es aufgrund von Unwahrhaftigkeit, Betrug und Lüge zu ernsten Problemen im zwischenmenschlichen Kontakt kommen: „Nicht dass du mich belogst, sondern dass ich dir nicht mehr glaube, hat mich erschüttert."[1]

Wie ausgesprochen herausfordernd es sein kann, die ethischen Qualitäten von mitgeteilter Wahrheit oder Lüge situationsadäquat zu beurteilen, machen einige Aphorismen Nietzsches deutlich, die sich ebenfalls in *Jenseits von Gut und Böse* finden. So heißt es in Bezug auf Liebesbeziehungen, in denen die Göttin Aletheia oftmals nur partiell zum Zuge kommt: „Was aus Liebe getan wird, geschieht immer jenseits von Gut und Böse."[2] Doch woher wissen wir, dass wir tatsächlich aus Liebe gehandelt, gemogelt, geschwiegen oder die Wahrheit gesagt haben? Und wenn wir denn wahrhaftig waren (oder es gewesen zu sein meinen), hätte Nietzsche uns gefragt, inwiefern dies überhaupt einen hohen Wert und eine erstrebenswerte Tugend für uns und für andere bedeutet. Für ihn, Nietzsche, hätte es noch andere Tugenden und Werthorizonte gegeben, die in Betracht zu ziehen wären und die mit der Tugend der Wahrhaftigkeit relativierend abgeglichen werden dürften: „Herr seiner vier Tugenden bleiben – des Mutes, der Einsicht, des Mitgefühls, der Einsamkeit."[3]

Auf ein anderes, in der Psychologie beheimatetes Problem beim Umgang mit der Wahrheit hat Sigmund Freud aufmerksam gemacht. So sehr wir auch bisweilen überzeugt sind, etwas Wahres und Tatsächliches zu erinnern und auszudrücken, so sehr geschieht es einigermaßen häufig, dass wir uns diesbezüglich irren, ohne dass wir dies bewusst wollen oder bemerken. So kann es passieren, dass bei gemeinsam erlebten Situationen die Beteiligten hinterher sehr Unterschiedliches darüber berichten und sich gegenseitig der Unwahrhaftigkeit bezichtigen.

---

[1] Nietzsche, F.: Jenseits von Gut und Böse (1886), in: KSA 5, München 1988, S. 104.
[2] Nietzsche, F.: Jenseits von Gut und Böse (1886), in: KSA 5, München 1988, S. 99.
[3] Nietzsche, F.: Jenseits von Gut und Böse (1886), in: KSA 5, München 1988, S. 232.

Darüber hinaus hat Freud die Verdrängungsmechanismen und Fehlleistungen beschrieben, die ebenfalls dazu beitragen, unser Urteilsvermögen hinsichtlich wahr und falsch bisweilen massiv zu beeinträchtigen. Jeder von uns erinnert und bedenkt nur jene Facetten der individuellen und kollektiven Wirklichkeit, die unser emotionales und soziales und intellektuelles Fassungsvermögen gerade noch zu bewältigen vermag; alles darüber Hinausgehende unterliegt Verdrängungen oder Denkhemmungen und wird im Zweifelsfall als unecht oder falsch deklariert.

Einen wieder anderen Zugang zu unserer Thematik wählte Martin Heidegger, der in seiner Philosophie auf den Terminus Aletheia zurückgriff, um sich dem Thema von Wahrheit und Unwahrhaftigkeit zu nähern. Aletheia als Wahrheit bedeutete ihm das Unverborgene, Offene, Nicht-Verdeckte – wobei wir uns zu Recht fragen dürfen, ob Unverborgenes und Wahrheit schon deckungsgleich sind. Entscheidend war für Heidegger in Bezug auf die Wahrheitssuche der Prozess des Entbergens des Verborgenen.

Gegenstände, Situationen, Sachverhalte, historische Ereignisse, Mitmenschen sind samt und sonders für uns verborgen und nicht so ohne weiteres zugänglich. Um ihre Wahrheit zu erkunden, müssen sie aus der Verborgenheit in die Lichtung des Seins (in unseren Erkenntnisraum) verbracht werden – sie geraten ins Offene und (partiell) Unverborgene, und erst in diesem Status können wir irgendetwas Adäquates und Wahres über sie aussagen.

Heidegger hat diesen Prozess des Aufdeckens und Entbergens (Aletheia) an einem Bild des Malers Vincent van Gogh zu exemplifizieren versucht.[4] 1886 hatte van Gogh in Paris auf einem Flohmarkt ein Paar recht alte, ausgelatschte Schuhe gefunden, die er mit nach Hause nahm und als Motiv für eines seiner Bilder wählte. Heidegger nun war überzeugt, dass es dem Maler in diesem Bild gelungen war, die existentielle Wahrheit der ehemaligen Schuhbesitzerin (er ging von einer Bäuerin aus) aus der Verborgenheit ihres vergangenen Daseins ins Unverborgene zu transponieren. Kunst – so Heidegger in seiner Abhandlung – ist das Sich-ins-Werk-Setzen der Wahrheit:

---

[4] Heidegger, M.: Der Ursprung des Kunstwerkes (1935/36), in: Holzwege, Frankfurt am Main 2015.

Van Goghs Gemälde ist die Eröffnung dessen, was das Zeug, das Paar Bauernschuhe, in Wahrheit *ist*. Dieses Seiende tritt in die Unverborgenheit seines Seins heraus. Die Unverborgenheit des Seienden nannten die Griechen *aletheia* … Im Werk der Kunst hat sich die Wahrheit des Seienden ins Werk gesetzt.[5]

Mit einer viel schlichteren Sprache als Heidegger rückte Bertolt Brecht dem Thema der Wahrhaftigkeit zu Leibe, wobei ihn vor allem der Wahrheitsbezug und die Redlichkeit von Schriftstellern, Künstlern und Intellektuellen interessierte. In einem Zeitungsbeitrag für das *Pariser Tageblatt* aus dem Jahre 1934 nahm Brecht zu diesen eben angerissenen Problemen ausführlich Stellung:

Was ist die Mission des Dichters in der heutigen Zeit? Auf diese Frage habe ich nur die Antwort: Der Dichter soll die Wahrheit schreiben … Am selbstverständlichsten erscheint es, dass der Dichter die Wahrheit schreiben soll in dem Sinn, dass er sie nicht unterdrücken oder verschweigen und dass er nichts Unwahres schreiben soll. Weniger selbstverständlich ist die zweite Schwierigkeit … Das ist die Schwierigkeit der Wahrheitsfindung … So ist es z. B. nicht unwahr, dass Stühle Sitzflächen haben und der Regen von oben nach unten fällt. Viele Dichter schreiben Wahrheiten dieser Art. Sie gleichen Malern, die die Wände untergehender Schiffe mit Stillleben bedecken … Unbeirrbar durch die Mächtigen, aber auch durch die Schreie der Vergewaltigten nicht beirrt, pinseln sie ihre Bilder.[6]

Einige Jahre nach Brecht (und nach dem Faschismus) hat Ingeborg Bachmann den Idealen einer auch unangenehme Wahrheiten aufgreifenden Künstlerin Genüge getan. Anlässlich der Verleihung des Hörspielpreises der Kriegsblinden 1959 an die österreichische Dichterin formulierte sie in ihrer Dankesrede: „Die Wahrheit ist dem Menschen zumutbar." Die Fragen dazu lauten allerdings: Welche Wahrheit? in welcher (humanen!) Dosierung? in welcher Situation?

---

[5] Heidegger, M.: Der Ursprung des Kunstwerkes (1935/36), in: Holzwege, Frankfurt am Main 2015, S. 21.
[6] Brecht, B.: Dichter sollen die Wahrheit schreiben (1934), in: Brecht für Anfänger und Fortgeschrittene, hrsg. von S. Unseld, Frankfurt a. M. 1993, S. 323 ff.

Die Wahrheit ist dem Menschen zumutbar – den Satz hätte auch Henrik Ibsen sofort unterschrieben. In seinen Dramen hat sich der norwegische Stückeschreiber wiederholt als ein unbestechlicher Analytiker des menschlichen Innenlebens sowie der zwischenmenschlichen Kalamitäten erwiesen. Er deckte die Lebenslügen der Figuren seiner Stücke auf, wobei Ibsen mit diesem Begriff Unwahrheiten meinte, die jemand während seines Lebens als Wahrheit bezeichnet und so behandelt, obwohl er das Gegenteil kennt oder kennen müsste. Ein eindrückliches Beispiel dafür ist Frau Alving aus Ibsens Drama *Gespenster*, die im Alter bekennt, dass sie in jüngeren Jahren wider besseres Wissen eine große und bewegende Liebe nicht gelebt und sich stattdessen mit einem Mann „zweiter Wahl" verbunden hat – eine Wahl, die sich als Irrtum und als Zugeständnis an die konventionelle Moral, aber keinesfalls als Aletheia erwiesen hat:

> Ich glaube fast (meint Frau Alving), wir alle sind Gespenster. Nicht nur das, was wir von Vater und Mutter geerbt haben, geht in uns um. Es sind alle erdenklichen alten, toten Ansichten und allerhand alter, toter Glaube und so weiter. Es lebt nicht in uns; aber es sitzt uns trotzdem im Blut, und wir können es nicht loswerden.[7]

Was in Ibsens Drama angedeutet wird und von Frau Alving jedoch aufgrund ihrer ausweichenden Haltung (ihrer Lebenslüge) nicht gelebt werden konnte, ist ein wesentlicher Aspekt der Liebe: die vorbehaltlose und offene Kommunikation, der es um existentielle Wahrheit und Wahrhaftigkeit geht. Karl Jaspers hat derlei in mehreren seiner Schriften dargelegt und betont:

> Die gegenseitige Durchsichtigkeit wird nicht nur in den jeweiligen sachlichen Inhalten, sondern auch in den Mitteln des Fragens und Kämpfens gesucht. Jeder dringt in sich selbst mit dem Anderen. Es ist nicht der Kampf zweier Existenzen gegeneinander, sondern ein gemeinsamer Kampf gegen sich selbst und den Anderen, aber allein Kampf um Wahrheit … In der existentiell kämpfenden Kommunikation stellt jeder *alles* dem *Anderen* zur Verfügung.[8]

---

[7] Ibsen, H.: Gespenster (1881), in: Sämtliche Werke Band IV, Berlin 1907, S. 139.
[8] Jaspers, K.: Philosophie, Band 2 (1932), Berlin – Heidelberg 1956, S. 66.

Diese Form der Aletheia, der Offenheit, Durchsichtigkeit und des Unverborgenen, bezieht sich nun nicht mehr lediglich auf einige wenige Fakten oder Sachverhalte; diese Aletheia meint die Person in ihrer Nacktheit und Verletzlichkeit, aber auch in ihrer solitären Würde und Großartigkeit. Wer je sich oder den Anderen wahr und unverdeckt in diesem Sinne erlebt hat, wird sich mit den vielen Surrogaten von Wahrheit bis hin zu Dolos (Mogelpackung) nicht mehr zufrieden geben.

Pan, der panische Schrecken und der Spieltrieb in uns

Bereits die Abstammung und Geburt des Hirtengottes Pan ist mit Ungereimtheiten versehen. Dem Gott Hermes, so geht die Sage, kommt eventuell die Vaterrolle zu, indes die Mutterschaft wahrscheinlich der Königstochter Driope zufällt; aber auch Zeus oder Kronos sowie diverse Nymphen werden in den verschiedenen Mythen-Varianten als Eltern von Pan diskutiert. Einig sind sich die mythischen Erzählungen hingegen über das Aussehen des Neugeborenen, das bei den Eltern (wer immer es gewesen sein mag) Faszination und Schrecken zugleich hervorgerufen hat – worauf schon Homer in seinen *Götterhymnen* Bezug nahm:

> Von dem lieben Sohn des Hermes singe mir, Muse, / ihm, dem lärmerfreuten, bocksfüßigen, doppelgehörnten, / dem auf waldiger Wiese sich tummelt mit tanzenden Nymphen. / Schweifen sie doch dahin auf felsigen Häuptern der Berge, / rufen Pan, den weidenden Gott, den glänzend behaarten, / struppig rauen ...[1]

---

[1] Homer: Götterhymnen, deutsch von Thassilo von Scheffer (1927), Leipzig 1974, S. 132 f.

Dieses lärmende, mit Ziegenfüßen und Hörnern versehene Wunderkind mit den struppigen, rauen Haaren hatte seine Mutter derart erschrocken, dass diese sich nach seiner Geburt schleunigst von ihm abwandte. Da auch weit und breit keine Amme in Sicht war, nahm Hermes den Kleinen auf seinen Arm und brachte ihn auf den Olymp. Die anwesenden Götter waren *alle* ohne Ausnahme begeistert ob dieses Wildfangs, und weil *pan* der griechische Begriff für alle bedeutet, nannten sie ihn kurzerhand Pan.

Gott Pan mit seinem animalischen Unterkörper (bocksfüßig, struppig behaart) und seinem menschlich wirkenden Oberkörper (bis auf gewöhnungsbedürftige Hörner) suchte und fand rasch ein zu seinem Aussehen und seiner Wesensart passendes Aufgabengebiet: Als Gott des Waldes und der Natur wurde er von den Hirten verehrt, da er ihre Herden zusammenzuhalten und zu schützen vermochte. Allerdings war mit ihm nicht zu spaßen, wenn man ihn in seiner Mittagsruhe störte – da konnte es passieren, dass er wie ein Derwisch in eine Herde fuhr und die Tiere in panische Angst und in ebensolchen Schrecken versetzte.

Diese Kobold- und Troll-artige Gottheit war jedoch mit seiner Herden-Aufgabe durchaus nicht ausgelastet. Überaus vital, leidenschaftlich und animalisch suchte und fand Pan bevorzugt bei Nymphen immer wieder Gespielinnen, mit denen sich mehr oder minder abenteuerliche Liebeleien ergaben. Manche Nymphen waren aufgrund der bisweilen überbordenden Lebendigkeit von Pan überfordert und verwandelten sich zum Schutz in eine Fichte oder ein Schilfrohr; Letzteres wurde für die Nymphe Syrinx zum Zufluchtsort. Als Pan sie liebestoll verfolgte, stieß er zuletzt nur noch auf das Schilfrohr, das er in seiner Not umarmte. Dabei blies der Wind ins Schilf und entlockte dem Rohr eine klagend-schöne Melodie. Pan brach daraufhin das Schilf in sieben unterschiedlich lange Teile und band sie zusammen – so schuf er die Hirten- oder Panflöte, die nach der Nymphe Syrinx benannt ist:

> Man wird die Eigenschaften schon erkannt haben, die ihm (dem Pan) in zahlreichen kleinen Geschichten zugeschrieben wurden: das Dunkle, Schreckenerregende, Phallische, aber nicht immer Bösartige. Freilich

konnte er auch bösartig werden, zumal wenn man in der Mittagsstunde seinen Schlaf störte.[2]

In der Antike wurde Pan mehrfach als Skulptur in jenem Moment abgebildet, in dem er es mit einer Ziege trieb – womit seine Animalität und sein Unterkörper verherrlicht wurden. Daneben gibt es anrührende Skulpturen und Bilder, die uns Pan zeigen, wie er zart und keusch die erschütterte Psyche tröstet, die soeben von Amor (Eros) verlassen wurde, weil sie ihrer Neugier nachgegangen war und ihn entgegen seiner Verabredung nachts beim Kerzenschein betrachtet hatte. Vom Frivolen bis zum Lyrisch-Tupfenden, vom Grob-Ordinären bis zum Fein-Poetischen und vom dunkel-animalisch-phallischen Unterkörper bis hin zur hochdifferenzierten Empathie reichte demnach das ziemlich breite Verhaltensrepertoire dieses Natur- und Hirtengottes Pan.

Besonders gefürchtet war Pan in der Antike aufgrund jener Schreckreaktionen, die er offensichtlich in Tierherden auszulösen imstande war. Die Hirten hatten ganz richtig beobachtet, dass es in ihren Herden manchmal aufgrund von kaum nachvollziehbaren Ursachen zu Massenreaktionen kam, die zumindest einen Teil der Tiere in ernsthafte Gefahr bringen konnten. Da es keine ersichtlichen Motive für diese Reaktionen gab, musste wohl eine Gottheit oder ein Dämon in die Tiere gefahren sein und deren panischen Schrecken ausgelöst haben. Inzwischen wissen wir, dass es bei Tieren wie bei Menschen das Imitationsverhalten aufgrund von Gefühlsansteckung gibt, die zur Basis von Massenreaktionen werden kann. Schon kleinste Bewegungen nur weniger Tiere sind bisweilen ausschlaggebend, um eine Herde (oder Menschen) in eine eventuell gefährliche Richtung zu bewegen:

> Der Prozess der Ansteckung findet unwillkürlich statt. Eigentümlich ist diesem Prozess vor allem dies, dass er die Tendenz hat, auf seinen Ausgangspunkt wieder zurückzukehren, so dass die betreffenden Gefühle gleichsam lawinenartig *wachsen*: Das durch Ansteckung entstandene Gefühl steckt durch die Vermittlung von Ausdruck und Nachahmung *wieder* an, so dass auch das ansteckende Gefühl wächst; dieses steckt wieder an usf.

---

[2] Kerényi, K.: Die Mythologie der Griechen – Die Götter- und Menschheitsgeschichten (1951), Stuttgart 1997, S. 130.

> Bei allen *Massen*erregungen ... ist es besonders diese Gegenseitigkeit der sich kumulierenden Ansteckung, die zum Anschwellen der emotionalen Gesamtbewegung führt und zu dem eigentümlichen Tatbestand, dass die handelnde „Masse" über die Intentionen aller Einzelnen so leicht hinausgerissen wird und Dinge tut, die keiner „will" und „verantwortet".[3]

In Begriffen wie Massenpanik, Panik-Attacke oder Panik-Störung lebt ein Teil des alten Pan-Mythos bis heute fort. Sowohl Einzelne als auch große Menschen-Gruppen und Massen können allem Anschein nach in Panik verfallen und irrational agieren und reagieren. Ähnlich wie in den alten Erzählungen über den Hirtengott gibt es dafür oftmals kein hinreichendes äußeres Motiv (insbesondere bei Panik-Attacken, die aus scheinbar heiterem Himmel den Betreffenden überfallen); oder die Rahmenbedingungen bei Massenreaktionen sind zwar ungünstig (Enge oder Flaschenhals-Situation), aber erst durch die Gefühlsansteckung (Angst) unter einer kleineren Gruppe entsteht in einer Menschenmasse (z. B. in einem überfüllten Fußball-Stadion) eine für viele potentiell lebensgefährliche Panikreaktion.

In den letzten Jahren haben Psychologen, Soziologen und Psychotherapeuten derartige Panikreaktionen bei Einzelnen und in Gruppen respektive Massen zum Teil minutiös analysiert. Dabei hat sich vielfach gezeigt, dass es sich bei Panik-Attacken und -Störungen in der Regel mitnichten um heiteren Himmel handelt, aus dem heraus diese herausfordernden Emotionen entstehen – meistens lassen sich durchaus auslösende Faktoren dafür finden und benennen, und damit wird aus einem undurchschaubaren und pathischen ein verstehbares Geschehen, das sich nicht selten abmildern, therapieren und überwinden lässt.[4]

Deutlich schwieriger als Panikattacken beim Einzelnen sind Massenpanik und Massenreaktionen zu behandeln, da derlei meist als singuläre Situation auftreten und oft innerhalb von wenigen Minuten exazerbieren. Hier haben sich allenfalls Präventivmaßnahmen bewährt, die darauf abzielen, das Erlebnis von Enge und Eingepfercht-Sein für die Teilnehmer

---

[3] Scheler, M.: Wesen und Formen der Sympathie (1913), Bonn 1985, S. 26.
[4] Siehe hierzu Tarde, G.: Die Gesetze der Nachahmung (1890), Frankfurt am Main 2009; Le Bon, G.: Psychologie der Massen (1895), Stuttgart 1982; Freud, S.: Massenpsychologie und Ich-Analyse (1921), in: GW XIII, Frankfurt am Main 1976.

von Groß- und Massenveranstaltungen zu verunmöglichen. Im Rückblick auf bereits erfolgte Massenpanik-Ereignisse stellt sich die Vermeidung von Enge- und von Angst-Empfindungen als die einzig sinnvolle Prävention derartiger tragischer Abläufe (bei denen manchmal Hunderte Tote zu beklagen sind) heraus.

Der Mythos von Gott Pan hat jedoch nicht nur in der Psychopathologie sowie in der Massenpsychologie Spuren hinterlassen. Bedenkt man die Schilderungen seines Aussehens gleich nach seiner Geburt, das Unberechenbare seiner Aktionen sowie seine überschwängliche Vitalität, assoziiert mit grenzenlos imponierender Lust auf Sexualität, verwundert es nicht, dass dieses Zwitterwesen (halb Tier und halb Mensch) in den posthellenistischen Epochen (Christentum) zu einem Dämon und Diabolus entwertet wurde. Pan bot sich an, als Vorläufer des im Christentum ausführlich beschriebenen Teufels mitsamt dessen überaus problematischen Eigenheiten zu fungieren: Destruktivität, Auslöser von Angst und Schrecken, unbeherrschbare Wollust.

Nun ist für viele Menschen im 21. Jahrhundert diese christliche Interpretation des Hirtengottes Pan nicht mehr relevant; in einer postchristlichen Kulturepoche angekommen, fragen sie sich (und wir uns), ob und inwiefern der Mythos Pan (neben der erwähnten Psychopathologie oder Massenpsychologie) heute noch in irgendeiner Form eine Rolle spielen kann.

Ich bin der Meinung, dass uns manche Facetten dieser mythischen Figur auch in der Jetztzeit begegnen. Selbst noch so aufgeklärt-emanzipierte Personen werden bei sich immer wieder mit jenem Thema konfrontiert, das im Mythos von Pan kunstvoll und zugleich schlicht zum Ausdruck gebracht und mit verschiedenen Lösungsvarianten versehen wird: das Motiv des Zwitterwesens *Homo* (halb Natur und halb Kultur; halb Tier und halb Mensch; halb animalische Vitalität und halb gefühlvolle Sozialität).

Nicht wenige von uns erschrecken auch im 21. Jahrhundert, wenn sich ihr Bios, ihre Animalität mit allen ihren Wünschen und Bedürfnissen nicht zu Wort, sondern zur Tat meldet und auf lustvollen Vollzug (beispielsweise in der Sexualität) pocht. Wie kann derlei in zwischenmenschlich verträgliche Formen gebracht und emotional eingebettet werden, ohne dass dabei die Vitalität und Leidenschaft merkliche Einbußen erleidet? Wie lassen sich körperliche Expansion und elegisch-nachdenkliche Melodien einer Panflöte in einem gemeinsamen Daseinsvollzug zum Austrag bringen? Und wie lassen sich unsere Natur und unsere Kultur zu anmutigen Gestalten fusionieren?

Der Hirtengott kann uns, so meine ich, bei diesen Fragen durchaus behilflich sein. Dabei denke ich nicht an den panischen Schrecken, den diese Themen bei Einzelnen womöglich auslösen und der zu Rückzug und Hemmungen führen kann. Vielmehr möchte ich auf jene beiden aus der Antike stammenden Skulpturen-Darstellungen verweisen, die Pan einerseits als ein Naturwesen mit animalischer Sexualität und zum anderen als zart-empathischen Trost-Spender zeigen.

Mit diesen zwei scheinbar diametral entgegengesetzt wirkenden existentiellen Haltungen hat der Mythos ein Konzept von Friedrich Schiller vorweg gedacht, das dieser in *Über die ästhetische Erziehung des Menschen* (1795) als die Fusion von sinnlichen Trieben (Stoff-Trieb, Leben) und Formtrieben (freiheitliche Gestalten) beschrieben hat; eine gelingende Fusion nannte Schiller den Spieltrieb:

> Ein Mensch, wiewohl er lebt und Gestalt hat, ist darum noch lange keine lebende Gestalt. Dazu gehört, dass seine Gestalt Leben und sein Leben Gestalt sei. Solange wir über seine Gestalt bloß denken, ist sie leblos, bloße Abstraktion; solange wir sein Leben bloß fühlen, ist sie gestaltlos, bloße Impression … Der Mensch, wissen wir, ist weder ausschließend Materie, noch ist er ausschließend Geist. Die Schönheit, als Konsummation seiner Menschheit, kann also weder ausschließend bloßes Leben sein … noch kann sie ausschließend bloße Gestalt sein … sie ist das gemeinschaftliche Objekt beider Triebe, das heißt, des Spieltriebs … Dem Stofftrieb wie dem Formtrieb ist es mit ihren Forderungen *ernst*, weil der eine sich, beim Erkennen, auf die Wirklichkeit, der andere auf die Notwendigkeit der Dinge bezieht; weil, beim Handeln, der erste auf Erhaltung des Lebens, der zweite auf Bewahrung der Würde, beide also auf Wahrheit und Vollkommenheit gerichtet sind.[5]

---

[5] Schiller, F.: Über die ästhetische Erziehung des Menschen (1795), in: Sämtliche Werke Band V, Darmstadt 1993, S. 614 ff.

Unter diesen Kautelen können wir Pan als den Prototyp eines spielenden Gottes und damit als Modell für uns begreifen – als ein Gott, der bei aller Vornehmheit seiner Emotionen die Vitalität (Stofftrieb) und bei aller körperlichen Animalität die Gestalt (Formtrieb) nicht vergaß. Man versteht, wenn Homer ihm attestierte: „Tanzend wiegt sich der Gott bald hier, bald dort … ihm jauchzt das Herz bei den frohen Gesängen." Und für uns bedeutet dieses Modell die Aufforderung zum Spiel im existentiellen Sinne, so dass wir unseren Allernächsten, die wir trösten oder mit denen wir vital-intim werden wollen, zurufen können: Komm, lass uns miteinander spielen.

Teil V

Mythologische Gestalten und Heroen

Ödipus, Elektra und Teiresias im 21. Jahrhundert

Als in den 80er-Jahren des letzten Jahrhunderts die Filmkomödie *Ödipussi* (1988) von Loriot in den Kinos gezeigt wurde, erhielt die uralt-griechische Erzählung von König Ödipus einen Popularitätsschub. Das erste Mal ins Interesse einer breiteren Bevölkerung war der Mythos Ödipus jedoch schon etliche Jahrzehnte zuvor im Rahmen der psychoanalytischen Entwicklungs- und Neurosenlehre von Sigmund Freud gerückt worden, und nicht wenige Kino-Besucher haben den Film daher wohl eher mit der Psychoanalyse, nicht aber unbedingt mit der altgriechischen Mythenwelt in Verbindung gebracht.

Freud war früh ergriffen von der Schönheit und dem Tiefsinn mancher Mythen – die ehrwürdige Ödipus-Sage aus den Anfängen der griechischen Hochkultur war ihm dafür das eindrücklichste Beispiel. Die Sage wurde in Dramen von Sophokles, Aischylos, Euripides und Seneca und in der Neuzeit von Corneille, Voltaire, André Gide, Max Frisch und anderen Autoren bearbeitet. Auch in der bildenden Kunst sowie in der Musik wurde der Mythos zu einem häufig ausgewählten Sujet.

Ödipus war der Sohn des thebanischen Königs Laios und dessen Gattin Iokaste. Bei seiner Geburt wurde den Eltern prophezeit, dass er als Erwachsener den Vater erschlagen und die Mutter heiraten werde. Darum setzte man ihn als Kind in einem Gebirge aus, wobei man ihm zuvor noch die Füße durchstochen und zusammengebunden hatte; sein späterer Name Ödipus (Schwellfuß) bezog sich auf diese Manipulation.

Der Todgeweihte wurde zunächst von Hirten und später im Königshaus von Korinth (oder von Sikyon) aufgezogen. Als Erwachsener erkundigte er sich beim Orakel von Delphi nach seiner Abstammung, von der er spürte, dass sie mit einem Geheimnis assoziiert war. Die Orakel-Priesterin Pythia war mit ihren Auskünften wie stets sehr vielsagend; immerhin teilte sie dem jungen Mann mit, dass er seinen Vater erschlagen und seine Mutter zur Gattin nehmen werde.

Aus Sorge, das Orakel könne sich erfüllen, verließ Ödipus das Königshaus von Korinth und ging auf Wanderschaft. Zufällig geriet er an einer Weggabelung in Streit mit einem älteren Mann, den er im mächtigen Affekt tötete. Wie sich später herausstellte, handelte es sich um Laios, der sein leiblicher Vater gewesen war.

Nachher traf Ödipus auf die Sphinx, welche vor der Stadt Theben als eine Art Ungeheuer hauste. Wer an ihr vorbeikam, sollte ein Rätsel lösen. Bis dahin war dies niemandem gelungen, und die Sphinx vernichtete regelmäßig die befragten Wanderer. Ödipus jedoch gab ihr die richtige Antwort und wurde daraufhin König von Theben sowie (automatisch) Gatte der verwitweten Iokaste.

Mit Iokaste zeugte Ödipus vier Kinder, darunter die beiden Töchter Antigone und Ismene. Als in Theben eine Seuche ausbrach, wurde wie so oft das Orakel von Delphi befragt, was zu tun sei. Die Pythia empfahl, der Mörder von Laios müsse gesucht und gefunden werden, woraufhin Ödipus in den blinden Seher Teiresias drang, er möge ihm bei dieser Suche helfen. Widerwillig offenbarte ihm der Seher das ganze Verhängnis, was dazu führte, dass Ödipus sich selbst blendete und sich dann von Kreon, dem Bruder von Iokaste und zukünftigen König von Theben, ins Exil schicken ließ. Iokaste reagierte auf die Offenbarung dieser schicksalhaften Verhältnisse, indem sie sich selbst entleibte.

Nach Freud bewegt uns die Ödipus-Sage so sehr, weil wir selbst als Kinder in ihren Bannkreis geraten. Der Knabe will der psychoanalytischen Entwicklungslehre gemäß die Mutter (sexuell) besitzen und den Vater eliminieren. An der glücklichen Bewältigung der Ödipus-Konstellation (Verzicht auf die Mutter und Akzeptieren des Vaters und seiner Welt) entscheiden sich die zukünftige seelische Gesundheit oder Krankheit eines Menschen. Eine etwas differente psychosexuelle Dynamik spiele sich bei Mädchen im Hinblick auf ihren Vater (den sie angeblich besitzen wollen) und ihre Mutter (die sie angeblich eliminieren wollen) ab. C.G. Jung nannte diese Konstellation später Elektra-Komplex. Damit spielte er auf mythische Erzählungen über Agamemnon, Aigistos und Klytaimnestra an, in denen von Mord-Impulsen von Elektra der Mutter Klytaimnestra gegenüber berichtet wird: „Den Tod meiner Mutter – den werde ich selber in die Hand nehmen."[1]

Der Ödipus-Komplex spielte für Freud nicht nur im individuellen Schicksal von Menschen eine Rolle; darüber hinaus mache er sich zum Beispiel als Inzest-Tabu auch auf der gesellschaftlichen und kulturellen Ebene bemerkbar. In seinem Text *Totem und Tabu* (1913) ging Freud diesen Relationen weiter nach:

> So möchte ich denn zum Schluss dieser mit äußerster Verkürzung geführten Untersuchung das Ergebnis aussprechen, dass im Ödipus-Komplex die Anfänge von Religion, Sittlichkeit, Gesellschaft und Kunst zusammentreffen, in voller Übereinstimmung mit der Feststellung der Psychoanalyse, dass dieser Komplex den Kern aller Neurosen bildet, soweit sie bis jetzt unserem Verständnis nachgegeben haben. Es erscheint mir als eine große Überraschung, dass auch diese Probleme des Völkerseelenlebens eine Auflösung von einem einzigen Punkte her, wie es das Verhältnis zum Vater ist, gestatten sollten.[2]

So verwendet die Psychoanalyse bis heute den Inhalt uralter Mythen als Matrix für innerseelische Dynamiken, die sich (Sigmund Freud oder C.G. Jung zufolge) in der Kindheit eines jeden von uns abspielen und unsere persönliche Biographie wie auch die gesellschaftlichen und kulturellen Verhältnisse um uns her maßgeblich mitbestimmen. Neben dem Ödipus- und Elektra-Mythos wurden noch weitere alt-griechische Sagen in der Psychoanalyse herangezogen, um psychische Prozesse und Konflikte zu illustrieren – man denke nur an die Erzählung von Narziss.

---

[1] Euripides: Elektra (um 420 v.Chr.), übertragen von Raoul Schrott, München 2021, S. 232.
[2] Freud, S.: Totem und Tabu (1913), in: GW IX, Frankfurt am Main 1996, S. 188.

Wie aber lassen sich nun sowohl der uralte Mythos als auch die Neu-Interpretation durch Sigmund Freud und die Psychoanalyse für unseren Alltag gewinnbringend nutzen? Nicht jedermann und nicht jede Frau wird so ohne weiteres zugeben oder sich erinnern, dass sie als kleine Kinder den gegengeschlechtlichen Elternteil (sexuell) begehrten und den gleichgeschlechtlichen mit Mord-Impulsen versehen haben und eliminiert wissen wollten.

Womöglich haben Freud und C.G. Jung und ihre Nachfolger und Schüler aber doch etwas Richtiges erkannt, als sie in der Entwicklungszeit von kleinen Kindern (etwa 4. bis 6. Lebensjahr) im Kontakt mit ihren allernächsten Erziehungsberechtigten potentiell massive Konflikte und Reibungsflächen wahrnahmen. Normalerweise ereignen sich diese Konflikte im Rahmen von familiärer Intimität und Privatheit – in einem Rahmen also, innerhalb dessen alle Beteiligte die jeweilige psychosoziale Verfassung der anderen hautnah miterleben.

Wenn kleine Kinder beginnend ihr Selbst und ihr Ich ausbilden und ihre eigenen Bedürfnisse zunehmend formulieren, stoßen sie auf mehr oder weniger geschickt agierende Erwachsene, die mit Verständnis, Gleichgültigkeit oder Widerstand auf ihre Kinder reagieren und ihrerseits ein stabiles oder instabiles Ich-Empfinden an den Tag legen. Allein diese Konstellation, verbunden mit dem engen und langen Aufeinander-angewiesen-Sein, evoziert oftmals mächtige Affekte.

Hinzu kommen Themen und Fragen, die ebenfalls häufig konfliktbehaftet sind: Themen der (geschlechtlichen) Identität; der Hierarchie und Macht; der Autorität und der Beziehung zu ihr (Unterwerfung? Revolte?); der Beziehung zwischen den Geschlechtern; der Bedeutung der eigenen Person (Dominanz? Mauerblümchen? Mittelpunkt?). Diese Themenkomplexe führen oft zu Auseinandersetzungen und bedeuten häufig enorme soziale und emotionale Herausforderungen. Jean Bollack (1923–2012), als Altphilologe und Philosoph einer der profundesten Kenner der griechischen Mythologie und Tragödien-Dichtung, erläuterte in *Sophokles – König Ödipus* (1991) einige psychologisch-anthropologische Interpretationsversuche des Mythos durch Sigmund Freud:

Alle Schicksalsunterschiede sind allgemeinpsychologischer Natur; individuell werden sie erst durch die jeweils vom Individuum durchlebte Geschichte. In die Abstammungsgeschichte des Kindes gehen sie lediglich als eine unvermeidbare Störung einer unmittelbaren Eltern-Kind-Beziehung ein ... Auf seinem Weg über die Psychologie unterzieht Freud das Material der wissenschaftlichen Mythenforschung einer eingehenden, aber reduzierten Prüfung, die letztlich nur noch eine Geschichte des Menschen übriglässt. Ebenso wie sich die Psyche der Individuen an die frühesten Ereignisse ihres Lebens erinnert, bewahrt der Mythos in der kollektiven Erinnerung der Völker diese Schreckensgeschichte.[3]

So heil und traut Kindheiten in manchen verklärenden Schilderungen erscheinen mögen, so problematisch sind oder waren sie oft bei genauerer Betrachtung. Die Psychoanalyse tut gut daran, auf das tektonische Gebiet von Kindheit und Familie hinzuweisen und dafür Bilder aus der griechischen Mythenwelt zu entlehnen, in denen das Dramatische und existentiell Herausfordernde oder Bedrohliche der eventuell vorhandenen Konflikte auf drastische Art und Weise zum Ausdruck gebracht wurde.

Eine Konsequenz, die aus diesen familiären Kalamitäten erwächst, besteht für den Einzelnen unter anderem häufig darin, die engen und determinierenden Verhältnisse seiner Primärfamilie hinter sich zu lassen und stattdessen neue Beziehungen zu Mitmenschen und zur Aufgaben- und Angebotswelt von Gesellschaft und Kultur aufzunehmen. Recht viele Menschen realisieren dergleichen Emanzipation zwar irgendwann formal, halten aber auf psychosozialer Ebene an den ehemaligen Gegebenheiten fest. Dies kann sich in direkten Kontakten zu den Eltern oder aber in Neuauflagen von ehemaligen Eltern-Kind-Konflikten (z. B. mit Vorgesetzten im beruflichen Feld) manifestieren.

Eine Überwindung der ödipalen oder Elektra-Situation ist jedoch erst gegeben, wenn es in den neu eingegangenen Beziehungen (Partnerschaft, Freundschaften, berufliche Kontakte) und in der Verantwortungsübernahme für Aufgaben aller Art nicht zu einer endlosen Wiederholung der seinerzeitigen ödipalen Konflikte und Affekte kommt. Für Freud waren

---

[3] Bollack, J.: Sophokles – König Ödipus (1991), Frankfurt am Main 1994, S. 126.

diese Konflikte befriedigend erst gelöst, wenn die Einzelnen nicht nur ihre Primärfamilie hinter sich gelassen, sondern sich auch mit den Regularien und Rahmenbedingungen der Erwachsenenwelt arrangiert und identifiziert haben.

Insbesondere Partnerschaften sowie die Beziehungen zu den eigenen Kindern bieten sich jedoch für eine meist unbewusste Fortführung von eigen erlebten und nicht überwundenen Ödipus- und Elektra-Komplexen an. Dies reicht von den während der Kindheitsphase in der Regel nur halbbewusst, dafür aber mit hohem Überzeugungspathos formulierten individuellen Existenzmottos (z. B. „mich soll keiner ganz bekommen!"; „wenn ich eigen bin, dann geht die Liebe weg!") bis hin zum Don Juanismus. Bei Letzterem imponiert für die Betreffenden jeweils die Frau oder der Mann als potentielle Liebes- und Sexualpartner besonders attraktiv und eroberungswürdig, die gerade anderweitig gebunden sind und damit gleichsam die Nachfolge des ehemals gegengeschlechtlichen Elternteils antreten.

Entscheidet sich überraschend dieser „Elternteil" für den Don Juan (oder für die Donna Juana), erlischt nicht selten die Attraktion und damit auch die angeblich ach so leidenschaftliche Liebe; Don Juan (oder Donna Juana) wendet sich einer neuen Eroberung zu und beginnt das ödipale Spiel von vorne. Oftmals braucht es etliche solcher oder ähnlicher Wiederholungs-Situationen, um bei sich die Relikte der ödipalen oder elektralen Verstrickungen zu erkennen und einzuordnen – wobei die Reihe der „eliminierten" Väter oder Mütter und das Ausmaß an Leid und Kummer, das damit verbunden ist, bisweilen als nicht gerade gering taxiert werden muss:

> Don Juan: Ich weiß nicht, ob ich anders bin als andere Männer. Haben sie ein Erinnern an die Nächte mit Frauen? Ich erschrecke, wenn ich auf mein Leben zurückblicke, ich sehe mich wie einen Schwimmer im Fluss: ohne Spur.[4]

Wer redlich auf seine Biographie zurückblickt, wird eventuell zugeben müssen, dass er oder sie diesbezüglich nicht nur Opfer gewesen ist. Man-

---

[4] Frisch, M.: Don Juan oder Die Liebe zur Geometrie (1962), Frankfurt am Main 1973, S. 77.

chen hilft bei diesen Verstehens-Prozessen auch die Unterstützung eines Teiresias, den wir im 21. Jahrhundert nicht mehr als blinden Seher bezeichnen, sondern als sehenden respektive intuitiv fühlenden Psychotherapeuten. Dieser wird in der Regel die Rahmenbedingungen eines Erkenntnisprozesses derart günstig gestalten, dass es einem um Erkenntnis, Aufklärung und Verstehen ringenden Ödipus zum Schluss erspart bleibt, sich aufgrund seiner persönlichen Geschichte zu blenden (Analoges gilt für eine jegliche Elektra). Die schlichte Selbsterkenntnis darf jedoch am Ende einer Behandlung so klar spürbar werden, dass sie einen Ödipus ebenso wie eine Elektra fürs Leben nachdenklich stimmt und ihnen erlaubt, Liebesbeziehungen zukünftig weniger schmerzhaft zu gestalten.

Odysseus und Penelope – Über das Warten

Es kommt mir ausgesprochen verwegen vor, auf nur wenigen Seiten über zwei so wichtige literarische Gestalten wie Odysseus und Penelope etwas Gehaltvolles schreiben zu wollen. Diese beiden Figuren schälen sich als Individualitäten aus den mythischen Erzählungen ihrer Zeit beginnend heraus, ohne dass sie die Mythen schon ganz hinter sich gelassen hätten. Wenn viele von uns sich im 21. Jahrhundert als individuelle Personen empfinden, stehen wir in gewisser Weise in der Tradition von Odysseus und Penelope.

> Sage mir, Muse, die Taten des vielgewanderten Mannes, / Welcher so weit geirrt nach der heiligen Troja Zerstörung, / Vieler Menschen Städte gesehn und Sitte gelernt hat / Und auf dem Meere so viel unnennbare Leiden erduldet, / Seine Seele zu retten und seiner Freunde Zurückkunft.[1]

Mit diesen Versen hebt das berühmteste Epos des Abendlandes an, das vor etwa 2700 Jahren von Homer (und einigen anderen Autoren, die wir ebenso wenig kennen wie ihn selbst) verfasst wurde und das seither – zu-

---
[1] Homer: Odyssee, in der Übertragung von Johann Heinrich Voss (1781), München 1995, S. 441.

sammen mit der *Ilias* – als Anfang der abendländischen Literatur gefeiert wird. Gemeint ist die *Odyssee*, welche die Irrfahrten und die glückliche Heimkehr des Odysseus zu ihrem Inhalt hat.

Ithaka ist die Heimat von Odysseus, bevor er in den Krieg gegen Troja aufbricht, von dem er erst ein Jahrzehnt später zurückkehren sollte. Seine Gattin Penelope wartet zuhause auf ihn, obschon alle Welt bei der langen Zeit des Wartens meint, dass Odysseus längst tot sei. Dementsprechend haben sich schon viele Freier im Hause von Odysseus einquartiert, die gespannt auf ein Zeichen von Penelope hoffen, wer von ihnen denn die Nachfolge des Vermissten antreten darf.

Odysseus befindet sich mit seinen Gefährten zwar auf dem Heimweg, der für ihn jedoch enorme Irrfahrten, Hindernisse und Abenteuer bereithält: die Nymphe Kalypso, von der der Held volle sieben Jahre lang festgehalten wird; die Königstochter Nausikaa, die sich mächtig in ihn verliebt; die Gefangenschaft und der listenreiche Kampf mit den Kyklopen; die Zauberin Kirke, die einige von Odysseus Gefährten in Schweine verwandelt; der betörende Gesang der Sirenen, den Odysseus hören möchte, und für den er sich an den Mast seines Schiffes fesseln lässt; Skylla und Charybdis, die Fels-Ungeheuer, die es zu umschiffen gilt – alle diese Abenteuer besteht Odysseus, bis er schließlich – unerkannt von den anderen – wieder Ithaka und sein Haus betritt. Hier metzelt er zusammen mit seinem Sohn Telemachos die Freier seiner Gattin hin, und hier gibt es zuletzt das Wiedererkennen des Gatten auf dem selbst gebauten Liebeslager der Penelope.

Alle diese existentiellen Themen und Motive haben in vielfältiger Form Eingang in unsere Kultur gefunden. Das Epos und die damit eng verbundenen Mythen regten in den Jahrtausenden seit ihrer Entstehung Generationen von Denkern, Dichtern und Künstlern zu vielfachen Nach- und Umdichtungen, Kompositionen, Dramenfassungen, poetisch-lyrischen Versionen, Interpretationen und philosophischen Reflexionen an, ohne dass damit die *Odyssee* als erledigt und abgearbeitet gelten darf. Schon die Antike kannte Gegendarstellungen und künstlerische Korrekturen des Stoffes – Aischylos, Euripides, Seneca, Horaz, Cicero, Plutarch, Marc Aurel, Ovid und andere haben sich am ganzen Mythos oder an einzelnen seiner Facetten versucht.

Während das Mittelalter besonders das Motiv des Heimkehrers an der *Odyssee* betonte, sah die Renaissance im Helden Odysseus ein exemplarisches Individuum; in Shakespeares *Troilus und Cressida* (1602) erhält Odysseus dann wieder all jene vielschichtigen und mehrdeutigen Eigenschaften und Qualitäten zurück, die den ursprünglichen Helden Homers ausgezeichnet haben.

In den folgenden Jahrhunderten erfuhr der Odysseus-Stoff noch vielfältige Um- und Ausgestaltungen. Sowohl für die Theater- als auch die Opernbühne wurden im 19. und 20. Jahrhundert diverse Fassungen mit jeweils sehr eigener Schwerpunktsetzung entworfen, ohne dass dabei die Differenziertheit des Homerischen Epos evoziert hätte werden können. Im oft zitierten Buch *Die Dialektik der Aufklärung* (1950) von Theodor W. Adorno und Max Horkheimer wird an der Figur des Odysseus die Thematik und Problematik des aufgeklärten, über seine Affekte frei verfügenden Menschen abgehandelt, der seinen Leidenschaften und Impulsen nicht mehr hilf- und wehrlos ausgeliefert ist und der über die Fähigkeit verfügt, sich und seine Emotionen so lange im Zaume zu halten, bis die Situation ein Agieren erlaubt und sinnvoll erscheinen lässt. Damit aber wird Odysseus für Adorno und Horkheimer auch zu einem Typus Mensch, der nach außen einen anderen Eindruck hinterlässt, als sein Innenleben es eigentlich vorschreibt; die Authentizität zwischen Erleben, Fühlen und Handeln ist aufgebrochen und hintangestellt.

Die eigenwilligste und gleichzeitig künstlerisch hochwertigste und gelungenste Umdichtung und -deutung erfuhr der Mythos des Odysseus bei James Joyce. In seinem *Ulysses* (1922) hat der irische Dichter das antike Epos als Matrix und Hintergrund für eine sehr eigenwillige Art von Erzählung verwendet, die jedoch für das 20. Jahrhundert stilbildend wirkte und in vielerlei Hinsicht als modern und zukunftsweisend beurteilt wurde. Zu Recht bezeichnen die meisten Biographen von James Joyce und darüber hinaus viele Literaturwissenschaftler den *Ulysses* daher als das eigentliche Hauptwerk des Dichters.

Der *Ulysses* wurde als die Bibel für das 20. Jahrhundert bezeichnet, in der das Lebensgefühl der Menschen unserer Epoche zum Ausdruck kommt. Auf den über tausend Seiten des Romans ist es Joyce gelungen, Stimmungen, Atmosphären, Bilder, Dialoge, Phantasien in Worte zu fassen, welche die anglo-amerikanische und europäische Kultur und ihre

Gesellschaften in der ersten Hälfte des 20. Jahrhunderts geprägt haben. Soziologie, Wirtschaft, Geschichte, Psychologie, Religion, Politik und vieles andere mehr findet sich in diesem Kaleidoskop der Gedanken, Zitate, Meinungen, Nachrichten, Gedichte und Anspielungen, die die Irrfahrten, Hoffnung, Verzweiflung des Menschen ähnlich grandios vorausahnen und in Szene setzen wie seinerzeit bei Homer.

Bei diesen Themen lässt sich zeigen, inwiefern für uns Zeitgenossen des 21. Jahrhunderts manche der uralten Mythen relevant sind und uns immer noch etwas zu sagen haben. Viele werden sich mit dem Odysseus des Aufbruchs und der Ferne identifizieren, der sich und den Nächsten versichert, dass er damit einem inneren Imperativ Folge leistet. Das Abenteuer ruft, die Ferne, das Unbekannte – so sagt sich mancher von uns –, und ich kann mich nicht so recht entscheiden: gehen oder bleiben. Letztendlich muss ich Abenteuer bestehen; Bekanntes werde ich dabei hinter mir lassen, Sehnsüchte ertragen und manches auch vergessen. Vielleicht kehre ich irgendwann aus freien Stücken zurück, weil ich frei geworden bin.

Andere, Ältere sind womöglich von jener Szene der *Odyssee* angerührt, die uns beschreibt, wie Odysseus endlich nach seiner langjährigen Irrfahrt frei geworden wieder zuhause ankommt und auf seine Gattin Penelope trifft. Diese erkennt ihn nicht sofort (so sehr haben sich beide verändert) und befragt ihn daher nach dem Geheimnis ihres Bettes, das Odysseus einst aus einem Olivenbaum fertigte – ein Geheimnis, um das nur er und sie wusste:

> Ein wunderbares Geheimnis / War an dem künstlichen Bett, und ich selber baut es, kein andrer! / Innerhalb des Gehegs war ein weitumschatteter Ölbaum, / Stark und blühenden Wuchses; der Stamm glich Säulen an Dicke. / Rings um diesen erbaut ich von dichtgeordneten Steinen / Unser Ehegemach ... Also sprach er (Odysseus). Der Fürstin (Penelope) erzitterten Herz und Knie, / Als sie die Zeichen erkannte, die ihr Odysseus verkündet. / Weinend lief sie hinzu und fiel mit offenen Armen / Ihrem Gemahl um den Hals und küsste sein Antlitz ...[2]

---

[2] Homer: Odyssee, in der Übertragung von Johann Heinrich Voss (1781), München 1995, S. 755 f.

In dieser Szene verschränken sich kunstvoll die existentiellen Themen einer langen Suche nach dem Zuhause; des glückhaften Überlebens und Ankommens nach einer Reihe gefährlicher Abenteuer; des unerschütterlich wirkenden Glaubens an den anderen, das abwesende Du; des Zweifels und des großen Misstrauens einerseits und der erlösenden Gewissheit andererseits; der Rolle und Funktion des gemeinsamen Geheimnisses; und des geduldigen Wartens aufeinander: Wer je liebte und geliebt wurde, weiß, dass Warten und Glauben zu den Koordinaten der Liebe gehören.

So mancher mit Zweifel und Misstrauen belasteten Liebesbeziehung möchte man daher jene Szene des Erkennens nicht nur der anderen Person, sondern auch von deren Zuneigung und Anerkennung (aus der *Odyssee*) wünschen – eine Szene, die über Kränkungen und Zumutungen der Vergangenheit hinweghelfen und den Blick auf den Kairos des Augenblicks und auf die Chancen einer gemeinsamen Zukunft (von Odysseus und Penelope) eröffnen kann.

Die *Odyssee* ist ein umwerfend beeindruckendes Buch der Menschenpsyche: eheliche Treue bei Penelope; erzgescheites Lavieren des Helden bei Abenteuern mit Göttern, Frauen und Freunden oder Feinden; Rückkehr in die Heimat nach vieljähriger Irrfahrt durch die damals bekannte Welt – das alles beschreibt der Poet mit einer Sprachgewalt sondergleichen. Man hat gesagt, dass Homer und Hesiod den Griechen ihre Götter geschenkt haben; aber nicht nur das: Die ganze Menschheit bekam mit der *Odyssee* (und in vielerlei Hinsicht auch mit der *Ilias*) eine Welt beschrieben, worin sie sich selbst zu erkennen vermochte und vermag.

Neben einem Text der Selbsterkenntnis und der Selbstvergewisserung ist die *Odyssee* aber auch ein grandioses Buch der Selbstrealisation – wobei sich dieser Aspekt fast dreitausend Jahre nach der schriftlichen Fixierung der entsprechenden Mythen immer noch als aktuell erweist. So überzeugt die Sehnsucht von Odysseus nach der Weite (sein Fernweh) ebenso wie seine Sehnsucht nach Zuhause (sein Heimweh); die Umsetzung seiner Abenteuerlust ebenso wie sein Wunsch, sein müdes Haupt ohne Arg und List in den Schoß seiner Gemahlin betten zu können; sein ungestilltes Begehren nach Aufgipfelung seiner Existenz ebenso wie seine Vorstellung, endlich irgendwo zur Ruhe zu kommen.

In den Figuren von Penelope und Odysseus begegnen uns dabei nicht nur zwei Liebende, die jeder auf seine Art aufeinander gewartet haben; sie warten auch jeder für sich auf jene Momente ihrer (und ebenso unserer) Existenz, in denen sich aus den Ambivalenzen des bisherigen Daseins (z. B. Zweifel versus Vertrauen und Glauben bei Penelope; z. B. Abenteuer und steter Aufbruch versus Heimkehr bei Odysseus) eine eheliche Postambivalenz abzuzeichnen beginnt:

> Von der Ehe wird in der *Odyssee* gesagt, sie sei im Idealfall die Verbindung zweier gleichdenkender Menschen. Wie Odysseus zu Nausikaa sagt: „Mögen die Götter dir geben, was du ersehnst: ein Heim, einen Gatten, und Gleichgesinntheit mit ihm – denn es gibt nichts Besseres auf der Welt als ein befestigtes Haus, gelassen geführt, in dem Mann und Frau gleich denken." ... In diesem Augenblick umarmen sie (Odysseus und Penelope) sich und fühlen dieselben Gefühle, denken dieselben Gedanken, als wären sie ein und dieselbe Person: einen Augenblick lang können wir nicht entscheiden, wer hier wer ist. Es ist nicht leicht, in der kulturellen Sprache jener hoch stratifizierten Gesellschaft auszudrücken, dass Männer und Frauen in irgendeinem Sinne gleich seien. Dem Autor der *Odyssee* jedoch ist es gelungen.[3]

Ob überhaupt und wann sich das Warten auf eine solch reziproke Liebesbeziehung in eine Erfüllung oder aber die Erwartungen in Enttäuschung wandeln, lässt sich schwer prognostizieren und hängt von vielen Unwägbarkeiten beider Protagonisten ab: von den Lebensläufen und unerwarteten Zufälligkeiten, in die Menschen geraten; von den Mitmenschen und Zeitgenossen, auf die sie treffen; von der jeweiligen Welt- und Lebensanschauung der beiden Betreffenden; von ihrem individuellen Wachstums- und Entwicklungspotential sowie ihrer Entwicklungsdynamik; von den vielfältigen Werthorizonten, auf die sie zusegeln; von den Geschichts- und Kulturereignissen um sie her; von den unbewussten Umbauprozessen ihrer Person; sowie von den Triumphen und Niederlagen ihres Daseins.

---

[3] Winkler, J.J.: Der gefesselte Eros – Sexualität und Geschlechterverhältnis im antiken Griechenland (1990); Marburg 1994, S. 232 ff.

In der *Odyssee* jedenfalls schildert uns Homer das schließlich positiv endende Aufeinander-Warten zweier Liebender unter beinahe aussichtslos wirkenden Rahmenbedingungen und über einen außergewöhnlich langen Zeitraum hinweg (ein Jahrzehnt). Dabei handelt es sich um ein aktives Warten der Veränderung, die beide, Penelope wie Odysseus, betroffen und die wesentlich dazu beigetragen hat, dass die Zukunft ihrer Liebe eine ganz andere wurde als ihre Vergangenheit. Wer lediglich passiv wartet, wird in der Regel enttäuscht und täuscht oder enttäuscht auch sein oder ihr Gegenüber – er oder sie sitzt im Warteraum des Lebens und verabsäumt die eigenen Entwicklungen, ohne die es weder eine Renaissance der bisherigen noch die Eroberung einer neuen Liebe gibt.

Sisyphos – Sinnsucher in einer absurden Welt

Befragen wir unsere Mitmenschen nach griechischen Mythen-Figuren, können wir mit hoher Wahrscheinlichkeit damit rechnen, dass neben Ödipus vor allem auch Sisyphos häufig genannt wird. Der vergeblich seinen Stein nach oben Wuchtende und Rollende wird von vielen als Metapher für die Vergeblichkeit menschlicher Bemühungen ganz allgemein im 20. wie auch im 21. Jahrhundert als überaus passend empfunden. Begriffe wie Sisyphos-Arbeit oder Sisyphos-Aufgabe sind für uns feststehende, gebräuchliche Redewendungen geworden, mit denen wir die Schwere und Komplexität einer Aufgabe, unsere eigene Anstrengung dabei sowie die grundsätzliche Unmöglichkeit einer befriedigenden Lösung dieser Aufgabe zum Ausdruck bringen.

In der griechischen Antike galt Sisyphos, der König von Korinth, als der enorm Verschlagene und Listenreiche, dem es sogar gelungen war, Thanatos (den Todes-Gott) zu überlisten. Er machte ihn betrunken und fesselte ihn, so dass eine Weile niemand mehr sterben konnte. Ares, der Kriegsgott, war darüber so irritiert (auf den Schlachtfeldern gab es deshalb ebenfalls keine Toten mehr), dass er Thanatos befreite. Dieser erinnerte sich prompt an Sisyphos, der sich in der Zwischenzeit über Thanatos sogar ziemlich lustig gemacht hatte, und holte ihn zur Strafe ins Totenreich.

In der Unterwelt erhielt Sisyphos für seine frevelhafte, hochmütige Tat (einen Todes-Gott fesselt man nicht!) eine sinnwidrig anmutende Aufgabe: Er sollte einen schweren Stein einen steilen Hang hinaufrollen, wobei ihm jeweils kurz vor dem Ziel der Felsblock entglitt und zu Tale polterte. Wieder und wieder hatte Sisyphos diese Aufgabe anzugehen, obwohl er längst wusste, dass es sich dabei um jeweils vergebliche Mühen handelte. In der *Odyssee* heißt es dazu:

Auch den Sisyphos sah ich, von schrecklicher Mühe gefoltert, / Einen schweren Marmor mit großer Gewalt fortheben. / … Doch glaubt er ihn jetzo / Auf den Gipfel zu drehn, da mit einmal stürzte die Last um; / Hurtig mit Donnergepolter entrollte der tückische Marmor. / Und von vorn arbeitet er, angestemmt, dass der Angstschweiß / Seinen Gliedern entfloss und Staub sein Antlitz umwölkte.[1]

Diese Sage wurde im 20. Jahrhundert vor allem durch den Essay *Der Mythos des Sisyphos* (1942) von Albert Camus weiterentwickelt und sehr bekannt. Mit Camus begann eine Interpretation dieses Mythenstoffes unter der Perspektive des Existentialismus, wobei die Auseinandersetzung des Einzelnen mit dem Absurden, dem Zufälligen, Sinnwidrigen und Sinnlosen der Existenz, im Mittelpunkt dieser Mythendeutung stand – eine Auseinandersetzung, die durchaus nicht von trister Frustration gekennzeichnet war und ist:

Darin besteht die verborgene Freude des Sisyphos. Sein Schicksal gehört ihm. Sein Fels ist seine Sache. Ebenso lässt der absurde Mensch, wenn er seine Qual bedenkt, alle Götzenbilder schweigen … In diesem besonderen Augenblick, in dem der Mensch sich seinem Leben zuwendet, betrachtet Sisyphos, der zu seinem Stein zurückkehrt, die Reihe unzusammenhängender Handlungen, die sein Schicksal werden, als von ihm geschaffen.[2]

---

[1] Homer: Odyssee, in der Übertragung von Johann Heinrich Voss (1781), München 1995, S. 599.
[2] Camus, A.: Der Mythos des Sisyphos (1942), Reinbek bei Hamburg 1999, S. 159 f.

Überträgt man diesen Mythos auf unsere Gegenwart, gibt es multiple Situationen, in denen sein anthropologischer Kern – Kontakt und Umgang mit dem Zufälligen, Sinnwidrigen, Absurden – eine maßgebliche Rolle spielt. Begonnen bei z. B. angeborenen organischen Defekten und Erkrankungen von Säuglingen und Kleinkindern über die unterschiedlichsten Krankheitsbilder der Erwachsenen und Älteren bis hin zu den Zufällen von Traumen oder überraschendem Tod reicht der Bogen der Absurditäten allein im Bereich der Medizin, denen oft hinterherhinkend von Betroffenen, Angehörigen oder aber auch vom Medizinal-System irgendeine Sinnhaftigkeit unterstellt wird, um nicht von ihrer puren und bloßen Sinnlosigkeit überrollt zu werden und ihr hilflos ausgeliefert zu sein.

Ähnlich tragisch muten viele weitere sinnwidrige Situationen des Daseins an: Krieg, Obdachlosigkeit, Armut, Kriminalität und Verbrechen, Naturkatastrophen, Unterdrückung und Ausbeutung, Flucht und Vertreibung und Exil. Wo, bitte schön, finden sich darin auch nur Spuren von Sinn, Wert und Bedeutung? Und wie, bitte schön, dürfen und sollen wir uns angesichts dieses Übermaßes an Absurditäten noch eines humanitären Lebensstiles befleißigen, von Hoffnung und Zuversicht ganz zu schweigen?

Nimmt man Camus und seine Deutung des Sisyphos-Mythos ernst, geht sein Plädoyer in eine außerordentlich tapfere Richtung. Vor dem Hintergrund des ubiquitär vorhandenen Absurden in der Welt, das auch mit noch so elegant-raffinierten Argumentationsketten und Glaubenssätzen nicht in etwas Wert- und Sinnvolles verwandelt werden kann, bedeutet es für Menschen eine Würde und Respekt verleihende Haltung und Lebensanschauung, das Sinnwidrige als solches zu benennen und sich – wenn und weil alle anderen Handlungsoptionen obsolet geworden sind – zu empören. Dies gilt umso mehr, wenn es sich um chronifizierte Sinnlosigkeits-Situationen handelt (z. B. Umgang mit chronischen Krankheiten oder mit dauerhaften Behinderungen), in denen permanente Anstrengungen (den schweren Stein hochrollen) erforderlich sind, ohne dass effektive Veränderungen (Heilung oder zumindest entscheidende Besserung – der Stein bleibt endlich oben liegen) zu erwarten stehen:

> All diese Leben, die sich in der dünnen Luft des Absurden bewegen, könnten sich ohne einen tiefen und beständigen Gedanken, der sie mit seiner Kraft belebt, nicht halten. Es kann sich dabei nur um ein besonderes Gefühl von Treue handeln ... So gibt es ein metaphysisches Glück, die Absurdität der Welt zu stützen. Die Eroberung oder das Spiel, die unermessliche Liebe, die absurde Auflehnung – derartige Huldigungen bringt der Mensch seiner Würde dar in einem Feldzug, in dem er im voraus besiegt ist.[3]

Als sehr realistischer Mythos zeigt Sisyphos, dass jeder Mensch wie der Held im griechischen Hades seinen Stein wälzen muss, und dass dieser Stein immer wieder den Berg herabrollt. In der Auflehnung gegen die Götter lässt sich der Vielgeplagte jedoch nicht unterkriegen; Sisyphos ist ein Mann des Widerstands, der auch bei unerträglichen Belastungen aufrecht bleibt und das Leben trotz aller Mühsal bejaht. Selbst angesichts seiner unendlichen Mühen und Quälereien gelten die erstaunlichen Sätze von Camus am Ende seines Essays:

> Sisyphos jedoch lehrt uns die höhere Treue, die die Götter leugnet und Felsen hebt. Auch er findet, dass alles gut ist. Dieses Universum, das nun keinen Herrn mehr kennt, kommt ihm weder unfruchtbar noch wertlos vor ... Der Kampf gegen Gipfel vermag ein Menschenherz auszufüllen. Wir müssen uns Sisyphos als einen glücklichen Menschen vorstellen.[4]

Im 21. Jahrhundert dürfen wir uns Sisyphos angelehnt an den Stein, den Stein schiebend, am Stein halb verzweifelnd, den Stein liebkosend, den Stein verschwitzt abwetzend imaginieren. Halb erdrückt, halb gegengestützt, halb abgewandt, aber doch in Kontakt mit seinem verdammten Stein und seiner verdammten Aufgabe, kann und will Sisyphos sich nie von seiner Aufgabe emanzipieren – er kann ihr allerhöchsten den Rücken zukehren, und dann rollt sie eben von hinten wieder auf ihn zu.

Ich trage eine Last und bin ein langer Weg, und dieser immer wieder neu und ohne Ende – so könnte Sisyphos denken; und weiter: Ich bin der Triumph und der Misserfolg, beide ganz nah beieinander. Ich bin stolz

---

[3] Camus, A.: Der Mythos des Sisyphos (1942), Reinbek bei Hamburg 1999, S. 123.
[4] Camus, A.: Der Mythos des Sisyphos (1942), Reinbek bei Hamburg 1999, S. 160.

und ich habe Angst – Angst und Sorge, es nicht zu schaffen, die schwere Kugel zu rollen; das Zittern, sie nicht halten zu können; keine Kraft mehr, sie weiter zu bewegen; die Stagnation, das Verweilen an einer Stelle. Ich möchte mich wegdrehen, sie nicht ansehen müssen, doch dann hat sie mich wieder eingeholt. Manchmal möchte ich weglaufen und mich nicht um sie kümmern müssen. Doch sie gehört zu mir und hält alles für mich bereit – meine Aufgaben, Erinnerungen, Wünsche, Sehnsüchte, Möglichkeiten. Manchmal hadere ich, verzweifle beinahe, zerbreche mir den Kopf über sie – doch alles nützt nichts: Der Weg will gegangen werden mit allem, was dabei zu tragen und zu bewegen ist.

Als sinnsuchende Wesen fühlen wir uns im Dasein nur halbwegs wohl und zu Hause, wenn wir von Sinnstrukturen umgeben sind oder diese zumindest für die Zukunft erhoffen und imaginieren. Die Absurdität der Welt ergibt sich aus dem Kontrast des menschlichen Sinnbedürfnisses und der Gleichgültigkeit der Natur gegenüber unseren unvermeidlichen Ansprüchen und Erwartungen; und sie ergibt sich aufgrund der riesigen Unzulänglichkeiten menschlicher Verhältnisse, die mehr Frustrationen auslösen, als unsere Gemüter mit ihren Sinnbedürfnissen oftmals ertragen können.

Neben den bereits erwähnten Sinnwidrigkeiten quälen uns mindestens ebenso vielfältige weitere soziale, gesellschaftliche, kulturelle Sinndefizite: Ausbeutung und ökonomische Ungerechtigkeiten aller Art, ökologische Unachtsamkeit bis hin zur autodestruktiven Vernichtung unserer Lebensgrundlagen, Diskriminierung von Minderheiten (Antisemitismus, Homophobie etc.), patriarchalische und autoritäre Gesellschaftssysteme, Kinderarbeit, Menschenhandel – die Liste der Absurditäten ließe sich beinahe beliebig fortsetzen, und nicht selten fällt es schwer, sich bei alledem Sisyphos noch als einen glücklichen Menschen vorzustellen.

Camus jedoch schildert vier Helden der Absurdität, die sich in ihrer Weise mit dem Sinnmangel im Dasein auseinandersetzen. Es handelt sich um den Verführer, den Schauspieler, den Eroberer und den Künstler: Alle vier setzen auf die Karte der Qualität des Lebens, da man nie weiß, wie lange die Quantität des Lebens dauert. Am schlechtesten scheint Don Juan abzuschneiden. Er hat sich dem Kampf der Geschlechter verschrieben; seine Revolte gegen das Absurde besteht vorrangig darin, sexuelle Eroberungen zu sammeln. Mag sein, dass dies den Lebensgenuss erhöht; aber der Verdacht ist nicht abzuweisen, dass so mancher Don Juan etwas von einem verführten Verführer hat.

Auch Schauspieler erleben nur flüchtige Triumphe. Zwar sind sie die Darsteller potenzierten Lebens: König Lear, Hamlet, Othello, Faust usw. Den Schauspieler schreckt nicht selten der Widerstandscharakter der realen Welt. Er entscheidet sich für die fiktive Welt der Kulissen, wo der Aufschwung zum Sein und Wirken unbeschwerter vor sich geht als in der üblichen Realität. Der Eroberer lässt sich hingegen durch den Widerstand der Wirklichkeit nicht entmutigen. Er bricht auf, um andere Kontinente zu erkunden. Eine eher sublimierte Form von Abenteuer ist die Wissenschaft. Der echte Forscher hat etwas von einem Eroberer an sich; in diesem Sinne hat Sigmund Freud sich selbst als einen *Konquistador* bezeichnet – wobei Camus betonte, dass er die drei Varianten nicht moralisch beurteilen wollte: „Sie veranschaulichen lediglich einen Lebensstil. Der Liebhaber, der Komödiant und der Abenteurer spielen das Absurde. Aber ebenso gut, wenn sie es wollen, der Keusche, der Beamte und der Präsident der Republik."[5]

Am überzeugendsten antworten nach Camus die Künstler auf das Absurde: Sie schaffen ihr Oeuvre, und niemand kann leugnen, dass das gelungene Werk eine Sphäre von Sinn und Wert bedeutet. Schaffen heißt doppelt leben: Der Schaffende wartet nicht darauf, dass der Sinn von außen oder oben ins Dasein hineinkommt, sondern entschließt sich dazu, dem spröden Stoff des Wirklichen jene Sinnfülle aufzuprägen, die er ersehnt und benötigt. Künstler sind Erfinder und Gestalter von Räumen, innerhalb derer Menschen wohnen, atmen, sich entfalten können. Wir leben günstigenfalls in jenen Welten, die die Künstler aller Zeiten für uns erdacht, erträumt, erdichtet und konstruiert haben.

Als Symbol, Metapher, Parabel für Menschen (vor allem für die Künstler), die eine heroische Haltung gegenüber dem Absurden einnehmen, verwies Camus in seinem Essay zum Schluss auf die mythische Gestalt des Sisyphos, von dem die antike Sage erzählt. Dieser Heros behielt trotz seiner sinnlos anmutenden Aufgabe Mut und Freude am Leben, weil er seinen Lebensinhalt liebgewann; und weil er daneben die Menschen mochte, für die er ein Beispiel von Geduld, Tapferkeit und Souveränität

---

[5] Camus, A.: Der Mythos des Sisyphos (1942), Reinbek bei Hamburg 1999, S. 119.

trotz aller Sinnwidrigkeiten seiner eigenen Existenz abgegeben hat. Damit nahm er quasi schon in der griechisch-mythologischen Antike ein Diktum von Friedrich Schiller vorweg: „Wisset, ein erhabner Sinn / *Legt* das Große in das Leben, / Und er *sucht* es nicht darin."[6]

---

[6] Schiller, F.: Die Huldigung der Künste (1804), in: Sämtliche Werke Band II, Darmstadt 1981, S. 1087.

Herakles – Heroismus für den Alltag

Herakles war der Größte; der Stärkste; der Listenreichste; der Mutigste; der Heroe schlechthin. Sprach man im Griechenland der Antike über den Heroismus, durfte man sicher sein, dass sein Name fiel. Und suchten Mythologen, Historiker, Philosophen, Altphilologen oder Dichter in den letzten Jahrhunderten nach typischen Beispielen für das altgriechische Heroentum, wählten sie Mal ums Mal Herakles als den Besten, als ihren Prototyp.

Herakles war ein Sohn des Zeus und der sterblichen Alkmene, einer eleganten und wunderschönen Frau, die eigentlich mit Amphitryon verheiratet war. Zeus in seiner expansiven Art wollte jedoch einen Helden zeugen, verkleidete sich als Amphitryon (der aushäusig mit einer Schlacht beschäftigt war) und gab Helios (dem Sonnengott) ein Zeichen, einen Tag lang nicht aufzugehen, so dass er eine dreifach lange Nacht mit Alkmene (die sich über die erotische Intensität ihres Gatten wunderte, da sie den Gott in ihm nicht erkannte) zubringen konnte.

Amphitryon, von seiner Schlacht nach Hause zurückgekehrt, legte sich zu seiner Gattin ins noch warme Bett und schlief ebenfalls mit ihr – was Alkmene nach ihren sexuellen Erlebnissen mit dem Amphitryongleichen Zeus doppelt verwunderte. Das Resultat der nicht enden wollenden Nacht mit dem Gotte hieß Herakles; das Resultat der Begattung durch den Ehemann war ein Zwillingsbruder des Herakles, der ihm jedoch an Kraft und Vitalität deutlich unterlegen war:

> Herakles, der Erstgeborene, wird von seiner Geburt an vom Hass der Hera verfolgt. Die Frau des Zeus ist in erster Linie Gemahlin und äußerst eifersüchtig um ihre Macht bedacht. Natürlich: Sie ist Schutzgöttin der Heirat, also schützt sie die Heirat; sie fürchtet die Früchte der Unzucht, die Bastarde, die an der Macht der Götter rütteln würden, sie ist auf der Hut vor den Mischwesen, die aus der Vereinigung der Götter mit Sterblichen hervorgehen. Sie hat alle Hände voll zu tun, denn der Göttergemahl fiele nur allzu gerne über alle irdischen Schönheiten her; an Mitteln dazu gebricht es ihm nicht.[1]

Hera in ihrer gekränkten Eitelkeit als Gattin des Zeus war Herakles lange Zeit nicht wohlgesonnen. Noch als er ein Säugling war, wurde er (ohne dass Hera ihn als von Zeus abstammend identifizierte) an die Brust der Göttin gelegt. Herakles säugte derart heftig, dass Hera ihn vor Schmerz von sich stieß; ihre Milch spritzte weit über den ganzen Himmel und bildet bis zum heutigen Tag die Milchstraße. Der Säugling hatte dennoch genug der göttlichen Muttermilch abbekommen, so dass er fortan übernatürliche Kräfte besaß.

Als der Knabe acht Monate alt war, schickte ihm Hera zwei große Schlangen, die ihn und den Bruder bedrohten. Herakles griff sich beide Schlangen und würgte sie mit seinen bloßen Händen zu Tode. Alkmene wie auch Amphitryon waren nicht schlecht erstaunt über die Tatkraft ihres Kindes und riefen Teiresias, den blinden Seher herbei. Dieser prophezeite dem Knaben eine grandiose und heroische Zukunft.

Den Heroismus hatte er aber auch bitter nötig; denn Hera war ihm weiterhin nicht gewogen und sorgte indirekt dafür, dass er zwölf ausgesprochen schwierige Aufgaben zu erfüllen hatte, für die er in der Tat übernatürliche Kräfte und darüber hinaus einen immens klugen Kopf benötigte. Diese zwölf Arbeiten, die er sämtlich meisterte, machten Herakles zu dem berühmtesten Heroen Griechenlands; und er machte damit

---

[1] Bollack, M.: Herakles – Das Raubtier, in: Dämonen und Drachen (2017), Berlin 2021, S. 81.

seinem Namen alle Ehre: Herakles bedeutet übersetzt so viel wie der von Hera Verfolgte und Getriebene. Noch heute spricht man von den Herkules-Aufgaben (Herkules: römisch für Herakles), wenn man einen Schwierigkeitsgrad von Arbeiten als extrem hoch oder im Grunde als nicht oder kaum zu bewältigen einschätzt.

Zu diesen zwölf Aufgaben zählten unter anderem die Tötung der neunköpfigen Hydra; das Ausmisten des Stalls des Augias; das Pflücken der goldenen Äpfel der Hesperiden; das Hochholen des Hundes Kerberos aus der Unterwelt. Bedenkt man, dass Herakles daneben jede Menge an Nebenarbeiten zu erledigen hatte, kann man nachvollziehen, warum ihn die Griechen zu ihrem wichtigsten Heroen auserkoren haben; und warum Herakles als Belohnung für seine großartigen Taten nach seinem Tod in den Olymp aufgenommen und insofern im Nachhinein unsterblich gemacht wurde.

Von den Heldentaten des Herakles erwähne ich hier ausführlicher lediglich den Stall des Augias, den er mit einem genialen Trick von Grund auf reinigte. Augias war ein Sohn von Helios und der König von Elis auf dem Peloponnes. In seinen Rinderställen hielt er unübersehbar viele Tiere, wobei diese Ställe schon seit Jahren nicht mehr gereinigt worden waren; ein Ausmisten galt deshalb als undurchführbar – noch dazu sollten (so die unmögliche Aufgabenstellung) die Ställe innerhalb eines Tages gesäubert werden.

Herakles griff für die Lösung der im Grunde weit unter seiner Würde stehenden Aufgabe zu einem grandiosen Trick: Er entfernte an einer Seite der Ställe die Fundamente und leitete das Wasser von zwei großen Flüssen über einen Kanal in die völlig verlotterten Gebäude. So gelang es ihm, innerhalb weniger Stunden die Ställe auszumisten und seine Arbeit mit einem überragenden Ergebnis abzuschließen. Friedrich Nietzsche anerkannte in *Morgenröte* (1881) nicht nur die Reinigungs-Effekte dieser Aktion des Herakles, sondern vor allem auch dessen unprätentiöse Art, sich einer solchen Aufgabe (nämlich das Ausmisten) mit heroischer Attitüde anzunehmen – er war sich überhaupt nicht zu schade, die Arbeit eines schlichten Rinderknechts zu erledigen:

Dinge vom übelsten Geruche tun, von denen man kaum zu reden wagt, die aber nützlich und nötig sind, – ist auch heldenhaft. Die Griechen haben sich nicht geschämt, unter die großen Arbeiten des Herakles auch die Ausmistung eines Stalles zu setzen.[2]

Dieser Gedanke Nietzsches bedeutet für uns eine erste Antwort auf die Frage, wie man ein heroisches, nämlich tapferes und in seinen Ergebnissen einigermaßen wertvolles Leben führen kann. Wir beschäftigen uns mit Herakles oder anderen herausragenden Gestalten der griechischen Mythenwelt schließlich nicht, um in Ehrfurcht vor ihnen zu erstarren, sondern um an und von ihnen Hinweise für die eigenen Daseinsherausforderungen zu erhalten. Und als eine ganz wesentliche dieser Herausforderungen erachte ich die Aufgabe, aus unserer Existenz keine beliebige und belanglose Veranstaltung, sondern etwas sozial und/oder kulturell Wertvolles werden und entstehen zu lassen.

An diesem Wertvollen auch und gerade bei der Vielzahl von Widrigkeiten, die jedes menschliche Dasein mit sich bringt, als Ziel und Orientierung immer wieder festzuhalten, nennen wir Heroismus. Es geht dabei also in keiner Weise um die Zahl der Besiegten und Erniedrigten, die unseren Lebensweg säumen, oder um körperliche Überlegenheit, grobe Gewaltanwendung, kriegerische Tapferkeit und ähnliche Formen von dumpfer Dominanz und Rücksichtslosigkeit.

Unter dieser Perspektive des sozial und/oder kulturell Wertvollen befassen wir uns auch mit Herakles. Obwohl er kein Heiliger war (das Heilige bedeutet für uns kein unabdingbares Merkmal eines gelingenden Lebens) und im Affekt durchaus seiner Aggressivität freien Lauf ließ (als Jugendlicher soll er seinen Musiklehrer mit einer Leier erschlagen haben, weil dieser ihn zu Unrecht kritisierte; außerdem tötete er einmal rasend vor Jähzorn eigene Kinder), berichtet der Mythos über manche Qualitäten, die auch für uns einige Jahrtausende später noch bedenkenswert erscheinen.

Als entscheidend für sein späteres Heroentum gilt eine Episode im Leben von Herakles, die in der Literatur als *Herakles am Scheideweg* bezeichnet wird. Dem jungen Mann sollen dabei zwei Frauen begegnet

---

[2] Nietzsche, F.: Morgenröte (1881), in: KSA 3, München 1988, S. 265.

sein, die ihn beide aufforderten, jeweils mit ihnen zu gehen. Die erste – sehr attraktiv und faszinierend anzusehen – hieß *Eudämonia* (Glückseligkeit), die zweite nannte sich *Arete* (Tugendhaftigkeit) – auch sie eine imposante Frau, wenngleich weniger schillernd herausgeputzt. Die erste versprach ihm ein reiches Leben voll Genuss; die zweite hingegen betonte, dass die Götter das Schöne und Gute nur dem zukommen lassen, der es sich mit Mühe und Fleiß verdient.

Herakles wählte schließlich die zweite Frau und hat damit eine Entscheidung getroffen, wie sie Jahrtausende später in der Philosophie von Sören Kierkegaard in seinem Buch *Entweder – Oder* (1843) als wesentlich für die Daseinsgestaltung eines jeden Menschen bezeichnet wurde. Kierkegaard unterschied den von ihm als ästhetisch benannten Lebensstil vom ethischen Lebensstil, wobei der Erstere ziemlich exakt der *Eudämonia* und der Letztere der *Arete* entspricht.

Doch zurück zu Herakles: Einige Jahre seines Lebens verbrachte der Heroe bei Omphale, der verwitweten Königin von Lydien (Kleinasien). Als Sühne für seine Jähzorn-Untaten musste Herakles ihr ein Jahr (manche sagen sogar drei Jahre) lang als Sklave dienen und wurde dafür von Omphale gekauft, ohne dass sie wusste, wer sich in diesem Sklaven verbarg. Als Herakles nach und nach seinen Heroismus walten ließ und die Königin ihn erkannte, heiratete sie ihn und begann, ihn maßlos zu verwöhnen. Herakles ließ es sich gefallen und verweichlichte zusehends. Als sich seine Sühnezeit dem Ende zuneigte, registrierte er seine ungute Entwicklung. Er verließ Omphale und orientierte sich neuerlich an seinen Aufgaben, die auf ihn warteten. Die Revision einer Daseinsrichtung, die Akzeptanz von existentiellen Sackgassen und Umwegen gehört also (so kann man die Biographie des Herakles für uns interpretieren) ebenfalls zum Programm eines heroischen Lebensstils.

Welche Aufgaben aber sind nun dafür verantwortlich, dass Einzelne ihr Leben heroisch im oben erwähnten Sinne führen? Betrachtet man die Arbeitsaufträge für Herakles, fällt auf, dass es sich dabei um Aktionen handelte, bei denen andere und nicht primär der Held selbst einen Nutzen daraus ziehen konnten. Herakles selbst kam nicht gerade schlecht dabei weg – er war kein demütiger Altruist, der sein Licht unter den Scheffel stellte, sondern ein Hellene des alten Griechenlands, in dem die persönliche Kraft und Stärke und Durchsetzungspotenz durchaus hohe

Ideale und Werte bedeuteten. Aber der Machtzuwachs des Einzelnen und die positiven Effekte für die Sozietät, die Mitmenschen oder die Kultur gingen bei ihm Hand in Hand – und sie dürfen auch heute noch parallel gehen.

Nun leben die wenigsten von uns in Situationen, in denen wir Augias-Ställe ausmisten oder eine neunköpfige Hydra erlegen sollen – unser Aufgabenspektrum imponiert auf den ersten Blick als merklich bescheidener und als für Schlagzeilen nur sehr bedingt tauglich. Wo, bitte schön, soll hier ein potentieller Heroismus vorwalten?

Ich meine, dass unser oberflächlich betrachtet recht schlichter und unspektakulärer Alltag dafür Gelegenheiten zuhauf bietet. So dürfen wir es als durchaus heroisch bezeichnen, wenn sich beispielsweise Mütter und Väter daran machen, Kinder nicht nur in die Welt zu setzen, sondern sie, so gut es eben geht, auch erziehen und für die Welt von morgen vorbereiten. Welch eine soziale und emotionale Riesenleistung, einen Säugling so zu pflegen und zu umhegen, dass aus ihm ein gesundes und munteres Klein- und später dann ein Schulkind und nachher ein einigermaßen tüchtiger Jugendlicher und Adoleszenter wird!

Heroisch nenne ich es, wenn Lehrer an Grund-, Haupt- und Gesamtschulen, an Berufsschulen und Gymnasien und Hochschulen jahrein, jahraus mit Esprit sowie mit hohem und nicht nachlassendem Engagement Schüler und Azubis und Studierende unterrichten und in die Grundzüge der Kultur einführen – wohl wissend, dass sie die Erfolge ihrer Bemühungen oftmals erst spät oder nie direkt erleben werden!

Als überaus heroisch darf es darüber hinaus bewertet werden, wenn sich Pflegende, Ärztinnen und Ärzte, Psychotherapeuten und Spezialtherapeuten ein Berufsleben lang um Kranke, Behinderte, Verunfallte, um alte und hilfsbedürftige Menschen kümmern und ihr eigenes Dasein und Lebensglück eng mit dem Dasein dieser Schwächeren verbinden. Analoges gilt für Polizisten, Feuerwehrleute, Katastrophenhelfer oder Aktivisten, die permanent die vielen Tausend Brände (direkt oder auch im übertragenen Sinne) auf unserem Globus löschen und die allerschlimmsten Katastrophen abfedern helfen.

Und ist es nicht heroisch, wenn sich zwei Liebende trotz aller Missverständnisse und unterschiedlicher Charaktere immer wieder auf das Wagnis ihrer Beziehung einlassen und um die Momente des gegenseitigen

Verstehens und Verschmelzens ringen? und wenn sie sich dabei vom Faktum des schon Jahrtausende währenden Streits zwischen den Geschlechtern ebenso wie von demjenigen innerhalb der Geschlechter nicht abschrecken lassen?

Bedenkt man dann noch, als wie sinnwidrig und fragil viele das menschliche Dasein empfinden und wie sehr sie dennoch an diesem Leben festhalten und es in ein wert- und sinnvolles verwandeln wollen, kommt man zu dem unfehlbaren Schluss, dass ein potentieller Herakles wohl in den allermeisten von uns steckt.

Ikarus, Dädalus und der mittlere Abstand zur Sonne

Die Geschichte von Ikarus und Dädalus wurde und wird oft und gern erzählt – vor allem aus pädagogischen Erwägungen heraus und mit dem merklichen Hang zum erhobenen Zeigefinger: Flieg nicht zu hoch, aber auch nicht zu niedrig! Und halte dich an die Vorgaben der Alten und Autoritäten! Dabei vermittelt der alte Mythos meiner Ansicht nach im Grunde weniger eine Anleitung zur passenden Flughöhe, sondern eher eine Aufforderung zur Selbstrealisation.

Ikarus war der Sohn von Dädalus. Dädalus war der Baumeister eines Labyrinths auf Kreta, in dem der Minotaurus seine Wohnstatt hatte; und Dädalus hatte dem Theseus dabei geholfen, den Ariadne-Faden richtig anzuwenden, um ins Labyrinth einzudringen und auch wieder herauszufinden. Theseus war ein sagenumwobener König von Athen, der angeblich im 13. vorchristlichen Jahrhundert lebte und die Athener von einem regelrechten Fluch befreite. Dieser besagte, dass sie alle neun Jahre sieben Jungfrauen und sieben Jünglinge dem kretischen König Minos zu übergeben hatten, der sie dem Minotaurus opferte.

Theseus gelang es, ins Labyrinth des Minotaurus einzudringen, ihn zu besiegen und erfolgreich wieder aus dem Labyrinth herauszufinden. Als Strafe dafür wurden Dädalus und Ikarus vom König Minos in dem besagten Labyrinth festgehalten. Vor allem Vater Dädalus sann intensiv darüber nach, wie ihm und seinem Sohn eine Flucht gelingen könnte.

Da kam ihm folgende Idee: Weil die kretische Küstenregion streng bewacht wurde, beschloss Dädalus zu fliegen, um mit seinem Sohn fliehen zu können. Er baute für sich und Ikarus jeweils zwei mächtige Schwingen aus Federn, die mit Wachs zusammengehalten wurden. Mit den Schwingen an ihren Armen gelang beiden fliegend die Flucht, wobei Dädalus seinem Sohn eingeschärft hatte, nicht zu tief zu fliegen, da sonst die Feuchtigkeit des Meeres die Federn schwer werden ließ; er sollte jedoch auch nicht zu hoch fliegen, da sonst die Sonne das Wachs zum Schmelzen bringen könnte.

Eine Weile flogen beide in mittlerer Höhe über das Meer; doch diese ersten Flugschüler hatten wenig Glück. Der junge Ikarus beachtete die Mahnung des Vaters nicht, wurde übermütig und flog viel zu hoch, wobei die Sonne das Wachs seiner Flügel schmolz. Daher stürzte er ab und verlor sein Leben. In Goethes *Faust* (zweiter Teil) wird an diesen Mythos erinnert, indem Euphorion, der Sohn von Faust und Helena, zur Sonne auffliegt und ebenfalls abstürzt. Obwohl oder weil die Eltern ihn vor dem Todesflug warnen, meint Euphorion, regelrecht fliegen zu *müssen*:

HELENA, FAUST, CHOR: Übermut und Gefahr, / Tödliches Los! / EUPHORION: Doch! – und ein Flügelpaar / Faltet sich los! / Dorthin! Ich muss! Ich muss! / Gönnt mir den Flug! / CHOR: Ikarus! Ikarus! / Jammer genug.[1]

Seit den Tagen des Theseus, des Dädalus und Ikarus sind Jahrtausende vergangen, aber die anthropologischen Motive des Fliegens und des Hoch- oder Zu-hoch-hinaus-Wollens sind aktuell wie eh und je. Daneben haben sich vor allem im 20. Jahrhundert politische Interpretationen des alten Mythos etabliert – die Frage nämlich, wie einem Tyrannen (dem König Minos) zu begegnen und zu entkommen sei; und wie sehr der Einzelne dabei auf andere Autoritäten (den eigenen Vater Dädalus) hören darf oder soll.

---

[1] Goethe: Faust II (1831), Vers 9894–9902, in: HA Band 3, München 1981.

So hat etwa Henrik Ibsen (1828–1906) in seinem Drama *Baumeister Solness* (1892) das zwischenmenschlich-soziale wie auch architektonische Höhenstreben seiner Hauptperson Solness mit dessen Schwindelattacken und zum Schluss sogar mit dessen Absturz (aus der Höhe eines von ihm selbst konzipierten und erbauten Turms) in Verbindung gebracht. Weil der Architekt und Baumeister Solness für seinen beruflichen wie privaten Ehrgeiz (besonders in Liebesangelegenheiten – er verliebt sich in eine deutlich jüngere Frau, die ihn anhimmelt und zugleich enorm anstachelt) keine Grenzen anerkennen und immer noch höher hinaus will, wird er schließlich Opfer dieses seines Sonnenflugs.

Der Psychiater und Daseinsanalytiker Ludwig Binswanger (1881–1966) hat sich intensiv mit Henrik Ibsens Dramenwelt wie auch mit den Krankheitsbildern und Biographien von Patienten seiner Klinik Bellevue in Kreuzlingen am Bodensee beschäftigt. Ausgehend von den dabei gemachten Beobachtungen formulierte er das Konzept der anthropologischen Proportion. Dieses besagt, dass Menschen sich günstigenfalls so entwickeln dürften und sollten, dass ihr Höhenwachstum (Ehrgeizziele) mit ihrem Breitenwachstum (soziale Einbettung) einigermaßen konkordant verläuft.

Besonders ehrgeizige Personen tendieren jedoch dazu, sehr rasch sehr hoch über sich hinaus zu gelangen und die Basis, das Breitenwachstum ihrer Existenz (ihre sozialen Bezüge) sträflich zu vernachlässigen. Bei ihren Plänen und Entwürfen hören sie meist weder auf einen Dädalus noch auf andere, ihnen wohlgesinnte Personen. Ihr Höhenwachstum steht in keinem günstigen Verhältnis zu ihrer zwischenmenschlichen Einbettung, und entsprechend groß wird für sie das Risiko des Scheiterns und des jähen Absturzes:

> Wenn wir sagten, die *Lebensrichtung* sei die Resultante aus Weite und Höhe, so können wir sie nun gerade an Hand des Vergleichs von Ibsens eigener Lebensrichtung und der seiner dichterischen Gestalten noch näher bestimmen als das *proportionale* oder *disproportionale Verhältnis* zwischen Höhe und Weite, mit einem Wort als die *anthropologische Proportion* schlechthin. Das deutlichste Beispiel für die gestörte, missglückte anthropologische Proportion ist der *Baumeister Solness*, in dessen Gestalt die Höhe unverhältnismäßig überwiegt über die Schmalheit der Basis, auf der sie

steht, und dessen Schwindel und Sturz in die Tiefe nur der *tatsächliche* Ausdruck dieses gestörten Gleichgewichts, dieser gestörten anthropologischen Proportion ist.[2]

Ein anderes Motiv, das im Mythos von Dädalus und Ikarus ebenfalls mit anklingt, ist dasjenige der Fluchtbewegung. Vater Dädalus kannte dieses Motiv bereits aus seinem früheren Leben: aufgrund eines versuchten Mordanschlags auf seinen Neffen, der bei ihm in die Lehre gegangen war und sich als ähnlich genial und originell (als Erfinder und Baumeister) wie Dädalus selbst erwiesen hatte, und auf den er deshalb mächtig neidisch gewesen war, musste Dädalus aus Athen fliehen und fand auf Kreta bei König Minos Aufnahme. Nun war er zusammen mit seinem Sohn Ikarus auf Kreta in arge Bedrängnis geraten, und sein Trachten und Sinnen ging neuerlich dahin, diese bedrängende Situation mit einer Fluchtbewegung zu beantworten.

Er reagierte damit einem Motto gemäß, das im 20. Jahrhundert von Jean-Paul Sartre in die Worte gefasst wurde: Der Mensch ist wie Gas; wenn der Druck, die Bedrängnis für ihn zu groß wird, entweicht er – ins Imaginäre. Sartre zielte damit vorrangig auf Künstler, Schriftsteller, Dichter ab, aber auch auf Menschen, die sich in ihren Tagträumen oder Phantasien eine andere und bessere Lebenssituation ausmalen und erhoffen.

Obwohl Dädalus und Ikarus ihre Flucht schließlich mit einem sehr konkreten Flugapparat realisierten, entsprangen die ersten Pläne dafür ursprünglich gedanklichen Exerzitien und Überlegungen. Ihr Druck war groß genug für sie, um ins Imaginäre und in die Vorstellungswelt auszuweichen – in die Welt der Ideen und Entwürfe und des Möglichkeitssinns, des Konjunktivs, die es ihnen erlaubten, irgendwann auch die Wirklichkeit in ihrem Sinn zu verändern.

Der alte Mythos von Dädalus und Ikarus enthält daher nicht nur die Mahnung, sich nicht übermütig eine existentielle Flughöhe zuzutrauen, die uns weder guttut noch zusteht. Darüber hinaus bedeutet dieser Mythos auch eine Aufforderung und Ermutigung, sich gedankliche Bewegungen zu erlauben, die weit über jede vorgegebene Begrenzung

---

[2] Binswanger, L.: Henrik Ibsen und das Problem der Selbstrealisation in der Kunst, Heidelberg 1949, S. 57.

hinausreichen und uns zuerst im Imaginären und später womöglich auch im Realen zu neuen, weit entfernten Gestaden unseres Daseins vordringen lassen.

Ein Dichter, der für sich bereits in den 60er-Jahren des letzten Jahrhunderts eine derartige Konsequenz aus seiner Lektüre der mythischen Dädalus- und Ikarus-Erzählung gezogen hat, war Günter Kunert (1929–2019). In einem Gedicht mit dem Titel *Ikarus 64* nutzte der DDR-regimekritische Lyriker den Mythos als eine Matrix für seine sehr persönliche intellektuelle Emanzipationsbewegung wie auch als Appell für seine damaligen Landsleute (Günter Kunert verließ die DDR allerdings erst 1979), trotz aller staatlichen Repressalien ihre Personalität und Individualität hochzuhalten und weiterzuentwickeln:

> Fliegen ist schwer: / Jede Hand klebt am Gehebel von Maschinen: / Geldesbedürftig. / Geheftet die Füße / an Gaspedal und Tanzparkett. Fest eingenietet / der Kopf im stolzen im fortschrittlichen / im vorurteilsharten / Sturzhelm. / ... Dennoch breite die Arme aus und nimm / einen Anlauf für das Unmögliche. / Nimm einen langen Anlauf damit du / hinfliegst / zu deinem Himmel / daran alle Sterne verlöschen. / Denn Tag wird. / Ein Horizont zeigt sich immer. / Nimm einen Anlauf.[3]

Auf eine ähnlich politische Art und Weise hat sich Wolf Biermann mit dem Mythos von Ikarus auseinandergesetzt. In seiner *Ballade vom preußischen Ikarus* (1976) nahm er Bezug auf die Weidendammer Brücke über die Spree in der Mitte Berlins, an der seit dem 19. Jahrhundert der preußische Adler als Brückenverzierung zu sehen ist. Der ebenfalls systemkritische Barde Biermann wandelte ihn in einen preußischen Ikarus um, der nicht fliegt und nicht stürzt – eine Allegorie auf die damaligen Verhältnisse in der DDR. Und dann aber heißt es im letzten Teil des Gedichtes, der sich nicht mehr nur auf die DDR, sondern auch auf die Person Wolf Biermann und seine große Distanz zum Regime (Ausweisung des Dichters aus der DDR Ende 1976) bezieht:

---

[3] Kunert, G.: Ikarus 64 (1964), in: Mythos Ikarus, hrsg. von Achim Aurnhammer und Dieter Martin, Leipzig 1998, S. 160 f.

Dann bin ich der preußische Ikarus / mit grauen Flügeln aus Eisenguss / dann tun mir die Arme so weh / dann flieg ich hoch – dann stürz ich ab / mach bisschen Wind – dann mach ich schlapp / am Geländer der Spree.[4]

Wenn wir uns im 21. Jahrhundert mit der mythischen Erzählung von Dädalus und Ikarus befassen, dürfen wir uns aus einer psychologischen und anthropologischen Perspektive heraus fragen, aus welchen existentiellen Labyrinthen, Engen oder Bedrängnissen wir eventuell fliehen und entkommen wollen – und wie wir dabei unsere adäquate mittlere Flughöhe erkennen und anerkennen können. Darüber hinaus darf uns noch die Frage interessieren, welche Nähe oder Distanz zur Sonne für unsere persönliche Konstitution passend ist: eine zu große Entfernung zu ihr lässt uns erkalten, und zu große Nähe bringt das Fugenwachs unserer Person zum Schmelzen.

Mit den diversen Sonnen meine ich die vielfältigen Aufgaben-, Wert- und Personen-Konstellationen, denen wir uns in unserem Dasein zuwenden, annähern oder denen wir den Rücken kehren; die uns in ihrer Strahl- und Anziehungskraft eventuell als mächtig, verschlingend, zerschmelzend, verbrennend erscheinen – oder aber als attraktiv, wärmend, erhellend. Es gehört zu den Herausforderungen unseres Daseins, uns mit jenem Abstand zu diesen Sonnen zu bewegen, die einerseits das Bedeutungsvolle dieser Aufgaben, Werte und Personen auf uns wirken lässt (also mit genug Nähe), ohne dass wir dabei andererseits verglühen (also mit genügend Distanz). Vor allem in intimen Beziehungen (Partnerschaft, aber auch in sehr nahen Lehr- und Behandlungssituationen) ist dieser mittlere Abstand zu den jeweiligen Sonnen, den Mitmenschen und personalen Gegenüber, oftmals nur schwer einzuhalten.

Denn nicht selten reagieren Menschen auf derlei Situationen entweder im Sinne der Symbiose (also mit Verschmelzung, einer Art passagerem Selbstverlust) oder mit Flucht und Attacke (also mit Erkaltung und einer Art Sonnenfinsternis). Alle diese Reaktionsmuster verunmöglichen auf Dauer förderliche und fruchtbare Beziehungen zwischen dem Einzelnen und seinen Aufgaben, Werten, wichtigen Bezugspersonen. Für die Ent-

---

[4] Biermann, W.: Ballade vom preußischen Ikarus (1976), in: Mythos Ikarus, hrsg. von Achim Aurnhammer und Dieter Martin, Leipzig 1998, S. 168.

wicklung der eigenen Individualität ist es daher viel wünschenswerter, das Faszinosum von wärmenden Sonnen gelten zu lassen und sich der Herausforderung zu stellen, ihnen gegenüber (wie Dädalus es seinem Sohn Ikarus angeraten hatte) einen passenden Abstand, eine mittlere Flughöhe einzunehmen.

Teil VI

Mythische Tiere, Orte und Ideen

Minotaurus, das Labyrinth und der Ariadne-Faden

Der Mythos von Minotaurus beginnt so recht besehen mit dem Mythos von Minos. Dieser, ein Sohn des Zeus und der Europa, lebte auf Kreta und wollte partout König werden; und daher bat er Poseidon um Unterstützung; im Gegenzug wolle er alles, was dem Meer entsteigt, ihm opfern. Poseidon galt den Griechen als Gott des Meeres; als Bruder des Zeus gehörte er zu der Gruppe der zwölf olympischen Gottheiten.

Poseidon erwies sich Minos gegenüber als kooperativ und schickte ihm einen ungewöhnlich schönen und starken Stier, den dieser nun – da er dem Meer entstiegen war – opfern sollte. Minos hingegen, der inzwischen König geworden war, beschloss, da er Poseidons Stier aus dem Meer als ausgesprochen prächtig empfand, den Meeresgott zu hintergehen und ein anderes, viel minderwertigeres Tier statt des prächtigen zu opfern.

Der Gott Poseidon allerdings bemerkte den Betrug und rächte sich auf seine Weise: Der Gattin von Minos, Pasiphaë, flößte er das unstillbare Verlangen ein, sich von dem Stier aus dem Meer begatten zu lassen. Sie sorgte dafür, dass ein Gestell erbaut und mit einer Kuhhaut überzogen wurde, worin sie sich ihrer Begierde gemäß prompt von dem Stier beschlafen ließ. Einige Zeit später gebar sie Minotaurus, ein Mischwesen aus einem Tier (der Kopf) und einem Menschen (der restliche Körper).

Minos erkannte in Minotaurus einen Bastard und ein reichlich unangenehmes Fabelwesen, das er zutiefst ablehnte. Er beauftragte den genialen Baumeister Dädalus, ein grandioses Labyrinth zu errichten, um diesen Tiermenschen sicher zu verwahren. Das Labyrinth sollte derart geschickt und verwinkelt gebaut sein, dass weder Minotaurus noch irgendwelche Besucher je wieder den Ausgang daraus finden würden.

Aufgrund eines Rachefeldzugs, den Minos einst gegen die Athener gewonnen hatte, waren diese gezwungen, als eine Art Tributzahlung alle paar Jahre sieben Jungfrauen sowie sieben Jünglinge nach Kreta auszuliefern, wo Minos sie als dem Tod geweihte Opfergaben dem Minotaurus im Labyrinth übergab. Als nun wieder einige Jahre vergangen waren und Minos seinen grausamen Tribut aus Athen einforderte, beschloss der heldenhafte Theseus, der zukünftige König von Athen, diesem skandalösen Handel ein Ende zu machen und gegen Minos und gegen den Minotaurus anzugehen.

Nachdem Theseus auf Kreta angekommen war, verliebte sich Ariadne, eine Tochter des Minos, heftig in ihn. Als sie von seinem Plan erfuhr, im Labyrinth gegen Minotaurus zu kämpfen, übergab sie ihm einen Faden (also ein aufgewickeltes Wollknäuel), den Theseus am Eingang des Labyrinths befestigen sollte, um zuletzt an ihm entlang wieder sicher den Weg zurück ins Freie zu finden. Ariadne hoffte darüber hinaus, dass der Faden den Heroen Theseus nicht nur aus dem Labyrinth zurückkehren, sondern sie beide als Paar zusammenführen und zusammenbleiben lassen sollte. Der Baumeister Dädalus war in die List eingeweiht und unterstützte Theseus dabei.

Im Inneren des Labyrinths stieß Theseus auf Minotaurus. Er kämpfte mit ihm und besiegte ihn, indem er ihm Pech und jede Menge Haare zu fressen gab und ihn dann erstach. Dieser Kampf der beiden ungleichen Gegner wurde und wird auch als *Minotauromachie* bezeichnet – ein Begriff, der vor allem aufgrund einer Radierung von Pablo Picasso mit demselben Titel und Sujet bekannt geworden ist (Picasso identifizierte sich eine Weile mit der Vitalität, Energie und Triebhaftigkeit des Minotaurus).

Zum Schluss, nach seinem Sieg über den Stiermenschen, gelang es dem Athener Heroen Theseus, sich an dem Ariadne-Faden entlang den Weg zum Ausgang des Labyrinths zu bahnen und wieder ins Freie und in Sicherheit zu kommen. Mit Ariadne allerdings, mit der zusammen er die

Rückreise nach Athen antreten wollte, ergab sich zuletzt keine dauerhafte Verbindung; die Königstochter blieb auf der Insel Naxos zurück und wurde schließlich die Braut von Dionysos. In der Oper *Ariadne auf Naxos* (1912) hat Richard Strauß den mythischen Erzählungsstoff kompositorisch bearbeitet; das Libretto dafür hatte Hugo von Hofmannsthal beigesteuert.

Als der König Minos von allen diesen Ereignissen erfuhr, musste er ohnmächtig-wütend zur Kenntnis nehmen, dass Minotaurus tot war und seine Tochter Ariadne zusammen mit Theseus die Insel Kreta verlassen hatte. Als Racheaktion blieb ihm, den Baumeister Dädalus dafür zu bestrafen, dass dieser dem Athener Heroen behilflich gewesen war. Dädalus und sein Sohn Ikarus wurden dafür nun im Labyrinth festgehalten – eine Sanktion, die dazu führte, dass Dädalus für seinen Sohn und sich Schwingen aus Vogelfedern baute, mit deren Hilfe den beiden die Flucht aus dem Labyrinth und aus Kreta gelang.

Doch zurück zum Mythos von Minotaurus. Was diesen Stiermenschen zum schrecklichen Ungeheuer werden ließ, das man im Inneren eines Labyrinths hielt, auf dass es niemals die Kreter bedrohen konnte, war unter anderem die Tatsache, dass ihm alle paar Jahre die geschilderten Menschenopfer dargebracht wurden; in Alt-Griechenland forderten ansonsten nur die Götter derartige Opfer ein, womit sie (die Götter) besänftigt werden sollten:

> Es ist eine Art von Tausch (*do ut des*), welcher der Gottheit vorgeschlagen wird und sie gewissermaßen binden soll … Der Zorn der Gottheit, welcher sich durch schweres allgemeines Unglück irgendwelcher Art kundgegeben hat, soll ihr gleichsam abgekauft werden, indem ein kostbares Leben geopfert wird.[1]

Angesichts dieser Usancen erweist sich auch die Rolle von König Minos nochmals als deutlich problematischer – schließlich war er es, der mit den Menschenopfern als Tribut der Athener einverstanden war und diesem bestialischen Handel alle paar Jahre aufs Neue zustimmte, womit er sich wie eine rachsüchtige Gottheit gerierte. Womöglich erzählte der Mythos

---

[1] Burckhardt, J.: Griechische Kulturgeschichte (1898–1902), Band II, München 1977, S. 142.

daher viel mehr über einen maßlos brutalen und inhumanen König als über ein menschenfressendes Ungeheuer, das bei genauerer Betrachtung eher etwas Hilflos-Aggressives an sich hatte – so urteilte jedenfalls Friedrich Dürrenmatt in seiner Parabel *Minotaurus* über ihn:

> Er war eingemauert von sich selber, überall war er selber, endlos war er selber, vom Labyrinth ins Unendliche widergespiegelt. Er spürte, dass es nicht viele Minotauren gab, sondern nur einen Minotaurus, dass es nur ein Wesen gab, wie er eines war, ein anderes nicht vor ihm und nicht nach ihm, dass er der Vereinzelte war, der zugleich Aus- und Eingeschlossene, dass es seinetwegen das Labyrinth gab.[2]

Bei Dürrenmatt ebenso wie bei Picasso und in gewisser Weise auch schon im altgriechischen Mythos wird Minotaurus damit nicht mehr zu dem ganz anderen und völlig unverständlichen Ungeheuer, zum Bastard und zu dem Ausbund an Bösen, das man mit Pech und Schwefel (und mit vielen Haaren) vernichten muss, damit die Welt endlich wieder friedlich schlafen kann. Nein, Minotaurus ist bei aller Stierhaftigkeit und Animalität auch so sehr Mensch und einer von uns, dass wir uns in manchen Facetten seiner Existenz mit ihm sogar identifizieren dürfen und müssen.

Lässt man diesen Gedanken gelten, befindet sich dem Mythos gemäß nicht nur ein Ungeheuer, sondern letztlich auch ein Mensch in dem eigens für ihn gebauten Labyrinth. Und womöglich ist es nicht irgendein Mensch, sondern *der* Mensch oder zumindest ein wesentlicher Teil *des* Menschen, der sich mit labyrinthischen Verhältnissen um sich her konfrontiert sieht und kaum weiß, wie er mit seinen animalisch-leidenschaftlichen Impulsen und Affekten sowie mit Empfindungen der Einsamkeit und Hilflosigkeit umgehen soll.

Das menschliche Dasein als Labyrinth zu begreifen, scheint nicht völlig aus der Luft gegriffen zu sein: Nicht selten erleben wir die Verhältnisse um uns her (die Zeitläufte; Geschichte und Politik; Ausbildung; ein neuer Wohnort; die Wirtschaft; den Rechtsstaat; die Bürokratie; aber auch die Anderen, die Mit- oder aber auch die Gegenmenschen) als irritierend, undurchschaubar, bedrohlich und rätselhaft. Labyrinthisch emp-

---

[2] Dürrenmatt, F.: Minotaurus (1985), in: Gesammelte Werke Band 5, Zürich 1996, S. 443.

finden wir jedoch neben all diesen Themen um uns her oftmals auch die Kapriolen und Unwägbarkeiten des eigenen Unbewussten: die eigenen Träume, Symptome und Fehlleistungen.

Wie lässt sich mit diesen Labyrinthen unserer Existenz umgehen? Wie halten wir bei all den Sackgassen und Irrwegen und Irrtümern, die fast jedes menschliche Leben auszeichnen und geradezu charakterisieren, unsere Zuversicht aufrecht, dass es Auswege, Lösungen für existentielle Herausforderungen, Erschütterungen und Niederlagen gibt? Und wie gelingt uns der Sprung durch alle Spiegelungen der labyrinthischen Spiegel hindurch ins Freie, Weite, Unbedrängt-Authentische unseres Daseins?

Wer sich je ins Unübersichtliche, Labyrinth-Artige des Lebens gewagt und sich darin halb verloren hat, weiß um die Rettungskraft eines Ariadne-Fadens, an dem wir uns (zurück) orientieren können, wenn uns die existentiellen Sackgassen kaum mehr einen Ausweg lassen. Ein solcher Ariadne-Faden ist ein zutiefst humaner, weil verbindender Faden – eine Verbindung zwischen Mensch und Mensch oder auch zwischen zwei Labyrinthen, in denen jeder von uns lebt.

Weil das menschliche Dasein mit allen seinen Verwicklungen und Rätseln häufig und von vielen als labyrinthisch empfunden wird, verwundert es nicht, dass schon seit Jahrtausenden von Künstlern und Baumeistern artifizielle Labyrinthe angelegt wurden und werden, in denen sich Einzelne spielerisch verlieren und Ausgänge suchen können. Vor allem in der Renaissance und im Barock ließen Herrscher solche Irrgärten errichten, in denen sich ihre Gäste als eine Art Freizeitvergnügen verlaufen konnten, um schlussendlich bei einer Tasse Tee erleichtert festzustellen, dass ihr Abenteuer gerade noch in ein *happy end* eingemündet ist. In den letzten Jahrzehnten gibt es neuangelegte Labyrinthe zu bestaunen, denen unter anderem esoterische, religiöse oder feministische Bedeutungen zukommen. Im Zentrum dieser Irrgärten findet der Besucher eine brennende Kerze oder eine Statue oder einen Sinnspruch als Belohnung für seine Mühen und als ein Symbol für die Lösung des Labyrinthisch-Rätselhaften der menschlichen Existenz.

Als ein aufwühlend-erschütterndes Labyrinth ist seit einigen Jahren im Zentrum Berlins das *Denkmal für die ermordeten Juden Europas* (Holocaust-Mahnmal) erlebbar. Das von dem US-amerikanischen Architekten Peter Eisenman (geboren 1932) konzipierte Stelen-Feld vermittelt als *place of no meaning* (Eisenman) für die Besucher enorm eindrücklich die existentielle Instabilität und Verunsicherung, die von diesem labyrinthischen Erinnerungsort ausgehen sollte und soll.

Im Vergleich dazu um ein Vielfaches harmloser und existentiell bedeutend weniger relevant ließ Umberto Eco in seinem Erfolgsroman *Der Name der Rose* (1980) die Story seines Textes in einer riesigen labyrinthischen Klosterbibliothek einer italienischen Benediktinerabtei im 14. Jahrhundert spielen. Bei ihm gibt es jedoch – ähnlich wie beim Stelen-Feld von Peter Eisenman – ebenfalls keine Lösung und kein erlösendes Zentrum. Umberto Ecos Irrgarten der Bücher kennt immer nur neue literarische Abzweigungen, neue Sackgassen, Verweisungen und Kreuzungen, die den Leser ihrerseits wieder in andere kulturelle Labyrinthe verführen:

> Alle Bücher sprechen immer von anderen Büchern, und jede Geschichte erzählt eine längst schon erzählte Geschichte. Das wusste Homer, das wusste Ariost, zu schweigen von Rabelais und Cervantes. Ergo konnte meine Geschichte nur mit der wiedergefundenen Handschrift beginnen, und auch das wäre dann (natürlich) nur ein Zitat.[3]

Ich schließe mich Ecos Sicht in gewisser Weise an und meine, dass es für uns zwei anthropologische Labyrinthe gibt, in die wir im Dasein hineingeraten, ohne dass darin erlösende Zentren oder befreiende Ausgänge zu finden wären. Das eine Labyrinth nennen wir die soziale Mitwelt, und das andere Labyrinth heißt Kultur. Für beide labyrinthische Erfahrungen braucht es Ariadne-Fäden der Orientierung – nicht, um aus diesen Gärten hinaus-, sondern um im Gegenteil immer tiefer in sie hineinzukommen, ohne in Sackgassen fixiert und arretiert zu werden.

Wie im Mythos angedeutet, stammen solche Fäden von Menschen, die uns wohlwollend fördern (erfahrene Baumeister der Kultur wie etwa Dädalus) oder die uns anerkennen oder sogar lieben (sozial zugewandte Liebende wie etwa Ariadne). Ohne solche Ariadne-Fäden verheddern wir uns in den Abzweigungen unserer Existenz oder verlaufen uns in den labyrinthischen Spiegelkabinetten des Daseins, ohne dass wir dabei merklich in unsere soziale oder kulturelle Mitwelt eingetaucht wären.

---

[3] Umberto Eco: Nachschrift zum Namen der Rose (1984), München 1986, S. 27.

Das Orakel von Delphi und die Erkundung der Zukunft

Wer im antiken Griechenland Auskunft über seine persönliche Zukunft oder aber Hinweise für strittige und komplexe Entscheidungen erhalten wollte, hatte etliche Möglichkeiten, dies in Erfahrung zu bringen: Man achtete auf … den Vogelflug oder die Wolkenkonfiguration; die Reaktion von Opfertieren; die Veränderungen an heiligen Orten (z. B. Spinnweben am Tempeleingang); das Verhalten von Würfeln, Lossteinchen, Stäbchen; allfällige Traumweissagungen; die Botschaften bei einem Tempeltraum; die Positionierungen von weisen Sehern (z. B. Teiresias, Kassandra); die Verlautbarungen von Sibyllen (Wahrsagerinnen mit sibyllinischen Aussagen); die Orakelsprüche von Priesterinnen, etwa des Orakels von Delphi. Daneben gab es (für das einfachere Volk und dessen Alltagsprobleme) eine Reihe schlichterer Ratschläge und Deutungen:

> Da hört man von einer Zukunftsermittlung aus gelegten Losen, aus Stäbchen und Steinen, aus einem Sieb oder einem Becken, aus den Linien der Hand, aus den Zügen der Gesichter, aus dem Verhalten von dressierten Hähnen, aus der Feuerflamme usw., wozu eine Menge von gesprochenen

Formeln, geschriebenen Worten, Knoten, Zahlen, Amuletten und Talismanen gehörten; ein endlos wogendes Meer von Vorgängen.[1]

Den Goldstandard aber für die Erkundung der Zukunft bedeutete zweifellos die Befragung eines Orakels, am besten des Orakels von Delphi. Zwar kannte man im Griechenland der Antike noch weitere Orakelorte (z. B. Olympia, Dodona, Didyma) – Delphi jedoch galt über viele Jahrhunderte hinweg als das allerwichtigste Orakel der hellenistischen Welt.

Das Wort Orakel bedeutet so viel wie Götterspruch, und in der Tat waren die Griechen überzeugt davon, dass sich ihnen in Delphi der Gott Apollon respektive das Schicksal offenbaren werde. Als wie gewichtig Delphi empfunden wurde, wird aus seiner Gründungserzählung ersichtlich: Dem Mythos zufolge ließ Zeus von den beiden Enden der Welt her je einen Adler aufeinander zufliegen. Sie trafen sich in Delphi, und dieser Ort war damit der Mittelpunkt der Welt. Im Apollon-Tempel (der Orakelort Delphi war dem Gott Apollon geweiht) stellten die Griechen den Omphalos auf, einen mit Wollfäden verzierten Kultstein, der den Nabel der Welt symbolisierte (der Begriff Omphalos lässt sich gut mit Nabel oder nabelförmiger Mittelpunkt übersetzen).

Zu dieser Weissagungsstätte pilgerten viele Griechen mit ihren Anliegen und Fragen. Weil Delphi ursprünglich der Göttin Gaea und noch nicht Apollon geweiht war, erhielten die Fragenden ihre Antworten von einer Priesterin (Pythia) und nicht von einem Priester. Pythia saß einmal monatlich (bis auf den Winter – da pausierte das Orakel drei Monate lang) auf einem Dreifuß über einer Erdspalte; aus dieser stiegen Dämpfe auf, die sie in einen Trance-artigen Zustand versetzten. In den letzten Jahren vermuteten Wissenschaftler mehrfach, dass es sich bei den Dämpfen um Äthylen gehandelt haben könnte – ein Gas, das einen narkotisierend-Muskel-relaxierenden Effekt aufweist.

Doch völlig gleichgültig, ob Pythia (bei ihr handelte es sich jeweils um eine Jungfrau aus Delphi) bei ihren Orakeln tatsächlich etwas narkotisiert war oder sich in einem seelischen Trancezustand befand – so oder so waren ihre Antworten auf die verschiedenen Fragen ausgesprochen zweideutig und bedurften immer einer umfänglichen Interpretation. Auf

---

[1] Burckhardt, J.: Griechische Kulturgeschichte (1898–1902), Band II, München 1977, S. 263.

konkrete Anfragen reagierte Pythia in der Regel sehr unkonkret, wohingegen sie mit diversen Verhaltensmaßnahmen oft rasch bei der Hand war:

> Das Hauptgebiet der Orakel war nicht die Weissagung, sondern der *Bescheid* im weiteren Umfang des Wortes. In den weitmeisten Fällen sagt das Orakel nicht, was geschehen wird, sondern es ordnet an; auch auf gestellte Zukunftsfragen wird öfter gar nicht geantwortet, sondern sofort etwas befohlen.[2]

Die bekannteste Anfrage an das Orakel von Delphi stammte dem Mythos zufolge von Laios, dem König von Theben. Ihm prophezeite die Pythia, dass sein eigener Sohn ihn dereinst töten und seine Gattin Iokaste zur Frau nehmen werde. Allen Vorsichtsmaßnahmen zum Trotz (Laios ließ diesen Sohn aussetzen, der jedoch als Ödipus überlebte) erfüllte sich auf fatale Weise die Prophezeiung des Orakels: Ödipus tötete unwissentlich seinen Vater Laios, heiratete ebenso unwissentlich seine Mutter Iokaste und zeugte mit ihr vier Kinder.

Als später aufgrund einer Seuche das Orakel von Delphi forderte, der Mörder von Laios solle ausfindig gemacht werden, übernahm Ödipus selbst diese Aufgabe – um schlussendlich sich selbst als Totschläger identifizieren zu müssen. Und weiter erzählt der Mythos, dass Ödipus sich daraufhin in unermesslich großer Not und Ohnmacht blendete, wohingegen Iokaste sich in ihrer Verzweiflung selbst entleibte.

Die Weissagungen und Anordnungen der Pythia hatten beileibe nicht immer so tragische Inhalte und Konsequenzen wie die eben geschilderten. Oftmals handelte es sich um Bagatellen, die in Delphi mit einem schlichten Ja oder Nein abgehandelt wurden, wofür Pythia respektive die Tempelverwaltung einen deutlich geringeren Honorarsatz forderte als für so komplexe Angelegenheiten wie etwa die Daseins-Gestaltung des Königs Laios.

An der Letzteren wird übrigens ein wesentlicher Unterschied zwischen den Prognosen der griechischen Antike und unserer Moderne deutlich: die Griechen der Antike waren ganz überwiegend schicksalsergeben, selbst wenn ihnen eine unangenehme Zukunft geweissagt wurde. Die

---

[2] Burckhardt, J.: Griechische Kulturgeschichte (1898–1902), Band II, München 1977, S. 309.

Sage um Laios, Iokaste und Ödipus bestätigt diese Haltung, indem sie davon berichtet, dass alle Anstrengungen, das prognostizierte Schicksal verhindern oder ändern zu wollen, vergeblich sind: Das Fatum erfüllt sich so oder so.

Unter den zeitgenössischen Futurologen, Politikern, Wissenschaftlern, Technikern, Wirtschaftsmanagern, Intellektuellen hat sich im Gegensatz dazu die Überzeugung festgesetzt, dass die Zukunft der Menschheit und unseres Planeten in vielerlei Hinsicht nicht nur berechenbar, sondern über Globalsteuerungen auch in den Griff zu bekommen ist – respektive, dass die Zukunft apokalyptischen Charakter annimmt, wenn die falschen oder aber gar keine Konsequenzen aus den Prognosen der Experten gezogen werden.

Seit wenigen Jahren erhält die Vorstellung der Berechenbarkeit von Zukunft neue Nahrung, da es aufgrund der zunehmenden Digitalisierung zur Aggregation gigantisch anmutender Datenmengen (*big data*) kommt, die es mithilfe und vor dem Hintergrund raffinierter Algorithmen möglich erscheinen lassen, Zukünftiges noch viel exakter zu prognostizieren als bisher – gleichgültig, ob es sich dabei um schlichte Wettervorhersagen, den oft deklarierten Klima-Tod, den definitiven Kollaps des kapitalistischen Wirtschaftssystems oder die Unsterblichkeit unserer Gattung als zukünftiger Mensch-Maschine-Hybrid (sogenannter Post- und Transhumanismus) handelt.

Was bei diesen Szenarien, die oftmals keineswegs mehr als eine offene Zukunft, sondern beinahe als ein hermetisch geschlossenes *Memento Futurae* auf uns zurollen, mehr oder minder außer Acht bleibt, sind Einflussgrößen wie der Zufall oder die Irrationalität menschlicher Existenz-Entscheidungen. So sehr man versucht, diese in die Zukunfts-Algorithmen einzupreisen, so sehr gehört es jedoch zum Wesen von Zufall und Irrationalität, eben nicht berechen- und vorhersagbar zu sein.

Trotz dieser Einschränkungen lassen sich derzeit nicht wenige Einzelne wie auch Sozietäten von unterschiedlichen Zukunfts-Szenarien in der Gestaltung ihrer Gegenwart und den Weichenstellungen ihres Daseins merklich beeindrucken. War es früher (zum Beispiel im 19. Jahrhundert) die Geschichte, die als Tradition den Alltag von Menschen und Gesellschaften maßgeblich prägte, so ist es heute die scheinbar exakte und verlässlich gewordene Futurologie mit ihren diversen Prognosen, die das

Denken und Handeln der Heutigen bestimmt und von morgen und übermorgen her unserer Gegenwart ihren Stempel aufdrückt.

Was der Mensch ist, erfährt er aus der Geschichte – so lautete die Formel von Wilhelm Dilthey für die Historiographie ebenso wie für die Anthropologie. Im 21. Jahrhundert hätte Dilthey diesbezüglich eventuell ähnlich wie Jean-Paul Sartre argumentiert und formuliert: Was der Mensch ist, erfährt er aus der Zukunft – der Mensch ist die Zukunft des Menschen (Sartre). Und wäre Friedrich Nietzsche unser Zeitgenosse, würde er anstelle seiner unzeitgemäßen Betrachtung *Vom Nutzen und Nachteil der Historie für das Leben* (1874) möglicherweise eine analoge Abhandlung *Über Nutzen und Nachteil der Zukunft für das Leben* verfasst haben, in der er wohl ähnlich kritisch wie die Vergangenheits-Orientiertheit die derzeitige gesellschaftliche Zukunfts-Versessenheit aufs Korn nähme.

Neben den individuellen Weissagungen des Orakels von Delphi gab es dort auch allgemeine Empfehlungen, die als Sprüche im Eingangsbereich des Apollon-Tempels für jeden Ratsuchenden zu lesen waren. Einer dieser Kurzsätze lautete *gnothi seauton* – zu deutsch: erkenne dich selbst; und eine zweite, ebenfalls zum Nachdenken stimulierende Idee bestand im *meden agan* – zu deutsch: nichts im Übermaß. Manche Dichter und Philosophen der griechischen Antike meinten zu Recht, in diesen Aufforderungen zu nachhaltiger Reflexion, zur Selbsterkenntnis und zu einer dem eigenen Wesen und einem menschlichen Maß adäquaten Lebensführung die eigentlichen Mitteilungen des Orakels erkannt zu haben.

Ende des 18. Jahrhunderts haben unter anderem Karl Philipp Moritz sowie Christoph Wilhelm Hufeland diese delphischen Sprüche aufgegriffen und in ihren Schriften weiterentwickelt. Der Erstere gab zwischen 1783 und 1793 sein *Magazin zur Erfahrungs-Seelenkunde* heraus, dem er den Titel *Gnothi Sauton* (erkenne dich selbst) zuerkannte, und das als eine Vorläufer-Publikation zur Psychoanalyse von Sigmund Freud verstanden werden darf. Der Letztere veröffentlichte 1796 seine *Makrobiotik oder Die Kunst, das menschliche Leben zu verlängern*. In diesem Buch unternahm Hufeland den Versuch, diverse Präventionsmaßnahmen zu benennen, die es dem Einzelnen erlauben, nicht nur intensiv, sondern auch extensiv (also lange) zu leben – wofür das individuelle Maß wesentlich sei:

Das Resultat aller Erfahrung und ein Hauptgrund der *Makrobiotik* ist: Der Mittelton in allen Stücken, die *aurea mediocritas*, die Horaz so schön besang, von der Hume sagt, dass sie das Beste auf dieser Erde sei, ist auch zur Verlängerung des Lebens am zuträglichsten. In einer gewissen Mittelmäßigkeit des Standes, des Klimas, der Gesundheit, des Temperaments, der Leibeskonstitution, der Geschäfte, der Geisteskraft, der Diät usw. liegt das größte Geheimnis, um alt zu werden. Alle Extreme, sowohl das Zuviel als das Zuwenig, sowohl das Zuhoch als das Zutief hindern die Verlängerung des Lebens.[3]

Dieser Einschätzung kann man sich sehr leicht und vollumfänglich anschließen. Ganz gleichgültig, mit welchen Themen, Fragen und Problemen wir in unserem Dasein zu ringen haben und wofür wir uns Ratschläge und Hinweise von unseren Mitmenschen erhoffen, sind wir genau betrachtet dabei doch stets mit uns, unserem Charakter und unserer je eigenen Wesensart konfrontiert. Unsere individuelle Persönlichkeit macht sich an den existentiellen Krisen und Klippen der Existenz oft besonders eklatant bemerkbar. Diese meistern wir am ehesten, wenn wir darauf maßvoll und unseren eigenen Möglichkeiten gemäß reagieren.

Die Kurzsätze des Orakels von Delphi – *gnothi seauton* sowie *meden agan* – können übrigens auch als eine Art inhaltliche Zusammenfassung von gelingenden Psychotherapien verstanden werden. Im 21. Jahrhundert suchen viele Menschen aufgrund ihrer Daseins-Kalamitäten keine Orakel-Stuben mehr auf, sondern das Ordinationszimmer von Psychotherapeuten. Falls diese kompetent aus- und weitergebildet sind, werden sie die Fragen der Klienten nicht mit billig-wohlfeilen Ratschlägen beantworten, sondern sie einerseits zur Selbstreflexion ermutigen – aus deren Problemen um sie her erwächst so günstigenfalls Selbsterkenntnis (*gnothi seauton*).

Und andererseits dürfen Psychotherapeuten ihre Patienten dazu animieren, aus ihren inneren Antrieben, Wünschen, Vorstellungen und Begierden konkrete Pläne, Entwürfe und zuletzt auch Taten werden zu lassen, die sich am Ethos und an den Möglichkeiten ihrer jeweiligen Person orientieren (*meden agan*) und die Interessen ihrer Mitmenschen respek-

---

[3] Hufeland, Chr.W.: Makrobiotik oder Die Kunst, das menschliche Leben zu verlängern (1796), Frankfurt am Main 1995, S. 81.

tieren. Im günstigen Fall entsteht bei ihnen auf diese Art nicht (wie noch in der Terminologie von Hufeland ausgedrückt) Mittelmäßigkeit, sondern ein mittleres Maß.

Die Eule der Minerva (Pallas Athene), der philosophische Lebensstil und die Akte von Selbst- und Welterkenntnis

Wenn die Philosophie ihr Grau in Grau malt, dann ist eine Gestalt des Lebens alt geworden, und mit Grau in Grau lässt sie sich nicht verjüngen, sondern nur erkennen; die Eule der Minerva beginnt erst mit der einbrechenden Dämmerung ihren Flug.[1] – Dieser oft zitierte Gedanke aus Hegels *Grundlinien der Philosophie des Rechts* (1820) verwendet ein Tierbild, das schon in der Antike bekannt war: die Eule der Minerva.

In der griechischen Mythologie sprach man ursprünglich von der Eule der Göttin Pallas Athene. In der römischen Mythologie wurde Pallas Athene dann zur Göttin Minerva transponiert, und auf diese wird in der Redewendung von der Eule auch heute noch Bezug genommen. Die Göttin Pallas Athene wie später auch die Göttin Minerva galten als Verkörperungen von Weisheit, Klugheit und strategischem Denken; Pallas Athene war darüber hinaus auch die Namenspatronin und Schutzgöttin der Stadt Athen.

Als eine der zwölf olympischen Gottheiten kam ihr eine ausgesprochen prominente Stellung in der griechischen Mythologie zu. Sie soll eine Kopfgeburt ihres Göttervaters gewesen sein, die sich durch heftige Kopf-

---

[1] Hegel, G.W.F.: Grundlinien der Philosophie des Rechts (1820), Frankfurt am Main 1972, S. 14.

schmerzen bei Zeus bemerkbar machte und nach einem Axthieb von Hephaistos (er spaltete den Schädel von Zeus) endlich geboren wurde – also aus dem Kopf ihres Erzeugers entsprungen war. Mit ihr – so der Mythos – hob das griechische und damit auch das abendländische Denken an.

Pallas Athene soll jungfräulich gewesen sein. Anders aber als Artemis, die als Göttin der Jagd ebenfalls keine Liebschaften eingegangen ist, war Athene keine streng-rigide, abweisende, kämpferische Göttin; vielmehr ließ sie den Menschen Weisheit, Wissen und Klugheit zukommen. Aufgrund dieser Funktion patronierte sie Wissenschaft, Kunst und Philosophie, ohne sich in irgendwelche Liebeshändel zu verstricken.

Was aber hat bei alledem die Eule zu suchen? In den beiden Epen Homers, der *Ilias* wie auch der *Odyssee*, wird Pallas Athene als euleräugig beschrieben.[2] Neben der Tatsache, dass Eulen recht große Augen aufweisen, spielte Homer wohl auf die Möglichkeit von Eulen an, selbst in der Dämmerung und im Dunklen scharf zu sehen und etwas zu erkennen. Die Weisheit und Klugheit von Athene wird damit als abhängig von ihrem Wahrnehmungs- und Erkenntnisvermögen eingeordnet.

Schon in der griechischen Antike galt die Eule in Verbindung mit Pallas Athene als ein Tier der Weisheit. Auf den Drachmen (seinerzeitige Münzen) war ebenso wie auf den heutigen griechischen 1-Euro-Münzen die Eule abgebildet, und daher lässt sich der Spruch „Eulen nach Athen" tragen (als Umschreibung einer sinnlosen und überflüssigen Aktion) doppelt gut verstehen; Aristophanes hat bereits um 400 vor unserer Zeitrechnung diese Redewendung als erster in seinem Drama *Die Vögel* formuliert.

Dass Hegel auf die Eule der Minerva (von Pallas Athene) zu sprechen kommt, um das Wesen und die Erkenntnis-Chancen der Philosophie zu charakterisieren, erstaunt nicht – war er doch selbst ein Denker, der vieles im Nachhinein bedacht und eingeordnet hat, ohne als Utopist oder kühner Neuerer voraus und in die Zukunft hinein spekulieren zu wollen. Philosophieren bedeutete für ihn Erkennen dessen, was war oder ist, nicht aber, was sein könnte oder sollte. Insofern kam ihm die Eule als Tier der Weisheit zupass; vor allem ihr Aktivitätsmaximum abends und nachts – also nachdem tagsüber alles bereits geschehen ist – sowie ihre

---

[2] Homer: Odyssee, in der Übertragung von Johann Heinrich Voss (1781), München 1995, S. 442.

betrachtend-reflexive Art des Schauens spiegeln Hegel zufolge das Spektrum der philosophischen Wege und Perspektiven wider.

Zwei Meisterdenker des 20. Jahrhunderts, denen man von sehr vielen Seiten eulenäugige Weisheit attestiert hat, waren Edmund Husserl und Henri Bergson. Diese beiden Philosophen zeichneten sich durch mäanderndes, konzentriertes, originelles Reflektieren aus, das von Zwischenfragen und Randbemerkungen von außen kaum zu irritieren war, und das schlussendlich zu ganz eigenständigen Philosophien geführt hat (zur Phänomenologie sowie Lebensphilosophie). Beide Denker sollen ihren Biographen zufolge jene Qualitäten überzeugend verkörpert haben, die der Mythos so beredt der Göttin Pallas Athene (und ihrer Eule) zugeschrieben hat.

Wenn wir uns fragen, was die Eule sowie Pallas Athene für uns Heutige und Nicht-Philosophen bedeuten können, kann man als Antwort am ehesten auf die nachdenklich-betrachtende Grundhaltung von Husserl und Bergson verweisen. Falls wir es vermögen, in unser Dasein neben den zehntausend Aktivitäten und aufgeregten Handlungen unseres Alltags auch die kontemplativen Elemente der Nachdenklichkeit und der Reflexion zu integrieren, wohnen wir bereits nahe am Tempel von Pallas Athene und haben etwas Teil an deren Weisheit, Klugheit und strategischer Übersicht. Wer das Leben eulenäugig zu betrachten lernt, dem eröffnen sich interessante Einblicke in biographische, zwischenmenschliche, historische, gesellschaftliche und kulturelle Zusammenhänge, die dem Nur-Handelnden verborgen bleiben.

Ob er damit die Koordinaten seiner Existenz zu verändern vermag, bleibt ungewiss. Dass ihn jedoch die Eule der Minerva zu realistischeren und nüchtern-adäquateren Kommentaren und Urteilen über die Gegebenheiten von Sozietäten und Kulturen ebenso wie seines individuellen Lebenslaufes animiert, scheint gesichert. So weit verbreitet dieser Vogel auf den griechischen Münzen eingeprägt war und ist, so tief dürfte und sollte das Eulenartige im Wesen vieler Menschen verankert sein.

Doch wie werden wir Eulen respektive wie erobern wir uns einen eulenartigen Blick auf Kosmos, Menschen und Kultur? Oder anders gefragt: Wie werden wir klug und weise? Oder nochmals anders formuliert: Gibt es eine philosophische Haltung und Einstellung, die wir uns auch als Nicht-Philosophen zulegen können – quasi Elemente eines philosophischen Lebensstils, mit denen wir das Reflexiv-Kontemplative in unser Dasein integrieren können?

Ich hoffe, den Eulen im Allgemeinen und im Speziellen nicht zu nahe zu treten, wenn ich ihren Blick als bedächtig, lange haftend, nachdenklich, staunend-wundernd, skeptisch, reflexiv beschreibe – mit Attributen also, die seit der Antike als konstitutiv für Philosophen angesehen werden: „Denn gerade den Philosophen kennzeichnet diese Gemütsverfassung, die Verwunderung. Denn diese, und nichts anderes, ist der Anfang der Philosophie."[3] – heißt es bei Platon. Eulenartig zu sein und zu werden bedeutet deshalb unter anderem, dem Dasein gegenüber eine grundsätzlich staunende Einstellung an den Tag zu legen. Weisheit und Klugheit beginnen mit der Haltung, nichts, aber auch schlechterdings gar nichts als selbstverständlich zu begreifen.

Nah am Staunen beheimatet ist eine zweite philosophische Tugend, die aus einer fragenden Attitüde heraus entsteht, und die mit dem Begriff Skepsis belegt wird. Auch diese Qualität darf sowohl mit dem eulenartigen Blick als auch mit einem philosophischen Lebensstil assoziiert werden, wobei mit Skepsis keinesfalls Pessimismus gemeint ist. Vielmehr handelt es sich bei skeptischer Betrachtung der Welt um eine agnostische Sicht auf ihre Phänomene, die voraussetzungslos und möglichst ohne Vormeinungen und Vorurteile ins Visier genommen werden.

Wer oder was aber gerät ins Gesichtsfeld eines eulenartig die Welt und ihre Phänomene betrachtenden Menschen (Philosophen)? Neben Kosmos und Natur, neben all den kulturellen und gesellschaftlichen und historischen Phänomenen ist es vor allem ein Topos, auf dem der staunend-skeptische Blick lange verweilt: die jeweils individuelle eigene und die Fremdpersönlichkeit – wobei die Betonung auf individuell und damit unvergleichlich zu liegen kommt.

In ihrem Buch über Idiosynkrasie[4] beschrieb Silvia Bovenschen (1946–2017) eben jene Unvergleichbarkeiten, die unsere Persönlichkeit jeweils ausmachen, und auf die jeder von uns eigentlich ein wenig stolz sein dürfte. Unter Idiosynkrasie versteht man das je eigene Mischungsverhältnis individueller und persönlicher Eigenschaften. Jeder von uns ist

---

[3] Platon: Theätet, in: Sämtliche Dialoge, Band IV, Hamburg 1988, S. 51.
[4] Bovenschen, S.: Über-Empfindlichkeit – Spielformen der Idiosynkrasie, Frankfurt am Main 2000.

genau betrachtet ein Solitär, der sich von anderen Solitären in vielerlei Hinsicht solcherart unterscheidet, dass sich ein Vergleich zwischen uns und anderen verbietet.

Es macht die Weisheit und Klugheit von Personen aus, bei sich selbst wie bei ihren Mitmenschen dieses Individuelle zu erspüren und sich wie die anderen als solche funkelnde Solitäre zu achten, zu respektieren und zu behandeln. Wer sich und die anderen eulenartig ins Visier nimmt, kommt aus dem Staunen nicht mehr heraus: Wie viele unterschiedliche Facetten und existentielle Konstellationen wir alle aufweisen, und wie eigentümlich und selten ein jeder von uns als Person im Grunde seines Wesens ist, sobald er oder sie auf jegliche Maskerade verzichtet und stattdessen zu den ureigenen Wünschen, Antrieben, Vorstellungen, Ideen und Urteilen steht.

Menschen mit ausgeprägter, individueller Personalität gehen nicht unbedingt *d'accord* mit ihrer Zeit; sie fallen manchmal regelrecht aus der Zeit, kommen aus einer anderen Zeit und wollen in eine andere Zeit. In vielerlei Hinsicht sind sie weder modern noch zeitgemäß noch auf der Höhe der Zeit – bestenfalls sind sie zeitlos, oftmals aber auch antiquiert oder utopisch zukünftig orientiert. Eine Art Paradebeispiel für eine Persönlichkeit, die das Unzeitgemäße bei sich als etwas Auszeichnendes empfand, war Friedrich Nietzsche, der zwischen 1873 und 1876 insgesamt vier *Unzeitgemäße Betrachtungen* publizierte. In der dritten dieser Betrachtungen, überschrieben mit *Schopenhauer als Erzieher*, beschäftigte er sich unter anderem mit dem Phänomen, dass viele Menschen den Chancen der Persönlichkeitsentwicklung ausweichen und stattdessen als eine Außenseite ohne Kern, als anbrüchiges, gemaltes, aufgebauschtes Gewand, verbrämtes Gespenst (so Nietzsche) ihr Dasein fristen; und weiter meinte er:

> Im Grunde weiß jeder Mensch recht wohl, dass er nur einmal, als ein Unikum, auf der Welt ist und … kein noch so seltsamer Zufall zum zweiten Mal ein so wunderlich buntes Mancherlei zum Einerlei, wie er es ist, zusammenschütteln wird.[5]

---

[5] Nietzsche, F.: Schopenhauer als Erzieher (1874), in: KSA 1, München 1988, S. 337.

Sich und die Mitmenschen als dies wunderlich bunte Mancherlei zu registrieren und beginnend zu verstehen erfordert in der Tat ein geduldiges und sinnierendes eulenartiges Schauen, das sich den Einzelheiten einer Persönlichkeit ebenso wie deren Totalität zuwendet; und das das Erkennen einer Individualität als eines der größten intellektuell-emotionalen Abenteuer begreift, die es zu bestehen gilt. Womöglich spielte Homer in seiner *Odyssee* mit einem ähnlichen Gedanken, als er Pallas Athene (zusammen mit der Eule) zur Schutzgöttin von Odysseus auserkor – schließlich gilt Odysseus als die erste eindrücklich beschriebene Individualität und Persönlichkeit in der abendländischen Kulturgeschichte.

Was aber, wenn Einzelne von uns weder einen eulenartigen Blick aufweisen noch einen solchen (weil als inadäquat empfunden) für sich entwickeln wollen? Sind sie deshalb für Selbst- und Fremderkenntnis verloren? Ich meine nein und darf diesbezüglich auf einen prominenten Menschenkenner (Goethe) verweisen, der Selbst- und Fremdkenntnisse nicht einer introvertiert-seelischen Binnenschau oder dem eulenartiglangatmigen Blick auf die Welt, sondern Handlungen, Taten und einem erfolgreich gelebten Leben verdankte. Diesem könne man (so war der Weimarer Dichter überzeugt) viel klarer und verlässlicher entnehmen, wer man (geworden) ist oder wer man werden kann, als den billigwohlfeilen Ideen und Worthülsen einer Konsequenz-armen, nicht selten illusionär-romantisierenden Existenz-Reflexion:

> Wie kann man sich selbst kennenlernen? Durch Betrachten niemals, wohl aber durch Handeln. Versuche, deine Pflicht zu tun, und du weißt gleich, was an dir ist. Was aber ist deine Pflicht? Die Forderung des Tages.[6]

Diese Maxime Goethes bedeutet eine sinnvolle Ergänzung zum eingangs zitierten Gedanken Hegels. Der Philosoph plädierte für (Selbst)-Erkenntnis durch geduldig-bedächtiges Betrachten und Erforschen des Gewordenen und der Vergangenheit, wohingegen der Dichter sich den Imperativen der Gegenwart und Zukunft eines Menschen als Probiersteine für dessen jeweilige Persönlichkeit zugewandt hätte. So sehr man auch mit guten Argumenten versehen geneigt ist, Pallas Athena zusammen mit

---

[6] Goethe: Maximen und Reflexionen (Nr. 1087/1088), in: HA Band 12, München 1981, S. 517 f.

ihrer Eule der Hegelschen Position zuzuordnen, so sehr darf man nicht übersehen, wie im Mythos die Geburt dieser Göttin geschildert wird: Ganz anders, als man sich eine gedankliche Kopfgeburt vorstellen mag, verdankte Pallas Athene einem spaltenden Axthieb des Götterschmiedes Hephaistos auf das Haupt des Zeus – und damit einer beherzten Tat – letztlich ihre Existenz.

Lethe oder Die Kunst des rechten Vergessens

Bevor wir uns dem Mythos von Lethe im Detail zuwenden, soll eine Anekdote aus dem Leben von Immanuel Kant verdeutlichen, wie sehr es sich beim Vergessen durchaus nicht nur um ein Defizit handelt, sondern von manchen als eine wahre Wohltat erlebt wird. Beim Königsberger Philosophen arbeitete schon lange Jahre ein Diener namens Lampe, mit dem er zunehmend unzufrieden wurde, und den er daher zu entlassen trachtete. Weil Kant ein honoriger Mann mit hohen moralischen Ansprüchen war, machte er sich die Entscheidung, sich von Lampe zu trennen, nicht leicht. Schlussendlich kam es zur Entlassung des Dieners, ohne dass der Philosoph darüber so recht froh zu werden vermochte.

Bereits wenige Tage, nachdem Lampe aus dem Hause war, quälten Kant nagende Schuldgefühle. Immer wieder musste er an seinen ehemaligen Diener und dessen momentanes Schicksal denken, ohne dass es dabei zu einer Entlastung für das Gemüt des Philosophen gekommen wäre. Schließlich griff Kant in seiner bekannt willensbetonten und konsequenten Art zu einem Trick. Er stellte ein Schild auf seinen Schreibtisch, worauf er in dicken Lettern geschrieben hatte: „Muss Lampe vergessen!" Es verwundert nicht, dass dieses Manöver nicht zum gewünschten Ziel führte. Was aber zu denken gibt und die Lebensklugheit Kants unter

© Der/die Autor(en), exklusiv lizenziert an Springer Fachmedien Wiesbaden GmbH, ein Teil von Springer Nature 2022
G. Danzer, *Tief ist der Brunnen der Vergangenheit*,
https://doi.org/10.1007/978-3-658-36927-9_34

Beweis stellt, ist die Tatsache, dass der Philosoph nach all den vergeblichen Versuchen, seinen Diener zu vergessen, denselben kurzerhand wieder einstellte und damit seine Seele zurück in ihre gewohnt ausgeglichene Verfassung brachte.

Kant wäre womöglich froh gewesen, in der Situation mit seinem Diener Lampe auf den Mythos von Lethe zurückgreifen zu können, den die Griechen der Antike entwickelt hatten, um sich im rechten Augenblick ein Vergessen zu ermöglichen. Lethe bedeutet im Griechischen so viel wie Vergessen oder auch Verborgenheit. Daher gibt es einige terminologische wie auch inhaltliche Gegenspielerinnen zu Lethe, die ich bereits erwähnt habe: A-Letheia geht auf denselben Wortstamm zurück und heißt übersetzt das Un-Verborgene, also das Wahre und Wahrhaftige (begrifflicher Gegensatz). Und Mnemosyne ist die Göttin des Erinnerns und stellt inhaltlich die Gegenspielerin von Lethe, dem Vergessen, dar.

Auch Lethe wurde wie Mnemosyne als eine Art Fluss oder Gewässer vorgestellt. Lethe stammte aus dem Geschlecht der Nacht, zu dem auch der Schlaf (Hypnos) und der Tod (Thanatos) gehörten. Aus dem Fluss des Vergessens, so wollte es der griechische Mythos, tranken die Seelen der Verstorbenen, damit sie von den Reminiszenzen an ihre frühere Existenz befreit wurden. Eine Wiedergeburt war für sie erst möglich, wenn sie ihr früheres Dasein vergessen hatten.

Erste Erwähnungen findet Lethe bei Aristophanes und bei Platon – beide Male als Fluss des Vergessens. Oftmals zitiert werden die orphischen Goldblättchen aus dem vierten vorchristlichen Jahrhundert, auf denen exakte Anweisungen zu lesen sind, wie sich die Toten im Hades zu verhalten haben (sogenannte Totenpässe), und aus welchen Quellen (Mnemosyne oder Lethe) sie wann trinken dürfen und sollen:

Du wirst im Haus des Hades rechts eine Quelle finden, neben der eine weiße Zypresse steht. Dort atmen (kühlen sich) die herabsteigenden Seelen der Toten. Dieser Quelle sollst du nicht nahekommen. Weiterhin wirst du das kühle Wasser finden, das aus dem Teich der Mnemosyne hervorströmt.[1]

---

[1] Orphische Goldtäfelchen, zit. n.: https://de.wikipedia.org/wiki/Lethe_(Mythologie) (zuletzt abgerufen am 22.08.2021).

Mich interessieren hier allerdings keine Toten-, sondern Lebenspässe sowie die Fragen, welches Maß an Vergessen für ein halbwegs gelingendes Leben sinnvoll ist und wie derlei bewerkstelligt werden kann. Dabei denke ich nicht vorrangig an jene Krankheitsbilder, bei denen ein dauerndes Erinnern von unangenehmen und traumatisierenden Ereignissen der Vergangenheit das gegenwärtige Dasein der Betreffenden teilweise überaus stark beeinträchtigt.

Solche Zustandsbilder werden auch als Posttraumatische Belastungsstörungen (PTSD) bezeichnet und weisen einen hohen Krankheitswert auf. Unter der Wucht ihrer enervierend sich wiederholenden und imperativen Reminiszenzen leiden die Patienten teilweise massiv, ohne die erinnerten Inhalte einem befreienden und heilsamen Vergessen anheimstellen zu können. Im Gegenteil: Immer wieder schieben sich die Erinnerungen an Traumen aller Art (z. B. Gewalt, Folter, Geiselhaft, Inhaftierung in Konzentrationslagern, Erleben des Holocaust, Kriegserlebnisse, Naturkatastrophen, Unfallereignisse, sexualisierte Gewalt etc.) ins Bewusstsein und lösen Affekte wie enorme Angst, heftigen Schrecken, große Ohnmacht sowie körperliche Reaktionen (Unruhe, Zittern, Schlafstörungen, Konzentrationsmängel, Panikattacken etc.) aus.

Das Ziel der Behandlung einer PTSD ist kein verdrängendes Vergessen, sondern eine Einordnung des erlittenen Traumas und eine Veränderung des Gedächtnisses im Sinne von Schutz vor jählings und völlig situationsinadäquat hochsteigenden Reminiszenzen. Gelingt eine solche Therapie, ist der Betreffende weiterhin in der Lage, das Gewesene und Erlittene zu rekapitulieren – allerdings mit deutlich weniger Symptomen und Leidensdruck.

Doch nicht die Psychopathologie soll hier im Zentrum unseres Textes stehen, sondern unser alltägliches Erinnern und Vergessen. Die meisten von uns haben schon die Erfahrung gemacht, dass sie Ereignisse und Geschehnisse ihres Lebens am liebsten vergessen hätten – und zugleich meldeten sich die Gedächtnisinhalte Mal ums Mal und präsentierten uns eben jene unangenehmen, beschämenden, peinlichen, erniedrigenden Situationen, die wir so gerne beiseitegeschoben und aus dem Gedächtnis gelöscht hätten. Oder aber wir werden immer wieder neu mit jenen Affekten konfrontiert, die durch existentielle Erschütterungen (Niederlagen, Trennungen, Krankheiten) ausgelöst wurden und die uns viel eher quälen denn erfreuen (Affekte wie z. B. Schuld, Scham, Trauer, Wut, Ärger, Resignation). Wie könnte in solchen Zusammenhängen die Kunst des rechten Vergessens aussehen?

Für Antworten auf diese Fragen kehren wir zum Ausgangspunkt unseres Textes und zu Immanuel Kant zurück. Der Königsberger Philosoph ging klug mit seinem Defizit des Nicht-vergessen-Könnens um und kann in mancher Hinsicht für uns ein Modell abgeben, wie wir mit ähnlichen Minussituationen verfahren dürften. Der erste Schritt zur Lösung bestand für Kant im Anerkennen seiner emotionalen Dysbalance, konkret seines Schuldgefühls, nachdem er Lampe entlassen hatte. Übertragen auf unsere Lebensmomente bedeutet dies, sich jene Affekte bewusst zu machen und einzugestehen, die eventuell mit Zurücksetzung und Kränkungen verbunden waren. Denn wer sich über seine Emotionalität im Unklaren ist, wird schwerlich in der Lage sein, sie aktiv zu verändern.

Der zweite Schritt Kants, willentlich ein Vergessen von Lampe und der mit ihm assoziierten Empfindungen herbeizuführen, induziert in uns verständlicherweise ein kaum zu unterdrückendes Lächeln. Es wirkt aber auch zu putzig, wie da einer meint, mit einer kognitiven Aufforderung auf seinem Schreibtisch ein Vergessen herbeizuführen, das er doch mit eben jener schriftlichen Aufforderung permanent und jeweils immer wieder aufs Neue untergräbt.

Und doch weist selbst dieser vergebliche Versuch Kants in keine ganz falsche Richtung. Bei all den kreisenden Gedanken und Affekten, die mit einem Nicht-Vergessen von kränkenden und begrenzenden Erfahrungen jeglicher Art häufig verbunden sind, dürfen wir uns bisweilen mit einem halblauten „Nein!" zur Räson rufen und uns klarmachen, dass wir in einen wenig produktiven intellektuellen und emotionalen Grübeln-Modus verfallen sind. Dieser hält nicht selten Stunden oder Tage an, ohne dass er zu irgendwelchen Lösungen oder Veränderungen beiträgt, und kostet uns (und oftmals auch unsere Mitwelt) Zeit, Energie, emotionales Investment.

Manche suchen diesen Modus wiederholt auf, weil sie meinen, dadurch die missliche Situation für sich zu bearbeiten. Das Gegenteil ist jedoch meist der Fall: Grübeln hilft nichts, klärt nichts, ändert nichts – und dementsprechend darf man sich diese Art des Erinnerns (ähnlich wie Kant, aber effektiver in seiner Wirkung) „verbieten" und untersagen.

Den dritten Schritt des Philosophen erachte ich als den entscheidenden: Kant registrierte bei sich, wie seine Verarbeitungsmodalitäten (Schuldgefühle) in Bezug auf den entlassenen Diener Lampe waren, und respektierte sie als eine Erfahrung von persönlich-individueller Wirklichkeit, die ihm zwar nicht behagte, die er aber als Erfahrung anerkannte, und woraus er seine Konsequenzen zog. Ein quälendes Erinnern und mangelhaftes Vergessen von Kränkungen und Verkürzungen unserer Existenz und unserer Person wird weder durch Grübeln noch durch wiederholtes emotionales Eintauchen in die betreffende Situation reduziert – sie wird weniger, wenn wir beginnen, das Geschehene als einen (wenn auch bitteren) Kontakt mit der Wirklichkeit und damit als eine Erfahrung einzuordnen.

Arthur Schopenhauer hat einst Erfahrungen als verlorene Illusionen definiert. Als misanthropisch-pessimistischer Philosoph war er angesichts dieser Definition der Meinung, dass wir uns bei unseren Erfahrungen bedanken dürften – sie tragen schließlich dazu bei, dass wir illusionsärmer und damit wirklichkeitsreicher durch die Welt gehen.

Ich gebe gerne zu, dass eine solche Betrachtungsweise einen entschiedenen Perspektivwechsel – weg vom pathischen Leiden hin zum gnostischen Erkennen – voraussetzt respektive nach sich zieht. Und doch bedeutet das Anerkennen einer Erfahrung und ihre Einordnung ins Gesamtgefüge eines Daseins sowie einer Welt- und Lebensanschauung den wesentlichen Schritt hin zur Veränderung sowohl der eigenen Stimmung, des eigenen Denkens wie auch zur eventuellen Veränderung jener Verhältnisse um uns her, die der ursprüngliche Anlass und das Motiv für das Kränkungserlebnis waren.

Und des Weiteren gebe ich gerne zu, dass es nicht jedermanns Sache ist, sich beim Leben für all die Erfahrungen zu bedanken, die es für uns bereithält; und dass es auch nicht bei jedem Anlass und bei jeder existentiellen Erschütterung gelingt, sie über deren Einordnung als nützlichwillkommene Erfahrung einem heilsamen Vergessen anheimzustellen. Obschon es nicht empfehlenswert ist, kann man also nachvollziehen, dass manche in solchen Situationen zu anderen Strategien des Vergessens greifen. Bertolt Brecht etwa ließ nicht ganz zufällig die Hauptfigur in seinem Drama *Baal* (1918/19) einen eindringlich-erschütternden Monolog an eine Schnapsflasche halten, die er bezeichnenderweise Lethe nannte.

Überträgt man die mythischen Vorstellungen der Griechen über Lethe ins 21. Jahrhundert, lassen sich noch andere positive Aspekte des Vergessens ins Feld führen. Schon bei Goethe finden wir den Gedanken, dass jeder Handelnde etwas Kühnes an sich hat, das sich nicht lange mit Skrupeln und Reminiszenzen aufhält. Ähnliches lesen wir bei Nietzsche, wenn er schreibt: „Zu allem Handeln gehört Vergessen."[2] Wer Neues ins Auge fassen und realisieren möchte, darf Altes getrost hinter sich lassen und – damit es sich nicht störend bei der Umsetzung des Geplant-Zukünftigem bemerkbar macht – schlicht vergessen.

Analog kann man vorgehen, wenn es sich bei diesem Neuen und Zukünftigen um keine Projekte außerhalb der eigenen Person, sondern um eben diese eigene Individualität selbst handelt. Auch bei der verändernden Entwicklung der eigenen Person und Persönlichkeit braucht es spezielle Formen des Vergessens, die nicht selten (zum Beispiel in einer psychoanalytischen Behandlung) regelrecht gelernt und geübt werden müssen, bevor sie ihre positiven Wirkungen entfalten.

So lassen sich viele Psychoanalysen und Psychotherapien zwar einerseits als Erinnerungsarbeit begreifen, bei der die Einzelnen auch jene Passagen, Einflüsse und Ereignisse der eigenen Geschichte rekonstruieren, die womöglich als sehr unangenehm und störend bewertet und lange Zeit verdrängt wurden. Zugleich aber schafft diese Erinnerung des Verdrängten die Voraussetzung dafür, zukünftig nicht als Symptome oder Hemmungen im Alltag der Betreffenden ihr Unwesen zu treiben, sondern nunmehr produktiv vergessen zu werden:

> Ersteres ist ... das Vergessen *vor* der psychoanalytischen Behandlung, Letzteres *nach* dieser Behandlung. Wenn diese Auffassung richtig ist, ... beruht Freuds Kunst des Vergessens wesentlich auf dieser Unterscheidung zwischen einem unbefriedeten und einem befriedeten Vergessen sowie auf der weitreichenden Erkenntnis, dass vom unbefriedeten Vergessen kein direkter Weg ... zum befriedeten Vergessen führt. Der Umweg über das Bewusstsein ist nicht zu vermeiden.[3]

---

[2] Nietzsche, F.: Vom Nutzen und Nachteil der Historie für das Leben (1874), in: KSA 1, München 1988, S. 250.
[3] Weinrich, H.: Lethe – Kunst und Kritik des Vergessens, München 1997, S. 174.

Im altgriechischen Mythos wird im Grunde Ähnliches zum Ausdruck gebracht: Wer (nach dem Tode) als neuer Mensch wiedergeboren werden möchte, kann dies nur, wenn er von Lethe trinkt, Altes vergisst und damit Platz und Möglichkeiten für die erneuernde Entwicklung der eigenen Person schafft.

Die Sirenen, ihr Gesang und die Aufgabe der Selbstrealisation

Wenn wir Heutigen den Begriff Sirenen benutzen, meinen wir eine Gefahren und Katastrophen anzeigende Warnanlage mit in der Regel ohrenbetäubendem Lärm, auf den wir meistens im Sinne einer Fluchtbewegung reagieren. Im Griechenland der Antike hätte derselbe Begriff eine entgegengesetzte Bewegung ausgelöst: Die Sirenen der verschiedenen mythischen Erzählungen sollen wunderbar-betörende Stimmen gehabt haben, und jeder, der ihren Gesang und ihre Stimmen vernahm, war ihnen verfallen: Er wollte sofort zu ihnen, obwohl diese Annäherung – so der Mythos – normalerweise das Todesurteil für den Betreffenden bedeutete.

Auf seiner langjährigen Irrfahrt aus Troja zurück nach Ithaka wurde Odysseus von der Kirke, bei der er über ein Jahr lang geblieben war, ausführlich über seinen weiteren Heimweg instruiert. Dabei warnt sie ihn eindringlich vor den Sirenen und deren faszinierendem Gesang:

> Erstlich erreichet dein Schiff die Sirenen; diese bezaubern / Alle sterblichen Menschen, wer ihre Wohnung berührt. / Welcher mit törichtem Herzen hinanfährt und der Sirenen / Stimme lauscht, dem wird zu Hause nimmer die Gattin / Und unmündige Kinder mit freudigem Gruße begegnen; /

> Denn es bezaubert ihn der helle Gesang der Sirenen, / Die auf der Wiese sitzen, von aufgehäuftem Gebeine / Modernder Menschen umringt und ausgetrockneten Häuten.[1]

Die Sirenen wurden als Mischwesen vorgestellt: halb Mensch und halb Vogel. Bei Homer lesen wir von zwei Sirenen; spätere Autoren sprachen von drei und Platon schrieb von insgesamt acht Sirenen. Über ihre Abstammung gab es verschiedene Auffassungen: Manche Autoren meinten, Gaea selbst sei ihre Mutter gewesen, wohingegen Plutarch sie von einem Meeresgott herkommen ließ. In Darstellungen wurden die Sirenen meist mit einem weiblichen Oberkörper und einem Vogel-ähnlichen Unterkörper gezeigt; später wandelte sich der Unterkörper ins Fisch-Artige, so dass die Sirenen Ähnlichkeiten mit Nixen aufwiesen.

Ihre Wohnstatt sollen die Sirenen auf der Insel Anthemoessa gehabt haben. Sobald Seefahrer, die an der Insel vorbeisegelten, ihren Gesang hörten und ihre Insel betraten, starben sie. Obwohl dieser Effekt in der Antike bekannt war, gab es dem Mythos zufolge immer wieder genug Tollkühne, die das betörende Wagnis auf sich nahmen – und prompt mit ihrem Leben bezahlten.

Auch Odysseus wollte bei seiner Fahrt von Aiaia (der Insel von Kirke) heim nach Ithaka unbedingt die Sirenen hören; und weil Kirke ihn liebte und verstand, hatte sie ihn mit einem Ratschlag versorgt, wie er gefahrlos deren Gesang lauschen konnte, wenn sein Schiff an der Insel Anthemoessa längssegeln sollte:

> Aber du steure vorbei und verklebe die Ohren der Freunde / Mit dem geschmolzenen Wachse der Honigscheiben, dass niemand / Von den andern sie höre. Doch willst du selber sie hören, / Siehe, dann binde man dich an Händen und Füßen im Schiffe, / Aufrecht stehend am Maste, mit fest umschlungenen Seilen, / Dass du den holden Gesang der zwo Sirenen vernehmest. / Flehst du die Freunde nun an und befiehlst die Seile zu lösen: / Eilend fessle man dich mit mehreren Banden noch stärker![2]

Odysseus tat, wie ihm von Kirke empfohlen, und kam so als einer der wenigen Sterblichen in den unnachahmlichen Genuss, den Gesang der

---

[1] Homer: Odyssee, in der Übertragung von Johann Heinrich Voss (1781), München 1995, S. 601 f.
[2] Homer: Odyssee, in der Übertragung von Johann Heinrich Voss (1781), München 1995, S. 602.

Sirenen zu hören, ohne dafür sein Leben lassen zu müssen. Auch seine Gefährten segelten ganz ohne Verluste an Anthemoessa vorbei – allerdings hörten sie aufgrund ihrer mit Wachs verstopften Ohren nichts von den betörenden Sirenen-Melodien.

Neben Odysseus soll dies den Mythen zufolge nur noch dem griechischen Sänger und Dichter Orpheus gelungen sein, von dem die Sage erzählt, dass sein eigener Gesang und das Spiel seiner Lyra (Leier) derart himmlisch und göttlich waren, dass er damit Feinde besiegte, das Meer beruhigte und sogar die Sirenen überboten hat. Wenn Tiere, Steine oder Bäume seiner Musik lauschten, konnte es geschehen, dass sich uralt gewachsene Bäume zu ihm hin verneigten.

Es nimmt nicht Wunder, dass aufgrund des hohen Verführungspotentials der Sirenen diese nicht nur in der *Odyssee,* sondern Jahrtausende später auch im *Ulysses* von James Joyce auftauchen. Der Dichter hat in seinem Roman dem hinter der Theke des Restaurants Ormond versammelten Personal rundweg sirenenhafte Qualitäten verliehen – wobei ihm die gesamte Sprache dieses Romanabschnitts ausnehmend musikalisch und rhythmisch gelungen ist. Überhaupt war es sein Anliegen, den verschiedenen Episoden seines Romans mit jeweils ganz eigenen Formen der Darstellung gerecht zu werden. So kommt es, dass wir im *Ulysses* beinahe alle Spielarten der Schriftstellerei und Dichtkunst – Anzeige, Reportage, Tagebucheinträge bis hin zu lyrischen und dramatischen Szenen – vorfinden und uns dementsprechend in emotional völlig verschieden getönten literarischen Atmosphären bewegen.

Doch zurück zu den Sirenen im Griechenland der Antike – aber auch zurück zur Generalthematik dieses Buches: Was hat uns diese mythische Erzählung im 21. Jahrhundert noch zu sagen? Das psychologische und anthropologische Thema, das meiner Ansicht nach im Mythos von den Sirenen verhandelt wird, und das uns Heutige ebenso wie die Griechen der Antike bewegen darf, ist die Frage nach den Sinn-, Wert- und Bedeutungsgehalten, die uns begegnen und derart verzaubern, dass wir uns ihnen (freiwillig?) hingeben und ihnen erliegen.

Dieses Motiv taucht in der Kulturgeschichte des Abendlandes immer wieder auf; bei Goethe beispielsweise wird es faustisch ausgedrückt: „Werd' ich zum Augenblicke sagen: / Verweile doch! du bist so schön! / Dann magst du mich in Fesseln schlagen, / Dann will ich gern zu Grunde gehn!" In den Worten Friedrich Nietzsches lautet dasselbe existentielle Motiv: „Doch alle Lust will Ewigkeit –, – will tiefe, tiefe Ewigkeit!"

In der Verlängerung der altgriechischen Sirenen-Sage sowie von Goethe und Nietzsche dürfen auch wir uns fragen, welches Allerschönste, Allerwertvollste wir gerne erleben würden. An welche Masten müssten wir uns befestigen, um diesem Schönsten, Wertvollsten nicht zu erliegen? Warum erliegen wir überhaupt dem Zauber eines Allerschönsten? Oder könnten wir uns emanzipieren und den Zauber in kleinen Schlucken genießen, ohne mit Selbstverlust und völliger Hingabe dafür zu bezahlen? Sind es die Momente der Ekstase; der orgiastischen Verschmelzung; eines überraschenden Sieges und des Triumphes; der Genesung nach scheinbar aussichtsloser Krankheit; des tiefen Blickens und Erblickt-Werdens; des großen Einverständnisses mit einem Du; der jähen Erinnerung an das eigene *Ich bin*; des erstmaligen Erlebens von Meer oder Sonne oder Gebirg; oder des hochjubelnden Taumels in der Neunten Symphonie von Beethoven?

Jeder von uns wird anderes bevorzugen, und viele werden noch ganz andere Situationen und Momente benennen, die für sie in Betracht zu ziehen sind, wenn es um den betörenden Gesang von Sirenen geht. Dass es im Mythos Stimmen sind, Gesänge und Rhythmen und Melodien, die bis zur offensichtlichen Willenlosigkeit verzaubern, verwundert nicht – wissen wir doch, dass Musik uns sinnlich am allerdirektesten zu affizieren versteht, und dass die Sirenen daher leichtes Spiel mit den meisten ihrer Hörer hatten. Wer andere in ihrer Stimmung und in ihrem augenblicklichen Daseinsvollzug direkt oder indirekt beeinflussen möchte, kann dies am raschesten und leichtesten mit musikalischer Untermalung erreichen – sie wirkt sofort auf unsere emotionale Verfassung.

Was jedoch nicht bedeutet, dass wir diesen Emotionen unter allen Umständen unterliegen müssen und die Hin- oder Aufgabe in solchen Situationen die einzige Möglichkeit unserer Reaktion und Daseinsgestaltung darstellt. Denn jede Hingabe-Situation ereignet sich in einem Dreieck unserer Selbstrealisation, bestehend aus Selbsthingabe, Selbstdurchsetzung sowie Selbstbewahrung. Welche dieser Realisations-Möglichkeiten gerade dominant ist oder zumindest andere Selbstverwirklichungs-Tendenzen in Schach zu halten vermag, ist von unserem

Lebensstil, Charakter, von unserer Weltanschauung und biographischen Prägung ebenso abhängig wie von den situativen Gegebenheiten.

Dies lässt sich trefflich am Beispiel des Odysseus demonstrieren. Im Hinblick auf den Gesang der Sirenen kamen bei ihm alle drei Varianten der Selbstrealisation zum Zuge: Die *Selbsthingabe* war gegeben, weil er sich partout den Gesang dieser eigentümlichen Mischwesen anhören wollte, von dem er wusste und erwartete, dass er niemals etwas Schöneres, Vollkommeneres und Bezaubernderes würde hören können. Diesem Allerhöchsten an Musik und Gesang wollte er sich hingeben und sich von ihm entzücken lassen.

Zugleich kam er den Ratschlägen von Kirke nach und präparierte sowohl seine Gefährten als auch sich selbst, um der enormen Gefahr, die der Sirenen-Gesang für ihn und seine Mannschaft bedeutete, standzuhalten. Sich an den Mast binden und im Moment der Versuchung die Fesseln umso stärker festzurren zu lassen, war ein Akt und eine Vorsichtsmaßnahme der *Selbstbewahrung*. Odysseus wählte hierfür eine Methode, die dem Maß an Selbsthingabe Paroli bieten konnte; und die Konsequenz war, dass er Momente der „Lust und tiefen Ewigkeit" genießen konnte, ohne Sorge haben zu müssen, dass es kein Zurück mehr zu den Aufgaben seiner bisherigen und zukünftigen Existenz geben würde.

Zu diesen Aufgaben gehörte es, dass Odysseus allen Widerständen zum Trotz eisern an seinem Plan festhielt, sein Zuhause auf Ithaka und seine Gattin Penelope wiedersehen zu wollen. Er bewies die Kraft und Energie der *Selbstdurchsetzung*, sein Lebensschiff durch alle Fährnisse des Daseins hindurch zu manövrieren und zuletzt im Hafen von Ithaka anzulegen. Es gehörte überragende Willensstärke und Selbstdurchsetzungskraft dazu, aus diesem Plan Wirklichkeit werden zu lassen:

> Die Abenteuer, die Odysseus besteht, sind allesamt gefahrvolle Lockungen, die das Selbst aus der Bahn seiner Logik herausziehen. Er überlässt sich ihnen immer wieder aufs Neue, probiert es als unbelehrbar Lernender, ja zuweilen als töricht Neugieriger, wie ein Mime unersättlich seine Rollen ausprobiert.[3]

---

[3] Horkheimer, M. und Adorno, Th.W.: Dialektik der Aufklärung (1947), Frankfurt am Main 1986, S. 53.

Den drei genannten Modalitäten der Selbstrealisation – Selbsthingabe, Selbstbewahrung, Selbstdurchsetzung – entsprechen auch die drei zeitlichen Dimensionen unseres Daseins: Vergangenheit, Gegenwart und Zukunft. Die Selbstbewahrung zeichnet sich durch Überwiegen des Vergangenen aus – ihr haftet etwas Konservatives (im positiven Sinne des Wortes) an. Die Selbstdurchsetzung imponiert dagegen zukunftsträchtig – sie kann als progressive Energie charakterisiert werden, mit deren Hilfe der Einzelne Werte und Ideale in die spröde Wirklichkeit einzuarbeiten unternimmt. Die Selbsthingabe nun bezieht sich auf die Gegenwart und weist den Charakter des Augenblicklichen und Momentanen auf. Günstig wäre es, die Selbsthingabe so ins Konservative der Selbstbewahrung und ins Progressive der Selbstdurchsetzung einzubetten, dass sie bei aller Lust und allem Genuss nicht zum Selbstverlust zu werden droht:

> Es ist unmöglich, die Sirenen zu hören und ihnen nicht zu verfallen: Es lässt sich ihnen nicht trotzen. Trotz und Verblendung sind eines, und wer ihnen trotzt, ist damit eben an den Mythos verloren, dem er sich stellt. List aber ist der rational gewordene Trotz. Odysseus versucht nicht, einen anderen Weg zu fahren als den an der Sireneninsel vorbei. Er versucht auch nicht, etwa auf die Überlegenheit seines Wissens zu pochen … Odysseus erkennt die archaische Übermacht des Liedes an, indem er, technisch aufgeklärt, sich fesseln lässt. Er neigt sich dem Liede der Lust und vereitelt sie wie den Tod. Der gefesselt Hörende will zu den Sirenen wie irgendein anderer. Nur eben hat er die Veranstaltung getroffen, dass er als Verfallener ihn nicht verfällt.[4]

Odysseus und die gesamte *Odyssee* können wir dabei wie ein Modell für uns und wie ein Memento interpretieren, die drei Aspekte der Selbstverwirklichung – Hingabe, Bewahrung und Durchsetzung unseres Selbst – jeweils situationsadäquat in den Vordergrund treten zu lassen und den eigenen personal-charakterlichen Möglichkeiten gemäß auszutarieren. Wenn wir dieses Modell sowie die Aufgabe der Selbstrealisation aus dem alten Mythos in die Jetztzeit übernehmen, und wenn wir dem Memento

---

[4] Horkheimer, M. und Adorno, Th.W.: Dialektik der Aufklärung (1947), Frankfurt am Main 1986, S. 66 f.

dieser alten Sage nachlauschen und sie weitererzählen, haben wir nicht nur erfolgreiche *Arbeit am Mythos* (Hans Blumenberg) absolviert – wir haben uns damit auch um mindestens ein Mµ (Mikrometer) von ihm emanzipiert, ihn dem Logos angenähert und der eigenen Person zum Wachstum verholfen.

Teil VII

Nachwort

Ist Logos ein Gott? ein Mythos? oder ein Antidot?

Ein Gott war der Logos – heißt es in keinem griechischen Mythos, sondern in einer Übersetzung des Johannes-Evangeliums gleich zu Beginn des Textes. Mit dieser christlichen Schrift touchieren wir ein mythisch-religiöses Terrain, das mit unseren ursprünglichen griechischen Mythen nur indirekt zusammenhängt und einer ganz anderen Idee von Gottheit und von Welt verpflichtet ist. Im Kapitel über Chaos habe ich auf einen entscheidenden Unterschied zwischen diesen beiden Theo- und Kosmogonien hingewiesen: Im Christentum schuf Gott die Welt, wohingegen im griechischen Mythen-Schatz umgekehrt die Welt, also Chaos und Kosmos, die Götter hervorgebracht hat.

Trotz des christlichen Eingangssatzes bleiben wir bei den griechischen Mythen und fragen uns, warum es bei ihnen keinen Gott Logos und keine mythische Erzählung über einen solchen Gott oder Dämon gegeben hat. Der Begriff Logos ist immerhin sehr schillernd und breit angelegt und deckt ein weites Bedeutungsfeld ab: Vernunft, Satz, Rede, Sinn, Lehre, Gesetz, Geist – alle diese Worte dürfen Verwendung finden, um den Terminus Logos treffend zu übersetzen, und für alle diese Begriffe hätte man sich in der griechischen Mythologie durchaus einen Gott Logos vorstellen können. Dass der Begriff Logos im Übrigen keineswegs einfach ins Deutsche oder in andere Sprachen zu transponieren ist, hat bereits Goethe in *Faust I* eindrücklich in Szene gesetzt; zu Beginn des Dramas sinniert Faust im Studierzimmer über mögliche Übersetzungen für diesen Begriff:

> Geschrieben steht: „Im Anfang war das Wort!" / Hier stock ich schon! Wer hilft mir weiter fort? / Ich kann das Wort so hoch unmöglich schätzen, / Ich muss es anders übersetzen, / Wenn ich vom Geiste recht erleuchtet bin. / Geschrieben steht: Im Anfang war der *Sinn*. / Bedenke wohl die erste Zeile, / Dass deine Feder sich nicht übereile! / Ist es der *Sinn*, der alles wirkt und schafft? / Es sollte stehn: Im Anfang war die *Kraft*! / Doch, auch indem ich dieses niederschreibe, / Schon warnt mich was, dass ich dabei nicht bleibe. / Mir hilft der Geist! Auf einmal seh ich Rat / Und schreibe getrost: Im Anfang war die *Tat*![1]

In der griechischen Mythenwelt haben am ehesten Götter wie Apollon, Hermes, Aletheia oder Pallas Athene einzelne Teil-Aspekte von Logos repräsentiert. Was bei diesen vier Gottheiten (und bei einigen weiteren) als gemeinsamer Logos-Anteil eine Rolle spielt, ist die Vernunft; und dieser Anteil verdeutlicht womöglich, warum es keinen Logos-Mythos gegeben hat – wohl aber einen eigenen Bereich der Kultur von Alt-Griechenland, der sich um die Pflege und Entwicklung von Logos als Vernunft gekümmert hat: Das war die Philosophie. Ihr Auftauchen beendete die Dominanz des Mythos in der griechischen Antike, und sie drängte nach und nach die mythischen Erklärungskonzepte zurück:

> Nun aber kam die Zeit, da das griechische Denken sich zu völliger Unabhängigkeit durchringen sollte, die Zeit der eigentlichen Philosophie in ihren drei nach der Physik, der Ethik und der Dialektik zu benennenden Epochen ... Mit der Physik, d. h. mit der Lehre vom Weltgebäude, führte sie sich trotz alles Widerstandes ein; dies ist der Bruch mit dem Mythos.[2]

So unterschiedlich die griechischen Philosophen der Antike auch gedacht und geschrieben haben – sie alle (bei Pythagoras und den Vorsokratikern

---

[1] Goethe: Faust I (1808), Vers 1224–1237, in: HA Band 3, München 1981.
[2] Burckhardt, J.: Griechische Kulturgeschichte (1898–1902), Band III, München 1977, S. 294 f.

begonnen bis hin zu Epikur und zu den Stoikern) einte eine Mythenkritische und stattdessen die Vernunft (den Logos) in den Vordergrund schiebende Tendenz, die es kaum erlaubte, aus dem von ihnen ins Visier genommenen Logos flugs wieder eine mythische Erzählung werden zu lassen. Dieser Grundzug der vorsokratischen Denker lässt sich beispielsweise bei Heraklit aufzeigen, der den Logos als überall waltendes Weltgesetz, als eine Weltvernunft und sinnhafte Rede auffasste – als Daseins-bestimmende Phänomene also, die allerdings von vielen Menschen nicht als solche erkannt und verstanden werden:

> Dies Weltgesetz (Logos), das doch ewig ist, begreifen die Menschen nicht, weder bevor sie davon gehört noch sobald sie davon gehört haben. Denn obgleich alles nach diesem Gesetz geschieht, machen sie den Eindruck, als ob sie nichts davon ahnten … Obgleich aber das Weltgesetz (Logos) allem gemeinsam ist, leben doch die Vielen, als ob sie eine eigene Denkkraft hätten.[3]

Auf diesen seit über zweitausend Jahren bestehenden Zusammenhang zwischen Logos und überaus anspruchsvoller Weltvernunft einerseits sowie der Philosophie und ihrer Aufgabe, dieser Weltvernunft immer wieder nachzuspüren, andererseits hat z. B. auch Karl Jaspers nachdrücklich hingewiesen:

> Heute möchte ich die Philosophie eher Philosophie der Vernunft nennen, weil es dringlich scheint, dies uralte Wesen der Philosophie zu betonen. Geht Vernunft verloren, so geht die Philosophie selber verloren.[4]

Ebenfalls von der grundwesentlichen gegenseitigen Durchdringung von Logos und Sprache, Denken und Vernunft einerseits sowie Philosophie andererseits war Ernst Cassirer überzeugt. In seinem *Versuch über den Menschen* (1944) beschrieb er den Übergang vom Mythos zum Logos während der Achsenzeit, also während der Epoche der vorsokratischen Philosophie:

---

[3] Heraklit: Fragmente, in: Die Vorsokratiker, hrsg. von Wilhelm Capelle, Stuttgart 1968, S. 135 f.
[4] Jaspers, K.: Vernunft und Widervernunft in unserer Zeit (1950), in: Denkwege – Ein Lesebuch, München 1983, S. 71.

Der *Logos* wird zum Prinzip des Universums und zum ersten Prinzip menschlicher Erkenntnis ... Nach Heraklit kann man dieses Prinzip nicht in einem dinglichen Gegenstand finden. Nicht die dingliche Welt, sondern die Menschenwelt gibt den Anstoß zur richtigen Deutung der kosmischen Ordnung. In dieser Menschenwelt nun nimmt die Sprachfähigkeit einen zentralen Platz ein. Also müssen wir verstehen, was Sprache bedeutet, wenn wir die „Bedeutung" des Universums verstehen wollen. Wenn es uns nicht gelingt, diesen Zugang zu finden – den Zugang durch das Medium der Sprache statt durch die materiellen Erscheinungen –, verpassen wir das Tor zur Philosophie.[5]

Am Ende unserer gemächlichen Tour durch die griechische Mythen- und Götterwelt sind wir also bei einem Denkprinzip sowie einer intellektuellen Haltung und Einstellung angelangt, die nicht mehr so ohne weiteres in mythische Bilder und Schemata eingepasst werden konnte und kann. Im Gegenteil: Logos als Vernunft hat den Anspruch, jene Erzählungen der Antike, die als alte Mythen überliefert und immer weitererzählt wurden, einem Programm der Skepsis und kritischen Hinterfragung, einem Entmythologisierungs-Prozess anheimzustellen. Dieser Prozess, der einem künstlerischen, vor allem aber einem philosophischen oder wissenschaftlichen Anspruch genügt und die Mythen ernst nimmt, führt über methodisch-logische Strenge und Konsistenz zu einer zunehmenden Auf- und Ablösung des mythischen Weltbildes; gleichzeitig ermöglichen Kunst, Wissenschaft und Philosophie die Transponierung von Mythen in Psychologie und Anthropologie:

> Im Mythos ist nichts, was man ignorieren kann, nichts, was man als bizarr oder absurd abtun darf, um einige große Wahrheiten darin rein zu erhalten. Es gibt nichts, was nicht in Betracht zu ziehen wäre, alles hat einen Sinn.[6]

So urteilte etwa der Ethnologe und Anthropologe Claude Lévi-Strauss (1908–2009) über die vielgestaltige Welt der Mythen, von denen er Hunderte vor allem in Mittel- und Nordamerika untersucht und hin-

---

[5] Cassirer, E.: Versuch über den Menschen (1944), Frankfurt am Main 1990, S. 174.
[6] Lévi-Strauss, C.: Mythos und Bedeutung II – Ein Gespräch mit Raymond Bellour (1978), in: Mythos und Bedeutung, Frankfurt am Main 1996, S. 194.

sichtlich ihrer Bedeutung eingeordnet hat. Dabei waren ihm bei den Mythen aus verschiedenen Gegenden Amerikas einige gemeinsame Muster und Strukturelemente (Mytheme) aufgefallen, die darauf schließen lassen, dass sich in ihnen menschliche Denkmuster widerspiegelten.

Mit einer ähnlichen Stoßrichtung wollte auch Sigmund Freud seine Religions- und Mythenkritik verstanden wissen. In *Die Zukunft einer Illusion* (1927) sowie in *Das Unbehagen in der Kultur* (1930) hoffte er, dass die diversen Bedürfnisse und Wunschvorstellungen von Menschen, die sich gläubig gegenüber den Dogmen und Riten von Religionen einstellen (Bedürfnisse wie Vatersehnsucht; Sehnsucht nach Verschmelzung mit dem Kosmos; Tröstung angesichts der Härten des Daseins etc.), nach und nach von Gott Logos erfüllt würden, wobei Freud unter dem Gott Logos die Wissenschaften und hier besonders die Naturwissenschaften subsumierte. An die Stelle der süß-betäubenden, illusionären religiös-mythischen Erzählungen sollten die Ergebnisse der nüchtern-vernunftgeleiteten Wissenschaften und Philosophien treten, die die Menschen zwar nicht unbedingt glücklicher, aber realitätstauglicher und weniger neurotisch (so Freud) werden lassen:

> Gewiss wird der Mensch sich dann in einer schwierigen Situation befinden, er wird sich seine ganze Hilflosigkeit, seine Geringfügigkeit im Getriebe der Welt eingestehen müssen, nicht mehr der Mittelpunkt der Schöpfung, nicht mehr das Objekt zärtlicher Fürsorge einer gütigen Vorsehung. Er wird in derselben Lage sein wie das Kind, welches das Vaterhaus verlassen hat, in dem es ihm so warm und behaglich war. Aber nicht wahr, der Infantilismus ist dazu bestimmt, überwunden zu werden? Der Mensch kann nicht ewig Kind bleiben, er muss endlich hinaus ins „feindliche Leben". Man darf das die *Erziehung zur Realität* heißen.[7]

Inzwischen sind beinahe hundert Jahre seit den verschiedenen religionskritischen Schriften Freuds ins Land gezogen, und wir können feststellen, dass die Erziehung zur Realität ein ziemlich langwieriger Prozess ist. Trotz Mythen- und Religionskritik und trotz Rückgang der Zahlen konfessionell gebundener Menschen hat sich Gott Logos mit seinen Intentionen

---

[7] Freud, S.: Die Zukunft einer Illusion (1927), in: GW XIV, Frankfurt am Main 1988, S. 373.

nur partiell behaupten können – oder er wurde eben zu einer neuen Gottheit neben den bisher etablierten deklariert, an den geglaubt wird, und der aber (weil er als Glaubensartikel und nicht als Emanzipationsprojekt missverstanden wird) seiner Aufgabe der Vermittlung von Skepsis, Aufklärung und autonomer Urteilskraft nur sehr zögerlich nachkommt.

Bei nicht wenigen Einzelnen und gesellschaftlichen Gruppen wirkt es bisweilen wie vernagelt und verhext: Anstelle der alten Mythen und etablierten religiösen Inhalte schießen bei ihnen trotz und zum Teil sogar mithilfe von Logos (z. B. Kunst, wissenschaftliche Teilergebnisse) neue Erzählungen, Mythen und Legenden wie Pilze aus dem Boden – das Bedürfnis vieler Menschen nach Tröstung, Betäubung, Verschmelzung, Verwöhnung scheint weiterhin hoch, und die Befriedigung dieser Bedürfnisse durch Konsum, Events, soziale Medien und teilwissenschaftliche Versatzstücke hat enorme Ausmaße angenommen.

Es wäre deshalb klug, der Gottheit Logos ihren Götterstatus tatsächlich streitig zu machen und sie als bloßes Mittel, als eine Einstellung und Haltung sowie als eine Art Antidot (Gegengift) gegen die religiösmythischen und sonstigen Aberglaubens-Artikel zu begreifen. Als Hauptwirkung dieses Antidots wäre die Induktion von Skepsis und die Überwindung von Denkhemmungen aller Couleur beim Einzelnen wie auch in Gruppen und Sozietäten wünschenswert – wobei die skeptische Grundhaltung auch der Welt des Logos und damit der Wissenschaft, Kunst und Philosophie gegenüber in Anschlag gebracht werden darf. Die alten Götter und die hergebrachten Mythen nicht durch neue zu ersetzen, wäre als ein Logos-Ziel innigst zu wünschen.

Die Stimme von Logos und Vernunft ist leise, meinte Freud; aber sie ruht nicht, ehe sie sich Gehör verschafft hat. In diesem Sinne wollte der Begründer der Psychoanalyse dieselbe als fortgesetzte Aufklärung verstanden wissen: Wo Es (das Unbewusste) war, sollte Ich (das Bewusste) werden, womit die aufklärerischen Kardinaltugenden wie Transparenz, Emanzipation, Kritik nicht nur auf Mythen und Religion, sondern mindestens so sehr auch auf die jeweils eigene Person bezogen wurden. Selbstvergewisserung und Selbstermächtigung waren zu wesentlichen Anliegen der psychoanalytischen Aufklärungsbemühungen avanciert und zielten

Ist Logos ein Gott? ein Mythos? oder ein Antidot?

auf die unbewussten, irrationalen Anteile und Persönlichkeits-Aspekte der Betreffenden ab.

Die Stimme von Logos und Vernunft findet sich selten nur beim Einzelnen, meinte Alfred Adler, der Begründer der Individualpsychologie. Wer die Vernunft alleine und unter Umgehung von Meinungen und Erkenntnissen vieler anderer zu entwickeln trachtet, landet in der Regel nicht bei Logos, sondern bei Privatlogik (ein trefflicher Begriff Adlers für verquere Ansichten jenseits von Wissenschaft, Kunst und Philosophie). Wer hingegen die Stimme der Vernunft bei sich zu einer verlässlichen Größe werden lassen möchte, darf und muss im steten Austausch mit dem *Common sense* und den Vernunft-Partikeln der Menschheitskultur stehen – wobei der Einzelne ein beachtliches Quantum von Logos-Qualitäten allein schon dafür benötigt, beim *Common sense* den gesunden vom oftmals weit verbreiteten ungesunden Menschenverstand zu unterscheiden.

Die Stimme von Logos und Vernunft braucht eine materielle und biologische Fundierung, um sich nicht in vergeistigten Sphären zu verlieren. Wer Vernunft ohne den menschlichen Leib und dessen Verhältnisse (Antriebe, Bedürfnisse, Limitierungen etc.) definiert, befindet sich auf dem besten Weg zur Spiritualität mit allen ihren Abzweigungen bis hin zu Religiosität und Aberglauben. Nietzsche hat vor allem in *Also sprach Zarathustra* auf diesen Umstand abgehoben und sehr energisch einer „Kritik der leibhaftigen Vernunft" das Wort geredet:

> Der Leib ist eine große Vernunft, eine Vielheit mit einem Sinne, ein Krieg und ein Frieden, eine Herde und ein Hirt. Werkzeug deines Leibes ist auch deine kleine Vernunft, mein Bruder, die du „Geist" nennst, ein kleines Werk- und Spielzeug deiner großen Vernunft. „Ich" sagst du und bist stolz auf dieses Wort. Aber das Größere ist, woran du nicht glauben willst, – dein Leib und seine große Vernunft: die sagt nicht Ich, die tut Ich ... Es ist mehr Vernunft in deinem Leibe, als in deiner besten Weisheit. Und wer weiß denn, wozu dein Leib gerade deine beste Weisheit nötig hat?[8]

---

[8] Nietzsche, F.: Also sprach Zarathustra (1883–85), in: KSA 4, München 1988, S. 39 f.

Logos, Aufklärung und Vernunft können als eine Art Lebensstil und Existenzmodus verstanden werden, als ein Wahrnehmen, Assimilieren und Begreifen von Welt, das sich nicht so sehr vom Ergebnis, sondern vom umsetzenden Tun her versteht, und das uns in unserer Totalität erfasst und verändert, so wir uns denn auf dieses Antidot einlassen. Lösung, Bindung, Analyse und Synthese heißen die dafür nötigen Prozess-Schritte, die man sich in ihrer Konsequenz nicht immer nur geschmeidig vorstellen darf – oft mündet derlei in Konflikte, Auseinandersetzung und Revolte des Einzelnen mit der ihn umgebenden sozialen und kulturellen Welt.

Mythos, Logos und Person – so lautet der Untertitel meines Buches. In den vorangegangenen Kapiteln habe ich an verschiedenen Mythen und mythischen Gestalten gezeigt, wie sehr unsere Personalität von einer Beschäftigung mit ihnen profitieren kann – vorausgesetzt, wir tendieren zu Aufklärung und Vernunft und sind deshalb in der Lage, uns in die wundersame, poetische Welt der Mythen nicht nur einzulassen, sondern uns auch immer wieder von ihr zu distanzieren.

Eingangs wurden verschiedene Übersetzungen des altgriechischen Wortes *Logos* aufgeführt; unter anderem Sprache, Sage oder Rede gehören dazu. *Mythos* bedeutete den Griechen ebenfalls so viel wie Wort oder Fabel – allerdings mit viel weniger Abstraktheit und Distanz des Sprechenden versehen als beim Begriff des *Logos*. Mythos steckt noch halb oder dreiviertel im Ritus, in Andeutungen und in stummen und opaken Bildern fest, wohingegen Logos denselben Sachverhalt ins Helle, Klare, Luzide zu bringen unternimmt – allerdings nur, wenn er (der Logos) sich selbst immer wieder kritisch zu hinterfragen versteht:

> Seit dem Altertum wurde der Logos des Heraklit auf verschiedene Weise ausgelegt: als Ratio, als Verbum, als Weltgesetz, als das Logische und die Denknotwendigkeit, als der Sinn, als die Vernunft. Immer wieder verlautet ein Ruf nach der Vernunft als dem Richtmaß im Tun und Lassen. Doch was vermag die Vernunft, wenn sie zugleich mit der Un- und Widervernunft in derselben Ebene der gleichen Versäumnisse verharrt, die vergisst, der Wesensherkunft der Vernunft nachzudenken ...?[9]

---

[9] Heidegger, M.: Logos (1951), in: Vorträge und Aufsätze, Pfullingen 1990, S. 200.

Ist Logos ein Gott? ein Mythos? oder ein Antidot?

Nur wer sich kritisch und skeptisch in der Sphäre von Logos bewegt, hat gute Aussichten, gnostisch-erkennend zu sich selbst, den Mitmenschen und zur Welt Stellung zu beziehen. Wer im mythischen Denken und Empfinden beheimatet ist, wird viele Fakten und existentielle Themen als pathisch-erduldend und ohne die Möglichkeiten zur emotionalen, intellektuellen Distanzierung erleben. Logos führt beachtliche Emanzipations- und Erkenntnispotentiale mit sich; Mythos dagegen verfügt über enorme Erlebnis- und Handlungspotentiale:

> Keine Sage (im Sinne von *Logos*) tönt aus jener Zeit herab, denn sie ist die Zeit des Schweigens und der Stille. Nur in göttlichen geoffenbarten Reden (im Sinne von *Mythos*) leuchten einzelne Blitze, die die uralten Finsternisse zerreißen.[10]

Mythos wie Logos verhandeln nicht selten dieselben Phänomene von Kosmos, Menschen und Kultur; es wirkt daher klug, neben allen Logos-Fortschritten der letzten Jahrtausende das Mythische als Erlebens- und Ausdrucks-Modalität und als das Andere der Vernunft ernst zu nehmen – und zugleich über die emotionale, soziale und intellektuelle Souveränität zu verfügen, sich von ihm zu emanzipieren. Logos bedeutet eine Haltung der Abstraktion von Welt, die es uns erlaubt, neben oder hinter oder in den Erscheinungen deren Wesen oder Ursachen oder Theorie zu vermuten und mittels Wissenschaft, Kunst und Philosophie zu erforschen und auszudrücken:

> Mit diesen Disziplinen entwickelte sich ein *Denken zweiter Ordnung*, unter anderem ein Nachdenken über semantische Grundbegriffe wie „Bedeutung" und „Wahrheit". Begriffe erster Ordnung beziehen sich unmittelbar auf etwas in der Welt. Begriffe zweiter Ordnung beziehen sich auf die Form der Sätze und Aussagen, in denen wir Begriffe erster Ordnung mit dem Ziel verwenden, etwas Wahres oder Richtiges zu sagen, eigene Erlebnisse wahrhaftig auszudrücken oder etwas Eindrucksvolles oder Schönes treffend zu beurteilen.[11]

---

[10] Schelling, F.W.J.: Die Weltalter – Fragmente (1811/13), München 1946, S. 10.
[11] Habermas, J.: Auch eine Geschichte der Philosophie, Band 1 (2019), Frankfurt am Main 2019, S. 323 f.

Die beiden Brüder Hartmut und Gernot Böhme haben 1983 ein oft zitiertes Buch mit dem Titel *Das Andere der Vernunft*[12] publiziert, worin sie auf den produktiven Umgang mit dem von der Psychoanalyse beschriebenen Unbewussten abzielten. Märchen, Fabeln und Mythen zählen ebenfalls zu diesem Anderen der Vernunft, und am Ende meines Buches wünsche ich mir und den Lesern genügend Logos, Vernunft und Denkvermögen zweiter Ordnung, um dieses Andere der Vernunft mit seinen häufig nur angedeuteten Begriffen (und Riten) der ersten Ordnung stimulierend und gekonnt in den eigenen Lebensvollzug zu integrieren, ohne ihm zu unterliegen oder hilflos ausgeliefert zu sein.

Dazu freilich benötigen wir mehr als lediglich instrumentelle Vernunft (Max Horkheimer) oder funktionalistisch verstandene Vernunft (Jürgen Habermas). Das Andere der Vernunft umfasst nicht nur (wie eben erwähnt) diverse Themen und Motive (das Unbewusste; den Leib; die Mythen), sondern auch Einstellungen und Haltungen, die sich als emotionale und soziale und intersubjektiv-kommunikative Vernunft bezeichnen lassen. Derlei Spielarten von Logos sind in den Curricula der meisten Schulen und Ausbildungsstätten unserer Staaten noch kaum oder gar nicht repräsentiert:

> Die subjektive, formale Vernunft, der alles zum Mittel wird, ist die des Menschen, der den anderen und der Natur bloß entgegensteht, weil ohne Durchgang durch die Entzweiung die Versöhnung sich nicht ereignen kann. Die Aufhebung der Entzweiung aber ist nicht einzig ein theoretischer Prozess. Erst wenn die Beziehung von Mensch zu Mensch und damit auch die von Mensch zu Natur anders gestaltet ist als in der Periode der Herrschaft und Vereinzelung, wird die Spaltung von subjektiver und objektiver Vernunft in einer Einheit aufgehen.[13]

Neben den kommunikativen Fähigkeiten benötigt das Entstehen einer derartigen humanen Vernunft vor allem emotionale und soziale Qualitäten aller Beteiligten. Alfred Adler betonte derlei bei der Explikation des

---

[12] Böhme, H. und Böhme, G.: Das Andere der Vernunft – Zur Entwicklung von Rationalitätsstrukturen am Beispiel Kants (1983), Frankfurt am Main 2016.
[13] Horkheimer, M.: Zum Begriff der Vernunft (1952), in: Philosophen Lesebuch Band 3, hrsg. von Hans-Martin Gerlach et al., Berlin 1991, S. 566.

Begriffs Gemeinschaftsgefühl wiederholt: Alle Spielarten von Kulturinteresse und Intellektualität bleiben boden- und damit wirkungslos im Hinblick auf die Humanität, wenn sie nicht auf ein ausreichendes Maß an Sozialinteresse, Wohlwollen, Empathie und grundsätzlicher gegenseitiger Anerkennung zurückgreifen können.

Derlei wird in den letzten Jahrzehnten bevorzugt vom Kommunitarismus als philosophisch-sozialpsychologische Ergänzung zum Liberalismus eingefordert und vertreten. Ohne hier im Detail auf die Fragen einzugehen, die eine Betonung von Gemeinschaften für den humanen Zusammenhalt von Gesellschaften mit sich bringen, lässt sich festhalten, dass ein Minimum an Gemeinschaftssinn, *sensus communis* (Immanuel Kant) und *Common sense* (Alfred Adler) Not tut, um ein Gesellschaftsleben überhaupt zu ermöglichen – die im Neo-Liberalismus ach so hochgehandelten Individuen sind ohne ausreichendes Sozialinteresse jedenfalls dazu nicht imstande.

Zuletzt soll nochmals Ernst Cassirer Erwähnung finden, der sich als Philosoph mehrfach der Frage zuwandte, was Logos und Vernunft im 20. und (wir ergänzen) im 21. Jahrhundert bedeuten und wie Menschen dazu bewegt werden können, sie in ihrem persönlichen wie auch kollektiven Dasein anzustreben. Für Cassirer war Logos keine intellektuelle Spielerei, sondern eine Frage von Ethos und Gesittung:

> Die Vernunft ist weit weniger ein Besitz, als sie eine bestimmte Form des Erwerbs ist ... Das 18. Jahrhundert ... nimmt sie nicht als einen festen Gehalt von Erkenntnissen, von Prinzipien, von Wahrheiten als vielmehr als eine Energie; als eine Kraft, die nur in ihrer Ausübung und Auswirkung völlig begriffen werden kann. Und ihre wichtigste Funktion besteht in ihrer Kraft zu binden und zu lösen. Sie löst alles bloß Faktische, alles einfach Gegebene, alles auf das Zeugnis der Offenbarung, der Tradition, der Autorität Geglaubte auf; sie ruht nicht, bis sie es in seine einfachen Bestandteile und bis in die letzten Motive des Glaubens und Für-wahr-Haltens zerlegt hat.[14]

Cassirer gehörte zur philosophischen Gruppe der Neukantianer; als solcher hat er nicht nur die erkenntnistheoretischen Konzepte Immanuel

---

[14] Cassirer, E.: Die Philosophie der Aufklärung (1932), Hamburg 1998, S. 15 f.

Kants, sondern auch dessen aufklärerischen Impetus weiterentwickelt. Von seinen Zeitgenossen wurde der Königsberger Denker aufgrund seiner nüchtern-skeptischen Infragestellung von Selbstverständlichkeiten als der Alles-Zermalmer bezeichnet. Man wird ohne weiteres zugeben, dass zu solchen Arten einer aufklärerischen Daseinsgestaltung vor allem Courage erforderlich ist, und dass diese auch als vorrangige Qualität und Voraussetzung für Logos und Vernunft gelten darf.

Fasst man die Ideen von Heraklit und Goethe, von Nietzsche, Freud, Adler und Lévi-Strauss, von Jaspers und Cassirer und Habermas und Horkheimer zu Logos und Vernunft zusammen, verdeutlicht dies den Schwierigkeitsgrad der Aufgabe, Menschen zu einer aufgeklärteren, vernünftigeren und autonomeren Lebensform zu ermutigen. Da aber derartige Lebensformen eine wesentliche Voraussetzung dafür bedeuten, dass Menschen mit uralten ebenso wie mit neuartigen Mythen (beispielsweise mit auch im 21. Jahrhundert zu beobachtenden politisch sowie gesellschaftlich relevanten und eventuell destruktiv wirkenden Mythen) auf eine emanzipatorisch-souveräne Art und Weise Umgang pflegen, muss diese Aufgabe trotz aller Hürden angegangen werden. Nur so lässt sich jener von Kant bereits vor über 200 Jahren beschriebene Status sichern oder neuerlich erreichen, für den Logos als Ethos und Gesittung unentbehrlich ist:

> Wenn denn nun gefragt wird: Leben wir jetzt in einem *aufgeklärten* Zeitalter? So ist die Antwort: Nein, aber wohl in einem Zeitalter der *Aufklärung*.[15]

---

[15] Kant, I.: Beantwortung der Frage: Was ist Aufklärung (1784), in: Werkausgabe Band XI, Frankfurt am Main 1977, S. 59.

Literatur

Adler, A.: Über den nervösen Charakter – Grundzüge einer vergleichenden Individualpsychologie und Psychotherapie (1912), Göttingen 1997
Alain: Die Pflicht glücklich zu sein (1928), Frankfurt am Main 1993
Arendt, H.: Denktagebuch (1952/53), München 2002
Assmann, J.: Das kulturelle Gedächtnis – Schrift, Erinnerung und politische Identität in frühen Hochkulturen, München 1992
Bachelard, G.: Psychoanalyse des Feuers (1949), München 1985
Barthes, R.: Mythen des Alltags (1957), Frankfurt am Main 1996
Beauvoir, S. de: Das andere Geschlecht – Sitte und Sexus der Frau (1949), Reinbek bei Hamburg 1987
Benjamin, W.: Über den Begriff der Geschichte (1940), in: Gesammelte Schriften, Band I.2, Frankfurt am Main 1980
Bertelsmann-Stiftung (Hrsg.) Follmer, R., Brand, Th., Unzicker, K.: Gesellschaftlicher Zusammenhalt in Deutschland 2020 – Eine Herausforderung für uns alle. Ergebnisse einer repräsentativen Bevölkerungsstudie – Radar gesellschaftlicher Zusammenhalt 2020, https://www.bertelsmann-stiftung.de/de/publikationen/publikation/did/gesellschaftlicher-zusammenhalt-in-deutschland-2020
Bien, U.: Einfach. Alles. Merken., Hannover 2012

Biermann, W.: Ballade vom preußischen Ikarus (1976), in: Mythos Ikarus, hrsg. von Achim Aurnhammer und Dieter Martin, Leipzig 1998
Binswanger, L.: Henrik Ibsen und das Problem der Selbstrealisation in der Kunst, Heidelberg 1949
Bizeul, Y.: Theorien der politischen Mythen, in: ders. (Hrsg.): Politische Mythen und Rituale in Deutschland, Frankreich und Polen, Berlin 2000
Bizeul, Y.: Politische Mythen, Ideologien und Utopien, in: Tepe, P. (Hrsg.): Mythos – Fächerübergreifendes Forum für Mythos-Forschung: Politische Mythen, Würzburg 2006
Bloch, E.: Das Prinzip Hoffnung, Frankfurt am Main 1959
Blumenberg, H.: Arbeit am Mythos (1979), Frankfurt am Main 1996
Böhme, H. und Böhme, G.: Das Andere der Vernunft – Zur Entwicklung von Rationalitätsstrukturen am Beispiel Kants (1983), Frankfurt am Main 2016
Bohrer, K.H.: Das Erscheinen des Dionysos – Antike Mythologie und moderne Metapher, Frankfurt am Main 2015
Bollack, J.: Sophokles – König Ödipus (1991), Frankfurt am Main 1994
Bollack, M.: Herakles – Das Raubtier, in: Dämonen und Drachen (2017), Berlin 2021
Bovenschen, S.: Über-Empfindlichkeit – Spielformen der Idiosynkrasie, Frankfurt am Main 2000
Brecht, B.: Dichter sollen die Wahrheit schreiben (1934), in: Brecht für Anfänger und Fortgeschrittene, hrsg. von S. Unseld, Frankfurt am Main 1993
Bruit Zaidman, L. & Schmitt Pantel, P.: Die Religion der Griechen – Kult und Mythos (1991), München 1994
Burckhardt, J.: Griechische Kulturgeschichte (1898–1902), München 1977
Calasso, R.: Die Hochzeit von Kadmos und Harmonia (1988), Frankfurt am Main 1990
Calasso, R.: Der himmlische Jäger (2016), Berlin 2020
Camus, A.: Der Mythos des Sisyphos (1942), Reinbek bei Hamburg 1999
Camus, A.: Die Pest (1947), Reinbek bei Hamburg 1997
Cassirer, E.: Philosophie der symbolischen Formen II (1925), Darmstadt 1987
Cassirer, E.: Die Philosophie der Aufklärung (1932), Hamburg 1998
Cassirer, E.: Versuch über den Menschen (1944), Frankfurt am Main 1990
Cassirer, E.: Der Mythus des Staates – Philosophische Grundlagen politischen Handelns (1946), Frankfurt am Main 1985
Dierks, M.: Studien zu Mythos und Psychologie bei Thomas Mann, Thomas Mann Studien zweiter Band, Frankfurt am Main 2003
Dürrenmatt, F.: Minotaurus (1985), in: Gesammelte Werke Band 5, Zürich 1996

Eco, U.: Nachschrift zum Namen der Rose (1984), München 1986
Elias, N.: Über den Prozess der Zivilisation (1939), Frankfurt am Main 1976
Epikur: Aphorismen, in: Philosophie der Freude, Stuttgart 1973
Erikson, E.H.: Kindheit und Gesellschaft (1950), Stuttgart 1987
Euripides: Elektra (um 420 v.Chr.), übertragen von Raoul Schrott, München 2021
Fischer-Lichte, E.: Ästhetik des Performativen (2004), Frankfurt am Main 2019
Freud, S.: Der Dichter und das Phantasieren (1908), in: GW Band X, Frankfurt am Main 1973
Freud, S.: Totem und Tabu (1913), in: GW Band IX, Frankfurt am Main 1973
Freud, S.: Massenpsychologie und Ich-Analyse (1921), in: GW XIII, Frankfurt am Main 1976
Freud, S.: Die Zukunft einer Illusion (1927), in: GW XIV, Frankfurt am Main 1988
Freud, S.: Das Unbehagen in der Kultur (1930), in: GW XIV, Frankfurt am Main 1997
Freud, S.: Die endliche und die unendliche Analyse (1937), in: GW XVI, Frankfurt am Main 1993
Friedell, E.: Kulturgeschichte Griechenlands – Leben und Legende der vorchristlichen Seele (1949), München 1979
Frisch, M.: Homo Faber (1957), Frankfurt am Main 1977
Frisch, M.: Don Juan oder Die Liebe zur Geometrie (1962), Frankfurt am Main 1973
Gadamer, H.-G.: Wahrheit und Methode (1960), Tübingen 1986
Gadamer, H.-G.: Hermeneutik II – Ergänzungen, Tübingen 1986
Gide, A.: Uns nährt die Erde, uns nährt die Hoffnung (1897), in: Romane und lyrische Prosa, München 1973
Giono, J.: Die Geburt der Odyssee (1930), Berlin 1936
Goethe: Prometheus (1772/74), in: HA Band 1, München 1981
Goethe: Römische Elegien (1795), in: HA Band 1, München 1996
Goethe: Faust I (1808), in: HA Band 3, München 1981
Goethe: Aus meinem Leben – Dichtung und Wahrheit (1811ff.), in: HA Band 9, München 1981
Goethe: Geistesepochen (1817), in: HA Band 12, München 1981
Goethe: Maximen und Reflexionen, in: HA Band 12, München 1981
Goethe: Faust II (1832), in: HA Band 3, München 1981
Gombrich, E.: Die Geschichte der Kunst (1950), Frankfurt am Main 1996

Graeser, A.: Die Vorsokratiker, in: Klassiker der Naturphilosophie – Von den Vorsokratikern bis zur Kopenhagener Schule, hrsg. von Gernot Böhme, München 1989

Habermas, J.: Die Verschlingung von Mythos und Aufklärung – Horkheimer und Adorno, in: ders.: Der philosophische Diskurs der Moderne – Zwölf Vorlesungen, Frankfurt am Main 1985

Habermas, J.: Auch eine Geschichte der Philosophie (2019), Frankfurt am Main 2019

Harrison, R.: Corona-Virus und Boccaccio-Geschichten stärken unser Immunsystem – Interview in der NZZ vom 09.04. 2020, https://www.nzz.ch/feuilleton/coronavirus-und-boccaccio-geschichten-staerken-unser-immunsystem-ld.1550896

Hegel, G.W.F.: Ältestes Systemprogramm des deutschen Idealismus (1797), in: Frühe Studien und Entwürfe 1787–1800, Berlin 1991

Hegel, G.W.F.: Grundlinien der Philosophie des Rechts (1820), Frankfurt am Main 1972

Heidegger, M.: Hermeneutik der Faktizität (1923), Frankfurt am Main 1975

Heidegger, M.: Der Ursprung des Kunstwerkes (1935/36), in: Holzwege, Frankfurt am Main 2015

Heidegger, M.: Logos (1951), in: Vorträge und Aufsätze, Pfullingen 1990

Heine, H.: Romanzero (1851), in: Sämtliche Gedichte in zeitlicher Folge, Frankfurt am Main 1993

Heraklit: Fragmente, in: Die Vorsokratiker, hrsg. von Wilhelm Capelle, Stuttgart 1968

Heraklit: Fragmente, in: Die Fragmente der Vorsokratiker, hrsg. von Hermann Diels, Reinbek bei Hamburg 1964

Herder, J.G.: Journal meiner Reise im Jahr 1769 (1846), in: Werke in zwei Bänden, München 1982

Hesiod: Theogonie (etwa 700 v.Chr.), übersetzt und erläutert von Raoul Schrott, München 2014

Hess, B. & Grosenick, U. (Hrsg.): Abstrakter Expressionismus, Köln 2005

Hippokrates: Der Eid, in: Der Arzt im Altertum, hrsg. von Walter Müri, München 1986

Hölderlin, F.: Hyperion oder Der Eremit in Griechenland (1797), in: Sämtliche Werke und Briefe, Band I, Darmstadt 1998

Homer: Odyssee, in der Übertragung von Johann Heinrich Voss (1781), München 1995

Homer: Götterhymnen, deutsch von Thassilo von Scheffer (1927), Leipzig 1974

Horkheimer, M. & Adorno, Th.W.: Dialektik der Aufklärung – Philosophische Fragmente (1944), Frankfurt am Main 1986
Horkheimer, M.: Zum Begriff der Vernunft (1952), in: Philosophen Lesebuch Band 3, hrsg. von Hans-Martin Gerlach et al., Berlin 1991
Hübner, K.: Die Wahrheit des Mythos, München 1985
Hufeland, Chr.W.: Makrobiotik oder Die Kunst, das menschliche Leben zu verlängern (1796), Frankfurt am Main 1995
Humboldt, A. von: Kosmos – Entwurf einer physischen Weltbeschreibung (1845ff.), Frankfurt am Main 2004
Ibsen, H.: Peer Gynt (1867), in: Sämtliche Werke Band II, Berlin 1907
Ibsen, H.: Gespenster (1881), in: Sämtliche Werke Band IV, Berlin 1907
Jaspers, K.: Philosophie, Band 2 (1932), Berlin – Heidelberg 1956
Jaspers, K.: Vernunft und Widervernunft in unserer Zeit (1950), in: Denkwege – Ein Lesebuch, München 1983
Jung, C.G.: Symbole der Wandlung – Analyse des Vorspiels zu einer Schizophrenie, vierte Auflage (1950), GW Band 5, Zürich 1973
Jung, C.G.: Erinnerungen, Träume, Gedanken von C.G. Jung, aufgezeichnet und herausgegeben von Aniela Jaffé (1962), Olten 1992
Kafka, F.: Prometheus (1918/1931), in: Hochzeitsvorbereitungen auf dem Lande und andere Prosa aus dem Nachlass, Frankfurt am Main 1980
Kandinsky, W.: Über das Geistige in der Kunst (1912), Bern 1973
Kant, I.: Beantwortung der Frage: Was ist Aufklärung (1784), in: Werkausgabe Band XI, Frankfurt am Main 1977
Kant, I.: Kritik der Urteilskraft (1790), in: Werkausgabe Band X, Frankfurt am Main 1992
Kaschnitz, M.L.: Griechische Mythen (1943), Frankfurt am Main 2001
Kaube, J.: Die Anfänge von allem, Berlin 2017
Kerényi, K.: Hermes der Seelenführer (1942), in: Urbilder der griechischen Religion, Stuttgart 1998
Kerényi, K.: Die Mythologie der Griechen – Die Götter- und Menschheitsgeschichten (1951), Stuttgart 1997
Kettenacker, L.: Der Mythos vom Reich (1983), in: Mythos und Moderne, hrsg. von Karl-Heinz Bohrer, Frankfurt am Main 2015
Klute, H.: Tod in Köln – Danke, ihr Narren: Eine kleine Kulturgeschichte des Idiotentums in Zeiten der Pandemie, Süddeutsche Zeitung vom 13.11. 2021
Kunert, G.: Ikarus 64 (1964), in: Mythos Ikarus, hrsg. von Achim Aurnhammer & Dieter Martin, Leipzig 1998
Le Bon, G.: Psychologie der Massen (1895), Stuttgart 1982

Lévi-Strauss, C.: Mythos und Bedeutung II – Ein Gespräch mit Raymond Bellour (1978), in: Mythos und Bedeutung, Frankfurt am Main 1996
Lévi-Strauss, C.: Anthropologie in der modernen Welt (2011), Frankfurt am Main 2012
Löwith, K.: Wissen, Glaube und Skepsis (1956), in: Sämtliche Schriften 3, Stuttgart 1986
Löwith, K.: Natur und Humanität des Menschen (1957), in: Sämtliche Schriften 1, Stuttgart 1986
Löwith, K.: Welt und Menschenwelt (1960), in: Sämtliche Schriften 1, Stuttgart 1986
Löwith, K.: Zur Frage einer philosophischen Anthropologie (1975), in: Sämtliche Schriften 1, Stuttgart 1986
Lovelock, J.: Das Gaea-Prinzip (1988), München 2021
Lurija, A.R.: Kleines Porträt eines großen Gedächtnisses (1968), in: Der Mann, dessen Welt in Scherben ging, Reinbek bei Hamburg 1991
Mann, Th.: Unordnung und frühes Leid (1926), in: Die Erzählungen, Frankfurt am Main 2005
Mann, Th.: Die Stellung Freuds in der modernen Geistesgeschichte (1929), in: Essays 1926–1933, Frankfurt am Main 1994
Mann, Th.: Vorspiel: Höllenfahrt, in: Die Geschichten Jaakobs (1933), Frankfurt am Main 1986
Mann, Th.: Joseph und seine Brüder (1933–1943), Frankfurt am Main 1986
Mann, Th.: Joseph und seine Brüder – ein Vortrag (1942), in: Essays 1938–1945, Frankfurt am Main 1996
Marquardt, O.: Über Monomythie und Polymythie, in: Zukunft braucht Herkunft – Philosophische Essays, Stuttgart 2020
Martin, N.: An das Wilde glauben (2019), Berlin 2021
Mattenklott, G.: Die dionysische Seele – Nietzsches Kunstpsychologie in der Tragödien-Schrift (1988), in: Ästhetische Opposition – Essays zu Literatur, Kunst und Kultur, Hamburg 2010
Matuschek, St.: Der gedichtete Himmel – Eine Geschichte der Romantik, München 2021
Minkmar, N.: Die deutsche Antimoderne – Lasst der Natur nur ihren Lauf: Über das tödliche Zaudern des deutschen Staates in Zeiten der Pandemie, Süddeutsche Zeitung vom 10. November 2021
Montaigne, M. de: Essais (1580ff.), übersetzt von Hans Stilett, Frankfurt am Main 1998
Münkler, H.: Marx, Wagner, Nietzsche – Welt im Umbruch, Berlin 2021

Nestle, W.: Vom Mythos zum Logos – Die Selbstentfaltung des griechischen Denkens (1940), Stuttgart 1975
Nietzsche, F.: Homers Wettkampf (1872), in: KSA 1, München 1988
Nietzsche, F.: Die Geburt der Tragödie aus dem Geiste der Musik (1872), in: KSA 1, München 1988
Nietzsche, F.: Vom Nutzen und Nachteil der Historie für das Leben (1874), in: KSA 1, München 1988
Nietzsche, F.: Schopenhauer als Erzieher (1874), in: KSA 1, München 1988
Nietzsche, F.: Menschliches, Allzumenschliches (1878), in: KSA 2, München 1988
Nietzsche, F.: Morgenröte (1881), in: KSA 3, München 1988
Nietzsche, F.: Die fröhliche Wissenschaft (1882), in: KSA 3, München 1988
Nietzsche, F.: Also sprach Zarathustra (1883–85), in: KSA 4, München 1988
Nietzsche, F.: Jenseits von Gut und Böse (1886), in: KSA 5, München 1988
Orphische Goldtäfelchen, zit. n.: https://de.wikipedia.org/wiki/Lethe_(Mythologie)
Pepys, S.: Die geheimen Tagebücher, Berlin 2004
Platon: Das Gastmahl, in: Sämtliche Dialoge, Band III, Hamburg 1988
Platon: Theätet, in: Sämtliche Dialoge, Band IV, Hamburg 1988
Prantl, H.: Naturrecht, in: Süddeutsche Zeitung vom 24. Juli 2021
Proust, M.: Auf der Suche nach der verlorenen Zeit (1913–27), Frankfurt am Main 1979
Rank, O.: Psychoanalytische Beiträge zur Mythenforschung – Gesammelte Schriften aus den Jahren 1912 bis 1914, Hamburg 2010
Rank, O.: Der Mythos von der Geburt des Helden – Versuch einer psychologischen Mythendeutung (1922), Wien 2000
Rattner, J.: Mythos und Psychologie, in: miteinander leben lernen – Zeitschrift für Tiefenpsychologie, Persönlichkeitsbildung und Kulturforschung, Heft 6, 2005
Rattner, J.: Die Aktualität der antiken Philosophie der Griechen, Berlin 2012
Rilke, R.M.: Archaischer Torso Apollos (1908), in: Die Gedichte, Frankfurt am Main 2006
Rilke, R.-M.: Duineser Elegien (1923), in: Die Gedichte, Frankfurt am Main 2006
Rosa, H.: Resonanz – Eine Soziologie der Weltbeziehung, Berlin 2016
Sappho: Und ich schlafe allein – Gedichte, neu übersetzt von Albert von Schirnding, München 2013

Scheer, T.S. (Hrsg.): Natur, Mythos, Religion im antiken Griechenland, Stuttgart 2019
Scheler, M.: Wesen und Formen der Sympathie (1913), Bonn 1985
Schelling, F.W.J.: Die Weltalter – Fragmente (1811/13), München 1946
Schiller, F.: An die Freude (1785), in: Sämtliche Gedichte und Balladen, Frankfurt am Main 2004
Schiller, F.: Über die ästhetische Erziehung des Menschen (1795), in: Sämtliche Werke Band V, Darmstadt 1993
Schiller, F.: Wallensteins Tod (1799), in: Sämtliche Werke Band II, Darmstadt 1981
Schiller, F.: Die Gunst des Augenblicks (1802), in: Sämtliche Gedichte und Balladen, Frankfurt am Main 2004
Schiller, F.: Die Götter Griechenlands (1804), in: Sämtliche Gedichte und Balladen, Frankfurt am Main 2004
Schiller, F.: Die Huldigung der Künste (1804), in: Sämtliche Werke Band II, Darmstadt 1981
Schlegel, F.: Rede über die Mythologie (1800), in: Schriften zur Literatur, München 1985
Schlegel, F.: Gespräch über die Poesie (1800), in: Kritische Schriften und Fragmente Band II, Wedel 1988
Schneider, R.: Schlafes Bruder (1992), Leipzig 1994
Schopenhauer, A.: Brief an Goethe (11. November 1815), in: Goethe Briefwechsel – Briefe an Goethe, HA Band 2, München 1988
Schopenhauer, A.: Die Welt als Wille und Vorstellung (1819/1859), Zürich 1988
Schwabl, H.: Zeus, München 1978
Sczcesny, G.: Zur Naturgeschichte des religiösen Empfindens, in: Psychologie der Kultur – Band 1: Transzendenz und Religion, hrsg. von Gion Condrau, Weinheim und Basel 1982
Seghers, A.: Sagen von Artemis (1938), in: Die schönsten Erzählungen, Berlin 2008
Seghers, A.: Das Argonautenschiff (1948), in: Der Räuber Woynok, Berlin 1975
Spinoza, B. de: Die Ethik nach geometrischer Methode dargestellt (1677), Hamburg 1989
Spitteler, C.: Prometheus und Epimetheus (1881), in: Prometheus-Dichtungen, Zürich 1945
Stoll, H.W.: Mythologie der Griechen und Römer – Die Götter des klassischen Altertums, Stuttgart 1984
Tarde, G.: Die Gesetze der Nachahmung (1890), Frankfurt am Main 2009

Tolstoi, L.: Drei Tode (1859), in: Meistererzählungen, Zürich 1989
Valéry, P.: Kleiner Brief über die Mythen (1929), in: Werke Band IV, Frankfurt am Main 1992
Weber, M.: Wissenschaft als Beruf (1917/1919), Tübingen 1994
Weinrich, H.: Lethe – Kunst und Kritik des Vergessens, München 1997
Winkler, J.J.: Der gefesselte Eros – Sexualität und Geschlechterverhältnis im antiken Griechenland (1990); Marburg 1994